清华版·高等院校旅游与饭店管理专业规划教材

旅游电子商务

第二版

杜文才 常颖 主编

清华大学出版社
北京

内 容 简 介

本书以面向教育部颁布的新的学科专业调整方案和高校本科建设目标，紧扣电子商务相关的商业理念、ICT 技术与旅游产业核心力、创新力以及旅游企业过程重组主旋律，从旅游企业战略的角度和旅游行业应用的角度出发，强调应加强对学生分析技术与管理问题以及行业应用能力、在旅游电子商务中所学知识与技能去解决实际问题的能力的培养、对学生自学能力的培养，强调提高学生的应用素质，以旅游电子商务技术、应用与管理的结合为主线。本书共分三部分，12 章。在每章以学习目标开始，到通过典型案例联系实际地介绍本章的基本概念及相关理论，然后配有各类练习题结束。

本书的编写面向旅游电子商务工作实际，既可作为高等院校旅游管理专业的教材，也可作为旅游行业的电子商务职业培训教材，还可以供从事旅游工作的相关人员自学参考用书。

本书封面贴有清华大学出版社防伪标签，无标签者不得销售。
版权所有，侵权必究。举报：010-62782989，beiqinquan@tup.tsinghua.edu.cn。

图书在版编目(CIP)数据

旅游电子商务/杜文才主编. --2 版. --北京：清华大学出版社，2015 (2023.11重印)
(清华版·高等院校旅游与饭店管理专业规划教材)
ISBN 978-7-302-40662-4

Ⅰ. ①旅… Ⅱ. ①杜… Ⅲ. ①旅游业—电子商务—高等学校—教材 Ⅳ. ①F590.6-39

中国版本图书馆 CIP 数据核字(2015)第 153199 号

责任编辑：温　洁
封面设计：常雪影
版式设计：北京东方人华科技有限公司
责任校对：周剑云
责任印制：杨　艳

出版发行：清华大学出版社
　　　　网　　址：http://www.tup.com.cn, http://www.wqbook.com
　　　　地　　址：北京清华大学学研大厦 A 座　　邮　编：100084
　　　　社 总 机：010-83470000　　邮　购：010-62786544
　　　　投稿与读者服务：010-62776969, c-service@tup.tsinghua.edu.cn
　　　　质量反馈：010-62772015, zhiliang@tup.tsinghua.edu.cn
　　　　课件下载：http://www.tup.com.cn, 010-62791865
印 装 者：三河市龙大印装有限公司
经　　销：全国新华书店
开　　本：185mm×260mm　　印　张：22　　字　数：532 千字
版　　次：2006 年 8 月第 1 版　　2015 年 8 月第 2 版　　印　次：2023 年 11 月第 10 次印刷
定　　价：49.00 元

产品编号：048331-02

第二版前言

始于1995年的电子商务,经过近20年的发展,已经带来了企业、市场和消费行为翻天覆地的变化。今天,电子商务已经成为一种崭新的、独特的营销与服务平台,其营销与服务能力是传统商业世界无法比拟的。传统商业世界中没有一个商业模式能同Facebook、Princeline.com、阿里巴巴相抗衡。

旅游业也不例外。信息与通信技术(ICT)正在引起整个旅游业的一场革命,正在深刻地改变着旅游业的经营、管理和运作模式,对旅游业的发展和繁荣起着越来越重要的作用及影响,正成为推动旅游经济发展的重要举措,成为当今世界旅游商务活动的主要推动力。

旅游业是信息密集型和信息敏感型行业,因而它极适于基于互联网的电子交易方式。在互联网上发布旅游信息和经销旅游产品,是技术创新对旅游企业(生产商和经销商)影响最深刻的主要领域。互联网技术使旅游企业能以相对低廉的成本直接向消费大众提供旅游产品和服务,还能与消费者、其他旅游生产商和经销商互动。越来越多的旅消费者使用互联网来规划度假或商务旅行。ICT技术促进了旅游企业的发展,使旅游企业在旅游市场中更有竞争力,在全球旅游市场中赢得强有力的地位。

旅游电子商务的发展业已带来了旅游企业、旅游市场和旅游消费者行为的变化。全球旅游经济和旅游企业都无一例外地受到旅游电子商务的冲击或影响。当今,旅游电子商务的各种形式都在高速增长,成为当今社会发展最快、绩效最显著的商务形式。随着移动通信技术、社会网络、云计算技术和基于位置的服务等技术的广泛应用,在下一个五年,旅游电子商务将持续保持在两位数的速率发展。整个旅游行业将迅速向旅游电子商务经济和旅游电子商务社会发展。对于旅游学院的学生来说,要想在今后十年里成为一个有效的、成功的管理者,就必须打下旅游电子商务方面的扎实基础。本书就是专门为这些明天的管理者所写的。

时间进入21世纪,电子商务充满活力、飞速向前发展。电子商务促使整个市场、各个行业以及整个社会发生惊人的变化。旅游企业也不例外,如今,智慧旅游促进旅游电子商务完全进入传统企业的主流生活,例如,携程、e龙、去哪玩等旅游电子商务企业以及智慧酒店、智慧景区等。对于这些企业,他们急需具有发展旅游电子商务所需的基本技术和方法的雇员。如果你正服务于这些企业，无论你的兴趣是在营销，还是在销售、设计旅游产品与服务、旅游财务、旅游信息系统方面，你都需要知道电子商务技术如何用来降低供应链的成本，提高生产效率，加强企业与客户间的关系。换言之，企业需要你有开展旅游电子商务的创新能力。同样，本书也具有极大的参考价值。

本书特色

1. 高度贴近教育部颁布的新的学科专业调整方案和高校本科建设目标

本书面向教育部颁布的新的学科专业调整方案和高校本科建设目标，紧扣电子商务相关的商业理念、ICT 技术与旅游产业核心力、创新力，以旅游企业过程重组为主旋律，从旅游企业战略的角度和旅游行业应用的角度出发，强调对学生行业应用能力、运用在旅游电子商务中所学知识与技能去解决实际问题的能力的培养，强调提高学生的应用素质，培养"学术型"与"应用型"相结合的人才。

2. 理论基础坚实、贴近应用为目的的原则

在理论基础坚实、贴近应用为目的的原则框架之内，处理本书内容所涉及的信息技术理论以及理论与实践的整合关系，提供对于理解旅游电子商务所必需的理论基础知识。本书提供了旅游电子商务所必需的理论基础知识，并配有复习思考题与演练题，通俗易懂，力求帮助学生提高解决问题、分析问题的能力。

3. 面向商务、技术和管理整合的原则

旅游电子商务涉及商务、技术和管理三大系列的内容。本书的编写也围绕这三条主线展开。作者力求从旅游商务、技术和管理的角度论述旅游电子商务基本理论，及其商务过性、旅游企业管理的作用、影响及其应用。技术只是作为基础设施和技术支撑的需要，对于技术的理论及其发展以及技术自身的定位并不多做论述，大多数内容则放在旅游电子商务的应用和具体实施中。在编写技术时，作者强调的是"基础技术"，而不是强调"技术基础"。也就是说，本课程的基调在于强调技术的实用性，而忽略技术背后的理论原理。ICT 技术，如互联网、移动通信、Web2.0、云计算以及基于位置的服务技术，无疑是旅游电子商务的强大驱动力，同时旅游电子商务经济的蓬勃发展又推动并形成了新一代的旅游电子商务应用技术。在技术理论问题设置及问题求解过程，都是从实际的应用需求和商业问题的分析开始的。

4. 强调本书体系化的原则

本书构造强调体系化。每章都以学习目标开始，通过典型案例联系实际介绍本章的

基本概念及相关理论，最后以各类练习题结束。

5. 贴近当前形势的原则

本书收入最新的旅游电子商务话题，如近 5 年的数据和素材。对于将讨论的一些话题，如基于社会网络的旅游产品与服务营销、基于位置的服务与营销、电子支付、基于 Web 的旅游服务业供应链管理、客户关系管理以及协同商务、虚拟旅游、智慧旅游、旅游电子商务的监管环境等，都从理论和应用两方面进行了设计，意在力求反映最新的技术动态，力求使本书具有新颖性和前瞻性。

6. 面向现实世界的原则

本书中的大量实际典型案例都是来自国内乃至全球各地的大型旅游公司和中小旅游企业。通过这些具体的例子，学生们可以深入理解旅游电子商务的基本概念、作用，以及旅游电子商务的成本和合理性，还可以了解一些旅游公司是如何创造性地将旅游电子商务运用到其日常运作中去的。

本书的内容结构

本书分为 3 个部分，共 12 章。

第 1 部分：电子商务与旅游电子商务导论

第 1 部分介绍了全书的主题。这部分共包括 2 章内容。

第 1 章给出了电子商务及旅游电子商务的基础理论和一些术语，还介绍了旅游电子商务的特点及其商业意义。

第 2 章介绍了旅游电子商务商业模式与定义，旅游电子商务的分类、B2C 旅游电子商务主要盈利模式、B2B 旅游电子商务的主要盈利模式，还介绍了旅游电子商务企业的行业结构、价值链以及旅游企业战略。

第 2 部分：旅游电子商务技术基础

第 2 部分重点介绍了支撑整个旅游电子商务的基础内容。这部分共包括 4 章内容。

第 3 章介绍了信息与通信技术的主要技术概念、信息与通信技术的潜在旅游应用能力，还从旅游电子商务的角度，介绍了网络技术、通信技术的基本概念以及数据与数据库管理系统的基本概念及应用。

第 4 章在第 3 章的基础上，重点介绍了作为管理者在建立旅游电子商务网站时必须遵循的步骤,包括建立旅游电子商务网站时必须进行的设计、分析、软件与硬件的选择。同时,还讨论了虚拟旅游、虚拟社区和虚拟旅游企业等概念。

第 5 章重点是在线支付,介绍了各类支付系统,包括信用卡支付系统及其他支付系统,还详细介绍了数字钱包、数字现金、数字信用卡、数字支票、智能卡,电子账单和电子银行系统。

第 6 章聚焦于旅游电子商务的安全,通过介绍网络上的安全技术手段,重点介绍了网络上的安全与加密技术问题。在这一章里,介绍了安全的定义、旅游电子商务所面临的安全威胁,还讨论了旅游企业管理者在寻求旅游企业电子商务网站的安全时可采用的技术上和管理上的解决方案,包括利用不同类型的加密技术来保护网络上所传递消息的安全,在网络上建立安全通信信道的工具和保护网络、服务器和客户机的工具。

第 3 部分:旅游电子商务应用实务

第 3 部分是本书的核心,包括 6 章内容。

第 7 章关注旅游产品与服务网上零售市场,介绍了旅游产品与服务网上零售活动,传统旅游产品与服务零售商"鼠标加水泥"战略的要点,直销和旅游产品与网上服务零售的关键成功因素,网上旅游产品与服务零售业中的非中介化、再中介化和渠道冲突问题。

第 8 章详细介绍了基于社会化媒体与互联网的旅行产品和服务营销概念,包括社会化媒体平台的作用,微营销形式和特点,互联网与现代营销理念之间的关系,网络营销、电子营销以及它们的优势,还分别讨论了旅游企业网络营销战略达成过程、网络营销的基本原理、互联网与营销沟通以及网络关系营销。

第 9 章详细介绍了旅行社如何利用电子商务提高竞争优势,包括借助于电子商务技术旅行社业务流程再造、旅行社客户关系管理、旅行社供应链管理以及 ERP 技术应用。

第 10 章详细研究了酒店业开展电子商务的经验,深入探讨了酒店经营与管理领域应用电子商务的战略,并提供了具体实例。

第 11 章对目的地管理组织如何利用 ICT 技术向旅客提供信息或在线购买旅游产品与服务进行了研究,介绍了一些成功的案例,包括奥地利 TIScove 和金旅雅途这类旅游目的地营销系统。

第 12 章是新增加的章节,主要讨论智慧旅游技术与应用,详细介绍了智慧旅游的理念与内涵、智慧旅游的支撑技术、智慧旅游应用的案例,包括智慧酒店、智慧景区等案例。

为了便于读者学习并激发读者的兴趣,本书精心设计,在每一章里都包含了下列单元内容。

- **学习目标**:每章的开始部分都有学习目标,帮助学生将精力集中于将要讨论的重要概念上,以帮助学生学习。
- **关键词**:每章都罗列了与本章内容直接相关的关键词。
- **开篇案例**:每章都以一个真实案例开篇,揭示了旅游电子商务对于现代旅游企业的重要性。这些案例经过了精心挑选,以引起读者对本章主要问题的注意。
- **本章小结**:每章的总结与该章开头部分的学习目标相呼应。
- **思考与演练**:每章最后都提供了各种练习来测试学生对于本章内容的掌握和应用能力。

本书编者

本书由海南大学杜文才统筹策划并担任全书主编,海南大学常颖担任副主编。其中,第1、2、3、12章由海南大学杜文才编写,第4、5、6、11章由海南大学常颖编写,第7、8章由海南省软件技术学院杜纬编写,第9、10章由琼州学院杜岩编写。

在本书编写过程中引用了一些成果和参考文献,在此谨向被引用文献的著(作)者表示真挚的谢意。本书是旅游电子商务教育工作者及实践者几年教学与实践经验的总结。

由于作者水平有限,加之时间较紧,对书中的不足之处敬请学界同仁、专家和使用者批评指正。

编 者

目 录

第1章 旅游电子商务概述 1
  1.1 电子商务概述 3
    1.1.1 电子商务的概念 3
    1.1.2 电子商务的业务流程 3
    1.1.3 电子商务涉及的领域 4
    1.1.4 电子商务的特点与优势 5
  1.2 旅游电子商务 5
    1.2.1 网上旅游用户规模继续
         扩大 5
    1.2.2 互联网和旅游业——
         强强联合 7
    1.2.3 互联网和基于互联网的
         电子商务的重要用途 8
    1.2.4 旅游电子商务的概念、
         优势及功能 11
    1.2.5 旅游市场关系管理的原则 ... 12
    1.2.6 电子商务给旅游业带来的
         变革 13
  1.3 旅游电子商务的发展现状及趋势 ... 14
    1.3.1 旅游电子商务的发展现状 ... 14
    1.3.2 旅游电子商务的发展趋势 ... 17
  本章小结 20
  思考与演练 21

第2章 旅游电子商务的业务模式
     和概念 23
  2.1 互联网和万维网改变了旅游
     商务环境 25
    2.1.1 旅游电子商务技术的特征 ... 25
    2.1.2 旅游行业结构 27
    2.1.3 旅游产业价值链 28
  2.2 旅游电子商务的业务模式 29
    2.2.1 电子商务词语 29
    2.2.2 旅游电子商务的业务模式 ... 30

    2.2.3 旅游电子商务的通用框架 ... 30
  2.3 旅游电子商务的类别及盈利模式 ... 32
    2.3.1 常见的旅游电子商务类别 ... 32
    2.3.2 旅游电子商务的盈利模式 ... 33
  2.4 旅游电子商务的复杂性及其
     新模式 36
    2.4.1 电子商务分类的复杂性 36
    2.4.2 旅游电子商务新模式 37
  本章小结 39
  思考与演练 39

第3章 旅游电子商务的网络技术基础 45
  3.1 计算机网络 47
    3.1.1 计算机网络的产生与发展 ... 47
    3.1.2 计算机网络的构成与分类 ... 48
    3.1.3 计算机网络的功能 52
    3.1.4 传输媒介 52
    3.1.5 常见的网络互联设备 54
  3.2 互联网技术 54
    3.2.1 互联网的起源 54
    3.2.2 第二代 Internet: Internet2 ... 56
    3.2.3 Internet 的特点 59
    3.2.4 Internet 的主要技术概念 ... 60
    3.2.5 Internet 的接入方式 63
    3.2.6 Internet 的应用 65
  3.3 企业内联网与企业外联网 68
    3.3.1 内联网 68
    3.3.2 外联网 69
    3.3.3 公共专网/私用专网 70
  3.4 Web 服务 70
    3.4.1 Web 服务体系结构 70
    3.4.2 Web 服务体系技术 71
    3.4.3 静态的 Web 72
    3.4.4 动态的 Web 72

3.4.5　交互的 Web 73
3.5　企业门户 74
　　3.5.1　企业门户的定义 74
　　3.5.2　企业门户的类型 75
3.6　数据库技术 76
　　3.6.1　数据库系统构成 76
　　3.6.2　数据模型 78
　　3.6.3　结构查询语言 79
本章小结 80
思考与演练 81

第 4 章　建立旅游电子商务网站 85

4.1　旅游电子商务网站简述 87
　　4.1.1　我国旅游电子商务的发展 87
　　4.1.2　旅游电子商务网站的
　　　　　服务功能 87
4.2　电子商务网站的硬件与软件平台 88
　　4.2.1　电子商务网站的硬件平台 88
　　4.2.2　电子商务网站的软件平台 89
4.3　旅游电子商务网站的开发 93
　　4.3.1　电子商务系统的建设步骤 93
　　4.3.2　电子商务网站的开发方式 93
　　4.3.3　电子商务网站系统的
　　　　　开发方法 95
　　4.3.4　电子商务网站的维护和
　　　　　管理 98
4.4　电子商务应用和基础设施 98
　　4.4.1　全球分销系统 98
　　4.4.2　电子购物车、网上聊天、
　　　　　网上广播和网络电话 99
4.5　旅游信息门户网站、虚拟旅游与
　　　虚拟社区 100
　　4.5.1　旅游信息门户网站 100
　　4.5.2　虚拟旅游 101
　　4.5.3　虚拟社区 102
4.6　虚拟旅游企业 104
　　4.6.1　虚拟旅游企业的内容 104
　　4.6.2　虚拟旅游企业的运作
　　　　　形式 105

　　4.6.3　虚拟旅游企业的运作和
　　　　　协调管理 105
本章小结 107
思考与演练 109

第 5 章　旅游电子商务支付系统 115

5.1　电子支付系统概述 117
　　5.1.1　传统支付的局限性 117
　　5.1.2　现有电子商务支付系统 118
　　5.1.3　电子支付的特征 118
　　5.1.4　实现电子支付的环境 119
5.2　电子货币 119
　　5.2.1　电子货币的概念 119
　　5.2.2　电子货币的特征 119
　　5.2.3　电子货币的表现形式 120
5.3　数字钱包 125
5.4　移动支付 126
5.5　网络银行 127
　　5.5.1　网络银行的优势 127
　　5.5.2　网上银行的安全措施 128
本章小结 130
思考与演练 131

第 6 章　旅游电子商务的安全 137

6.1　旅游电子商务安全概述 139
　　6.1.1　电子商务安全概述 139
　　6.1.2　电子商务的安全要素 140
　　6.1.3　电子商务环境中的
　　　　　安全威胁 141
　　6.1.4　安全控制的技术手段 143
6.2　电子商务安全技术 145
　　6.2.1　密钥加密技术 145
　　6.2.2　数字指纹 146
　　6.2.3　数字签名 147
　　6.2.4　数字信封 148
　　6.2.5　数字时间戳 148
　　6.2.6　数字证书和认证中心 149
6.3　电子商务的安全协议与标准 155
　　6.3.1　安全套接层协议 155

6.3.2 安全电子交易协议 157
本章小结 158
思考与演练 159

第7章 旅游产品与服务网上零售 167

7.1 互联网零售的历史及功能 169
  7.1.1 互联网零售的历史 169
  7.1.2 互联网在线零售的功能 169
7.2 互联网旅游产品与服务零售业 170
  7.2.1 互联网旅游产品与服务
    持续快速地增长 170
  7.2.2 网上旅游产品与服务的
    特征 172
  7.2.3 网上旅游产品与服务的
    组成 173
7.3 非中介化与再中介化的机会 175
  7.3.1 直销 175
  7.3.2 非中介化 175
  7.3.3 再中介化 175
7.4 网上旅游产品与服务的电子商务
  零售实例 177
  7.4.1 虚拟旅游商家 177
  7.4.2 "鼠标加水泥"型零售商 .. 179
  7.4.3 网上客房直销 180
  7.4.4 全包服务 182
本章小结 183
思考与演练 184

第8章 基于社会化媒体与互联网的旅行产品与服务营销 187

8.1 社会化媒体营销的旅游产品与
  服务概述 189
  8.1.1 社会化媒体概述 189
  8.1.2 社会化媒体营销 193
  8.1.3 旅游微营销 194
8.2 旅游产品与服务的网络营销 203
  8.2.1 基于互联网技术的
    网络营销 203
  8.2.2 旅游产品与服务网络
    营销潜力 204

8.3 旅游产品与服务的网络营销战略 ... 205
  8.3.1 网络营销战略的整合 205
  8.3.2 通用的网络营销战略方法 205
8.4 旅游产品与服务网络营销组合 212
  8.4.1 产品 212
  8.4.2 价格 213
  8.4.3 渠道 214
  8.4.4 促销 214
8.5 旅游产品与服务网络营销沟通 214
  8.5.1 网络营销沟通的定义与
    主要形式 214
  8.5.2 网络营销沟通的成本和
    收益 218
  8.5.3 网络营销沟通与传统营销
    沟通的区别 221
  8.5.4 网络营销沟通的应用 222
8.6 旅游产品与服务网络关系营销 224
  8.6.1 关系营销 224
  8.6.2 在线关系营销的优点 224
  8.6.3 客户关系管理的作用及
    数据管理 225
  8.6.4 许可营销 226
  8.6.5 个性化与大规模定制 226
本章小结 226
思考与演练 227

第9章 旅行社电子商务应用 231

9.1 旅行社业务流程分析 233
  9.1.1 旅行社业务垂直分工体系 233
  9.1.2 旅行社的供应链管理 234
  9.1.3 旅行社的客户关系管理 236
9.2 旅行社业务流程重组 236
  9.2.1 业务流程重组的基本
    概念及必要性 236
  9.2.2 旅行社业务流程重组的
    步骤 238
  9.2.3 旅行社的业务流程重组的
    框架 239
  9.2.4 旅行社业务流程重组方案 241

9.2.5 旅行社业务流程重组后的
效用 242
9.3 旅行社电子商务应用举例 ... 243
本章小结 246
思考与演练 247

第10章 酒店电子商务应用 249
10.1 酒店业务流程及再造概述 ... 251
10.1.1 酒店业务流程的发展 ... 251
10.1.2 信息化管理带来的
酒店业务流再造 251
10.1.3 饭店信息化管理对传统酒店
管理模式的改进 253
10.1.4 推进酒店业务流程重组的
途径 255
10.2 酒店企业的过程分析与
电子商务流程 255
10.2.1 酒店企业的过程及特点 ... 255
10.2.2 酒店企业的电子
商务流程 256
10.3 酒店各环节电子商务的
功能需求 257
10.3.1 酒店企业互联网电子
商务的功能 257
10.3.2 酒店局域网所需电子
商务的功能 259
10.4 酒店电子商务系统的构成 ... 263
10.4.1 电子商务网站 263
10.4.2 酒店的计算机接口系统 ... 265
10.4.3 酒店的计算机管理系统 ... 267
10.5 酒店电子商务系统的应用案例 ... 267
10.5.1 酒店互联网站的应用 ... 267
10.5.2 酒店内部网的功能与
操作 269
本章小结 270
思考与演练 270

第11章 旅游目的地的电子商务 ... 277
11.1 旅游目的地、目的地管理组织和
目的地营销组织的概念 279
11.1.1 旅游目的地 279
11.1.2 旅游目的地管理组织与
营销组织 280
11.2 旅游目的地营销系统 281
11.2.1 旅游目的地营销系统
定义 281
11.2.2 旅游目的地营销系统的
目标 281
11.2.3 旅游目的地营销系统的
功能 282
11.3 旅游目的地营销系统应用范例 ... 285
11.3.1 目的地营销系统在
国际上的应用 286
11.3.2 金旅雅途与旅游目的地
营销系统 286
本章小结 291
思考与演练 291

第12章 智慧旅游技术与应用 295
12.1 智慧旅游概述 296
12.1.1 智慧旅游发展的背景 ... 296
12.1.2 智慧旅游的理念、内涵
及特征 302
12.1.3 智慧旅游的总体架构 ... 305
12.2 智慧旅游应用体系 312
12.2.1 政府部门 313
12.2.2 智慧景区 316
12.2.3 智慧酒店 319
12.3 智慧旅游应用案例：智慧酒店 ... 319
本章小结 324
思考与演练 325

参考文献 333

第1章 旅游电子商务概述

【学习目标】

通过本章的学习,熟悉和掌握通过电子商务的定义、电子商务与电子业务的区别;了解电子商务技术的特点及其商业意义;掌握旅游电子商务的定义、特点及其商业意义;掌握旅游电子商务被广泛应用的动因;掌握旅游电子商务给企业、消费者和社会带来的利益。

【关键词】

电子商务(Electronic Commerce)　旅游电子商务(Tourism E-Commerce)　电子数据交换(Electronic Data Interchange, EDI)　电子政务(E-government)　互联网(Internet)　全球分销系统(Global Distribution System)　计算机预订系统(Computer Reservation System)　旅游目的地营销系统(Tourism Destination Marketing System)

开篇案例：Expedia 网上旅游服务公司

  Expedia.com 是一家总部设在华盛顿州贝尔维尤市的网上旅游服务公司，它提供日程安排、价格、航班、旅馆和汽车出租等信息(见图 1-1)。Expedia 是全球最大的在线旅游公司，其业务量约占全球在线旅游市场的 1/3。据 Expedia 发布的 2011 财年第三财季财务报告显示，Expedia 第三财季营业收入为 11.4 亿美元，高于 2010 年同期的 9.879 亿美元；净利润为 2.095 亿美元，比 2010 年同期的 1.766 美元增长近 19%。

图 1-1   Expedia.com 网上旅游服务公司首页

  Expedia 的目标是要建立一个全球性的旅游市场，使得旅游服务提供商可以扩展其网上业务，使消费者可以查询、计划、购买旅游服务，其客户价值体现在减少客户的交易成本和搜寻成本，增加价格的透明度。通过取代许多原本由当地的旅游代理所完成的功能，Expedia 改变了整个行业的结构。

  Expedia 基本上成功地实现了它的目标。通过 Expedia 网站，一般消费者和商务旅行者可以一天 24 小时实时地获得行程安排信息、450 家航空公司的价格信息、65 000 家旅馆的信息以及所有大型租车公司的信息。网站的访问者可以咨询 350 多个旅游景点的旅游情况，从业内专家那里获得旅游信息和旅游建议，还可以通过聊天室和社区公告栏向其他旅游者了解情况。在收集了必需的信息之后，消费者还可以在网站上订购相应的旅游产品或服务。目前登录 Expedia 网站查询旅游信息和订购旅游产品/服务的唯一用户数已经超出了 800 万，Expedia 是世界上访问量最大的网站之一。

  与传统的旅游代理商一样，Expedia 的收入主要来源于对每笔业务所收取的佣金。但是，公司正在转向批发商商业模式，它以折扣批发价从供应商那里购买大量的库存商品，然后用自己制定的零售价将商品转售给消费者。采用这一模式，Expedia 提供的价格更具竞争性，所获得的毛利润也比主要依靠佣金的代理模式要高。此外，公司还有一部分收入主要来源于航空公司、旅馆等供应商支付的广告费，以及公司将自己的核心技术平台授权给美国大陆航空公司、美国西北航空公司和美国运通使用所获得的收入。

1.1 电子商务概述

以全球互联网、通信技术为核心的信息技术正在引起整个旅游业的革命，正在深刻地改变着旅游业的经营、管理和运作模式。这对旅游业的发展和繁荣起着越来越重要的作用，正成为推动旅游经济发展的重要举措。全球互联网的多功能性被商界誉为销售的圣杯，以互联网的应用为本质的旅游电子商务(Tourism E-Commerce)已经成为当今世界旅游商务活动的主要推动力，成为各类旅游组织或企业在结构、运营和管理方面发生根本性、革命性变革的催化剂。要想了解和认识旅游电子商务的本质，必须从电子商务的基本概念入手，基于这个目的，本节主要介绍电子商务的基本概念与应用发展的情况。

1.1.1 电子商务的概念

究竟什么是电子商务？不同的人有不同的见解，因为电子商务这一概念自产生起，就没有一个统一的定义。目前被人们引用较多的、普遍接受的定义是 1997 年 11 月 6 日至 7 日在法国巴黎举行的世界电子商务会议(The World Business Agenda for Electronic Commerce)提出的：电子商务，是指对整个贸易活动实现电子化。从涵盖范围方面可以定义为：交易各方以电子交易方式而不是通过当面交换或直接面谈方式进行的任何形式的商业交易。从技术方面可以定义为：电子商务是一种多技术的集合体，包括交换数据(如电子数据交换、电子邮件)、获得数据(共享数据库、电子公告牌)以及自动捕获数据(条形码)等。

总体上来说，电子商务是利用现有的计算机硬件设备、软件设备和网络基础设施，通过一定的协议连接起来的网络环境，进行各种商务活动的方式。

1.1.2 电子商务的业务流程

一般来说，电子商务的业务流程包括三个阶段：交易前、交易中、交易后。

1. 交易前

这一阶段主要是指买卖双方和参与交易各方在签约前的准备活动，包括在各种商务网络和互联网上寻找交易机会，通过交换信息来比较价格和条件，了解各方的贸易政策，选择交易对象等。

买方根据自己要买的商品，准备购货款，制订购货计划，进行资源市场调查和市场分析，了解各个卖方的贸易政策，确定购货计划，再确定购买商品的种类、数量、规格、价格、购货地点和交易方式等，尤其要利用互联网和各种电子商务网络寻找自己满意的商品和卖家。

卖方根据自己所销售的商品，全面进行市场调查和市场分析，制定各种销售策略和销售方式，了解各个买方的贸易政策，利用互联网和各种电子商务网络发布商品信息，寻找贸易合作伙伴和交易机会，扩大贸易范围和商品所占市场的份额。

其他参加交易各方如中介、银行金融机构、信用卡公司、海关系统、商检系统、保险公司、税务系统、运输公司，也都应为进行电子商务交易做好准备。

2. 交易中

这个阶段包括交易谈判、签订合同和办理交易进行前的手续等。

(1) 交易谈判和签订合同，主要是指买卖双方利用电子商务系统对所有交易细节进行网上谈判，将双方磋商的结果以文件的形式确定下来，以电子文件形式签订贸易合同。明确在交易中的权利、所承担的义务，对所购买商品的种类、数量、价格、交货地点、交货期限、交易方式和运输方式、违约和索赔等合同条款，合同双方可以利用电子数据交换(EDI)进行签约，也可以通过数字签字方式等方式签约。

(2) 办理交易进行前的手续，主要是指买卖双方签订合同后到合同开始履行之前办理各种手续的过程，也是双方贸易前交易准备过程。交易中要涉及有关各方，即可能要涉及中介方、银行金融机构、信用卡公司、海关系统、商检系统、保险公司、税务系统、运输公司等，买卖双方要利用 EDI 与有关各方进行各种电子票据和电子单证的交换，直到办理完可以将所购商品从卖方按合同规定开始向买方发货的一切手续为止。

3. 交易后

交易后包括交易合同的履行、服务和索赔等活动。这一阶段是从买卖双方办完所有各种手续之后开始，卖方要备货、组货、发货，买卖双方可以通过电子商务服务器跟踪发出的货物，银行和金融机构也按照合同，处理双方收付款、进行结算，出具相应的银行单据等，直到买方收到自己所购商品，完成了整个交易过程。索赔是在买卖双方交易过程中出现违约时，需要进行违约处理的工作，受损方要向违约方索赔。

1.1.3　电子商务涉及的领域

电子商务系统以互联网为依托，给整个社会和经济都带来了巨大的影响，其应用的范围也越来越广。

(1) 国际旅游和各国旅行服务行业，如酒店、宾馆、机场、车站的订票、订房间、信息发布等一系列服务。

(2) 图书、报刊、音像出版业，如电子图书发行、报刊图书的网上订阅等服务。

(3) 新闻媒体，如新闻的发布、信息的采集等。

(4) 进行金融服务的银行和金融机构，如网上银行、网上证券业务的开展。

(5) 政府的电子政务，如电子税收、电子商检、电子海关、电子行政管理等。

(6) 信息服务行业，如房产信息咨询服务、导购咨询服务等。

(7) 零售业，包括在线的商品批发、商品零售、拍卖等的交易活动。

(8) IT 行业，如网络设备产品、个人计算机的网上销售等。Dell 公司利用互联网络加强效率与成本的控制，更好地"按用户订单装配计算机"。

(9) 信息公司、咨询服务公司、顾问公司，例如，房产中介服务公司联合推出的在线咨询，信息公司(如雅虎等)推出的搜索服务，首信公司推出的网上安全支付平台等。

(10) 进行小规模现金交易的金融组织和证券公司。如，网上证券交易，是一种全新的交易手段。

(11) 分布全世界的各种应用项目和服务项目,如网上保险。

1.1.4 电子商务的特点与优势

电子商务将传统商务活动中物流、资金流和信息流利用网络技术进行整合,能直接与分布各地的客户、员工、供应商和经销商连接,创造更具竞争力的经营优势。电子商务使企业具备灵活的交易手段和快速的交货方式,可以帮助企业优化其内部管理流程,以更快捷的方式将产品和服务推向市场,大幅度促进社会生产力的提高。与传统商务相比,电子商务具有以下特点。

1. 业务全球化

网络可以使交易各方通过互动方式直接在网上完成交易和与交易有关的全部活动,它使商品和信息的交换过程不再受时间和空间的制约。企业可以利用 Internet 将商务活动的范围扩展到全球;相应地,消费者的购物选择也是全球性的。

2. 服务个性化

在电子商务环境中,客户不再受地域的限制,也不再仅仅将目光集中在最低价格上。因而,服务质量在某种意义上成为商务活动的关键。在网络中,企业可以依据网页向用户提供各类信息,展示产品视觉形象,介绍产品的性能、用途,可以根据用户的要求组织生产,然后直接出售给客户,并提供各类服务,甚至还可以让消费者直接参与产品设计与定制。

3. 业务集成化

电子商务的集成性,首先表现为企业事务处理的整体性、统一性,它能重新规范事务处理的工作流程,将人工操作和电子信息处理集成为一个不可分割的整体。

万维网的应用使得企业能自动处理商务过程,不再像以往那样强调公司内部的分工。企业将客户服务过程移至万维网,使客户能以一种比过去简捷的方式获得服务。

4. 电子商务的均等性

电子商务的应用,对大、中、小企业都产生了机遇与挑战,带来的机会是均等的。对中小型企业来说尤其有利,使它们可以接触到世界范围的广大客户。

1.2 旅游电子商务

1.2.1 网上旅游用户规模继续扩大

据中国互联网络信息中心(CNNIC)于 2012 年 7 月发布第三十次《中国互联网络发展状况统计报告》显示,截至 2012 年 6 月底,中国网民数量达到 5.38 亿,互联网普及率为39.9%。在普及率达到约四成的同时，中国网民增长速度延续了自2011年以来放缓的趋势，2012年上半年网民增量为2450万，普及率提升1.6个百分点。

网上预订(酒店、票务)是网民常用的网络功能，有85.7%的网民半年内在网上查询过商品信息，26%的网民实现了网络购物。网上旅行市场还比较小，但据iResearch艾瑞市场咨询的研究数据显示，网上旅游会逐渐被网民认识和接受，并会经历一个比较高的增长幅度。随着网上旅游业务的多元化，中国网上旅游用户规模将继续扩大，图1-2为iResearch艾瑞市场咨询公司公布的中国网上旅游预订用户规模。

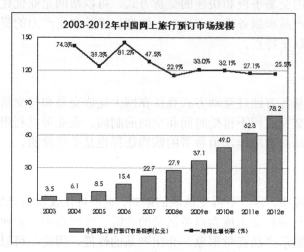

图1-2　中国在线旅游市场预订规模图

当前全球电子商务交易总额中，旅游电子商务已占到1/5的份额，成为全球电子商务的第一行业。网络作为新的旅游信息平台，为旅游业的发展提供了新的契机。根据产业数据库发布的《2011年第二季度中国网络旅游市场季度监测》数据显示，2011年第二季度中国网络旅游市场收入规模达21.1亿元，环比增长11%，同比增长28%。2010年中国经历了上海世博会、广州亚运会等重大活动，旅游需求被阶段性释放；2010年第四季度和2011年第一季度经历小幅下跌；伴随2011年旅游旺季的到来，2011年第二季度中国在线旅游市场开始恢复增长，如图1-3所示。

由于网上预订机票、酒店住宿及参加旅游团的费用通常都有折扣优惠，所以，电子商务的实施对商旅人士和普通民众均具有相当的吸引力。根据国家旅游局统计，国内旅游人数占了全部旅游者的97%，其中92%是散客，散客市场对在线旅游服务的需求最大。据了解，携程网的用户中，商务客人占了88%，休闲客人占了12%，商务客人仍占有绝对优势，但是休闲旅游目前正迅速成为思想活跃、收入中等以上的年轻人热衷的一种生活方式，这将成为一个潜力巨大的客户群。同时，网民阵容正在迅速扩大，可以说他们都是在线旅游服务的潜在使用者。

WTO报告也指出，旅游电子商务方便旅游企业在网上发布信息并以相对较低的成本进行预订。我国出境游、入境游、国内游市场全面快速增长，春节、"十一"黄金周的旅游市场增势更是不断提升。旺盛的需求为电子商务的运行和发展提供了广阔的市场空间。旅游业作为21世纪的朝阳产业，其市场前景非常广阔，这是旅游电子商务的魅力所在。据有关资料表明，旅游电子商务在国外网络市场也是一枝独秀。国外网络旅游已成为网络零售业销售额最高的一部分，网上订房、订机票、订火车票、订旅游团等已经成了很多人的习惯。

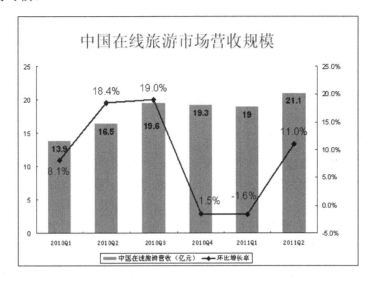

图1-3 中国在线旅游市场营收规模

1.2.2 互联网和旅游业——强强联合

互联网与它的端口(TCP/IP)已经为全球性的开放网络系统传递与沟通信息创造了一个极为广阔的平台。随着数字转化技术、全球通电话系统与遍布的公用电话亭、电子操作平台等技术的出现与完善，我们可以通过屏幕或光缆与互联网连接，以满足我们不同的需求，实现各自的目的。互联网接入成本不断下降而链接速度则不断提高，由于它的功能和所提供的服务与我们越来越密切，互联网已经变得越来越重要，不断驱动着互联网用户数量持续增加。

旅游业与互联网是一对理想的搭档。对于消费者而言，当他们计划去一个新的目的地旅游时，在选购旅游产品时会因为没有完全了解旅游产品而遇到一些困难。与以前信息不对称的情况相比，互联网可以使消费者迅速地通过网络了解有关旅游目的地的新的情况与消息，能够使他们更便捷、更容易地进入预订系统。

对于旅游目的地及其经营者而言，互联网为其降低向消费者、客户发布消息，提供各种预订服务的成本提供了可能。互联网还能够使旅游目的地的经营者节省大笔原来花费在印制产品广告与分销系统等传统营销方式中的成本支出。互联网的出现为旅游目的地的经营者与旅游市场的中介者之间架起了沟通的桥梁，构建了紧密的合作关系，最终实现为游客提供优质服务的目标。

旅游业与其他的贸易活动有本质的区别——它的消费者对于商品的购买与使用均在同一地点——旅游目的地。因此，旅游业不同于其他类型的商业交易，它不需要把所售商品送到世界各地，绝大多数旅游产品具有不可移动性，但正是源于这一点，而引起了其他的问题，游客对旅游产品产生不满意的原因大都与此有关，这些是我们必须认真考虑的问题。

上述这些因素，聚合到一起共同作用于旅游活动与旅游交易，并使其在全球电子商务贸易额中所占比重越来越大。可以认为，互联网对传统的旅游信息发布，旅游产品的分销模式扮演了变革者的作用。互联网不仅可以把旅游目的地的最新消息及其销售情况迅捷地直接传输给终端客户，而且也会逐渐成为一种企业间用于沟通交流、开展交易活动的基本渠道，或者说是首选方式。

1.2.3 互联网和基于互联网的电子商务的重要用途

1. 互联网用户数量的增长

世界级金融服务商摩根士丹利的一份研究报告显示，全球互联网用户持续增加，目前已经达到 21 亿，并且用户分布更加分散。1995 年时，美国互联网用户数量占全球网民总数的 65%，而 2008 年中国已经拥有了 2.2 亿互联网用户，首次超过美国网民数，成为全球首位；2012 年，中国互联网用户数量达 5.36 亿，超过了世界上其他任何一个国家。艾瑞市场咨询公司曾在一份报告中预测 2002—2010 年世界互联网用户数量，瑞典互联网市场研究公司 Royal Pingdom 根据调查，也显示了 2011 年世界互联网的用户数量，如图 1-4 所示。

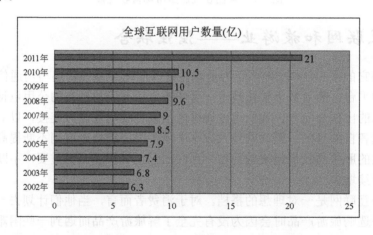

图 1-4　2002—2011 年全球互联网用户数量

(来源：根据艾瑞市场咨询、瑞典互联网市场研究公司 Royal Pingdom 的资料整理)

2. 旅游者互联网用户群体特征

旅游者互联网用户群体特征主要体现在生活较富裕、接受教育层次较高、喜欢独立出游等方面。换句话说，这些好游一族互联网用户与许多旅游目的地的市场营销有密切的联系。随着互联网用户的增加，特别是相关方将会通过各种新的渠道获取各种有关信息(特别是通过互动视频与光缆设施)，用户群体将会发生改变，其覆盖群体也会越来越多，传统旅游产品的营销方式的影响将会逐渐减弱。

通过对互联网用户群体的了解以及上述调查都证明了对于旅游目的地的市场营销与旅游交易活动而言，互联网的确是一种理想的媒介。

3. 互联网贸易的增长

CNNIC 2012 年 7 月公布的调查结果显示，网络购物用户规模达 2.1 亿。我国在线预订机票、酒店和旅行行程的用户规模为 4258 万人。

艾瑞咨询统计数据显示，2012 年第二季度中国在线旅游市场同比保持了快速增长，市场交易规模达 418.7 亿元，同比增长 35.8%。艾瑞咨询分析，2012 年第二季度在线旅游行业的稳定增长的原因主要为：①航空机票市场的自然增长以及在线预订比例的稳步提升；②酒店的 OTA 在线分销以及经济型连锁酒店直销保持快速增长。中国在线旅游市场交易规模如图 1-5 所示。

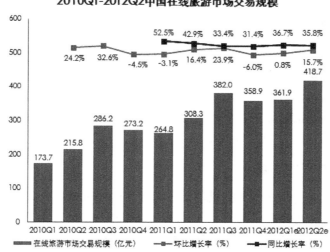

图 1-5　中国在线旅游市场交易规模

（来源：艾瑞咨询统计数据）

图 1-6 是有网上购物经历的中国网民 2012 年上半年进行网络购物的用户数和使用率图，从此图和网上购物的网民数推算，网络购物呈上升趋势。

4. 旅游与旅游业贸易的市场份额

旅游与旅游业的交易量已成为互联网贸易门类中增长最快的一个门类。Jupiter Research 研究报告称，美国在线旅游市场收入 2004 年达到 540 亿美元，占整个旅游市场 20%。Jupiter 公司曾预计，2006 年美国的互联网旅游业交易额将会达到 630 亿美元，占据全美旅游贸易收入总额的半壁江山。而中国 2005 年整个旅游市场规模达到 5286 亿元。2005 年 9 月，中国国家旅游局公布的统计数据说明，目前国内网上年旅游交易额已达到 40 亿元至 50 亿元人民币，仅占整个旅游市场规模的 1%。由此可见，中国在线旅游市场发展潜力非常巨大。

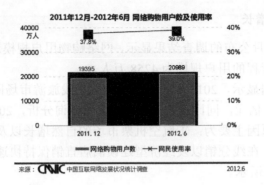

图 1-6　中国网民 2012 上半年内进行网络购物的用户数和使用率

5. 旅游产品的采购

根据全美旅游企业联合会(TIA) 2001 年调查显示，绝大多数的美国旅游者中的互联网用户通过互联网进行机票与酒店的预订。根据机票的互联网交易的规模及频率，机票互联网交易额已构成了机票交易市场的最大份额。根据 CNNIC 的网络调研报告，中国网民在网上实际购买的产品中，对于旅游产品的采购仅限于旅行票务及旅店预订服务，占购买产品总量的 7.9%，还处于较低的水平。

6. 旅游信息的获取渠道

根据美国芝加哥专门为富人提供消费咨询服务的 Thomas, Townsend & Kent 公司的调查数据整理显示，2004 年，美国富裕消费者(家庭年收入超过 10 万美元者)在了解旅游信息的时候，最多依赖的是互联网搜索引擎。浏览旅游杂志、参考他人介绍以及咨询旅游机构这三类方式都已被远远抛离。此外，电邮资讯作为网络营销的一种方式，也获得不少人的青睐。

仅用了 5 年时间，互联网已成为世界互联网旅游市场相对成熟的国家中获取旅游信息的一个首要的信息来源。当前，通过互联网进行旅游预订的比例相对较小(美国大概在 6%~15%)，但随着互联网用户的增加，消费者网上购物的倾向增强，这一比例将持续上升。有理由相信，在今后的 4~5 年中，互联网旅游交易额将会占据主要市场份额的 20%~25%，如图 1-7 所示。

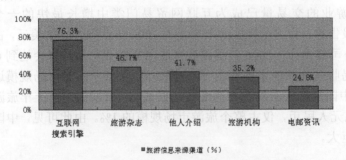

图 1-7　2004 年美国富人旅行信息来源渠道

(来源：Thomas, Townsend & Kent)

7. 主流市场趋势

主流市场趋势主要表现在以下几个方面。

(1) 互联网的使用正在显著增长。
(2) 互联网用户网上购物的比例持续增长。
(3) 旅游与旅游业将会在互联网贸易额中占据越来越多的份额。
(4) 旅游与旅游业的互联网交易额中自助产品的份额将会逐渐增大。
(5) 使用群体大都是旅游目标市场中的旅游业组织。
(6) 作为计划出游的旅游者决策的信息源，相对于其他方式，互联网已成为一种影响力较大的信息源，其预订方式的重要性也逐步增强。

1.2.4 旅游电子商务的概念、优势及功能

1. 旅游电子商务的概念

旅游电子商务是电子商务在旅游业这一特殊产业领域的应用。电子商务是从两方面来定义的，一方面，通过加强联系的方式全面提升商务活动；另一方面，运用互联网技术来改善并传输重要的商务过程。对于旅游目的地与商务活动相关方来说，把这两方面结合在一起就可以清晰体现相关方之间的关系。即电子商务提供了一种方式(或机遇)，再具体来说就是运用互联网来提升旅游目的地与商业活动相关方的内部与外部关系。

世界旅游组织在其出版物《E-Business for Tourism》中指出："旅游电子商务就是通过先进的信息技术手段改进旅游机构内部和对外的连通性(Connectivity)，即改进旅游企业之间、旅游企业与上游供应商之间、旅游企业与旅游者之间的交流与交易，改进旅游企业内部业务流程，增进知识共享。"

在国内的研究文献中，王欣将旅游电子商务定义为：以网络为主体，以旅游信息库、电子化商务银行为基础，利用最先进的电子手段运作旅游业及其分销系统的商务体系。杨春宇将旅游电子商务定义为：旅游企业基于互联网提供的互联网技术，使用计算机计算技术、电子通信技术与企业购销网络系统联通而形成的一种新型的商业活动。其他对旅游电子商务的完整定义尚少。

在分析已有研究成果的基础上，本书把旅游电子商务定义为：利用互联网和通信技术，实现旅游信息收集与整合、旅游业及其相关产业电子化运作和旅游目的地营销的活动，是一种先进的运营模式。旅游电子商务主要包括旅游信息网络宣传，旅游产品在线预订、支付以及旅游企业业务流程的电子化、旅游目的地营销等。

2. 旅游电子商务的优势

旅游电子商务相对于电子商务中的其他行业而言有两个优势：首先，作为服务领域的旅游行业较少涉及实物运输，因此旅游电子商务不用面临目前最复杂、费力的物流配送问题。当然，有时可能涉及一些交通票据配送的问题，这可以通过集中的方式解决。现在开始尝试的电子机票，推行无票旅行的概念，也将是旅游电子商务旅游发展的必然趋势。其次，随着金融业的参与，资金通过网上结算方式直接付款，免去了旅游者携款

办理各种手续的麻烦。这种建立在优势互补基础上的新运行机制,由于各方面的经营投入与利益获取有着不同的侧重点,很快将形成银行、旅游中介商、旅游产品生产者、旅游者四方得利的共赢局面。

3. 旅游电子商务的功能

旅游电子商务系统至少提供以下四个功能。

(1) 信息查询服务,包括旅游服务机构信息、旅游景点信息、旅游线路信息以及旅游常识等。

(2) 在线预订服务,主要提供酒店客房、民航班机机票及旅游线路预订等。

(3) 客户服务,提供可实施在线旅游产品预订的客户端应用程序。客户可以通过这种方式与代理人(相关旅游服务机构)进行实时的网上业务洽谈。

(4) 代理人服务。通过酒店、旅行社及民航等多种旅游产品的代理端应用程序,代理人可以与客户实时洽谈网上业务,管理产品预订。

一个好的旅游电子商务系统还应提供旅游电子地图及网上导游,以便旅游者扩大选择范围,动态选择旅游资源。目前,世界旅游业都在充分利用互联网提供旅游服务,扩大分销渠道,发展旅游信息传播系统和旅游预订网络系统。互联网已成为旅游业市场竞争的取胜之道。

1.2.5 旅游市场关系管理的原则

电子商务的一个重要方面就是客户关系管理。在营销中,我们一般把它简写为CRM(Customer Relationship Management)。CRM是一种有效的,而且经济的管理方式。基于这样的原则和信念:即消费者是实现收入最大化的关键,特别是那些多次购买者。所以我们可以把与客户关系管理视为一种充满哲学味道的过程。因而CRM确实应该得到重视,因为它确实起到了促进整个组织重建与重组的重要作用。这些原则可以适用于任何类型的消费者,不论是终端消费者,还是中间商。

对CRM有各种不同的定义与理解。Nykamp咨询集团用极为简短的话概括了CRM的实质。他们认为,CRM就是要与顾客及潜在的顾客保持一种积极有效的联系。Nykamp提出了一个循环系统模型,这个循环系统最好的起始点应根据顾客的要求及其他潜在的市场和关系类型之间的差异来首先了解清楚顾客的实际需求,这样的模式才可能是最有效的,如图1-8所示。

通过分别开发商品、服务的销售渠道来满足差异市场的需求,这个过程离不开顾客的参与。同时增进顾客对商品与服务的认同感,最终才能获取客源市场并且能够稳定与巩固客源市场。CRM应建立起涉及顾客群体的深度信息系统,有关的信息应包括顾客的社会阶层、兴趣、爱好及其消费方式,他们过去都有哪些需求,将来可能还会产生哪些需求等。建立这样的信息系统需要下面的条件来支持。

(1) 有效的、专业的服务咨询。

(2) 提前行动,针对潜在市场提供专门商品服务以满足市场需求开辟客源。

(3) 构建客户终身服务系统,直至双方交易关系完全终结。

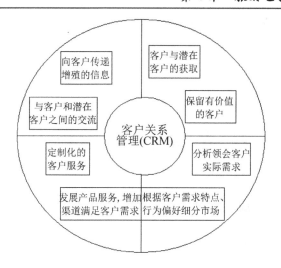

图 1-8 Nykamp 循环系统模式图

应通过不同的渠道方式全方面发展与客户之间的关系。不同的顾客群体的信息应在同一个客户信息数据库中反映。对于旅游目的地或旅游产品经销商来说，他们需要通过网络、电子邮件、服务咨询中心、旅游手册、旅游官方机构信息中心等与游客在出游前、出游中、出游后保持密切联系。

CRM 不是由各自独立部分简单相加而成的一个运转性的功能组织系统，它必须是为满足不同市场需求，使得各种专业技能、操作程序、整体精神理念与消费者(客户)连为一体。

市场的细分应与消费者差异化需求对应一致。系统运转的目标应着眼于客源市场的获得、稳定、巩固并且获得消费者的认同，这需要一个优秀的控制系统来进行技术支持。这个系统应该与市场研究和创新紧密结合。互联网的出现为当前关于消费者的需求、兴趣、行为方式、消费态度及满意度的研究提供了便捷的平台与空间，当然，这个研究课题同样需要传统的研究方式来协作完成。

1.2.6 电子商务给旅游业带来的变革

随着现代科技和信息产业的发展，互联网成为带动旅游业持续演变的一个重要因素，网络的关互性、实时性、丰富性和便捷性等优势促使市场结构和消费者行为发生巨大的改变。通信技术拥有和使用的扩大，以及各种旅游接待条件之间的差别和价格的透明，吸引了顾客，给旅游业带来了新的契机，并加速了网上旅游供应商之间的竞争。

2004 年央视调查咨询中心针对北京青年网民的旅游消费行为和使用旅游网站的行为进行的调查结果显示，25.6%的网民通过上网进行旅游信息的查询，并且在未来将会有 60%的网民登录旅游网站进行信息查询，这已经成为网民了解旅游信息的一种主要方式；有 54.2%的网民会尝试网上预订。

互联网的出现使得旅游消费者可以绕过所有的中间环节，通过互联网直接向目的地的各类产品供应商进行预订，而且通过互联网预订的成本大大降低。在互联网日益普及的今天，传统旅游中介机构(特别是旅行代理商)是否能存在下去，以什么方式存在下去，成为旅游行业关注和争论的一个焦点问题。

电子商务已经成为信息时代旅游交易的新模式。2008年据世界旅游组织WTO预计，5年之内旅游电子商务将占全球所有旅游交易的25%；在未来4至5年内，旅游电子商务在电子商务中的比重将达到20%~25%。

1.3 旅游电子商务的发展现状及趋势

1.3.1 旅游电子商务的发展现状

1. 国际旅游电子商务近况

1) 网络旅游已成为全球电子商务第一行业

世界旅游组织2001年的报告指出，全球旅游电子商务连续5年以350%以上的速度增长；今后5年间，世界主要旅游客源地约1/4的旅游产品订购将通过互联网进行。据美国著名的CRG研究公司的最新统计，2002年全球旅游业电子商务销售额突破630亿美元，占全球电子商务总额的20%以上。

2) 互联网已成为旅游者最主要的信息来源渠道

Concierge公司对旅游和生活方式的调查反映出美国人在计划、选择旅游线路和旅游方式时，互联网是首选的信息获得手段(26%)，其他主要手段依次为旅行社(22%)、导游书籍和小册子(11%)、报纸和杂志(10%)。世界旅游组织在旅游电子商务研究报告中指出：上网旅游者的一般特征是"相对富裕、受过良好的教育、喜爱个性化的旅游、旅行频繁、旅游决策周期短"。

3) 各类旅游产品在线预订比例显示出不平衡性

世界旅游理事会(WTTC)全球在线旅游预订市场1999—2005年的统计预测显示，在线预订主要集中在易标准化的旅游产品(如机票、饭店、租车)上，而复杂的、信息含量高的旅游产品(如包价旅游、度假、游轮旅游)的在线预订额较低。2002年美国在线旅游市场中各类旅游产品销售份额为：机票66%，饭店客房22%，租车9%，其他(包括火车票和游轮旅游)3%。

4) 在线旅游市场中介销售与供应商直销竞争相持

在美国，在线旅行商销售额相对于旅游供应商直销额的比例由2000年的47：53上升为2002年的54：46；在欧洲，这一比例则由2000年的40：60下降为2003年的34：66。

5) 在线旅游经营商的"两极分化"

如今的网上旅游业市场是一个极具活力的市场，其中不乏竞争力很强的新从业者和强大的集中联网机制。多年来，网上旅游供应商(包括普通类别和特殊市场类别)的数量不断增加，市场在较大和资金较雄厚的公司手中逐渐巩固。亦如互联网问世以前旅游业的状况一样，发展中国家的旅游信息主要是由海外服务供应商提供和保持的，后者也从事绝大部分交易并获得大部分利润。若干年来，网上巨型旅行社，例如Expedia、Orbitz和Travelocity等主宰了网上旅游业，但由航空公司、酒店和租车行之类的直接供应商经营的网站，正在吸引搜寻更好的价格避免第三方从中渔利的旅游者。在发达国家，旅游供应商正在大笔投资设计便于用户掌握的目的地管理系统，它所基于的是提供各种功能(包括网上预订和订购系统)的通信技术工具，以满足顾客的愿望；而且提供特色旅游产品或服务的小型旅游企业，它们的优势是小而精，专门服务于小的细分市场，并在他们从事的领域成为专家。

2. 中国旅游电子商务发展现状

我国旅游电子商务网站从 1996 年开始出现，目前，具有一定旅游资讯能力的网站已有 5000 多家。其中专业旅游网站 300 余家，主要包括地区性网站、专业旅游网站和门户网站的旅游频道三大类。地区性网站主要是当地景点、景区风光的介绍，总体实力较差，信息量少，效益难以保证。专业旅游网站主要进行旅游中介业务，包括传统旅行社建立的网站和专业电子商务网站两类。前者有中青旅网、国旅网等，康辉还开通了国内第一家出境旅游网站，介绍出境旅游报名参团、办理护照、签证、边防、海关等知识。后者中比较成功的有携程旅游网、e龙网、华夏旅行网。其中，携程自 2001 年 9 月以来，在众多旅游网站中迅速崛起，网上咨询爆满。2003 年 11 月该网完成了新一轮总额约为 1200 万美元的融资，成为旅游电子商务网站的佼佼者。e龙网也拿到了美国私人风险投资基金。2003 年 3 月香港美亚国际集团投资两亿元，开通了"中华万游网"。该网突出文化旅游和商务旅游，并运用图文、影音等多媒体技术和电子地图等方式介绍中国文化。根据 2005 年 11 月 e 龙公布的第三季度财报显示，该公司的旅游收入为 5420 万元人民币(670 万美元)，比去年同期增长了 60%，比今年第二季度增长了 15%；酒店收入为 5940 万元人民币(530 万美元)，比去年同期增长了 42%，比今年第二季度增长了 15%；飞机票订票收入 750 万元人民币(92.7 万美元)，比去年同期增长了 121%，比今年第二季度增长了 50%。由于该公司继续实施住宿收入多元化的策略，第三季度飞机票订票收入占总收入的比例从去年同期的 9%提高到了 13%。从这些数据中可以看出，旅游电子商务的发展前景乐观。

2002 年，我国国家旅游信息化工程——金旅工程将建设"旅游目的地营销系统"作为其电子商务部分的发展重点，旨在将其建成信息时代中国旅游目的地进行国内外宣传、促销和服务的重要手段。经过一年多的努力，全国"旅游目的地营销系统"的中心平台建设已初具规模，广东、香港、澳门、大连、三亚、珠海、南海、深圳、厦门、苏州等十余个区域或城市的"旅游目的地营销系统"也投入运营或正在建设之中，在旅游宣传促销方面发挥了重要作用。在此基础上，国家旅游局预计用两年左右的时间，逐步完成 138 个优秀旅游城市的系统建设，并逐步辐射到其他城市。

可见，我国旅游电子商务已经形成了各类旅游企业(包括目的地旅游服务企业、旅游中间商)网站和旅游目的地营销机构(DMO)网站、全球分销系统(GDS)和计算机预订系统(CRS)、专业旅游网站及旅游电子商务平台功能互补、相互竞争、共同发展的多元化格局。

1) 旅游目的地营销系统发展迅猛

旅游目的地营销系统(Destination Marketing System，DMS)是利用互联网技术，结合数据库、多媒体、网络营销技术和手段进行旅游目的地宣传促销和旅游服务的综合应用系统。在我国广东南海、港澳地区、大连、三亚等地区已取得了良好的应用效果。

2003年厦门建成旅游目的地营销系统(DMS),深圳、江苏常州也在2004年启动旅游目的地营销系统(DMS)网络平台。目前各省市纷纷建设旅游目的地营销系统,加强旅游信息化工作,这开创了旅游业新的发展思路和方向,已成为中国走向世界、让世界了解中国的快捷工具。

旅游城市(目的地)营销系统不仅能有效地实现目的地城市及旅游企业的信息化建设,而且因其能将信息技术与传统旅游营销支持融合,被认为是信息化时代中形成的新的旅游营销模式,对中国旅游营销势必产生深远影响。

总而言之,采用目的地营销系统,可以有效地收集、整理和整合目的地信息,并建立起旅游产业有效的市场反馈机制。同时,能够对旅游目的地进行整体地策划和有效地宣传,并结合全国性的目的地营销系统为当地旅游企业提供各种营销服务。

2) 旅游企业集团信息化建设成果显著

大型旅游企业集团成为旅游电子商务的领先应用者和集中受益者。在企业管理方面,现代管理信息系统有效缓解了集团规模扩张带来的机构庞大、管理失效的弊病,有利于培育规模化、扁平化、标准化、程序化的企业管理新格局。在经营方面,时空无限的虚拟信息网络与旅游企业集团全国延伸的实体经营网络相互呼应,网站品牌与企业品牌强强联合,构筑了旅游企业集团的经营优势,并增强了企业集团的扩张能力。

全国性或跨区域旅行社集团实施电子商务优势最为明显。中青旅建设综合性旅游网站青旅在线(www.CYTSonline.com),并投巨资用于信息化改造,如今已形成系统的电子商务解决方案:青旅在线网站与青旅控股 ERP 系统对接,实现信息一体化建设,网站的资讯全面,旅游线路等产品信息由系统智能地反映到网上;网上销售、资讯、网下销售以及内部销售管理紧密结合,B2B、B2C 有效结合,同时更突出个性化服务。凭借强大的传统资源和先进网络技术相结合的优势,2002年,中青旅电子商务公司收入1.8亿元,净利润19万元。上海春秋旅行社1994年起就通过计算机实时预订系统解决全国分社的散客运作,显示出准确、迅速、方便的规模化统一操作优势,其后随着网络成员不断增加,形成了一个比较完善的代理商预订系统,春秋旅行社也由此迈入旅游批发商的行列。其网站春秋旅游网将旅行社的优势产品作为网络营销的主产品,不但得益于春秋旅行社作为旅游批发商在旅游线路价格、类型上的优势,而且利用旅行社规模订房、订票的价格优势带动商务客的运作,取得良好的效益,2002年每月的网上交易量达260万元人民币。

3) 行业和地区差异明显,整体水平不高

从地域来看,我国旅游电子商务网站的分布,全国性旅游网站基本集中在北京、上海和广东这几个地区,多数省份只有零星的电子商务网站。

从行业来看,信息化基础建设和应用水平差异也很大。饭店业中高星级饭店(四、五星级饭店)普遍建立了饭店信息化管理系统,部分饭店参加了饭店中央预订系统(CRS)和全球分销系统(GDS),发展与国际同业的高速信息通道。多数国际连锁饭店成员采取既独立建立网站,又在连锁集团的大旗下建立网页的做法。但数量占旅游饭店总数43%的未评星饭店和占住宿设施总数96%的国内饭店和招待所在饭店综合信息化系统方面仍基本处于初级状况。旅行社行业中,几大旅行社集团和一些大型国际旅行社采用了信息管理系统和业务管理系统，与国外同业有网络连接，且应用规模和深度发展较快；而大多数中小旅行社仍处在信息化的起步阶段，发展较为迟缓。车船公司和旅游景区(点)的信息化综合应用水平比上述各分行业更低。

1.3.2 旅游电子商务的发展趋势

1. 电子商务理念：从"以交易为中心"到"以服务为中心"

世界旅游理事会(WTTC)在其报告"未来旅游业发展：营造客户中心体系"中指出，"未来的旅游应向增强与客户的双向交流、改善信息服务、通过个性化服务增加附加值的方向发展。旅游电子商务技术将在这个过程中发挥作用"。目前我国网上旅游服务项目少，旅游网站多为面向散客提供订票、订房，"以交易为中心"色彩较浓，而旅游者路线自助设计等"个性化旅游"需求尚难以得到满足。预计未来2~3年旅游电子商务将在服务上更加完善，更人性，如表1-1所示。

表1-1 旅游电子商务将向"以服务为中心"发展

目前的旅游电子商务	未来发展趋势
以达成交易为关注中心	以提供个性化客户服务为关注中心，将服务作为销售的前提
以交易效率为中心，将通过预订流程自动化提高效率视为开展电子商务的重要效益	利用信息技术，旅游企业与旅游者展开一系列交流，设计符合个性的产品，提高利润
提供的信息限于旅游产品基本数据，对旅游产品的描述过于简单。一些"信息密集型"的、复杂的旅游产品，如包价旅游、游船旅游、度假旅游产品等无法得到有效的描述，影响了游客对它们的预先感知	对旅游产品、服务的特征描述详尽周全；多媒体技术得到应用，以更好的形式展示旅游信息；旅游企业与客户的双向沟通更加方便
组合型旅游产品是预先设计好的，一般不能变动	在低成本的前提下，旅游者可通过网络自行组合旅游产品，能实现旅游线路个性化定制
针对大众的一般需求设计，或粗略划分的细分市场	在市场细分上做得更细致，更精确

(资料来源：巫宁，杨路明. 旅游电子商务[M]. 北京：旅游教育出版社，2004.)

2. 旅游电子商务体系的演进：增进互联与整合

未来几年中，旅游业信息技术不仅在单项上能得到改进，而且旅游信息技术的应用模块将被更好地整合为一体。行业内将形成提供覆盖范围广、成本低廉的旅游业通信交流平台，使旅游企业之间增进交流与合作，为游客创造一体化的旅游服务感受。来自众多旅游企业的动态旅游产品信息将更多地通过大型旅游电子商务平台、GDS、CRS等系统汇聚、共享、传播，企业建网形成"信息孤岛"的不成熟模式将得到改观。旅游分销渠道将更加多样，并提供多种购买方式以供选择。

3. 旅游电子商务规范与标准：整体制定与推行

旅游电子商务是一个新兴领域，我国在旅游电子商务规范与标准的制定和推行方面尚非常薄弱，这应是下一阶段的发展重点。

首先是规范化。建立健全旅游电子商务规范体系，为旅游电子商务的实施和监管、企业和消费者的市场行为、信息内容和流程、技术产品和服务等提供指导与约束，预先把那些对旅游电子商务活动可能产生不利影响的潜在因素加以防范，是推动旅游电子商务持续、稳定、健康、高效发展的关键。

其次是标准化。旅游电子商务的本质在于互联。食、住、行、游、购、娱等各类旅游企业之间、旅游企业内部信息系统与旅游电子商务平台之间、旅游业与银行、海关、公安的信息系统之间应能实现互联互通，以自动处理频繁的信息数据交换。在国外，通常由专门的组织(如 OTA)制定出一套统一的数据格式和接口标准，旅游电子商务网站、管理信息系统在开发时都遵照这套标准，这样在一开始就保证了与其他单位的信息系统间做无缝链接的可能性。我国旅游电子商务的数据交换也应尽快实行标准化，并与国际接轨。

4. 新技术应用：移动电子商务成为主流

根据中国互联网络信息中心公布的调查数据，我国手机网民规模达到 3.88 亿，如图 1-9 所示。

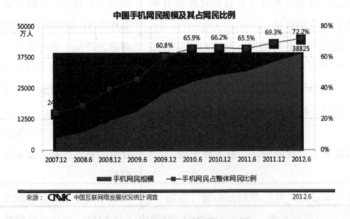

图 1-9　移动用户数量统计图

移动电子商务将成为一个新的切入点，结合智能网络技术，真正实现以人为中心的旅游电子商务应用。未来对旅游业最重要的移动电子商务技术包括：移动支付——顾客无论在何时何地，通过移动电话等终端就能完成对企业或对个人的安全的资金支付；短信息服务——以低成本高效率的信息交流方式，随时随地把顾客、旅游中间商和旅游服务企业联系在一起，预订的结果、航班的延迟等信息皆可随时通知旅游者；基于位置的服务——专门针对流动的旅游者的服务，"事先将个人的数据输入移动电话或 PDA，那么我位于某一个点上的时候，它会告诉我，附近哪里有电影院，将放映什么电影是我可能感兴趣的，哪里有我喜欢的书，哪里有我喜欢吃的菜，我会知道去机场会不会晚点，如果已经晚了，那么下一班是几点，它不会把巴黎的飞机时刻表发给我，而是只把北京的时刻表给我。这些完全是由移动性带来的，固定的互联网服务不是这样的"。这些技术的应用将使旅游电子商务服务功能更加完善，应用更加普及。

5．人才培养新方向：复合型旅游电子商务人才

目前人才的短缺成为中国旅游电子商务发展的瓶颈。由于旅游电子商务是旅游和电子商务的整合，所以具有电子商务和旅游知识的复合型人才，才能将电子商务的技术手段、应用功能和模式与旅游行业组织、管理、业务方式及其特点密切联系起来，优化其价值链。

白翠玲等提出，旅游部门与旅游院校应顺应时代要求、着力培养三个层次的旅游电子商务人：善于提出满足商务需求的电子商务应用方式的商务型人才；精通电子商务技术，又具备足够的旅游业知识，能以最有效的电子商务技术手段予以实施和满足的技术型人才；通晓全局，具有前瞻性思维，熟知旅游业电子商务理论与应用，能够从战略上分析和把握其发展特点和趋势的战略型人才，使旅游电子商务从业人员以完整的旅游电子商务观适应整个行业运作体系的变革。

案例研究：淘宝旅行

淘宝旅行平台是淘宝网旗下的旅游服务类商品在线交易平台(如图1-10所示)。淘宝旅行平台发布的2011年年报显示，去年该平台交易额达到109亿元，同比增长了122%。其中，机票单日交易量峰值突破8万张，创下同类网站单日在线交易量的最高纪录，相当于每秒钟售出1张机票。业内分析认为，淘宝旅行平台将淘宝网购中的"先行赔付"等消保模式"移植"到在线旅游市场，积极效应正在显现。

图1-10 淘宝旅行首页

淘特价机票，量身定做旅游线路，越来越多的网友选择在网上购买各种旅游产品。来自淘宝的数据显示，机票交易目前仍是淘宝旅行平台交易的重头。2011年超过百亿元的交易额中，机票预订交易额达到73亿元，酒店预订交易额15亿元，旅游度假实现21

亿元的交易额。目前中国单日机票交易量为70万张，其中在线销售20万张。淘宝网8万张的日交易量，占据国内在线机票销售市场的半壁江山已经是不争的事实。

淘宝旅行平台在线合作伙伴超过25 000家，拥有700多个IATA认证的航空企业卖家，40 000间可预订酒店，2 000 000条旅游商品信息，是国内规模最大的一站式旅游商品搜索购买平台。

淘宝旅行的《2011年度在线旅游消费报告》显示了更多的细节：不同年龄的消费者收入和消费观念有所不同，他们在出门旅行时的选择也大不相同。根据淘宝旅行数据显示，33岁以上的"70后""80后"是在线旅行市场消费主力，且女性数量远远高于男性。相比经济来源较为薄弱的"90后"，"70后""80后"更舍得花钱，更注重出游品质。

在淘宝旅行预订酒店的人群中，"70后""80后"的酒店预订率是"90后"的三倍之多，他们对舒适度的要求相对较高，选择五星级酒店的占比高达79%；"90后"则更倾向低价的经济型酒店。除了年龄的调查，淘宝旅行还对购买用户的星座进行了分析。淘宝旅行数据显示，天秤座最爱旅行，在12星座中，天秤座用户以10.24%的数量占比位居榜首，其次是天蝎座，占9.87%。相比之下，最宅的星座莫过于金牛座，仅占总人数的7.1%。从旅行花销上来说，射手座最奢侈，酒店客栈年人均消费超过3000元。相比之下，摩羯座最节约，人均消费还不到2000元。而天蝎、射手最注重享受，多追求高星级；双子、水瓶则更理性选择，更加注重性价比。不同的星座，在城市和出行方式的选择上也有所不同。天秤、处女最贪吃，最爱去广东；天蝎更爱浙江、福建沿海城市；射手则偏爱天津、河北等北方风光。在出行方式上，白羊、处女最保守，喜欢有导游带着出行；射手、天蝎最浪漫，热爱价格相对比较昂贵的度假游；巨蟹、摩羯、天秤最时尚，喜欢当下最流行的出境游。据淘宝旅行数据统计显示，旅游线路价格一般都会随淡旺季的变化出现较大的起伏。1月至2月，受春节客流高峰影响，酒店和机票价格趋高；进入3月份后，出现一年中的首个大幅打折阶段，机票价格甚至可低至三四折，酒店价格也回归正常；到了4月份，则逐渐回升，并出现走高迹象；到了5月黄金周旺季，机票基本没有任何折扣，酒店则出现30%至200%，甚至更高的涨幅；进入6月份又会出现高潮过后的大幅回落；这一过程会持续到10月的黄金周；10月一过又转入淡季。

旅游产品在线交易市场空间巨大，但商家诚信、细分客户、保障等是获得在线旅游市场的关键。

本章小结

近年来，以互联网的应用为本质的电子商务(Electronic Commerce)已经成为当今世界旅游商务活动的主要推动力，成为各类旅游组织或企业在结构、运营和管理方面发生根本性、革命性变革的催化剂。它具有广泛的应用领域，将传统的商务活动中物流、资金流和信息流利用网络技术进行整合，帮助企业优化其内部管理流程，以更快捷的方式将产品和服务推向市场，创造了更具竞争力的经营优势。

旅游业的特征使得其与以互联网为基础的电子商务有着天然的适应性。旅游电子商务的开展提升了旅游目的地与商业活动相关方的内部与外部关系,使得互联网逐渐成为人们获取旅游信息的首要渠道,旅游产品的在线采购和网络贸易中的旅游市场份额不断增长,对旅游业产生了深远的影响。

目前,网络旅游已经成为全球电子商务第一行业,互联网成为发达国家旅游者获取旅游信息的主要渠道,旅游企业集团信息化建设成果显著,旅游目的地营销系统迅猛发展,并取得了较好的效果,但是旅游电子商务的发展也明显存在行业和地区不平衡的现象,整体水平不高。

未来电子商务的发展必须以理念的转变、旅游电子商务体系的演进、旅游电子商务标准与规范的建立和移动电子商务的发展为主要方向。

思考与演练

一、思考题

1. 简述电子商务的业务流程。
2. 简述电子商务的特点。
3. 简述电子商务涉及的领域。
4. 简述电子商务给旅游业带来的变革。
5. 简述旅游市场关系管理的原则。
6. 简述旅游电子商务的发展现状。
7. 简述旅游电子商务的发展趋势。

二、正误判断题

1. 旅游电子商务就是网上订票、订房间和购买支付旅游产品。　　　　　(　　)
2. 电子商务的应用对大型企业尤为有利。　　　　　　　　　　　　　(　　)
3. 传统的旅游代理商不会因为互联网的介入而改变经营模式。　　　　(　　)

三、单项选择题

1. 全球第一电子商务行业是(　　　)。
   A. 网络旅游　　　　　　　　　　　B. 网上商品批发业
   C. 计算机软件业　　　　　　　　　D. 互联网网络运营
2. 互联网贸易门类中增长最快的一个门类是(　　　)。
   A. 旅游业　　　B. 计算机软件　　　C. 音像制品　　　D. 网上商店

3. 能够提供最完整旅游信息的是（   ）。
   A. 互联网   B. 导游手册   C. 电视广告   D. 杂志

四、多项选择题

1. 电子商务的特点有（   ）。
   A. 业务全球化   B. 服务个性化
   C. 业务集成性   D. 电子商务的均等性
2. 电子商务应用的领域有（   ）。
   A. 旅游业   B. 电子政务   C. 电子书刊、音像出版部门
   D. 信息公司   E. 金融机构
3. 旅游电子商务系统的一般功能有（   ）。
   A. 信息查询   B. 在线预订   C. 客户服务   D. 代理人服务

第 2 章　旅游电子商务的业务模式和概念

【学习目标】

通过本章的学习，熟悉并掌握旅游电子商务技术的特征、旅游电子商务商业模式；熟悉旅游电子商务的分类、B2C 旅游电子商务的主要盈利模式、B2B 旅游电子商务的主要盈利模式；了解旅游电子商务应用领域中的新业务模式。

【关键词】

行业结构分析(Industry Structural Analysis)　电子业务(e-Business)　价值链(Value Chain)　企业价值链(Firm Value Chain)　企业战略(Business Strategy)　电子商务框架(The Framework of EC)　商业模式(Business Model)　在线拍卖(Online Auction)　定制和个性化(Customization/Personalization)　电子市场和电子交易所(Electronic Marketplace and Electronic Exchange)　企业对消费者(Business to Customer，B2C)　企业对企业(Business To Business，B2B)　消费者对消费者(Customer to Customer, C2C)　移动电子商务(M-Commerce)　个人数字助理(Personal Digital Assistant, PDA)　电子零售商(E-retailer)　市场创建者(Market Creator)　服务提供商(Service Provider)　内容供应商(Content Provider)　门户网站(Portal)　交易经纪人(Transaction Broker)　社区服务商(Community Provider)　信息中介(Informediary)

开篇案例：Orbitz 腾飞

Orbitz.com 网站于 2001 年向公众投放，其首页如图 2-1 所示。根据旅行产品预订总量，Orbitz 已经成为全球第三大在线旅行网站。利用 Orbitz，消费者可以搜寻全球 455 家航空公司的机票、上万家酒店和 22 家汽车租赁公司。Orbitz 的合作伙伴包括美国航空公司(American Airlines)、美国大陆航空公司(Continental Airlines)、美国达美航空公司(Delta Airlines)、美国西北航空公司(Northwest Airlines)，与 UAL Corporation 旗下的美国联合航空公司(United Airlines)合资建立的企业。Orbitz 是世界上最重要的、位居领先地位的在线旅行公司之一。Orbitz 向游客提供搜寻和购买广泛的旅行产品，包括机票、客房、汽车租赁、巡游和度假套餐。旅游网站的用户给予了 Orbitz 很高的赞誉，认为它能使客户非常方便地进行旅游产品最低价格的比较。

Orbitz 所采用的新技术与所有现有的传统计算机预订系统的技术都不同。Orbitz 的搜索器(the Orbit)可以连续不断地扫描由全球 455 家航空公司提供的航班信息数据库。与此相比，Travelcity 搜索的 Sabre 订购系统和 Expedia 搜索的 Worldspan 系统，无论是搜索的速度，还是搜索的范围与复杂度，都比不上新的 Orbitz 引擎。

Orbitz 的最大优势在于，作为航空旅游服务的供应商(航空公司是它自己的)，它具有直接面向游客或潜在游客的零售分销渠道。在旅游电子商务的发展史上只有很少的供应商考虑过利用网络的优势来与游客或潜在游客建立直接联系。Dell、Compaq、IBM Direct 以及其他一些计算机设备制造商是这种想法的始作俑者。在航空公司中，Orbitz 快速地实施了这一战略并从它最大的分销商(其他的旅游网站，当然还有传统的旅游代理商)那里赢得了一部分收益。组建供应商联盟的一个优势是可以提供一个不为其他分销商所知的唯一价格。例如，Orbitz 收集了来自 20 多家主要航空公司的网上价格折扣，向游客或潜在游客提供了一张网上最低价格的简单比较表，这样游客或潜在游客就不需到每一个航空公司的网站上去查找价格了。Orbitz 还与 35 家航空公司达成协议，在每周二公布最后时刻的网上最低的票价。Orbitz 的这些独特的功能体现出来的就是：它可以提供网上最低的机票价格，提供最广泛的选择范围。

(资料来源："Airlines Hushed on Prospect of Commission Cuts," by Kaja Whitehouse and Kathy Chu. Dow Jones Newswires, August 20,2001 ; "Orbitz Takes off, in the Spotlight," by Bob Tedeschi, New York Times, June 17,2001.)

在实施旅游电子商务时需要考虑其盈利模式。有些旅游电子商务项目的目标，如旅游目的地营销系统(DMS)，并不是为了盈利，而是为了推销旅游目的地，降低成本或改善客户服务。本章所关注的问题是旅游企业怎样利用旅游电子商务获利。本章将介绍新经济下旅游业务模式的概念以及基本的商务概念，这是理解旅游电子商务必须熟悉的知识。

第 2 章　旅游电子商务的业务模式和概念

图 2-1　Orbitz.com 首页

2.1　互联网和万维网改变了旅游商务环境

2.1.1　旅游电子商务技术的特征

互联网和万维网在最近 10 年中是如何改变旅游商务环境的(包括旅游行业结构、旅游产业和旅游企业运营(价值链)，以及旅游企业战略)？本书第 1 章描述了旅游电子商务技术的基本概念。本节将介绍旅游电子商务技术对于整个旅游商务环境的影响以及旅游电子商务技术的特征。

互联网是带动旅游业持续演变的一个重要因素，它促使市场结构和游客或潜在游客行为发生巨大的改变。通信技术的发展和使用的扩大，以及各种旅游接待条件之间的差别和价格的透明，吸引了顾客，给旅游业带来了新的希望，并加速了网上旅游供应商之间的竞争。

旅游电子商务是互联网发展的直接产物，是网络技术在旅游业应用的全新发展方向。互联网本身所具有的开放性、全球性、低成本、高效率的特点，也成为旅游电子商务的内在特征。旅游电子商务对传统的商务模式提出了挑战。它不仅会改变企业本身的生产、经营和管理活动，而且将影响到整个社会的经济运行与结构。旅游电子商务是一个全新的商务模式，因此，它呈现出全新的特点。

1. 普遍存在性和虚拟性

普遍存在性表现为突破地域、时空限制，人们可以在任何时间、任何地点使用。旅游电子商务将市场从物理空间的限制中解放出来，使人们可以利用移动商务在办公室、在家里、坐在桌前就能预订旅游产品，这就形成了所谓的虚拟旅游产品预订市场。它可以通过建立新的营销渠道和扩大整个市场的规模,来改变旅游行业结构,在行业运营中创造出新的效率,降低企业的销售运作成本,以及使新的差异化战略成为可能。

2. 影响范围遍及全球

与传统商务相比,旅游电子商务技术使得任何规模的企业以及各种商务活动能够方便地、有效地跨越文化和国家的界限,渗透各种市场,并且能够比传统商务更具成本效益。互联网可有助于地方旅游供应商成功地上网推销其旅游产品的同时,借助国际市场把产品推向全球。通信技术成为目的地和旅游服务供应商最有效的手段,帮助它们纠正存在的不平衡并接管目的地推销。互联网是销售其旅游产品,包括特殊旅游的补充渠道。借助互联网,它们可以提供比大型网上旅行社和其他销售商更完整的旅游活动。后者能提供度假旅游和国际连锁酒店选择。小型旅游产品提供商有机会平等打入国际旅游市场,但条件是它们需建立设计缜密和切实有效的电子旅游网站,这种网站立足于技术和产品创新,并赢得顾客的信任。为达到这一目的,政策制定者和旅游公司应采用有效的电子旅游战略,以便发展并保持在全球旅游市场中的竞争优势。同时借助互联网,旅游电子商务企业又大大地扩大了市场,通过提高生产和销售的效率,来降低行业和企业运营的成本,最终,使全球范围的竞争成为可能。所以,可以认为旅游电子商务企业所面对的潜在市场规模几乎等于全球的网民数量。

3. 技术标准的统一性

由于互联网技术标准是全球统一的,这使得了实施旅游电子商务的技术标准也是统一的。这是旅游电子商务技术的一个显著的特点。由于互联网技术标准降低了通信和接入成本,这也使旅游行业和企业运营的成本降低,最终使大范围战略成为可能。同时,这一统一标准也减少了游客、潜在游客在寻找满意商品过程中所付出的代价。

4. 信息的丰富性

信息的丰富性是指消息的内容及其复杂程度。与传统旅行社相比,旅游电子商务技术提供了更加丰富的信息。旅游电子商务技术能够通过听觉和视觉的提示,提供个性化的、面对面的服务,营造一个强有力的销售氛围。

5. 交互性

旅游电子商务的交互性,可以让旅游运营商或旅游服务提供商和游客或潜在游客进行双向的沟通,并且其覆盖面更广,可以达到全球范围。

6. 信息的密集性

互联网和万维网大大地提高了所有参与市场的游客或潜在游客、旅游运营商或旅游服务提供商等能获得的信息的总量和质量。旅游电子商务技术减少了信息收集、存储、加工和交流的成本。同时,这些技术还在很大程度上提高了信息的流通性、准确性和及时性,使得信息比以往任何时候都更有用、更重要。在旅游电子商务市场中,价格和成本都变得更加透明,价格透明是指游客或潜在游客可以很容易地找到市场上的不同价格。

成本透明是指游客或潜在游客发现旅游运营商或旅游服务提供商为其产品所支付的实际成本的能力。

7. 个性化/定制化

旅游电子商务技术可以提供个性化/定制化服务。个性化(personalization)是根据游客或潜在游客个人的兴趣和以往购买行为来调整有关的信息，以针对特定游客提供市场信息。定制化(customization)是根据游客或潜在游客的偏好和先前的购买行为调整销售的产品和提供的服务。由于旅游电子商务技术具有交互性的特点，所以旅游运营商或旅游服务提供商可以在游客或潜在游客购买产品的时候收集大量的客户信息。信息密度的提高，又使网上旅游运营商或旅游服务提供商可以存储并利用游客或潜在游客以往的消费和行为信息，这样就使个性化和定制化的程度达到了一个在现有商务技术下无法想象的水平。

因此，旅游电子商务技术及其所产生的数字化市场将给整个商务领域带来一系列空前的、根本性的转变。其一，大大降低了在所有市场参与者(游客或潜在游客和旅游运营商或旅游服务提供商)间的信息不对称程度；其二，旅游电子商务技术的特点也使得市场营销和销售有可能进行各种创新，因为旅游运营商或旅游服务提供商可以向细分的目标客户提供一系列交互式的、个性化的、丰富的信息，提供灵活和个性化旅行安排，其中包括涉猎文化、大自然、环境和人文资源的新式旅游。旅游运营商或旅游服务提供商还可以利用旅游电子商务技术了解更多的游客或潜在游客信息，并比以往更有效地利用这些信息。网上旅游运营商或旅游服务提供商也可以利用这些新的信息来制造新的信息不对称，提高自己的品牌知名度，对高质量服务收取高额费用，把市场无限细分，针对不同的客户群采取不同的价格策略。

2.1.2 旅游行业结构

旅游行业结构是指旅游业中构成旅游业的饭店、餐饮、交通运输、旅游景点等各行业和部门在旅游经济中的地位、作用和经济技术上的比例关系，以及行业内各参与者的特性和他们的相对议价能力。旅游行业结构首先是旅行社、饭店业、交通运输业和旅游景点之间的关系；此外，还涉及商业、轻工业、银行、保险、邮电通信等。目前，整个旅游业的产业组织结构特征显示出小、散、弱、差等特征。这些特征导致进入壁垒低和价格竞争常态，使得企业资本聚集慢，除部分企业因资源垄断和积极扩张可以实现业绩明显增长外，大部分还难以获得超额利润。旅游企业的核心竞争力由四大竞争要素构成，即资源、资产、品牌、网络。旅游企业的核心竞争力通常用五种力量来描述其特征，即现有竞争对手间的竞争、替代品的威胁、行业的进入壁垒、供应商的议价能力以及购买者的议价能力。旅游行业的结构其实是在描述一个行业的一般商务环境和在这一环境中开展业务的总体盈利能力。旅游电子商务具有改变这五种竞争力之间的相对强度的潜力。

当考虑旅游电子商务模式及其潜在的长期盈利能力的时候，必须进行行业结构的分析。进行行业结构分析就是理解和阐述行业内的竞争特点、替代品特点、进入壁垒以及游客或潜在游客和供应商的相对力量。

电子商务可以以不同的方式影响行业结构。对互联网来说，旅游服务似乎是一种非常理想的产品/服务,因此电子商务商业模式应该在旅游产品中发挥很好的作用。旅游属于一种信息密集型的产品,需要对消费者的情况做大量的调查研究。旅游也可以说是一种电子化的产品,因为绝大部分的工作(制订计划、进行调查、比较购物、进行预订、资金支付)都是在网络这一数字环境中完成的。从旅游产品的实际履行来说,它不需要任何"库存",不存在实际资产。旅游产品的供应商——旅馆、航空公司、汽车出租公司、度假别墅、观光导游,这些都是高度分离的,而且常常是供过于求。因此为了让自己空闲的客房和汽车能够租出去,供应商往往愿意降低价格,也愿意在网站上做广告以吸引大量的客户。以 Travelocity.com、Expedia.com 以及其他一些网上旅游公司为例,这些网上旅游代理商不需要在全国各地部署上千个实际的营业场所,只要通过统一的界面与全国的消费者联系就可以了。与网上金融服务不同,网上旅游服务不需要实施有固定营业网点支撑的昂贵的多渠道战略(一般只需要运营一些集中化的呼叫中心来提供个性化的客户服务就可以了)。因此,旅游服务可以较好地扩大其规模,使收益的增加能够赶上成本增加的速度。

互联网已成为消费者用来查找旅游去处、查找最合适的价格、预订机票、预约租车、预订旅馆、预订游程和预订观光行程时最常用的一种工具。

旅游服务网站向消费者提供了一站式的、方便的休闲旅游和商务旅行感受。这些网站上提供了旅游内容介绍、旅游社区、商务服务和消费者服务。对于旅游的提供商(旅馆、汽车出租公司、航空公司)来说,网站将大量的消费者集中到一个单一的"消费者池"中,通过网站上推出的广告和促销活动,可以有效地影响这些消费者。

2.1.3 旅游产业价值链

行业结构分析可以帮助我们理解旅游电子商务技术对于一个行业的总体商务环境的影响,更具体的产业价值链分析则有助于更准确地认识旅游电子商务在行业层面上是如何改变商务运作的。理解信息技术对行业和企业运营影响的基本工具之一是价值链。价值链是一个行业或企业内,从原材料到形成最终产品或服务过程中所进行的一系列活动。其中每一项活动都为最终产品添加了经济价值,所以,价值链一词就是指一系列相互联系的增值活动。价值链的概念也可以用来分析单个企业的运营效率。问题是,旅游电子商务技术如何潜在地影响一个行业内企业的价值链?

旅游产业的价值链基本包括资源、产品、渠道、客户四个环节。从资源到客户(市场)再回到资源每经过一个环节的打造,价值链的价值就会增加。由客户(市场)实现其最终价值,由于销售增加,使得渠道、产品、资本等加大投入,价值链的价值进一步增加。从资源到客户(市场)知识流中的知识也在不断地增加。旅游资源的复杂多样,使得开发主体面对的问题具有很强的个性,对专业知识要求具有很高的深度和广度;资本市场的融资包装、资源的定价和保护、法律、政策、金融经济环境、产品打造、渠道供应、旅游产品的营销、游客市场等知识不断地让整个产业知识聚集提升,促使新的商业模式出现和创新。

旅游产业的价值链环节之一是由资源到产品。旅游产品打造成功,关键在于吸引力打造和可进入性。吸引力构成游客的出游驱动力,好的可进入性降低了游客的成本,增强了产品的吸引力。其次才是服务设施完备和环境的适宜，增加游客停驻时间，提高游客的总体消费。构成旅游产品的要素包括但不止吃、住、行、游、购、娱、信息、环境等。市场需求的变化使得不同的时期价值在不同的要素中转移，产生了对旅游新产品开发和产品提升改造的需求。旅游业发展初期观光产品的价值大，随着游客的选择广度和深度的拓宽，价值逐步由观光产品向度假休闲产品转移。

随着旅游产品的增多，竞争日趋激烈，游客可选择的机会增加，在同类产品中有品牌的产品获得游客量大。而且品牌为其他衍生产业的产品(如房地产、旅游纪念品、文化影视产品等)提供销路，并为模式的扩展提供铺垫。旅游产业价值链与产业联动链在品牌这个位置相交，因此品牌建设显得特别重要。品牌就是消费者对于产品的感觉：产品如何供给、产品质量、产品外观以及传递什么样的信息等。这些特征是企业多种市场沟通方法的综合。品牌可以认为是指网上建立的媒体。品牌可以认为是进入互联网的门票。由于计算机屏幕界面与消费者间的零距离接触提供了赢者通吃的环境，使得品牌在电子商务中的竞争就是如何吸引大量的注意力。旅游电子商务技术，例如基于多媒体的网络广告，为企业创造品牌提供了手段。

旅游的营销渠道包括：旅行代理商、旅游批发商、饭店销售代表、预订系统、全球分销系统。基于互联网分销渠道被认为是一种成本低，能为独立经销商进入世界市场提供道路，能够提供更多的信息途经。通过降低信息的成本，互联网向旅游产业价值链中的每一个角色提供了降低成本的新机会。例如，旅行代理商可以与其旅游产品服务供应商一起通过建立基于网络的 B2B 交易网站，来降低自己的采购成本。旅游提供商可以通过自己的网站，直接与游客建立关系，从而省去了经销商和零售商的成本。最终，整个行业的运作效率提高了，价格下降了，游客或潜在游客获得的价值增加了。

2.2 旅游电子商务的业务模式

2.2.1 电子商务词语

电子商务是一个全新的概念，它描述了通过包括互联网在内的计算机网络来购买、销售和交换产品、服务和信息的过程。电子业务(e-Business)是一个比电子商务更宽泛的概念，除了包括电子商务的功能外，还包括客户服务、与商业伙伴之间的协作以及在机构内部进行的电子交易。

乔伊等人根据所销售的产品(服务)、销售过程和代理人(或中间商)的数字化程度的不同，将旅游电子商务分为完全、非完全旅游电子商务形式。完全旅游电子商务指其销售的产品或提供的服务是数字化的，其代理媒体是数字化的，销售过程也是数字化的。相对于完全旅游电子商务形式，非完全旅游电子商务形式指所销售的产品(服务)、销售过程和代理人(或中间商)中，有一项是非数字化的，而是实物的。经营非完全旅游电子商务的企业被称为"鼠标加水泥"的企业或组织(click-and-mortar enterprise/organization)。这些企业开展了一些旅游电子商务活动，但主要业务是在实体世界中完成的。许多旧企业正在逐渐向"鼠标加水泥"模式转变。

2.2.2 旅游电子商务的业务模式

业务模式是为了在市场中获得利润而规划好的一系列活动,是商业计划的核心。电子商务业务模式是以利用和发挥互联网和万维网的特性为目标的业务模式。电子商务的主要特点之一在于它允许建立新的商业模式(Business Model)。也就是说,电子商务允许某企业为获取收入以维持经营而采用的新的开展业务的方式。这种模式明确了公司在价值链中的定位。旅游电子商务业务模式包括以下几种。

(1) 报价模式。该模式允许买家设定自己愿意为某件产品或服务支付的价格。Priceline.com 首创了这种模式。Priceline.com 会尝试根据游客的要求查找某个愿意在该价位出售机票和旅馆预订服务的供应商。游客在得到产品之前可以多次报价。

(2) 寻找最佳价格。根据这种模式,游客或潜在游客首先说明自己的需求,然后旅游公司搜索该服务或产品的最低价格。Hotwire.com 就采用了该模式。Hotwire.com 将游客要求在数据库里做匹配,找到最低价格,并告知游客或潜在游客。

(3) 动态经纪模式。Getmere.com 动态经纪模式向游客或潜在游客提供与旅行相关的服务和产品。游客或潜在游客可以说明自己的要求。该要求通过网络传送给服务提供商,并自动应答。还价也是完全自动的,不需要游客或潜在游客的任何额外输入。

(4) 合作营销。合作营销模式指营销参与者(企业、组织甚至个人)与公司达成协议,推荐游客或潜在游客到该公司的网站购买服务或产品。购买完成后,营销参与者可抽取购买金额 3%~15%的佣金。换句话说,公司建立了一支"虚拟雇佣营销队伍"。旅游目的地营销组织可以采用这一商业模式在异地推销目的地。

(5) 团体采购。团体采购方式不是新的业务模式,很久以前就存在于旅行社行业中,旅行社一次性向酒店大额购买客房或服务以获得折扣,然后向个人或小型旅行社出售。而使用团体采购的方式,小企业甚至个人都能够获得折扣。团体采购经由第三方召集个人或中小型企业,集合订单,然后谈判(或出价)以争取最佳价格。

(6) 在线拍卖。我们当然都听说过 eBay.com 这家全球最大的在线拍卖网站。在线拍卖为游客提供了拍卖游客自己的旅游纪念品的场所。游客只要准备好要交易的旅游纪念品,将要拍卖或出售的旅游纪念品放到网上,然后依靠市场创建者提供的目录、搜索引擎以及交易清算功能,相应的旅游纪念品就可以很方便地被展示出来,并被其他买主找到,最后完成支付结束交易。

(7) 定制和个性化。这一模式在于能够以极短的时间为潜在游客进行定制,提供个性化产品,而价格相当于或略高于非定制化的产品。旅行社以及其他旅游产品服务提供商可使用这种商业模式为潜在游客进行定制,提供个性化产品。

(8) 电子市场和电子交易所。电子市场和电子交易所是一个数字化的电子市场,旅游产品服务提供商和旅游产品服务采购商可以在此进行交易。

2.2.3 旅游电子商务的通用框架

从一般旅游产品和服务的交易角度来看,在线旅游产品与一般商品和服务的交易过程相似，交易过程一般包括市场调研、谈判与签订合同、订单执行、支付结算和售后服务等。在这个过程中，通信和计算机技术成为整个交易过程的基础。同传统的旅游产品交易活动相比，旅游电子商务所依赖的交易基本处理流程并没有改变，但是，处理这些流程的方式、媒介发生了变化。所有这些交易过程都在在线状态完成。旅游电子商务可以基于互联网等通信网络来进行整个商品的交易活动，内容包括商品的查询、展示、订购以及电子支付等一系列的交易行为以及资金的电子转拨、网上拍卖、远程联机服务贸易活动。因此，旅游电子商务具有交易活动管理、市场调研、广告宣传与信息发布、咨询洽谈、网上订购、网上支付、服务传递、在线服务支持等各项功能。为了有效地实现这些功能，旅游企业就必须有合适的信息、基础设施和支持系统。图 2-2 给出了通用的旅游电子商务框架，它简要地描绘出了这个环境中的主要因素。

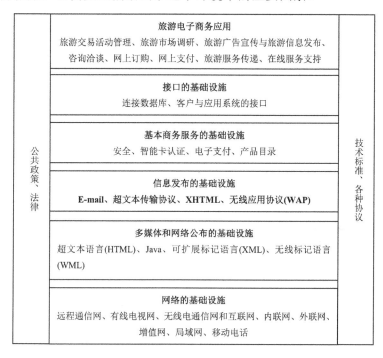

图 2-2　通用的旅游电子商务框架

从图中可知，旅游电子商务一般框架由五个层面和两个支柱构成。五个层面分别是：网络基础设施、多媒体和网络公布的基础设施、旅游信息发布的基础设施、旅游商业服务的基础设施、接口的基础设施。两个支柱是：公共政策、法律和各种技术标准。

(1) 网络的基础设施。它是实现旅游电子商务的最底层的基本设施，包括远程通信网、有线电视网、无线电通信网和互联网、内联网、外联网、增值网、局域网、移动电话等。

(2) 基本商务服务的基础设施。它包括安全、智能卡认证、电子支付、旅游产品目录等。

(3) 信息发布的基础设施。它包含 E-mail、超文本传输协议、无线应用协议(WAP)等。

(4) 多媒体和网络公布的基础设施。它包括超文本语言(HTML)、Java、可扩展标记语言(XML)、无线标记语言(WML)等。

(5) 接口的基础设施。它包括连接数据库、客户与应用系统的接口。

(6) 公共政策。它包括围绕旅游电子商务的税收制度、信息的定价、信息访问的收费、信息传输成本、隐私问题等。

(7) 法律。旅游电子商务的实施包含了许多法律问题。与旅游电子商务相关的法律包括：隐私、知识产权、税收、计算机犯罪、公钥加密合法性、交易的司法管辖权、加密政策。

(8) 技术标准。技术标准是信息发布和传递的基础，是网络上信息一致性的保证。技术标准定义了用户接口、传输协议、信息发布标准、安全协议等技术细节。

从上述电子商务系统通用框架可知，旅游电子商务系统与传统市场一样，在提供交易所必需的信息交换、支付结算和实物配送这些基础服务的同时，要实现旅游电子商务模式，公司就必须有合适的信息、基础设施和支持系统。许多旅游电子商务的应用都建立在信息技术基础设施之上，并得到人、公共政策、技术标准、广告、物流和业务伙伴的支持，而这一切又是以管理活动为纽带的。比如公共政策，涉及信息资源使用的问题、网上知识产权保护的问题、基础设施与技术的使用与保护的问题和计算机安全保密方面的问题等。除此之外，还将面临使用信息技术作为交易平台带来的新问题，如信息安全问题、身份识别问题、信用问题、法律问题、隐私问题、税收问题等，还需要有相应的配套法律或规定予以支持。

2.3 旅游电子商务的类别及盈利模式

2.3.1 常见的旅游电子商务类别

在旅游行业，最常见的旅游电子商务有以下两类。

1. 企业对消费者的电子商务

企业对消费者(Business to Consumer，B2C)的电子商务泛指网上企业销售产品、服务给消费者的过程。对于旅游工业而言，旅游企业对个人游客的电子商务，基本等同于旅游电子零售。旅游散客通过网络获取信息，设计旅游活动日程表，预订旅游饭店客房、车船机票等，或报名参加旅行团，都属于B2C旅游电子商务。对旅游业这样一个游客高度地域分散的行业来说，旅游B2C电子商务方便旅游者远程搜寻、预订旅游产品，克服距离带来的信息不对称。通过旅游电子商务网站订房、订票，是当今世界应用最为广泛的电子商务形式之一。网上旅游服务可以说是B2C电子商务中最成功的一个部分，这是因为它所吸引的客户人数最多。在美国市场上，B2C形式的网上旅游服务的收入超过了PC软硬件及外围设备的收入总和，是B2C电子商务收入中最大的部分。互联网已成为旅游消费者用来查找旅游去处、查找最合适的价格、预订机票、预约租车、预订旅馆、预订游程和预订观光行程时最常用的一种工具。

旅游 B2C 电子商务还包括旅游企业对旅游者拍卖旅游产品，由旅游电子商务网站提供中介服务，如美国的著名旅游网站 Bid4vacation.com，它针对美国的旅游饭店和游船旅游客舱普遍存在空房的现象，组织旅游企业将这些闲置资源公布到网上，组织旅游者之间竞价的拍卖服务，有效地均衡了旅游市场供求，从而成为一种有生命力的网上交易服务形式。

2. 企业对企业的电子商务

企业对企业(Business to Business，B2B)泛指网上企业与企业之间购买、销售和交换产品、服务和信息的过程。这是电子商务中业务量最大的一种类型。在旅游电子商务中，B2B 交易形式包括：旅行社向酒店、餐馆、大交通、旅行社、景点门票、车队等旅游企业采购资源以及与航空公司、景点、目的地接待社、汽车公司、餐厅等建立良好关系，旅游地接社批量订购旅游资源及与航空公司、景点、接待社、汽车公司、餐厅等建立良好关系。再如，旅游地接社批量订购当地旅游饭店客房、景区门票。客源地组团社与目的地地接社之间的委托、支付关系等。

旅游业是一个由"食、宿、行、游、购、娱"等众多中、小型企业构成的复杂产业。各类旅游企业之间存在复杂的代理、交易、合作关系，旅游 B2B 电子商务有较大的发展空间。B2B 电子商务的实现大大提高了旅游企业间的信息共享和对接运作效率，提高了整个旅游业的运作效率。

2.3.2 旅游电子商务的盈利模式

1. B2C 旅游电子商务的盈利模式

B2C 旅游电子商务指企业与游客或潜在游客之间的旅游电子商务。它类似于联机服务中进行的商品买卖，是利用计算机网络使游客或潜在游客直接参与交易活动的高级形式。这种形式基本等同于电子化的零售，它随着万维网(WWW)的出现迅速地发展起来。B2C 交易中涉及的参与主体主要包括：游客或潜在游客、网上旅游运营商或旅游服务提供商、收款银行(支付网关、发卡银行)和 CA 认证机构(数字证书的发行者)等服务，见表 2-1。

表 2-1　B2C 业务模式与盈利模式

业务模式	变体	模式特征	盈利模式
门户网站/旅游目的地营销系统/旅游目的地管理组织	水平的/综合的垂直的/专业化的	提供集成为一体的旅游服务和内容，如搜索、旅游新闻、电子邮件、聊天、音乐下载、旅游视频流以及会议、节事表	旅游广告 订阅费 旅游交易费 旅游产品销售
电子零售商	虚拟旅游运营商或旅游服务提供商	传统旅游企业运营的在线版，游客或潜在游客不用离开家或者办公室，可以在任何时候购买旅游产品与服务	旅游产品销售
电子零售商	鼠标加水泥	有实体店面的旅游企业的在线、分销渠道	旅游产品销售

续表

业务模式	变体	模式特征	盈利模式
电子零售商	在线购物中心	购物中心的在线版	旅游产品销售、交易费
市场创建者	反向拍卖以及其他动态定价形式	基于网络的业务,使用互联网技术来建立一个把游客与旅游产品提供商双方撮合到一起的市场。例如Priceline.com	交易费
中介服务提供商	ASP：应用服务提供商	汇聚大量旅游产品,为旅游企业提供中介服务,通过向客户出售服务而不通过向客户产品来赚钱的企业。例如,为旅游企业提供电子商务代理、出租空间并帮助建立附加于电子商务平台的企业网页等,使旅游企业实现电子商务的成本大大降低	服务销售
交易经纪		旅游代理商通过帮助客户更快、更便宜地完成交易而提高了客户的效率。例如Expedia.com	交易费
中介服务提供商	网络促销服务商	旅游企业提供网络广告促销、网上黄页或产品列表促销、网上活动促销等服务	广告促销交易费
内容供应商		提供充实的旅游信息内容(包括一般旅游资讯和旅游产品信息),供浏览者阅读、查询,同时又支持旅游产品的预订	服务销售
社区服务商		可以让有着特定兴趣爱好和共同经历的人们在一起交换意见的网站	广告、订阅费、会员推荐费

2. B2B 旅游电子商务的盈利模式

B2B 旅游电子商务的所有参与者都是旅游企业或其他机构。其他机构包括：与旅游企业有频繁业务联系,或为提供商务旅行管理服务的非旅游类企业、机构、机关。大型企业常需处理大量的公务出差、会议展览、奖励旅游事务。今天大部分的旅游电子商务都属于这一类。它包括企业与其供应商之间的采购,客源地组团社与目的地地接社之间的业务协调,客源地组团社与目的地汽车租赁公司、航空公司、酒店之间的协调等。

B2B 交易包括跨组织信息系统交易,例如,企业商务旅行管理系统(Travel Management System),它是一种安装在企业客户端的具有网络功能的应用软件系统,通过网络与旅行社电子商务系统相连。在客户端,大企业差旅负责人可将企业特殊的出差政策、出差时间和目的地、结算方式、服务要求等输入到商务旅行管理系统,系统将这些要求传送到旅行社。旅行社通过计算机自动匹配或人工操作为企业客户设计最优的出差行程方案,并为企业预订机票及酒店,并将预订结果反馈给企业客户。通过商务旅行管理系统与旅行社建立长期业务关系的企业客户能享受到旅行社提供的便利服务和众多优惠，节省差旅成本。同时，商务旅行管理系统还提供统计报表功能。用户企业的管理人员可以通过系统实时获得整个公司全面详细的出差费用报告，并可进行相应的财务分析，从而有效地控制成本，加强管理。非旅游类企业、机构、机关常会选择和专业的旅行社合作，由旅行社提供专业的商务旅行预算和旅行方案咨询，开展商务旅行全程代理。

B2B 交易也包括企业间的电子市场交易，如在线购买旅游产品、酒店耗材或服务等。旅游目的地营销系统对旅游目的地营销系统是 B2B 旅游电子商务模式特例。表 2-2 给定了 B2B 旅游电子商务的盈利模式。

表 2-2　B2B 主要的旅游电子商务盈利模式

盈利模式	收入来源
广告	通过提供广告来收取费用
订阅	通过提供信息内容和服务来收取订阅者的费用
交易费	通过授权交易或进行交易来收取费用(佣金)
销售	销售产品、信息或服务
会员制	通过业务推荐收取费用

虽然有多种不同的旅游电子商务盈利模式，但是大多数的企业主要采用其中的一种或几种模式的组合。这些盈利模式包括广告模式、订阅模式、交易费模式、销售模式和会员制模式。

在广告盈利模式中，旅游网站向其用户提供信息、服务或者产品，以及登广告的场所，并向广告客户收取费用。那些能吸引大量的浏览者，或是能吸引高度专业化、与众不同的浏览者，并且能获得用户关注的旅游网站，都能收取高额的广告费。

在订阅盈利模式中，旅游网站向用户提供信息和服务，并向用户收取访问其所提供内容的费用。从订阅盈利模式的经验来说，要想成功地做到让客户对于网上信息需支付费用的做法不感到厌恶，则所提供的内容就必须是高附加值的，在其他地方是不容易获得的，或者是不容易被复制的优质信息。

在交易费用盈利模式中，企业从授权或进行交易中收取费用。例如，网上拍卖市场，如果卖方成功地出售了物品，则将从中收取小额的交易费。

在销售盈利模式中，企业通过向消费者销售产品、信息或服务来得到收入。

在会员制盈利模式中，旅游网站向会员推荐业务，收取推荐费，或者从成交的销售中提取一定比例的收入。当会员利用这一机会购买产品时，他们可以得到能换取赠品的"积分"。

案例：携程网的盈利模式

携程网是国内著名的旅游电子商务网站。携程网的利润来源主要有以下四块。

(1) 酒店预订代理费，基本上是从目的地酒店的盈利折扣返还中获取的。

(2) 机票预订代理费，从顾客的订票费中获取，等于顾客订票费与航空公司出票价格的差价。

(3) 自助游中的酒店、机票预订代理费以及保险代理费，采用了盈利折扣返还和差价两种方式。

(4) 在线广告。在酒店的盈利折扣中用户完全可以和酒店通过携程网取得联系后双方再直接交易，重新分配携程所应得的中介差价而避开携程网。机票预订费，航空公司也在开通自己的网上订票业务，避免损失中介所分得的那一部分利润。基于这些原因，携程网开始利用它所掌握的旅游资源提供更多具备更高附加值的服务，比如它的自助度假业务就将机票和酒店业务整合在一起获得了更高的利润。

携程网的盈利模式的核心告诉我们，当能够把双边的资源整合到一起，然后进行资源配置，能够给客户和供应商同时带来利益的时候，也是给自己创造利益的时候。这是一种很好的商业模式，不需要费脑筋，就有人愿意为你的产品或服务买单。

同时商业模式也会不断推陈出新，现已出现了一种叫作"即时预定"的模式。在这种模式下，各个酒店可登录网站的酒店管理系统，自动修改房间状态、房间价格等信息。同时，由于省去了酒店分销的订房中心环节，为其销售降低了成本。从用户的角度来看，做到了网上即时预订酒店，无须人工确认，省去了代理环节。

2.4 旅游电子商务的复杂性及其新模式

2.4.1 电子商务分类的复杂性

参与旅游业电子商务活动的主体涉及食、宿、行、游、购、娱等众多行业。它们包括旅游服务企业(即旅游饭店、旅游车船公司、从事接待服务的旅行社)、旅游中间商(旅游批发商、旅游代理商、订房中心)、旅游目的地营销机构等。旅游饭店、航空公司等旅游企业可直接向旅游者提供旅游产品或服务，也可以由旅行社将单项产品和服务组合为成套服务，即旅游线路产品，再向旅游市场销售。同时，旅游业中存在复杂的多层次代理关系，例如旅游批发商将批量购买的旅游饭店、航空机票等单项产品组合包装成旅游线路产品，再通过分布在各地的旅游代理商网点进行销售。旅行社也能代订机票、酒店等单项旅游产品。专业的订房中心、电话预订中心和旅游专业网站都有代理旅游产品销售功能。因此，很容易产生销售渠道冲突。同时，旅游电子商务系统的投资主体由位于旅游价值链不同环节的旅游服务企业、旅游中间商、信息中介和旅游目的地营销机构等构成。为了取得丰厚的回报，它们各自采用独特的方式，有些企业会同时采用几种业务模式。例如，旅游产品拍卖网，可以认为是 B2C 的市场创建者，但同时，也可以把它看成是消费者对消费者(Customer to Customer, C2C)模式。如果旅游产品拍卖网采用无线移动计算技术，允许客户使用移动电话或者无线上网设备来竞标拍卖的话，那就还可以把旅游产品拍卖网看成是移动电子商务业务模式。

从早期基于专网和电子数据交换的计算机预订系统、全球分销系统，到近十年基于互联网的旅游电子商务网站，可以看出许多企业能够根据其基本业务模式，变化出与 B2C、B2B 以及移动电子商务密切相关的各种业务模式。这就是旅游电子商务在网上的扩展特性。

目前有许多电子商务业务模式,而且每天还有更多的模式出现。例如,内容及功能大而全的大型旅游电子商务系统和规模小而服务专的旅游电子商平台。这些模式的数量不受到人们想象力的局限,所以这里所列举的不同模式也不可能穷尽所有的业务模式。然而,即使有大量可能的模式,但是人们还是能确定电子商务领域已发展起来的基本业务模式类型(及其细微的差别),并描述它们的主要特征。

综上所述,有许多旅游电子商务业务模式,并且新的模式随着旅游电子商务深入应用而不断出现。这就造成了旅游电子商务业务分类的困难及复杂。需要注意的是,在划分业务模式时并没有一种完全正确的方法,认识这一点非常重要。

2.4.2 旅游电子商务新模式

上一节对业务模式进行分类的方法是根据旅游电子商务应用的不同领域,将其常见类型归纳为 B2C 与 B2B 两类。若从所采用的电子商务技术出发,旅游电子商务还可以分为移动商务业务模式。

移动电子商务(M-Commerce,也称为移动商务)以手机、个人数字助理(Personal Digital Assistant,PDA)及笔记本电脑等移动终端结合无线通信技术从事商务活动。移动商务的发展是由客户在远离台式机时仍希望完成商务交易和共享信息的需求推动的。移动商务它既吸收了传统的旅游电子商务模式,同时又利用了新出现的无线技术从而可以实现对网络的移动访问。传统的旅游电子商务使得任何人在任何时间都可以访问互联网,而移动商务的主要优势则在于,它利用无线设备,可以做到任何人在任何时间、任何地点都可以访问网络。

从本质上来说,无线网络使用了新的宽带和通信协议来连接移动用户和互联网。虽然现有的无线网络受到带宽容量的限制,但是很快其容量就会有很大的提高。这些技术已经在日本、美国和欧洲使用,几年内就会在我国全面普及。

总体来说,无线网络技术将拓展现有的网上业务模式,为未来的流动劳动力和游客或潜在游客服务。分析家们预测,当手机最终真正易于上网的时候,人们对移动旅游电子商务的兴趣将激增。

研究案例:Priceline.com 的商业模式能否在中国生存

Priceline.com 是最著名的经营旅游产品及服务的旅游电子商务公司之一(如图 2-3 所示)。它是一个"由你定价"的反向拍卖定价系统。Priceline.com 利用互联网的信息共享和沟通能力创立了一种为产品和服务定价的新方法。这种方法向游客或潜在游客提供了一种引人注目的价值体现,可以让他们牺牲对品牌、产品特性以及供应商的灵活性选择,来获得低价服务或产品;供应商则可以在不破坏其现有的分销渠道和零售定价体系的情况下,通过以低于零售价的价格出售或许会无法售出的产品来赚得额外的利润。Priceline 于 1998 年 4 月 6 日开始运营,主要是销售飞机票。游客或潜在游客要购买机票,首先需登录 Priceline.com 的网站,并逐一登记旅行的出发地和目的地、出发日期、愿意支付的价格和一张保证购买的有效信用卡的信息。游客或潜在游客必须同意乘坐任何大航空企业的飞机,同意起飞时间在上午 6 点到晚上 10 点间的任何一个时间,还必须同意至少转机一次或联运，同时，不累计飞行里程或升级，所购机票不能退也不能改签。收到订单后，Priceline 将检查订单的价格是否可行，给出的条件是否能满足，以及加盟的航空公司的机票情况，来决定是否能按要求的价格满足订单。如果可以的话，公司会在一个小时内通知游客或潜在游客，告诉他订单被接受了。

图 2-3　Priceline.com 公司预订服务首页

就游客或潜在游客而言，Priceline 的业务模式的一个基本前提是，在许多产品和服务类别中，会有相当一部分游客或潜在游客认为品牌、产品特色和供应商是可以更换的，尤其是当更换品牌和供应商能够省钱时则更是如此。就供应商而言，Priceline 的业务模式则是基于这样的假设，即供应商总是有多余的存货愿意以低价出售，如果既不用降低零售价又不用为降价做广告，他们是愿意这么做的。Priceline 相信自己的业务模式是很理想的，非常符合存货会快速过期或者时效性强的行业的特点(例如，起飞时还未售出的机票，或未租出的旅馆房间)，尽管这种模式似乎不只限于这类行业。

遗憾的是，Priceline 目前在中国市场还没有太大份额，主要原因在于国内的优质旅行资源还相对稀缺，这些资源拥有者相对于消费者的议价能力较强。同时，由于国人出门旅游时间相对集中在法定节假日，带薪休假制度还未普及，消费端对 Priceline 模式的需求动力不足。此外，旅行产品提供方的经营精细化程度不高，以及国家对相关旅行产品(如机票)的价格管制，都造成了 Priceline 模式在国内市场发展的障碍。但同时我们也应该看到，大部分国内消费者都属于对价格异常敏感的群体。从长远来看，在中国市场 Priceline 模式必然能够成功，需要的只是时机成熟。当然，正如互联网其他领域一样，最后的成功者很可能并非是 Priceline，而是模仿其模式的一家本土公司。

案例讨论问题：Priceline 能否在中国生存吗？你认为 Priceline 最终会成功还是失败？为什么？Priceline 是如何影响旅游服务业的？

本章小结

互联网技术改变了或正在改变旅游商务环境,包括旅游行业结构、旅游产业和旅游企业运营(价值链),以及旅游企业战略。互联网构成了带动旅游业持续演变的一个重要因素,它促使市场结构和游客或潜在游客行为发生巨大的改变。它提供了各种旅游接待条件之间的差别和价格透明的可能,因此带来了新的希望,并加速了网上旅游供应商之间的竞争。

旅游电子商务是互联网发展的直接产物,是网络技术在旅游业应用的全新发展方向。互联网本身所具有的开放性、全球性、低成本、高效率的特点,也成为旅游电子商务的内在特征。旅游电子商务对传统的商务模式提出了挑战。它不仅会改变企业本身的生产、经营和管理活动,而且将影响到整个社会的经济运行与结构。旅游电子商务是一个全新的商务模式。

有许多不同的旅游电子商务应用模式。从旅游电子商务服务的对象作为分类参数来划分,旅游业中最常见的是 B2C 与 B2B 两大类。从电子商务所使用的技术作为分类标准来分,电子商务又可分为移动电子商务。需要注意的是,在划分业务模式时并没有一种完全正确的方法,认识这一点非常重要。

电子商务业务模式是以利用和发挥互联网和万维网(WWW)的特性为目标的业务模式。它允许企业为获取收入以维持经营而采用的新的开展业务的方式。这种模式明确了公司在价值链中的定位。一些最常见的模式包括报价模式、寻找最佳价格、动态经纪模式、合作营销、在线拍卖制和个性化、电子市场以及电子交易所。

虽然有多种不同的旅游电子商务盈利模式,但是大多数的企业主要采用其中的一种或几种模式的组合。这些盈利模式包括广告模式、订阅模式、交易费模式、销售模式和会员制模式。

思考与演练

一、思考题

1. 通用的旅游电子商务框架由哪些因素构成?
2. 描述旅游电子商务企业使用的是什么业务模式?简述五种主要的盈利模式。
3. 企业获得竞争优势的方式有哪些?

4. Priceline 业务模式的缺陷是什么?
5. 为什么很难对电子商务业务模式进行分类?
6. 什么是反向拍卖?举一个开展这类业务的企业例子。
7. 什么是 B2B 中心的关键成功要素?
8. 什么是应用服务提供商?
9. 在消费者对消费者电子商务领域中有些什么样的业务模式?
10. 旅游电子商务技术的独特性是如何改变行业结构的?
11. 产业价值链上有哪些主要的角色?旅游电子商务技术对它们的影响有哪些?

二、演练题

1. 预订酒店的操作过程
1) 演练内容

游客或潜在游客在携程旅游电子商务网站预订酒店的操作过程。

2) 演练步骤

【第一步】登录携程旅游电子商务网站(http://www.ctrip.com),注册用户真实信息(此处将注册过程省略)后便可查询到旅游目的地三亚的酒店信息,如图 2-4 所示。在相关文本框中输入查询内容。本例查询城市为三亚,酒店等级为三星级,预订入住时间为 2006 年 2 月 22 日,预订离开时间为 2006 年 2 月 24 日。

图 2-4 携程旅游电子商务网站主页

【第二步】得到如图 2-5 所示的酒店信息列表。此外,旅游游客或潜在游客在购买前可以在此页面方便地了解有关酒店的一切信息,如果满意,只要单击页面上的【预订】按钮便可下订单。

【第三步】订单信息如图 2-6 所示。在【预订完成确定方式】下拉列表框中,有 E-mail、手机短信、电话和 FAX 四种确认方式。携程在两个小时内应答预订订单。游客或潜在游客在订单信息页面单击【下一步】按钮后酒店的预订便生效,旅游产品的消费也将开始。

图 2-5　旅游目的地三亚的酒店信息列表

图 2-6　订单信息展示

游客或潜在游客可以使用同样的方式预订机票、旅行社提供的旅游线路等，完成一切在旅游中涉及的业务。

2. 通过 DMS 系统获得旅游目的地的相关信息

1) 演练内容

通过 DMS 的子系统"浪漫大连旅游网"预订旅游线路。

2) 演练步骤

【第一步】客户登录中国金旅工程 DMS 总平台首页，如图 2-7 所示。在地图上单击旅游目的地。本例选择大连。

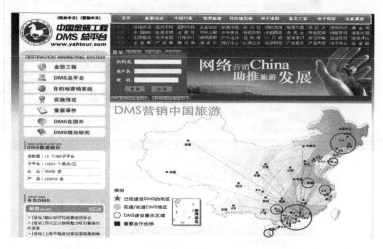

图 2-7　中国金旅工程 DMS 总平台首页

【第二步】由 DMS 总平台转到大连旅游信息网站，如图 2-8 所示。用户在此可以通过页面的【电子地图】栏目了解景点、酒店等地理位置，可以预订酒店、旅行社线路、查询航班信息和天气预报等内容。本例预订旅行社线路。

图 2-8　大连旅游信息网站

【第三步】找到适合的旅行线路，顾客满意后即可单击【预定】按钮，如图 2-9 所示。

第2章 旅游电子商务的业务模式和概念

图 2-9 预订旅行线路

【第四步】填写订单信息，如出行时间、人数和特殊要求等信息后单击【提交】按钮，如图 2-10 所示。

图 2-10 填写订单信息

【第五步】单击【确认】按钮后将订单信息提交给旅行社，如图 2-11 所示。

43

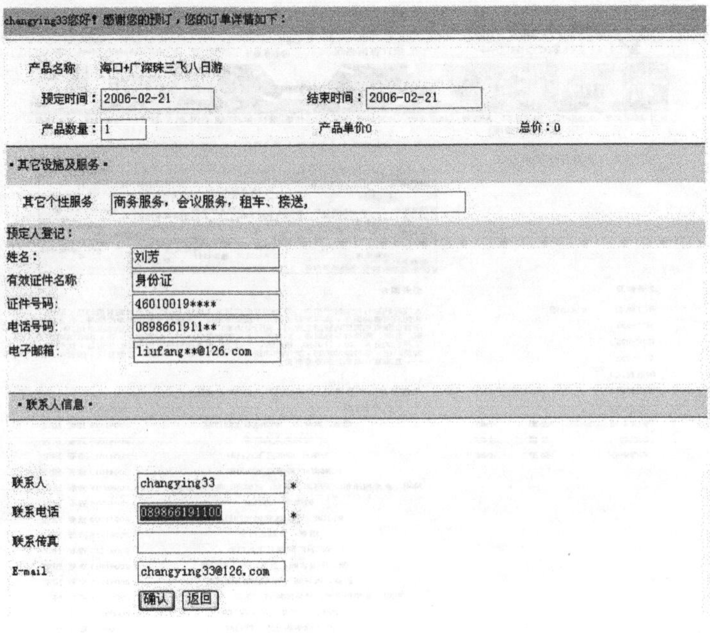

图 2-11 将订单信息提交给旅行社

【第六步】预订确认，得到以下提示信息，预订旅游线路的操作结果，如图 2-12 所示。

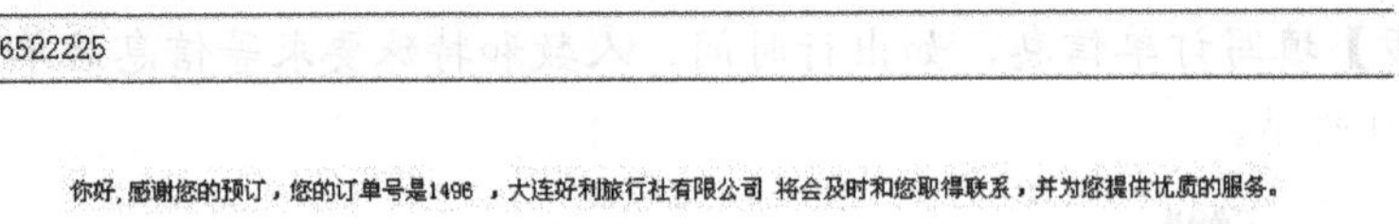

图 2-12 预订确认

第3章 旅游电子商务的网络技术基础

【学习目标】

通过本章的学习，了解 Internet 技术的主要技术；了解 Internet 的协议、第二代 Internet 的潜在旅游应用能力；熟悉 WWW 的工作原理；掌握 Internet 与 WWW 支持电子商务的特色与服务；熟悉通信技术的基本概念、数据与数据库管理系统的基本概念。

【关键词】

计算机网络(Computer Network) 万维网(World Wide Web，WWW) 包交换(Packet Switching) 局域网(Local Area Network，LAN) 城域网(Metropolitan Area Network，MAN) 广域网(Wide Area Network，WAN) 总线拓扑(Bus Topology) 星型拓扑(Star Topology) 环型拓扑(Ring Topology) 网状拓扑(Mesh Topology) 宽带(Broadband) 全球移动通信系统(Global System for Mobile Communications, GSM) 码分多址访问(Code division multiple access，CDMA) 通用无线分组业务(General Packet Radio Switching，GPRS) 无线应用协议(Wireless Application Protocol, WAP) 无线标识语言(Wireless Markup Language，WML) 传输控制协议(Transmission Control Protocol，TCP) 网际协议(Internet Protocol，IP) IP 地址(IP Address) 域名(domain Name) 统一资源定位器(Uniform Resource Locator, URL) 远程登录(Telnet) 综合业务数字网(Integrated Services Digital Network，ISDN) 内联网(Intranet) 外部网(Extranet) 公共专网/私用专网(Public & Private Networks) 企业门户(Enterprise Portal，EP) 企业信息门户(Enterprise Information Portal，EIP) 企业知识门户(Enterprise Knowledge Portal，EKP) 企业应用门户(Enterprise Application Portal，EAP) 数据库系统 DBS(Database System) 数据库管理系统 DBMS(Database Management System) 结构查询语言(Structured Query Language，SQL)

开篇案例：一个完整的酒店上网服务系统

酒店计算机网络系统主要包括硬件平台及软件平台的建立，如图 3-1 所示。酒店上网服务系统方案的设计要求把握当今网络技术的主流方向，采用当前最成熟的组网技术，保证整个系统的高效、可靠、实用。酒店内部计算机局域网(LAN)系统是其他软件应用的基础平台，是所有 IT 应用的前提保障。

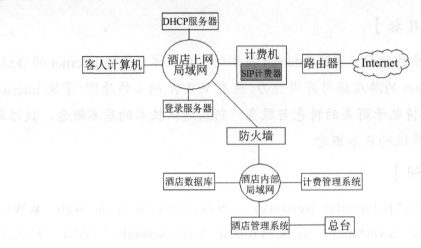

图 3-1 一个完整的酒店上网服务系统总体结构

酒店只需要建立起一个连接到每个客房的局域网络，即可为顾客提供上网服务。该局域网和酒店内部管理用的局域网是隔离的，以保证安全。隔离可采用多种方式，如物理隔离、网段隔离，或者防火墙隔离。

酒店首先建设好客人上网使用的硬件网络环境，包括到 ISP 的线路连接、网关服务器、上网局域网等。DHCP 服务器、登录服务器、网关服务器都是软件意义上的服务器，既可共同运行在一台硬件服务器上，也可分开运行在不同硬件服务器上。

局域网络可以是有线局域网络，由物理网线接到每间客房，每间客房都有一根网线接头，把网线接头连到客人计算机，客人计算机就可连接到酒店局域网络中，就具有了上网物理媒介。局域网络也可以是一个无线局域网，客房就不需要提供物理网线接头。

SIP 监控计费器能够对每个客人计算机(IP 地址)的通信统计时间，或者统计流量，客人计算机停止上网就实时停止统计，实时把统计数据写到酒店上网管理数据库中。客人结账时就可以结算费用，打印上网清单。

酒店局域网内必须具有 DHCP 服务器。客人计算机连到局域网上需要动态给客人计算机分配一个局域网内的 IP 地址。IP 地址的动态分配就是由局域网内的 DHCP 服务器提供。

酒店局域网内还必须具有一个登录服务器，实际上就是一个 WWW 服务器。WWW 服务器上有一个登录页面，供客人输入酒店分配给他的账号信息。客人输入账号信息(如用户名和口令)后提交，登录服务器验证提交的用户名和口令。通过验证后，登录服务器就把该客人当前 IP 地址等数据通知网关服务器上运行的 SIP 监控计费器。客人计算机即可畅通上网浏览、收发邮件、聊天、打游戏。网关服务器上运行的 SIP 监控计费器就自动开始对客人的网络连接进行计时或计流量。

　　SIP 监视计费器读写数据库,把计费数据写到数据库中。登录服务器需要读取酒店数据库,验证输入的用户信息是否有效。无论 SIP 监视计费器(包括登录服务器)和酒店数据库是否在同一网段,鉴于安全的原因,最好都通过防火墙隔离,限制 SIP 监视计费器(包括登录服务器)只能访问其数据库端口。防火墙可以是硬件防火墙,也可以是软件防火墙(安装在数据库服务器上,如 SIP 防火墙)。

　　根据不同的网络网段配置,网关服务器可能需要 1～3 块网卡。图 3-1 中如果酒店是通过宽带接到 ISP,则需要三块网卡。一块网卡接 ISP 宽带,一块网卡接上网用局域网,一块网卡接酒店内部局域网。同理,登录服务器也可能需要两块网卡。

　　使用 SIP 监视计费器软件进行计费时,对计费服务器没有特殊的要求。SIP 监视计费器软件运行时对系统资源消耗很少,内存数量要求不大,也不需要多大硬盘空间。对计费服务器的要求,都是通信性能带来的要求,主要对网卡速度和 CPU 芯片速度要求较高,定制配置的兼容机也可胜任。

　　从上例可见开展旅游电子商务就是充分利用遍及全球的计算机互联网络进行低成本、高效率的商务活动。旅游电子商务是利用现代通信技术、计算机网络技术开展的商务活动。计算机网络(Network)是将计算机彼此连接的技术。它是将分布在不同地理位置上的具有独立功能的计算机、终端及其附属设备用通信手段连接起来以实现资源共享的系统。总体来说计算机网络的组成基本上包括:计算机、网络操作系统、传输介质以及相应的应用软件四部分。

　　许多作者研究了计算机网络在电子商务的功劳,以为计算机网络的基本功能就是能够互相交换信息,共同享有网络资源。除了资源共享的功能外,计算机网络还有数据传输功能,它不仅可以传输数据,而且也可以实现数据、语音、图像等信息的综合传输,构成综合服务数字网络,为社会提供更广泛的应用服务。

3.1　计算机网络

3.1.1　计算机网络的产生与发展

　　20 世纪 60 年代初,以单机为中心的通信系统称为第一代计算机网络。以单机为中心的通信系统的特点是网络上用户只能共享一台主机中的软件、硬件资源。20 世纪 60 年代末出现了多个计算机互联的计算机网络,这种网络将分散在不同地点的计算机经通信线路互联。主机之间没有主从关系,网络中的多个用户可以共享计算机网络中的软、硬件资源。20 世纪 70 年代后期,国际标准化组织 ISO 公布了开放系统互联参考模型(OSI/RM)。凡遵循国际标准化的计算机网络属于第三代计算机网络。它具有统一的网络体系结构,遵循国际标准化协议,不同的计算机及计算机网络可以方便地互联起来,构成网络体系。

3.1.2 计算机网络的构成与分类

1. 计算机网络的组成与结构

计算机网络完成数据处理与数据传输两个任务,从结构上可分为资源子网和通信子网两个部分,如图 3-2 所示。资源子网由主计算机系统、终端、终端控制器联网外设、各种资源组成。通信子网由网络通信处理机、通信线路与其他通信设备组成,完成数据的传输、转发等功能。

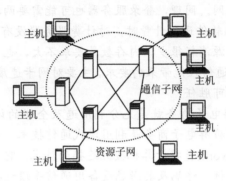

图 3-2 计算机网络的组成与结构

2. 计算机网络类型的划分

计算机网络类型的划分标准各种各样。例如,按传输介质分类,计算机网络类型有线网、光纤网、无线网三种;按计算机网络覆盖的范围分类,计算机网络类型有局域网、城域网和广域网三种;按网络的拓扑结构,计算机网络类型分为总线型、星型、环型和网状型。从旅游电子商务应用角度,以下仅介绍两种分类:按计算机网络覆盖的范围分类和按网络的拓扑结构分类。

1) 按计算机网络覆盖的范围分类

按计算机网络覆盖的范围分类可以把各种网络类型划分为局域网、城域网和广域网三种。局域网一般来说只能是一个较小区域内,城域网是不同地区的网络互联,不过在此要说明的一点就是这里的网络划分并没有严格意义上地理范围的区分,只能是一个定性的概念。

(1) 局域网(Local Area Network,LAN),是最常见、应用最广的一种网络。局域网是计算机网络中发展最快的一个分支,经过 20 世纪 60 年代的技术准备、70 年代的技术开发和 80 年代的商品化阶段,现在已经在企事业单位中发挥重要的作用,目前正朝着多平台、多协议、异种机方向发展,数据传输速率和带宽不断提高。

几乎每个单位都有自己的局域网,甚至有的家庭中都有自己的小型局域网。很明显,所谓局域网,就是在局部地区范围内的网络,它所覆盖的地区范围较小,一般在十公里以内,传输速率为 10~1000Mbps。局域网在计算机数量配置上没有太多的限制,少的可以只有两台,多的可达几百台。一般来说在企业局域网中,工作站的数量在几十到两百台次。

以太网技术是传统局域网关键组网技术。传统局域网使用的是以太网技术，包括采用总线拓扑结构、具有冲突检测的载波监听多路访问CSMA/CD的总线争用技术。

IEEE于1995年通过了100Mbps快速以太网的100BASE-T标准，并正式命名为IEEE802.3u标准，作为对IEEE802.3标准的补充。100BASE-T标准不但最大限度地保持了IEEE802.3标准的完整性，而且保留了核心以太网的细节规范。

随着多媒体技术、网络分布计算、桌面视频会议等应用的不断发展，用户对局域网的带宽提出了更高的要求；人们有迫切要求高网速技术与现有的以太网保持最大的兼容性，开始酝酿千兆以太网技术。1996年3月成立的IEEE802.3Z工作组，专门负责千兆以太网的研究，并制定相应标准。

千兆以太网使用原有以太网的帧结构、帧长及CSMA/CD协议，只是在低层将数据速率提高到了1Gbps。因此，它与标准以太网(10Mbps)及快速以太网(100Mbps)兼容。用户能在保留原有操作系统、协议结构、应用程序及网络管理平台与工具的同时，通过简单的修改使现有的网络工作站廉价地升级到千兆位速率。

千兆以太网一方面为了保持从标准以太网、快速以太网到千兆以太网的平滑过渡，另一方面又要兼顾新的应用核心的数据类型。

这种网络具有连接范围窄、用户数少、配置容易、连接速率高的特点。以太网的速率可以达到10Gbps。

局域网由以下设备构成：①网络服务器；②工作站；③网卡；④传输介质(双绞线、同轴电缆、光导纤维电缆)；⑤网络操作系统软件。

网络服务器是网络的控制核心部件，一般由高档计算机或由具有大容量硬盘的专用服务器担任。局域网的操作系统就运行在服务器上，所有的工作站都以此服务器为中心，网络工作站之间的数据传输均需要服务器作为媒介。

工作站是网络的前端窗口，用户通过它访问网络的共享资源。

通过网卡，将工作站或服务器连接到网络上，实现网络资源共享和相互通信。

传输介质是网络中信息传输的媒体，是网络通信的物质基础之一。在局域网中常用的传输介质有双绞线、同轴电缆和光导纤维等。

网络操作系统安装在网络服务器上，管理网络资源和网络应用，控制网上的通信和网上用户的访问。网络操作系统主要有Unix、Windows NT、Novell和NetWare等。

江苏长江大酒店局域网采用宽带上网技术搭建酒店局域网。酒店局域网涉及酒店的13层楼(地下一层，地上十二层)，酒店每个客房的接入带宽为100Mbps。酒店共设置1个主管理间，7个子管理间，子管理间与主管理间通过千兆光纤相连，整个数据点共有700个。酒店根据业务的需求，决定酒店的整个网络使用三层设计结构，酒店的每一个客房为接入层，七个子管理间为汇聚层，主管理间为核心层，其结构如图3-3所示。

TS2226为千兆智能网管交换机，它支持生成树协议802.1D、IGMP Snooping组播协议，支持基于端口的VLAN及802.1QVLAN、GVRP动态VLAN配置，支持端口聚合功能(静态和LACP动态配置)及广播风暴控制，支持端口优先级、流量控制和端口镜像功能，支持静态MAC地址绑定功能及MAC地址绑定。另外它支持基于中文Web平台的网络管理，使用户可以简单、方便地管理整个网络。

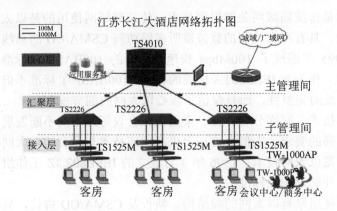

图 3-3 江苏长江大酒店局域网结构图

图中:TS4010 为多层交换机,它支持 L2~L7 的信息实现流分类和优先级控制,支持 PPPoE、802.1x、DHCP+Web 认证方式以及支持 VLAN ID. MAC 地址动态绑定方式技术规范。

TS1525M 为接入层交换机,它支持端口带宽控制 MDI/MDIX 自校准功能,支持基于端口的 VLAN 及 802.1Q VLAN,支持端口聚合功能及广播风暴控制,支持端口优先级、流量控制和端口镜像功能。同时也支持 WebSmart 中文远程管理。

TW-1000AP 无线 AP 通过网线连接到配线间的接入交换机 TS1525M 上。TW-1000P 为无线网卡。

(2) 城域网(Metropolitan Area Network,MAN),这种网络一般来说是在一个城市,但不在同一地理小区范围内的计算机互联。这种网络的连接距离可以在 10~100 公里。它采用的是 IEEE802.6 标准。城域网与局域网相比扩展的距离更长,连接的计算机数量更多,在地理范围上可以说是局域网网络的延伸。在一个大型城市或都市地区,一个城域网网络通常连接着多个局域网。例如,连接政府机构的 LAN、医院的 LAN、电信的 LAN、公司企业的 LAN 等。由于光纤连接的引入,使 MAN 中高速的 LAN 互联成为可能。

(3) 广域网(Wide Area Network,WAN)可跨越远距离(几百至数千公里范围)。一般通过远程通信设施(铜线、光缆、无线电)连接起来。传输速率较低。互联网是全球最大的 WAN。

2) 按网络的拓扑结构分类

计算机网络的拓扑结构表示网络中的节点与通信线路之间的几何关系,即网络节点和通信线路组成的几何排列形态,亦称网络物理结构图型,反映网络中各实体间的结构关系。

用点来表示联网的计算机,用线来表示连接计算机的通信线路。按计算机网络的拓扑结构划分标准,常见的计算机网络的拓扑结构有总线型、星型、环型和网状型。

常见的计算机网络的拓扑结构特征列举如下。

(1) 总线型拓扑结构。在一条单线上连接着所有工作站和其他共享设备(文件服务器、打印机等),如图 3-4 所示。

总线拓扑结构简单,容易安装,适合局域网使用。但当电缆上某一段发生断裂时,整个网络都会陷于停顿，线路故障定位比较困难。此外，由于信号和电缆的性能原因，总线型拓扑结构在使用中受到一些限制。

(2) 星型拓扑结构。星型物理拓扑结构使用集线器作为中心设备，连接多台计算机，如图 3-5 所示。

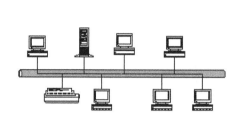

图 3-4　总线型拓扑结构

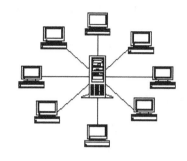

图 3-5　星型拓扑结构

星型拓扑结构设计较简单，计算机与中心设备是点对点的连接。星型物理拓扑结构的优点表现为各段介质是分离的，相互间不影响；故障定位容易；重新配置网络较容易。但是，星型物理拓扑结构的电缆消耗大，网络施工工作量大。

(3) 环型拓扑结构。环型拓扑结构指多台设备依次连成物理的环状结构，设备之间采用点对点连接，如图 3-6 所示。其缺点是重新配置比较困难以及电缆消耗量较大。网状拓扑结构的优点是设备之间点对点连接，可保证通信双方有充分的通信带宽，故障定位容易，容错性好。环型拓扑结构的缺点是电缆用量大。实际存在与使用的广域网，基本上采用环型拓扑结构。

(4) 网状型拓扑结构。在网状拓扑结构中，两个节点之间具有多条连接通路，如图 3-7 所示。分布式结构的网络具有如下特点：由于采用分散控制，即使整个网络中的某个局部出现故障，也不会影响全网的操作，因而具有很高的可靠性；网中的路径选择最短路径算法，故网上延迟时间少，传输速率高，但控制复杂；各个节点间均可以直接建立数据链路，信息流程最短；便于全网范围内的资源共享。缺点为连接线路用电缆长，造价高；网络管理软件复杂；报文分组交换、路径选择、流向控制复杂。

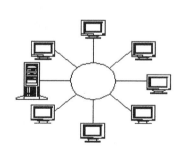

图 3-6　环型拓扑结构

图 3-7　网状环型拓扑结构

在实际应用中，也可以将总线型拓扑结构和星型拓扑结构结合起来构成混合型的网络布局。混合型的网络拓扑结构网络连接的自由度比较大。集线器的连接作为主干连接可以进行高速通信,也方便检测故障和扩展网络。

拓扑结构的选择往往与传输媒体的选择及媒体访问控制方法的确定紧密相关。选择网络拓扑结构应考虑可靠性、费用、灵活性、响应时间和吞吐量等因素。

3.1.3 计算机网络的功能

计算机网络的功能主要表现在硬件资源共享、软件资源共享和用户间信息交换三个方面。

1. 硬件资源共享

可以在全网范围内提供对处理资源、存储资源、输入输出资源或信息产品等昂贵设备的共享,如具有特殊功能的处理部件、高分辨率的激光打印机、大型绘图仪、巨型计算机以及大容量的外部存储器等,从而使用户节省投资,也便于集中管理和均衡分担负荷。

2. 软件资源共享

互联网上的用户可以远程访问各类大型数据库,可以通过网络下载某些软件到本地机上使用,可以在网络环境下访问一些安装在服务器上的公用网络软件,可以通过网络登录到远程计算机上使用该计算机上的软件。这样可以避免软件研制上的重复劳动以及数据资源的重复存储,也便于集中管理。

3. 用户间信息交换

计算机网络为分布在各地的用户提供了强有力的通信手段。用户可以通过计算机网络传送电子邮件、发布旅游消息和进行旅游电子商务活动。

3.1.4 传输媒介

传输介质是网络中信息传输的媒介,是通信网络中发送方和接收方之间的物理通路,是网络通信的物质基础之一。传输介质的性能特点对传输速率、通信的距离、可连接的网络节点数目和数据传输的可靠性等均有很大的影响。因此,必须根据不同的通信要求,合理地选择传输介质。计算机网络中采用的传输媒体分有线和无线两大类。

1. 有线传输媒体

有线传输媒体主要有三大类,即双绞线(TP)、同轴电缆和光纤。

(1) 双绞线(TP)是由两根绝缘的金属导线扭在一起而成,通常还把若干对双绞线对(2对或4对),捆成一条电缆并以坚韧的护套包裹着,每对双绞线合并作一根通信线使用,以减小各对导线之间的电磁干扰。双绞线一般分为非屏蔽双绞线(UTP)和屏蔽双绞线(STP)。计算机网络中最常用的是第三类和第五类非屏蔽双绞线。

(2) 同轴电缆(Coaxial Cable)是网络中最常用的传输介质,共有四层,最内层是中心导体,从里往外,依次分为绝缘层、导体网和保护套。按带宽和用途来划分,同轴电缆可以分为基带(Baseband)和宽带(Broadband)。基带同轴电缆传输的是数字信号,在传输过程中,信号将占用整个信道,数字信号包括由 0 到该基带同轴电缆所能传输的最高频率,因此,在同一时间内,基带同轴电缆仅能传送一种信号。宽带同轴电缆传送的是不同频率的信号,这些信号需要通过调制技术调制到各自不同的正弦载波频率上。传送时应用频分多路复用技术分成多个频道传送,使数据、声音和图像等信号,在同一时间内,在不同的频道中被传送。宽带同轴电缆的性能比基带同轴电缆好,但需要附加信号处理设备,安装比较困难,适用于长途电话网、电缆电视系统及宽带计算机网络。

(3) 光纤是由能传导光波的石英玻璃纤维外加保护层构成的。光纤具有宽带、数据传输率高、抗干扰能力强、传输距离远等优点。按使用的波长区的不同分为单模和多模光纤通信方式。

2. 无线传输媒体

无线传输媒体主要有微波通信、卫星通信、红外通信和激光通信。

(1) 微波通信是利用微波传播进行的通信。微波通信是远距离通信的重要手段之一。通常讲的微波通信是指地面微波接力通信。由于微波是直线传播,而地球表面有一定的弧度,在实现远距离微波通信时,要每隔 50 公里左右设一座微波站。发射台发出信号后,经中间的微波站接收,在进行放大后再转发到下一微波站,就像接力赛跑一样,所以微波通信又称微波接力通信。微波接力通信的通信容量大,建设费用低,抗灾害性强,能满足各种电信业务的传输质量要求,是一种被广泛应用、具有强大生命力的通信方式。

(2) 卫星通信是航天技术和电子技术相结合而产生的一种重要通信方式。卫星通信以空间轨道中运行的人造卫星作为中继站,地球站作为终端站,实现两个或者多个地球站之间的长距离大容量的区域性通信及至全球通信。卫星通信是 19 世纪 60 年代迅速发展起来的。按地球站的站址是否固定,可将卫星通信分为卫星固定通信(FSS)和移动通信(MSS)业务。例如,大海中航行的船舶、空中飞行的飞机和陆地行驶的车辆,它们通过卫星相互之间或与陆地上固定站之间进行的通信都属于卫星移动通信。卫星固定通信使用 C 波段(4/6GHz)和 Ku 波段(11/14GHz、12/14GHz),而卫星移动通信使用 L 波段(1.5/1.6GHz)。

卫星通信具有传输距离远、覆盖区域大、灵活、可靠、不受地理环境条件限制等独特优点。以覆盖面积来讲,一颗通信卫星可覆盖地球面积的三分之一多;若在地球赤道上等距离放上三颗卫星,就可以覆盖整个地球。

(3) 红外通信就是通过红外线传输数据。红外通信利用红外技术实现两点间的近距离保密通信和信息转发。它一般由红外发射和接收系统两部分组成。发射系统对一个红外辐射源进行调制后发射红外信号,而接收系统用光学装置和红外探测器进行接收,从而构成红外通信系统。红外通信具有保密性强、息容量大、结构简单,既可以在室内使用,也可以在野外使用等特点。

(4) 激光通信是指把激光作为信息载体,实现通信的一种方式,取代或补偿目前的微波通信。它包括激光大气传输通信、卫星激光通信、光纤通信和水下激光通信等多种方式。

激光通信具有信息容量大、传送线路多、保密性强、可传送距离较远、设备轻便、费用经济等优点。

3.1.5 常见的网络互联设备

常见的网络互联设备主要有以下几种。

(1) 调制解调器：在通信过程中将数据信号转换成模拟信号或者将模拟信号转换成数据信号的设备。

(2) 网桥(Bridge)是一个局域网与另一个局域网之间建立连接的桥梁。网桥是属于网络层的一种设备，它的作用是扩展网络和通信手段，在各种传输介质中转发数据信号，扩展网络的距离，同时又有选择地将有地址的信号从一个传输介质发送到另一个传输介质，并能有效地限制两个介质系统中无关紧要的通信。网桥可分为本地网桥和远程网桥，本地网桥是指在传输介质允许长度范围内互联网络的网桥；远程网桥是指连接的距离超过网络的常规范围时使用的远程桥，通过远程桥互联的局域网将成为城域网或广域网。如果使用远程网桥，则远程桥必须成对出现。

(3) 网络接口卡简称网卡，用来负责计算机和网络之间的集中数据转换。

(4) 中继器(Repeater)是连接网络线路的一种装置，常用于两个网络节点之间物理信号的双向转发工作。中继器是最简单的网络互联设备，主要完成物理层的功能，负责在两个节点的物理层上按位传递信息，完成信号的复制、调整和放大功能，以此来延长网络的长度。它在 OSI 参考模型中的作用是对信号进行整形，防止因线路的阻抗造成信号的衰减和畸变，增加信息传输的距离。

(5) 集线器(Hub)是一个具有多个连接端口的设备，每个端口可连接一个节点。集线器是中继器的一种形式，区别在于集线器能够提供多端口服务，也称为多口中继器。

(6) 交换机(Switch)是用来连接多网段的中规模以上的局域网的一种网络连接设备。

(7) 路由器(Router)是用于连接多个逻辑上分开的网络。逻辑网络是指一个单独的网络或一个子网。当数据从一个子网传输到另一个子网时，可通过路由器来完成。因此，路由器具有判断网络地址和选择路径的功能，它能在多网络互联环境中建立灵活的连接，可用完全不同的数据分组和介质访问方法连接各种子网。路由器是属于网络应用层的一种互联设备，只接收源站或其他路由器的信息，它不关心各子网使用的硬件设备，但要求运行与网络层协议相一致的软件。路由器分本地路由器和远程路由器，本地路由器是用来连接网络传输介质的，如光纤、同轴电缆和双绞线；远程路由器是用来与远程传输介质连接并要求相应的设备，例如，电话线要配调制解调器，无线要通过无线接收机和发射机。

3.2 互联网技术

3.2.1 互联网的起源

互联网是一个巨大的、覆盖全球的计算机网络体系，它把全球数万个计算机网络，数千万台主机连接起来,包含了难以计数的信息资源,向全世界提供信息服务。从网络通信的角度来看,互联网是一个以 TCP/IP 网络协议连接各个国家、各个地区、各个机构的计算机网络的数据通信网。从信息资源的角度来看,互联网是一个集各个部门,各个领域的各种信息资源为一体,供网上用户共享的信息资源网。

互联网的发展历程可以分为三个阶段。从 1961 年到 1974 年代表第一个阶段,也叫创新阶段。在这一阶段,互联网的基本构件被概念化,并且在实际的硬件和软件系统中得到实现。这些基本的构件是包括包交换设备、客户/服务器计算和 TCP/IP 通信协议等。人们在 20 世纪 60 年代末期设计互联网的初衷就是希望能够把大学校园里的大型骨干计算机都连接在一起。

从 1975 年到 1995 年属于第二个阶段,也叫机构化阶段。这一阶段美国国防部(Department of Defense) 和美国国家科学基金会(National Science Foundation) 开始向互联网提供资金和政策支持。当互联网的基本思想在几个政府资助的示范项目中得到验证之后,美国国防部立刻投资 100 万美元将其应用在能够对抗核战争的强大的军事通信系统。这一努力最终产生了后来被称为 ARPANET(Advanced Research Projects Agency Network) 的计算机网络。1986 年,美国国家科学基金会承担起发展民用互联网(后来被称为 NSFNet)的重担,并开始着手实施一项耗资 2 亿美元、长达 10 年的网络拓展计划。

1995 年至 2001 年被称为互联网发展的第三阶段或商业化阶段。在这一阶段,美国政府开始鼓励私人企业接管并扩展互联网的主干网络和各种面向普通大众的本地化服务,例如全美和全球的家庭、个人和校园中的学生用户。到 2000 年,互联网的辐射范围就已远远超出了军事机构和科研院校的范围。1994 年 Andreesen 和 Jim Clark 创立了网景公司(Netscape Corporation)网点,代表了第一个商业网络浏览器 Netscape 出现。同年,公司 Hotwired.com 的网页中出现了世界上第一个横幅广告,这标志着第一代电子商务的开始。随着广告业务和各种营销活动在 Web 上的逐渐兴起,第一代电子商务时代也正式到来。

中国早在 1987 年就由中国科学院高能物理研究所首先通过 X.25 租用线实现了国际远程联网,并于 1988 年实现了与欧洲和北美地区的 E-mail 通信。1993 年 3 月经电信部门的大力配合,开通了由北京高能物理研究所到美国 Stanford 直线加速中心的高速计算机通信专线。1994 年 5 月高能物理研究所的计算机正式进入互联网,与此同时,以清华大学为网络中心的中国教育与科研网也于 1994 年 6 月正式联通互联网,1996 年 6 月,中国最大的互联网互联子网 CHINAnet 也正式开通并投入营运。

目前,我国有四大互联网。它们分别是由信息产业部管理的中国金桥信息网(CHINAGBN),由教育部管理的中国教育和科研网(CERNET),由中国科学院管理的中国科技信息网(CSTNET)以及由邮电部管理的中国公用计算机互联网(CHINANet)。我国境内的任何个人和单位都可通过这四大互联网接入互联网网络。

根据中国互联网信息中心(CNNIC)的统计,2005 年中国上网用户总人数达到 1.11 亿,上网计算机约 4500 万台,网站总数约 67 万个,国际出口带宽总量为 82617M,连接的国家有美国、俄罗斯、法国、英国、德国、日本、韩国、新加坡、马来西亚等,互联网已经越来越成为中国人科研工作甚至日常生活的一个重要组成部分。

3.2.2 第二代 Internet: Internet2

1. Internet2 项目

在历经二十多年的发展之后,互联网演变为几乎转变了人类工作和生活方式的大众媒体和工具。但是由于用户量的激增和自身技术的限制,起初作为政府研究机构共享信息手段的互联网开始无法满足科研机构高带宽占用型应用的需要,如多媒体实时图像传输、视频点播、远程教学等技术的广泛应用。在这样一个背景下,1996 年 10 月美国 34 家大学和研究机构组成了一个非营利协会,准备启动 Internet2 计划,旨在勾画出互联网应用的新蓝图。

目前美国已有 200 多所大学加盟了 Internet2 计划,致力于开发最新的网络技术和应用,满足高等学校进行网上科学研究和教学的需要。Internet2 计划的合作伙伴还包括政府部门和企业界,如 Cisco、IBM、Qwest 和微软等 60 多家行业领先者。与大多数人的猜测相反,Internet2 并不是我们熟悉的互联网的继承者。它是一个主要面向学术界的超高速专有网络,是研究和发展新互联网技术的封闭、虚拟实验场所,目前已经连接了超过 200 所大学。其网络技术是基于光纤骨干网,能容纳 10Gbps 的稳定数据带宽。正如 Laudon and Traver 指出的一样,Internet2 的三个主要目标是:①创建一个世界一流的高速网络环境;②促进下一代网络应用的试验研究;③确保新的网络服务和应用迅速向更广大的互联网用户普及。

确切来说,Internet2 不是一个单独的物质网络,而是先进的网络技术及应用,因此不会取代现有的互联网,相反还会促进商用互联网的发展。Internet2 结合了大学、工业界和政府部门的各方资源,开发以及试验各种网络新技术,诸如 IPv6 协议、多址传递技术和高品质服务提供等。这些技术一旦成熟,将很快应用于现有互联网中。例如,2006 年 3 月 9 日,美国电影协会(MPAA)和美国唱片产业协会(RIAA)宣布加入 Internet2 网络联盟,成为该联盟的成员。因为 Internet2 技术的一个主要特征是超高速连接。在速度上,基于 Internet2 技术的高速 IP 网络要比现在的普通拨号连接快 800 倍,比专线或 DSL 连接快 200 倍。Internet2 的高速度不仅仅依靠于光纤作为传输介质,更主要在于能有效提高速度的整体网络体系结构。未来的互联网会消除现有互联网上存在的各种瓶颈问题和低速度,将不再有拨号等低效连接,所有与基于 Internet2 技术相连的都是同样的高速网络结构。Internet2 应用目标领域将包括用于多媒体虚拟图书馆、远程医疗、远程教学、视频会议、视频点播 VOD、天气预报等方面。

Internet2 的项目研究领域包括先进的网络基础设施、高性能的网络、中间件及高级网络应用。下面将分别进行简单的讨论。

(1) 先进的网络基础设施。由 Internet2 的项目研究成员创建并使用的先进的网络为各种新技术的测试和改进提供了试验研究环境。目前,印第安纳大学 Abliene 网络操作中心(The Indiana University Abliene Network Operations Center)2006 年年初的带宽为 10Gbps。这个带宽超过了当初 Abliene 和 vBNS(Very high performance Backbone Network Service,高性能主干网服务)所制定的千兆级节点(GigaPoP)的范畴(GigaPoP 的带宽为 2.5G~9.6Gbps)。

(2) 高性能的网络。目前 Internet2 正在开发、测试和标准化新一代网络服务与技术。Internet2 的网络项目包括开展 IPv6 协议研究、开发和应用新的服务质量技术、开发更高效的路由器的技术等领域。比如目前正在研究 Internet 上影响视频信号传输的因素的解决方案。

(3) 中间件。Internet2 的项目研究扩展了新一代的中间件功能，以便让网络应用更加的流畅和安全。中间件是一种连通网络与应用程序的黏合剂。它一般提供身份认定(Identification)、验证(Authentication)、授权(Authorization)、目录(Directories)与安全(Security)服务。在现在的互联网环境中，应用程序不得不自己提供这些服务，因而也就导致了各种技术和标准的不兼容。通过提倡标准化与协同性，中间件能够让网络应用程序更加易用。随着在电子商务活动中对中间环节的依赖性越来越强，提高中间件的安全性能也就成了中间件产品研究开发中的一个重点。

(4) 高级网络应用。目前 Internet2 开发团队正在协作开发一系列的高级网络应用，包括虚拟实验室、数字图书馆、分布式学习系统等，以及这些应用的集成。例如很多参与这项计划的大学正在积极开发各类视频会议应用系统。北卡罗莱纳州立大学的研究人员正在使用 MPEG 设备试验视频信号的传输。麻省理工学院的一位教授则运用视频会议系统与新加坡一所大学联合授课，借助于安装在教室里的摄像镜头，麻省理工学院的教授做了半节课的演讲，在新加坡的学者则做了另外半节课的演讲。

2. Internet2 的技术环境

谈到 Internet2 项目，不得不提到 NGI(Next generation internet，下一代 Internet)。NGI 是由联邦政府资助并发起的下一代网络计划，其目的在于开发满足美国政府部门(如能源部)所需要的高性能网络及高级网络应用。此外，其他私营企业、行业组织正在提高 Internet 的性能以支持未来公众所需要的新的网络服务两个领域进行研究。研究项目包括光缆与带宽扩容、无线网络与 3G 技术和蓝牙(Bluetooth)技术。以下逐一做简单介绍。

1) 光缆与带宽扩容项目

光缆与带宽扩容项目包括光缆技术(Fiber-optic Cable)、光子学技术(Photonics)、密集波分复用技术(Dense wavelength division multiplexing，DWDM)以及大宽带(Big Band)。目前，光缆技术集中在改进基于光缆的通信技术和提高光纤交换机的速度。光子学技术包括密集波分复用的应用、光纤交换，光交换组件、被动光网络(Passive Optical Networks，PON)等。例如，Cisco 的密集波分复用技术可将一条光纤变成多条虚拟光纤。BbrightLink 公司和 Corvis 公司的光纤交换技术与光传输设备可以扩大容量，降低成本，提高网络速度。Worldwide Packets 公司和 Zuma 公司的基于光纤交换的千兆以太网可以为用户提供更大的带宽以及更高的主干网接入速度。Altiitun 公司和 Cronos 公司的光交换组件技术提供了所有光纤系统的功能模块，可用于所有光纤系统的构建。LuxN 公司和 Quantum 公司的被动光网络技术提供了高性能、低成本的网络技术。

以上技术使互联网从窄带扩展到宽带数字服务，从固定网络扩展到移动网络。而大宽带技术将能够提供 10Gbps 以上的带宽平台，实现交互电视、医疗成像、远程实验、多用户视频会议、视频点播 VOD、天气预报等方面的应用。

2) 无线网络与 3G 技术项目

无线网络与 3G 技术项目包括全球移动通信系统(Global system for Mobile Communications, GSM)、码分多址访问(Code Division Multiple Access, CDMA)、通用无线分组业务(General Packet Radio Switching, GPRS)、无线应用协议(Wireless Application Protocol, WAP)、无线标识语言(Wireless Markup Language, WML)、iMode(日本 NTT DoCoMo 公司制定的无线通信标准)和 3G 技术。下面将分别进行简单的介绍。

(1) GSM 中文为全球移动通信系统，俗称"全球通"，是一种起源于欧洲的移动通信技术标准的第二代移动通信技术。GSM 开发的目的是让全球各地可以共同使用一个移动电话网络标准，让用户使用一部手机就能行遍全球。我国于 20 世纪 90 年代初引进并采用此项技术标准，此前一直是采用蜂窝模拟移动技术，即第一代 GSM 技术(2001 年 12 月 31 日我国关闭了模拟移动网络)。目前，中国移动、中国联通各拥有一个 GSM 网，为世界最大的移动通信网络。GSM 系统包括 GSM900：900MHz、GSM1800：1800MHz 及 GSM-1900：1900MHz 等几个频段。

(2) 码分多址访问技术是一种使用展布频谱技术的数字蜂窝技术，它通过在所有可用的频谱中使用电子频率代码来区分用户，而不是通过使用频率来区分。跟 GSM 和 TDMA 相互竞争。

(3) CDMA 是在扩频通信技术上发展起来的一种崭新而成熟的无线通信技术。CDMA 技术的原理是基于扩频技术，即将需传送的具有一定信号带宽信息数据，用一个带宽远大于信号带宽的高速伪随机码进行调制，使原数据信号的带宽被扩展，再经载波调制并发送出去。接收端使用完全相同的伪随机码，与接收的带宽信号做相关处理，把宽带信号换成原信息数据的窄带信号即解扩，以实现信息通信。目前，在美国、韩国、日本等国家，CDMA 技术已获得了较大规模的应用。在一些欧洲国家，一些运营商也建起了 CDMA 网络。

(4) GPRS 是一种基于 GSM 系统的无线分组交换技术，提供端到端的、广域的无线 IP 连接。相对原来 GSM 的拨号方式的电路交换数据传送方式，GPRS 是分组交换技术，具有"实时在线"、"按量计费"、"快捷登录"、"高速传输"、"自如切换"的优点。通俗来讲，GPRS 是一项高速数据处理的技术，方法是以"分组"的形式传送资料到用户手上。虽然 GPRS 是作为现有 GSM 网络向第三代移动通信过渡的过渡技术，但是它在许多方面都具有显著的优势。

由于使用了"分组"技术，用户上网相对稳定，避免了不必要的短线带来的困扰。此外，使用 GPRS 上网的方法与 WAP 并不同，用 WAP 上网就如在家中上网，先"拨号连接"，而上网后便不能同时使用该电话线。与之相比，GPRS 就较为优越，下载资料和通话可以同时进行。从技术上来说，声音的传送(即通话)继续使用 GSM，而数据的传送便可使用 GPRS，这样的话，就把移动电话的应用提升到一个更高的层次。而且发展 GPRS 技术也十分"经济"，因为只需沿用现有的 GSM 网络来发展即可。GPRS 的用途十分广泛，包括通过手机发送及接收电子邮件，在互联网上浏览等。

(5) WAP 是一种全球性、开放的无线应用协议。它使用一种类似于 HTML 的标记式语言 WML(Wireless Markup Language，无线标记语言)，相当于国际互联网上的 HTML(超文件标记语言)并可通过 WAP Gateway 直接访问一般的网页。通过 WAP，用户可以随时随地利用无线通信终端来获取互联网上的即时信息或公司网站的资料,真正实现无线上网。它是移动通信与互联网结合的第一阶段性产物。通过 WAP 这种技术,就可以将互联网的大量信息及各种各样的业务引入移动电话、PALM 等无线终端之中。无论在何时、何地只要需要信息,打开 WAP 手机,用户就可以享受无穷无尽的网上信息或者网上资源。例如,旅游新闻、旅目的地天气预报、商业报道等。旅游电子商务、网上银行也将逐一实现。通过 WAP 手机用户还可以随时随地获得体育比赛结果、娱乐圈趣闻等,为生活增添情趣,也可以利用网上预订功能,把旅行安排的有条不紊。

(6) WML 是以 XML 为基础的标记语言,用在规范窄频设备(如手机、呼叫器等)如何显示内容和使用者接口的语言。因为窄频使得 WML 受到部分限制,如较小型的显示器、有限的使用者输入设备、窄频网络联机、有限的内存和资源等。

(7) iMode 是由全日本 NTT DoCoMo 公司于 1999 年 2 月公司推出一种可供手机用户使用的无线通信标准。iMode 与 WAP 区别之一在于两者应用程序编写语言不同。WAP 应用程序使用的是标记语言 WML,而 iMode 应用程序使用基于 HTML 的 C-HTML。iMode 与 WAP 第二点区别是 iMode 目前只能处理文本信息,而 WAP 还具有处理图形能力。

(8) 3G 是第 3 代无线通信技术的标准。现在有多种提议标准,3G 标准指的是通过其中任何一种标准提升无线数据和语音交换的速度。当前的目标是提升传输速度到 2Mbps。

3) 蓝牙技术

蓝牙技术是一种能实现 100 米之内距离的无线通信的新技术标准。蓝牙技术动能在于它能够持续扫描周围的环境,搜索 9 米以内的兼容设备,一旦发现就与其建立连接。

中国目前也在进行下一代互联网络的研究与建设。这个类似于 Internet2 的计划是由中国高校和研究所发起成立的,并且实现了和美国 Internet2 的互联。因为中国的网络起步比美国要晚得多,因而采用的网络技术也更为先进,多数大学校园网由光纤构成网络主干,可迅速发展为支持高带宽的互联网网络,所以中国的下一代网络的基础更为雄厚。对于中国来说,通过更好的形式联合更多的组织或公司参与下一代网络的发展,制定相关的协调措施,增加相互之间的联系,并增加出口带宽,将会大大促进中国与国际下一代互联网接轨的进程。例如,贝尔实验室基础科学研究院(中国)自 2000 年 3 月建立以来,一直致力于光网络、IPv6 和下一代互联网络关键技术的研究。最近,贝尔实验室基础科学研究院(中国)通过中国教育科研计算机网络(CERNET)加入了中国下一代互联网络,发挥自身在网络和软件方面的优势,为中国下一代互联网络的发展做出贡献。

3.2.3 Internet 的特点

Internet 之所以发展如此迅速,被称为 20 世纪末最伟大的发明,是因为 Internet 从一开始就具有的开放、自由、平等、合作和免费等特性。也正是这些特性,使得 Internet 成为 21 世纪的旅游业营销的圣杯。

1. 开放性

Internet 是开放的,可以自由连接,而且没有时间和空间的限制,没有地理上的距离概念，任何人随时随地可加入 Internet，只要遵循规定的网络协议。同时，Internet 并不受某组织的控制，也不归属于任何人，而是为全世界的商务活动、学术研究和文化交流提供了一个传递信息的基础设施。

2. 共享性

网络用户在网络上可以随意查询、调阅各种信息，从中寻找自己需要的信息和资料。从这种意义上讲，Internet 为全世界的商务活动、学术研究和文化交流提供了共享信息的平台。

3. 低廉性

Internet 是从学术信息交流开始，人们已经习惯于免费使用。进入商业化之后，网络服务供应商(ISP)一般采用低价策略占领市场，使用户支付的通信费和网络使用费等大为降低，增加了网络的吸引力。目前，网络上大部分内容是免费的，而且网络服务供应商一般会赠送长短不等的免费上网时间。而且在 Internet 上有许多信息和资源也是免费的。

4. 交互性

网络的交互性是通过两个方面实现的。

(1) 通过网页实现实时的人机对话，这是通过在程序中预先设定访问路线超文本链接，设计者把与用户可能关心的问题和有关的内容按一定的逻辑顺序编制好，用户选择特定的图文标志后可以瞬间跳跃到感兴趣的内容或别的网页上，得到需要了解的内容。同时设计时也可以在网页上设置通用网关程序自动采集用户数据。

(2) 通过电子公告牌或电子邮件实现异步的人机对话。这方面是因为信息在网上传输异常迅速，用户可以很快得到正确反馈，而不会出现像电话那样要么没人接，要么可能是一个不是自己要找的人接电话，要么接电话的人告诉你转打别的电话等现象。而 Internet 恰好可以作为平等自由的信息沟通平台，信息的流动和交互是双向式的，信息沟通双方可以平等与另一方进行交互，及时获得所需信息。

5. 虚拟性

Internet 一个重要特点是它通过对信息的数字化处理，通过信息的流动来代替传统的现实商务活动，使得 Internet 通过虚拟技术具有许多传统的现实中才具有的功能。Internet 作为一个新的沟通虚拟社区，它可以鲜明地突出个人的特色，只有有特色的信息和服务，才可能在 Internet 上不被信息的海洋所淹没，Internet 引导的是个性化的时代。

3.2.4 Internet 的主要技术概念

根据美国联邦网络委员会(FNC)1995 年正式通过的关于 Internet 术语定义的决议，Internet 本质上就是一个使用 IP 地址分配方案，支持传输控制协议/网际协议(TCP/IP)，并向用户提供服务的网络，这与为大众提供语音和数据服务的电话系统非常类似。

1. TCP/IP

协议(Protocol)是指对消息进行格式化、排序、压缩和检错时所采用的一系列规则的总称。传输控制协议(TCP)是指用以实现在收发数据的计算机之间建立网络连接,在传输时打包数据并在接收后对数据包进行重组等功能的网络协议。网际协议(IP)是指用以实现 Internet 地址解析的网络协议。在网络通信的发送端,TCP 负责将数据分解成数据包,在数据包头部加上发送和接收节点的名称和其他信息;在接收端,TCP 负责将收到的数据包重新组装成文件。IP 主要的任务是提供相邻节点之间的数据传送并为数据传送提供正确的路径。

TCP/IP 的四层结构从底至顶的层次结构依次是:网络接口层、Internet 层、传输层和应用层。各层分布情况以及和 OSI 模型的对比情况,如图 3-8 所示。每一层都解决通信问题的一个不同的方面。网络接口层负责通过局域网(以太网)、令牌环网或其他类型的网络收发数据包。因此,TCP/IP 独立于任何局域网络技术,并能够适应局部范围的变化。Internet 层负责数据的地址解析、打包和路由。其中最著名的协议有 IP、ICMP(Internet 报文控制协议)、ARP(地址解析协议)、RARP(反向地址解析协议)。此层在 TCP/IP 组中处于核心地位。传输层负责通过数据包确认和排序为网络应用提供双向可靠的通信,其协议有:TCP、UDP(用户数据报协议)。应用层则提供能够访问低层服务的各种应用,其中最著名的应用有超文本传输协议(HTTP)、文件传输协议(FTP)和简单邮件传输协议(SMTP)。

TCP/IP 分层以及与 OSI 模型的对比

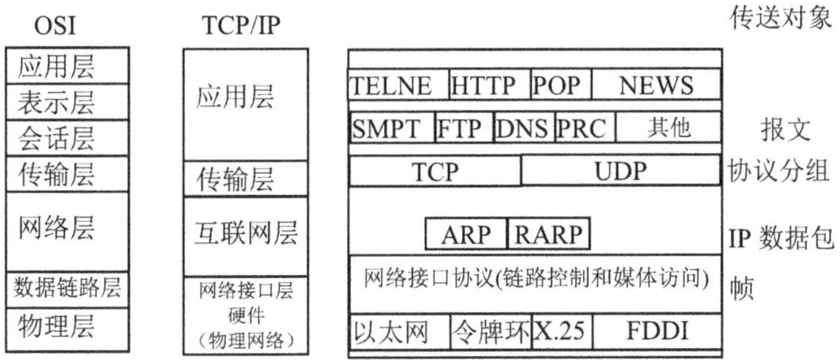

OSI	TCP/IP		传送对象
应用层 表示层 会话层	应用层	TELNE HTTP POP NEWS SMPT FTP DNS PRC 其他	报文
传输层	传输层	TCP　　　　UDP	协议分组
网络层	互联网层	ARP RARP	IP 数据包
数据链路层 物理层	网络接口层 硬件 (物理网络)	网络接口协议(链路控制和媒体访问) 以太网 令牌环 X.25 FDDI	帧

图 3-8 TCP/IP 的分层与 OSI 模型对比

2. IP 地址

在 Internet 上为每台主机指定的、通用的地址格式称为 IP 地址。它由 32 位二进制数构成,通常被表示 4 个独立的用句点隔开的十进制数字。它是 Internet 主机地址的一种数字型标识,也是一个机器可识别的地址。需要注意的是:一台计算机可以有多个 IP 地址,但一个 IP 地址不能由两台或两台以上计算机共同拥有。

通过 IP 地址使得网上的计算机能够彼此交换信息。IP 地址能贯穿于整个网络,而不管每个具体的网络是采用何种技术或结构。另一方面,Internet 上每台主机都必须有 IP 地址。IP 地址是识别 Internet 上每台主机(包括计算机、路由器等)的端口地址,凡是上网的计算机都必须分配有 IP 地址，否则无法进行通信。再者，IP 地址是唯一的。IP 地址是识别 Internet 上每台主机的身份证，因此每台计算机的 IP 地址在全网中是唯一的。

目前的 IP 为第 4 版协议，即 IPv4。为满足当前和未来的发展需求，新版 IPv6 正被采用。新的编址方案采用 128 位地址，可以表示约 10^{15} 个地址。

主机地址(host address)。主机指连接到 Internet 上，并且运行了 TCP/IP 的任何计算机。由于 Internet 是一个巨大的网络系统，为了实现数据通信，在其中进行通信或信息交换的基本要求就是网上的每台主机(如计算机、路由器等)都要有一个唯一的可标识的编号或名字，这一标识符称为主机地址。在互联网中，一般采用"IP 地址"和"域名地址"来对主机进行标识。

物理地址即主机上网卡的地址。绝大多数物理地址都是以太网卡地址，它有 48 位，以 16 进制的方式表示，每块网卡的物理地址是唯一的。

1) IP 地址表达法

(1) 二进制数表示的 IP 地址。由一个 32 位的二进制数组成，分为 4 段，每段 8 位。如 11001010 11000000 00100000 01100100。

(2) 点分十进制表示。将上述分为 4 段的二进制数，每段用相应的十进制数表示。段与段之间用"."隔开。例如，上面的 32 位二进制的 IP 地址所对应的十进制数标识为：202.192.32.100。

需要说明的是：从点分十进制的 IP 地址表示法可知，每个十进制数的取值范围是 0～255，因此 Internet 上最多可容纳的主机数为 43 亿台。

IP 地址是采用层次方式按逻辑网络的结构进行划分的，因此在 IP 地址中包含了两部分信息：①网络地址(Network ID)，用以标识主机所在的逻辑网络；②主机地址(host ID)，用来识别该网络中的一台主机。

2) IP 地址的类别

为了根据不同的网络规模来合理分配 IP 地址，通常将 IP 地址分为三个基本类：A 类、B 类、C 类。还有两个特殊类：D 类和 E 类。

A 类用前 7 位来标识网络号，后 24 位标识主机号，最前面一位为"0"。这样 A 类所能表示的网络数范围为：0～127，适用于大型网络的管理。因此，A 类地址范围是：1.x.y.z～126.x.y.z。

B 类地址用前 14 位来标识网络号，后 16 位标识主机号，最前面两位为"10"。这样第一段所表示的范围为：128～191。通常 B 类地址适用于中等规模的网络(如各地区的网络管理中心)。

C 类地址用前 21 位来标识网络号，后 8 位标识主机号，最前面三位为"110"。这样第一段所表示的范围为：192～223。通常 B 类地址的网络号数远大于主机号数，一般适用于校园网等小型网络。

3. 域名

在 Internet 中，采用 IP 地址可以直接访问网络中的一切主机资源，但是 IP 地址难以记忆，于是便产生了一套易于记忆的、具有一定意义的、用字符来表示的 IP 地址，这就是域名(domain name)。例如，202.205.161.2=www.crtvu.edu.cn=中央广播电视大学 Web

服务器。又如，www.pku.edu.cn 的含义是 Web 服务器.北京大学.教育机构.中国(162.105.129.12)。而域名也是 Web 浏览器用来确定 Web 页内容地址所使用的统一资源定位器(URL)的一个组成部分。一个典型的 URL 包括访问某一地址时所使用的协议，以及该地址的具体位置。例如，http://www.pku.edu.cn/XML_test 指的是 IP 地址为 162.105.129.12，域名为 pku.edu.cn，而且访问该地址所使用的协议为超文本传输协协议(HTTP)，而所访问的资源 XML_test 则放置在服务器目标路径/XML_test 下。行业和组织顶级的常见域名有：com、edu、gov、mil、net、org、int。国家和地区顶级的域名有：au、cn、tw、hk、jp、it。

4. 域名系统

域名系统(Domain Name System，DNS)是以自然语言来表述数字形式的 IP 地址的系统。

5. Internet 主干网

Internet 主干网是指 Internet 中高带宽的光纤网络。

6. 网络服务提供商

网络服务提供商(NSP)是指拥有并控制构成主干网的主要网络的运营商。

7. 带宽

带宽(bandwidth)是指在一定时间内通过一种通信媒体传输的数据量，通常用 bps(每秒传输位数)、Kbps(每秒传输千位数)、Mbps(每秒传输兆位数)或 Gbps(每秒传输千兆位数)来表示。

3.2.5 Internet 的接入方式

计算机接入互联网的方式有许多种，接入的方法包括电话拨号接入、通过 LAN(局域网)接入、无线接入，以及通过有线电视电缆接入。目前常用的接入方式大体可分为拨号接入和专线接入。拨号接入方式包括通过公用电话网拨号接入、通过综合业务数字网(Integrated Services Digital Network, ISDN)拨号接入以及通过数字用户线路(DSL)接入。拨号接入方式是目前小型子网或用户的使用最广泛且简单的一种 Internet 接入方式。专线接入是指用户与互联网服务提供商(ISP)通过专用线路接入互联网。专线接入适用于中型子网接入的专线接入方式，包括通过路由器经数字数据网(Digital Data Network, DDN)专线接入以及通过 VPN 接入。以下分别简要介绍常见的接入方式。

1. 综合业务数字网

综合业务数字网(ISDN)，通俗称为"一线通"，它采用数字传输和数字交换技术，将电话、传真、数据、图像等多种业务综合在一个统一的数字网络中进行传输和处理。利用一条 ISDN 用户线路，就可以在上网的同时拨打电话、收发传真，就像两条电话线一样。综合业务数字网在一根线路上创建多条信道，即创建在一条线路上结合多种信号的多路复用数据通道。ISDN 的高速、高可靠、快速呼叫连接和使用模拟拨号服务相同的用户线路等特点，使得 ISDN 线路越来越多地被用户用来连接远程端点。

2. 数字用户线路

数字用户线路(DSL)使用电信部门的原有的电话线上提供数字信号的高带宽传输。DSL 也是点对点的专用线路，用户独占线路的带宽。其传输类型分为不对称数字用户线(ADSL)、高比特率数字用户线(HDSL)、单线数字用户线(SDSL)和超高速比特率数字用户线(VDSL)等。传输类型不同，其数据传输速率不同，例如，ADSL 可以以 1.5Mbps 的速率接收数据，以 640Kbps 的速率发送数据。

小型子网或用户连接互联网的方式主要有五种，包括采用 56Kbps Modem 拨号上网、ADSL、ISDN、电缆调制解调器、光纤宽带网。其优缺点如表 3-1 所示。

表 3-1 用户连接互联网的方式及优缺点

连接互联网的方式	优 点	缺 点
通过 PSTN 采用 56Kbps Modem 拨号上网	经济、方便、适用地区广	带宽过小、稳定性差
通过 ADSL 上网	带宽较高(上行：32~640Kbps；下行：32Kbps~8Mbps)，且为单用户独享，安装方便	初装费较高，终端(ADSL 调制解调器)较贵，可安装地区较少，网速受与电信局端设备距离影响较大
通过 ISDN 上网	可利用原有电话线实现多种功能，适用地区广	带宽仍较小(单通道：64Kbps；双通道：128Kbps)，费用较高
通过电缆调制解调器(有线电视)上网	接入稳定，可 24 小时在线，收费适中	前期投入较高，多用户共享带宽(10Mbps)，可安装地区少
通过光纤宽带网(FDDI)上网	接入稳定，可 24 小时在线，收费适中	普及程度欠佳，多用户共享带宽(100Mbps)，可安装地区少

3. 数字数据网

数字数据网(DDN)是随着数据通信业务的发展而迅速发展起来的一种新型网络接入技术。DDN 的主干网传输媒介有光纤、数字微波、卫星信道等；DDN 的用户端可使用普通电缆和双绞线。DDN 具有传输质量高、速度快和带宽利用率高等优点。DDN 只适合集团用户。

4. 虚拟专用网络

虚拟专用网络(VPN)是局域网以外的计算机，通过公用网络安全地对内部局域网进行远程访问的连接方式。

当经常有流动人员需要远程办公，或者上下级、平级机构之间经常需要建立远程连接，或者机构之间进行日益频繁的信息交换时，传统的网络连接一般采用专线方式。采用传统的远程访问方式不但通信费用比较高，而且在与内部专用网络中的计算机进行数据传输时，不能保证通信的安全性。为了避免以上问题，建立 VPN 连接是一个理想的选择。

要实现 VPN 连接的机构内部网络中必须配置 VPN 服务器。VPN 服务器一方面连接机构内部专用网络，另一方面连接到 Internet，也就是说 VPN 服务器必须拥有一个公用的 IP 地址。当客户机通过 VPN 连接与专用网络中的计算机进行通信时，先由 ISP(Internet 服务提供商)将数据传送到 VPN 服务器，然后再由 VPN 服务器将数据传送到目标计算机。VPN 通过共享的网络设施，到达虚拟专有网络的过程中，使用三个方面的技术：隧道协议、身份认证和数据加密。

VPN 使用加密和封装技术在各种传输介质上创建安全的传输隧道，利用 IP 隧道发送加密的数据包。加密数据包的传输方法同一般的数据包的传输方法没什么两样，一旦数据包到达目的地，就将其解密并发送到指定的接收端。身份认证技术用来确认两台设备是否可以合法握手。客户机向 VPN 服务器发出请求，VPN 服务器响应请求并向客户机发出身份质询；客户机将加密的身份信息发送到 VPN 服务器；VPN 服务器根据用户数据库检查该响应；如果账户有效，VPN 服务器将检查该用户是否具有远程访问权限；如果该用户拥有远程访问的权限，VPN 服务器接受此连接。在身份认证过程中产生的客户机和服务器公有密钥将用来对数据进行加密。

3.2.6 Internet 的应用

随着 Internet 的不断发展壮大，它的各种服务功能越来越完善，人们利用 Internet 这一先进的信息武器来为各行各业服务，将 Internet 的应用领域不断扩大，这必将对下一世纪的人类生活产生深远的影响。

1. 电子邮件

电子邮件是指互联网上或常规计算机网络上的各个用户之间，通过电子信件的形式进行通信的一种现代邮政通信方式。电子邮件工作基于两个协议，即 SMTP(简单的邮件传输协议)和 POP3 协议。在电子邮件中采用客户机/服务器或浏览器/服务器的工作方式。客户端电子邮件的发送和接收都是通过邮件服务器来完成的。按其功能可分为发送邮件服务器和接收邮件服务器，它们各使用不同的协议。发送邮件服务器常使用的协议是 SMTP 协议，它定义了发送方和接收方之间的连接传输。接收邮件服务器常使用的协议是 POP3 协议。用户可以采用 POP3 协议来访问邮件服务器上的电子信箱，接收邮件。

电子邮件在发送前，发送方的 SMTP 服务器与接收方的 SMTP 服务器联系，确认接收方准备好了，则开始邮件传递；若没有准备好，发送服务器便会等待，并在一段时间后继续与接收方邮件服务器联系。这种方式在互联网上称为"存储—转发"方式。POP3 协议可允许电子邮件客户向某一个 SMTP 服务器发送电子邮件，另外，也可以接收来自 SMTP 服务器的电子邮件。换句话说，电子邮件在客户个人计算机与服务提供者之间的传递是通过 POP3 来完成的，而电子邮件在互联网上的传递则是通过 SMTP 来实现。

2. 远程登录

远端登入协议是 TCP/IP 的应用层协议。使用远程登录(Telnet)，用户可以在本地运行远端登入，访问远程计算机。远程登录有两种形式：第一种是远程主机有你自己的账号，你可以用自己的账号和口令访问远程主机；第二种形式是匿名登录，一般互联网上的主机都为公众提供一个公共账号，不设口令。大多数计算机仅需输入"客人"即可登录到远程计算机上。这种形式在使用权限上受到一定限制。

3. 文件传送协议

文件传送协议(FTP)是指通过网络将文件从本地计算机传送到远程计算机，即在两台计算机之间复制文件。借助于文件传送协议，可以在远程计算机的目录之间移动，查看目录中的内容，从远程计算机上取回文件，也可以将你的文件放到远程计算机上。这一点与远端登入不同，远端登入只能取回文件，一般不设上传文件的功能。文件传送协议非常适合于传输大量文件的情况。

文件传送协议进行连接前，首先要知道目的计算机(即文件传送协议服务器)的名称或地址。连接上后，要检验用户名和密码，确认正确后才可进入连接。目前互联网上有许多文件传送协议服务器都提供匿名文件传送协议服务，即无须成为注册用户就可连接远程主机并下载文件。通常，FTP 服务器上都建立有一个公共匿名账号(Anonymous)，任何互联网用户都可以通过匿名的身份访问它。

4. 万维网

万维网(World Wide Web)是一个全球性互联的网络。当你浏览 Web 的时候，你看到的是集成文本、图形声音和视频等多媒体信息的网页。为了访问 Web，你需要在自己的计算机上运行 Web 客户浏览器软件，例如微软公司的 Internet Explorer。Web 客户端浏览器软件与 Web 服务器联系，并向它提出对信息或资源的请求。Web 服务器根据 Web 客户端的请求找到它需要的信息或资源，然后返回给 Web 浏览器，由浏览器负责显示结果。

5. 电子公告牌(电子布告栏系统)

电子公告牌是有许多人参与的论坛系统，包括信件讨论区、文件交流区、信息布告区和交互讨论区这几部分。

6. 新闻组

新闻组(USENET)是全球最大的电子论坛。它提供了一个全球性的布告栏和讨论区，以及一种可以在整个互联网上的所有计算机之间共享信息、交流思想的平台及方法。来自世界各地的人们都可以从成千上万个话题中找出他们感兴趣的话题进行讨论，这些来自各个特殊领域的话题被称为新闻组。新闻组的讨论内容几乎涵盖所有的话题，从电影到子女教育、生态学、体育团队、剪贴艺术、甚至 Usenet 本身的新闻。互联网中的许多主机都可以提供新闻组服务。现有的成千上万个新闻组主题几乎覆盖了人们想象得到的所有话题，另外，还有许多人们根本就没有想到过的新闻组主题。

7. 与供应商及客户通信

公司可以通过 Internet 与国外的供应商及客户进行沟通。例如，公司开发出某种新产品，可通过 Internet 把详细资料送给客户(包括图像资料)，而公司需要订购某种商品，可通过 Internet 向供应商询价，洽谈合同条款，直到签订合同。通过 Internet 洽谈生意较之传统的方式可以说是省钱又省时。

8．客户支持

通过 Internet，公司可以采取三种方式进行有效的客户支持。第一种是在 Internet 上建立 Gopher、WWW、FTP 服务器，让客户随时掌握公司产品的最新技术与最新报价。很多著名的公司都已建立了自己的 Internet 服务器。第二种方式是让公司的全部用户加入公司自建的 Mailing List(邮件目录)，这样，可以通过一对多的电子邮件发布公司的最新动态，可别小看了简简单单的 Mailing List，任何一个做过客户支持的人都知道，给一万个客户写信、装信封、填地址是一件多么痛苦的事情，而通过 Internet，只要简单地把信发往 Mailing List，几分钟之内，即使几十万个客户也能同时收到，省去了多少工夫，多少金钱！第三种方式当然是由客户通过电子邮件把遇到的难题向客户服务部门提问，公司技术人员再通过一对一的电子邮件进行回复，随着越来越多的客户加入 Internet，这种客户支持方式也将会越来越普遍。

9．搜索引擎

搜索引擎可以是一个 Web 站点本身，如 Google 和 AltaVista，也可以是网站内帮助用户查找不同主题信息的一项服务。搜索引擎查找与用户输入的关键字(也叫查询)相匹配的 Web 页，并提供最匹配的结果列表。查询可以是一个问题或一组单词，也可以是一个单词，供搜索引擎查找。

10．企业广告及产品广告

Internet 自然成为发布企业广告与产品广告的最佳场所之一。原因有诸多方面。例如，Internet 拥有庞大的用户群、在 Internet 上做广告有利于建立现代化的企业形象、Internet 的广告可以达到全球范围，可以在任何时间内调阅，而且可以展示非常详尽的资料。

11．即时消息

即时消息(Instant Messaging, IM)是指即时显示在计算机中输入的信息，然后接收者能以同样的方式立即回复发送者。与电子邮件相比，即时消息更像一次实时交谈。电子邮件在消息发送和接收之间有几秒钟到几分钟的时间延迟，但是即时消息却能够将输入的消息即时显示在计算机中，然后接收者能以同样的方式立即回复发送者。与电子邮件相比，即时消息更像一次实时交谈。

12．聊天

与即时消息类似，聊天也使用户能够通过计算机进行实时交流。然而，与仅能在两个人之间进行的即时消息不同，聊天可以在多个用户间进行。一旦这些社区成员聚集在一个网站上，聊天就成为一种能使他们增进了解、加强联系的服务。

13. Internet 电话

Internet 电话又称 IP 电话,它并不是一个全新的事物。IP 电话是使用 VoIP 和包交换网络通过 Internet 传输语音、传真和其他形式音频通信的技术总称。当然,IP 电话的最大优势在于它是低费用的。

3.3 企业内联网与企业外联网

3.3.1 内联网

所谓内联网(Intranet),就是把 Internet 技术应用于单位内部的信息管理和交换平台。它基于 TCP/IP 和 Web 技术规范,通过简单的浏览器界面,用户只需在感兴趣的文字和图形上单击一下,便可访问到内部及外部各种不同的信息和资源。更吸引人的是,通过浏览器可以方便地集成各类已有系统,如电子邮件、文件传输、电子公告和新闻组、数据库查询、全文检索、可视会议以及新一代基于 Web 的协作群件系统。它是一个开放、分布、动态的双向多媒体信息交流环境,是对现有网络平台、应用技术和信息资源的重组与集成。

利用 Intranet 技术建立全新信息系统,能够以 TCP/IP 广域网互联、路由、防火墙和网络管理技术为核心,建立一个安全可靠的广域网络平台;利用世界最新的 Intranet、HTML 超文本链信息融和、图文声并茂的多媒体开放文档体系结构、交互式对象、虚拟机以及中西文全文检索技术为基础,建立一个开放的信息资源管理平台;利用可靠的数字签名、身份验证和加密技术,建立先进的消息传递和工作流管理平台;利用 Client/Server、数据库及分布式处理技术构架事务处理平台。

Intranet 能够打破地域屏障,保护原有投资,将原有静态的、封闭的、难用的、呆板的文字信息用开放的、丰富多彩的、易用的、双向沟通的多媒体信息取代。将为企业提供信息发布、检索图文、声像服务等丰富信息,并提供电子论坛、电子邮件等功能。为企业提高工作效率,方便内部信息交流,实时掌握工作进展发挥巨大作用。

Intranet 并不需要从头建立,而是完全建立在现有公司内部网络硬件基础之上。企业需要管理的信息包括结构化信息(如人事档案)和非结构化信息(如大量的文字资料图片、声音、影像等)。据统计,前者只占信息总量的 20%,而后者占 80% 之多。传统的管理信息系统只能管理结构化的信息,因此实用程度有限。而新兴的基于 Internet 的 Web 技术能够把文字、图形、图像、声音、影像等多媒体信息都放在 Intranet 上,以浏览的方式实现信息查询,大大提高了企业的内部通信能力和信息交换能力。Intranet 在企业新闻发布、销售服务、提高工作群体的生产力、内部交流与支持、员工的培训和数据库开发等方面,将发挥不可缺少的作用。对于企业来说,它们对于 Intranet 的建立兴趣更加浓厚,因为 Intranet 能够帮助企业协调内部通信和提高企业生产力。Intranet 的发展如火如荼,以致美国新闻周刊把 1996 年称为 "Intranet" 年。预计 Intranet 的投资回报率在 1000% 以上,并且其全球综合产值将大大超过 Internet。据统计,美国 500 家最大企业中已有 2/3

的企业有了 Intranet 系统。无数的大中小型企业迫不亟待地建立或筹划建立自己的 Intranet 系统，一场范围波及全球、并将意义深远的企业信息系统革命正在迅速进行。

Intranet 是局限于单位内部的 Internet，与 Internet 相比，Intranet 具有如下优点。

(1) 在网络安全方面提供更加有效的控制措施，克服了 Internet 安全保密方面的不足。

(2) Intranet 的信息传输速度一般比 Internet 要快得多。

从企业或机构的角度来看，Internet 是面向全球的，而 Intranet 是面向各单位内部的。Intranet 可以说是 Internet 的企业版本，是一个企业内部的 Internet。Internet 与 Intranet 相比，主要差别在于前者强调其开放性，后者注重网络资源的安全性。

3.3.2 外联网

企业外部网(Extranet)也称外联网或组织协作系统(Inter-Organization System)，是指利用公共的或私有的通信设施来连接供应链上的不同合作者的应用系统，该系统提供了对商业事务和文件处理等的计算机与计算机通信的能力。Extranet 可以看作是把 Intranet 网络构筑技术应用到企业与企业之间，是 Intranet 的扩展和延伸。Extranet 位于 Intranet 和 Internet 的中间位置，它不像 Internet 为大众提供公用的通信信道，也不同于 Intranet 只为企业内部服务，不对公众公开，它是对一些有选择的合作者开放或向公众提供有选择的服务。

Extranet 与 Intranet 一样位于防火墙之后，它的访问是半私有的，用户是由关系紧密的企业结成的小组，信息在信任的群体内部共享。具体来说，Extranet 可以将交易地点、合作地点及与本企业有关的公司、销售点以及固定客户等纳入信息系统中来。Extranet 是一种思想，而不是一项技术，它通常是 Intranet 和 Internet 设施上的逻辑覆盖。网络的访问控制是实现 Extranet 的重要手段。

Extranet 随着电子数据交换技术(EDI)的发展而流行起来。EDI 尽管已经出现了 20 多年，但是它的广泛运用也只是这 5~10 年之间的事。Extranet 可以分为三个不同的层次：通信(Communication)、协调(Coordination)、合作(Cooperation)。

在最低的层次即通信层上，Extranet 可以用于商业合作伙伴之间消息的传递，这是信息的电子传递运用的最基本形式，而这些消息与组织其他信息系统的结合也不是可有可无的。

第二个层次是协调。这个层次里，计算机与计算机通信同组织内部信息系统结合在一起。从一个客户那里得到的订单在经过常规确认后，就自动进入了组织内部的订货程序和生产计划系统，在合作伙伴的生产计划、运输计划表和后勤服务等之间都是动态协调的。这种协调或结合的程度是由合作中信息共享的程度决定的。

Extranet 的最高层次是合作，即两个商业合作伙伴享有共同的目标，并用相同的业绩衡量标准来考核组织间协作活动的成果。这种合作的时间跨度和空间跨度都很大。

引入 Extranet 后，在 Extranet 之上建立用于数据访问的 Web 服务系统来进行供应链管理，将比传统供应链管理手段具有如下的优势。

(1) 费用低廉。由于 Extranet 并非实际的网络而只是一种访问控制机制，所以，构建 Extranet 比起传统的 EDI 系统而言,需要较少的费用。

(2) 系统的易用性。统一采用浏览器来访问各种信息,操作简单,能够迅速掌握。

(3) 可跨平台兼容。Web 系统的这一优点使它易于连接不同的信息系统。

(4) 系统的开放性。传统的 EDI 一般采用大中型主机系统提供封闭的服务,而 Web 系统则采用的是开放、廉价和高适应性的 Internet 系统。

3.3.3 公共专网/私用专网

近年来,Internet 发展很快,越来越多的企业依靠公共专网(Public Networks)(全世界最大的公共专网就是 Internet)与客户和服务提供商进行联系。许多企业在完善企业内部网络的同时,提出连接分散在各地分公司的内部网络的要求。此外,不少员工在外地出差,需要远程访问企业内部网络;各企业之间互相共享对方内部网络的部分资源。传统上的做法是企业向电信部门申请租用专线,进行远程点对点的连接,将各个分散的局域网连接起来。对于出差的员工,则需要在企业内部网设置拨入服务,由员工通过 PSTN 拨打长途电话进行拨号。这些专门为企业使用的网络就是私用专网(Private Networks)。

3.4 Web 服务

3.4.1 Web 服务体系结构

Web 服务是建立在一些通用协议基础上的,如 HTTP、SOAP、XML、WSDL、UDDI 等。这些协议在涉及操作系统、对象模型和编程语言的选择时,没有任何倾向,因此有很强的生命力。在 Web 服务的模型中,厂商将其服务封装成一个个相对独立的 Web 服务,每个服务提供某类功能。客户或其他厂商可以通过绑定到 HTTP 的 SOAP 来访问这些服务。

Web 服务体系结构如图 3-9 所示,由三个基本组件执行三个基本操作。

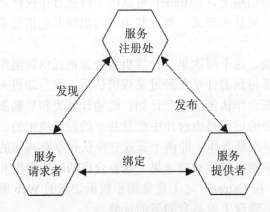

图 3-9 Web 服务体系结构

1. 服务注册处

服务注册处通常由网络目录构成，它展现整个网络系统的单一映像。服务提供者可以在注册处发布服务描述，服务注册处负责为其进行宣告，并允许服务请求者搜索服务注册处所包含的全部服务描述。服务注册处在这里起服务请求者和提供者间的中介作用，负责为服务请求者匹配服务提供者。

2. 服务提供者

服务提供者负责创建服务描述，将服务描述发布到一个或多个服务注册处，并接收来自一个或多个方法请求者的网格服务调用消息。服务提供者通常是网格上的各种异构资源。这些资源是网络可达的、可能属于不同的组织和不同的管理域。在服务请求者和服务提供者间，服务提供者相当于"客户－服务器"(C/S)模型中的服务器。当然，网络中的服务提供者，有时又是服务请求者。

3. 服务请求者

服务请求者负责查找发布在一个或多个服务注册处的服务描述，并负责利用服务描述，绑定或调用由服务提供者提供的网格服务。网络服务的消费者都是服务请求者。服务请求者相当于"客户－服务器"(C/S)模型中的客户方。

3.4.2 Web 服务体系技术

在 Web 服务里，三个操作都包含三个受到称赞的和截然不同的技术。

(1) 服务提供者通过在服务代理者那里注册来配置和发布服务。发布服务使用通用描述、发现和集成(UDDI)API；发布和查找 Web 服务的标准协议——UDDI 标准提供了一种方法，使服务提供者把他们机构的详细资料和所提供的 Web 服务的详细情况发布到中心注册表，这就是 UDDI 中 "描述" 部分。它也提供了一个服务消费者的标准，可以使他们找到服务提供者和关于他们 Web 服务的详细资料。这就是在 UDDI 中 "发现(Discovery)" 的部分。

(2) 服务请求者通过查找服务代理者，以及那里的被发布服务登记记录来找到服务。查找服务使用 UDDI 和 Web 服务描述语言(WSDL)的组合。描述 Web 服务的标准方法——WSDL，它是用 XML 格式来描述 Web 服务的标准。基本上，某项 Web 服务的 WSDL 文档都会指定 Web 服务中使用的方法、数据类型、使用的传输协议和 Web 服务宿主的终点 URL。

(3) 服务请求者绑定服务提供者，并使用可以请求的服务。绑定服务处理 WSDL 和简单对象访问协议(SOAP)。绑定到 Web 服务的标准应用程序协议——SOAP 是一个不管使用哪种操作系统、不管用什么程序语言或对象模型，都可以用于在应用程序之间交换信息的轻型 XML 机制。

从最基础的层次上来看，绑定操作是三者中最重要的。它包含服务的实际使用，这也是发生大多数互操作性问题的地方。简单来说，是服务提供者和服务请求者对 SOAP 规范的全力支持解决了这些问题，并实现了无缝互操作性。

在 Web 服务体系中,使用 WSDL 来描述服务,UDDI 来发布、查找服务,而 SOAP 用来执行服务调用。Web 服务流语言(Web Services Flow Language,WSFL)则将分散的、功能单一的 Web 服务组织成一个复杂的有机应用。

3.4.3 静态的 Web

静态 Web 站点由一组相关的 HTML 页和文件组成,这些页和文件驻留在运行 Web 服务器的计算机上。Web 服务器是响应来自 Web 浏览器的请求以提供 Web 页的软件。当访问者单击 Web 页上的某个链接、在浏览器中选择一个书签或在浏览器的地址文本框中输入一个 URL 时,便生成一个页请求。

静态 Web 页的最终内容由网页设计人员确定,当接到请求时,内容不发生更改。将页面放置到服务器上之前,页面的每一行 HTML 代码均由设计者编写。由于 HTML 在放置到服务器后不发生更改,因此这种页称为静态页。当 Web 服务器接收到对静态页的请求时,服务器将读取该请求,查找该页,然后将其发送到发出请求浏览器,如图 3-10 所示。

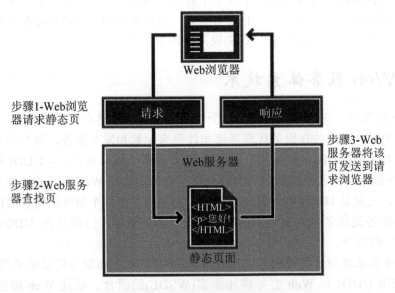

图 3-10 静态 Web

3.4.4 动态的 Web

当 Web 服务器接收到对静态 Web 页的请求时,服务器将该页直接发送到请求浏览器。但是,当 Web 服务器接收到对动态页的请求时,它将做出不同的反应:它会将该页传递给一个负责完成页的特殊软件。这个特殊软件叫作应用程序服务器。

应用程序服务器读取页上的代码,根据代码中的指令完成页,然后将代码从页上删除。所得的结果将是一个静态页,应用程序服务器将该页传递回 Web 服务器,然后 Web 服务器将该页发送到请求浏览器。当该页到达时,浏览器得到的全部内容都是纯 HTML,

如图 3-11 所示。

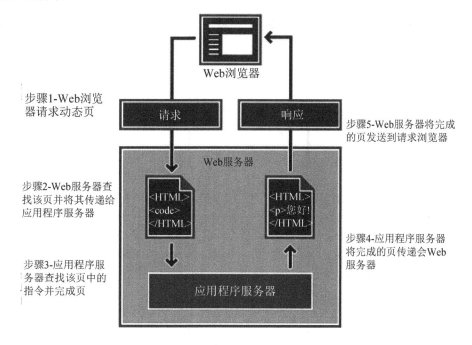

图 3-11 动态 Web

3.4.5 交互的 Web

应用程序服务器可以让使用者使用服务器端的资源，例如数据库。动态页可以指示应用程序服务器从数据库中提取数据并将其插入页面的 HTML 中。

从数据库中提取数据的指令叫作数据库查询。查询是由名为 SQL(结构化查询语言)的数据库语言所表示的搜索条件组成的。SQL 查询被写入页的服务器端脚本或标签中。

应用程序服务器不能直接与数据库进行通信，因为数据库的专用格式所呈现的数据无法解密，这与在"记事本"中打开的 Microsoft Word 文档无法解密非常类似。应用程序服务器只能通过数据库驱动程序作为媒介才能与数据库进行通信：数据库驱动程序是在应用程序服务器和数据库之间充当解释器的软件。

在驱动程序建立通信之后，将对数据库执行查询并创建一个记录集。记录集是从数据库的一个或多个表中提取的一组数据。记录集将返回给应用程序服务器，应用程序服务器使用该数据完成页面。图 3-12 说明了对数据库进行查询并将数据返回给浏览器的过程。

只要服务器上安装有相应的数据库驱动程序，设计者几乎可以将任何数据库用于 Web 应用程序。

如果设计者计划建立小型低成本的应用程序，则可以使用基于文件的数据库，例如用 Microsoft Access 创建的数据库。如果设计者计划建立稳定的、对业务至关重要的应用程序，则可以使用基于服务器的数据库，例如用 Microsoft SQL Server、Oracle 9i 或 MySQL 创建的数据库。

如果设计者的数据库位于 Web 服务器之外的系统上，则应确保两个系统间有快速连接，以便 Web 应用程序可以快速有效地工作。

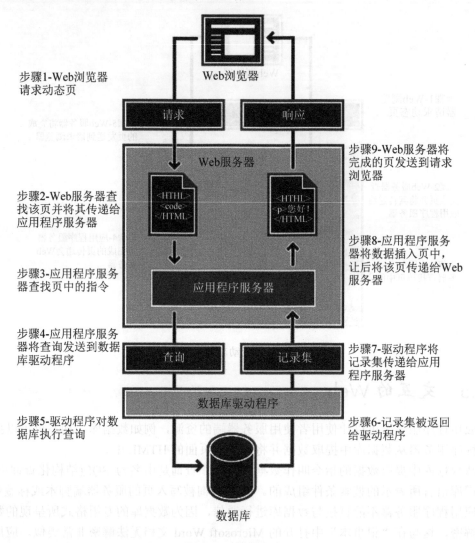

图 3-12 交互式 Web

3.5 企业门户

3.5.1 企业门户的定义

企业门户(Enterprise Portal，EP)是专门应用于企业的互联网应用概念。在 Internet 的环境下，企业把各种应用系统、数据资源和互联网资源统一集成到企业门户之下，根据每个用户使用特点和角色的不同，形成个性化的应用界面，并通过对事件和消息的处理传输把用户有机地联系在一起。它不仅仅局限于建立一个企业网站，提供一些企业、产品、服务信息，更重要的是要求企业能实现多业务系统的集成、能对客户的各种要求做出快速响应，并且能对整个供应链进行统一管理。同面向公众的信息门户相比，企业门户肩负着企业最重要的使命——为企业客户的投资增值创建最高效率的业务模式，其功能和特性都围绕着企业间竞争所需的一切高效率而生成，其最突出的特性就是对信息交流的实时双向性的要求。在此基础上，随着具体功能的增加则可区分出不同的企业门户应用的水平。

企业门户已经超出了传统的管理信息系统概念，也越过了普通意义的网站，它是企业管理信息系统与电子商务两大应用的结合点。企业对知识信息、对增长和扩散速度的需求是产生企业门户概念的主要动力。企业门户技术的应用必将推动信息技术革命进入一个全新的阶段。

企业门户的特点在于唯一性、集成性、个性化和整体性。企业门户正是拥有这些新特点，才有了生命力。其中，唯一性是企业的要求，也是门户的意义所在；集成性是现实条件的制约，体现了企业经营的延续性；个性化则是客户的偏好，也是企业门户的生命力；而整体性则是企业对信息的高层次要求。

门户只是门户，企业只能利用为工具，服务于企业的基本目标。任何舍本逐末、脱离实际需要的盲目发展都是不可取的。当然，这里的目标指的是企业的中长期目标。从短期来看，实施企业门户的效果不一定立竿见影，很有可能与企业短期盈利的目标相背离。

企业门户的概念仍然有待扩展，有待完善。与其他 IT 行业的新概念相仿，在这个新兴领域，没有现成的"词典"，对概念的理解都是动态的。

3.5.2 企业门户的类型

按照企业门户的实际应用领域，将它初步划分为三类，分别是信息门户、知识门户和应用门户。

1. 企业信息门户

企业信息门户(Enterprise Information Portal，EIP)的基本作用是为人们提供企业信息，它强调对结构化与非结构化数据的收集、访问、管理和无缝集成。这类门户必须提供数据查询、分析、报告等基本功能，企业员工、合作伙伴、客户、供应商都可以通过企业信息门户非常方便地获取自己所需的信息。

对于访问者来说，企业信息门户提供了一个单一的访问入口，所有访问者都可以通过这个入口获得个性化的信息和服务，可以快速了解企业的相关信息；对于企业来说，信息门户既是一个展示企业的窗口，也可以无缝地集成企业的内容、商务活动、社区等，动态地发布存储在企业内部和外部的各种信息，同时还可以支持网上的虚拟社区，访问者可以相互讨论和交换信息。

在目前企业门户的应用中，信息门户是企业比较认同的。实际上，各企业建立的企业网站都可以算作企业信息门户的雏形。

2. 企业知识门户

企业知识门户(Enterprise Knowledge Portal，EKP)是企业员工日常工作所涉及相关主题内容的"总店"。企业员工可以通过它方便地了解今天的最新消息、今天的工作内容、完成这些工作所需的知识等。通过企业知识门户，任何员工都可以实时地与工作团队中的其他成员取得联系、寻找到能够提供帮助的专家或者快速连接到相关的门户。不难看出，企业知识门户的使用对象是企业员工，它的建立和使用可以大大提高企业范围内的知识共享，并由此提高企业员工的工作效率。

当然，企业知识门户还应该具有信息搜集、整理、提炼的功能，可以对已有的知识进行分类，建立企业知识库并随时更新知识库的内容。目前，一些咨询、服务型企业已经开始建立企业知识门户。

3. 企业应用门户

企业应用门户(Enterprise Application Portal，EAP)实际上是对企业业务流程的集成。它以商业流程和企业应用为核心，把商业流程中功能不同的应用模块通过门户技术集成在一起。从某种意义上说，我们可以把企业应用门户看成是企业信息系统的集成界面，企业员工和合作伙伴可以通过企业应用门户访问相应的应用系统，实现移动办公、进行网上交易等。

以上三类门户虽然能满足不同应用的需求，但随着企业信息系统复杂程度的增加，越来越多的企业需要能够将以上三类门户有机地整合在一起的通用型企业门户。按照IDC的定义，通用型的企业门户应该随访问者角色的不同，允许其访问企业内部网上的相应应用和信息资源。除此之外，企业门户还要提供先进的搜索功能、内容聚合能力、目录服务、安全性、应用/过程/数据集成、协作支持、知识获取、前后台业务系统集成等多种功能。给企业员工、客户、合作伙伴、供应商提供一个虚拟的工作场所。

3.6 数据库技术

信息是一种重要的战略资源，充分挖掘其潜在价值，必须对数据进行科学合理地组织，即数据库。

数据库(Database)是保存在存储介质上的大量相关数据的集合。从完整意义上讲，数据库是表、视图和链接等的集合。

3.6.1 数据库系统构成

数据库系统(Database System，DBS)是一个实际可运行的，按照数据库方法存储、维护和向应用系统提供数据支持的系统，它是存储介质、处理对象和管理系统的集合。

数据库系统构成元素包括硬件、软件、人员和数据。

1. 硬件

由于一般数据库系统数据量很大，加上数据库管理系统(Database Management System，DBMS)丰富的强有力的功能使得自身的体积就很大，因此整个数据库系统对硬件资源提出了较高的要求，这些要求如下。

(1) 有足够大的内存已存放操作系统、数据库管理系统的核心模块、数据缓冲区和应用程序。

(2) 有足够大的直接存取设备存放数据，如磁盘，有足够的磁带或其他存储设备来进行数据备份。

(3) 要求计算机有较高的数据传输能力，以提高数据传送率。

2．软件

1) 操作系统

在数据库系统中，一般管理数据库的软件是借助于操作系统实现数据处理过程中的内外存数据交换的，所以这时的操作系统应能支持数据库管理系统的工作。

2) 数据库管理系统

数据库管理系统是指用户与操作系统之间的一层数据管理软件，它为用户应用程序提供访问数据库的方法，包括数据库的建立、查询、更新及各种数据控制。简言之，数据库管理系统是一种负责数据库的定义、建立、操纵、管理和维护的系统件。

数据库管理系统具有以下功能。

(1) 定义数据库的功能，包括定义数据的整体逻辑功能(模式)、局部逻辑结构(外模式)、存储结构(内模式)，还包括保密定义及信息格式定义等，并把数据库所描述的对象、属性及其联系的自然语言含义存放在数据库内以备查阅(称为数据词典)。

(2) 管理数据库的功能，包括控制数据库系统的运行，控制用户的并行性访问(即同时有两个或多个用户访问一个对象)；执行对数据库的安全性、保密性、完整性检验，实施对数据的检索、插入、删除、修改等操作。

(3) 维护数据库的功能。此功能包括初始时装入数据库、运行时记录工作日志、监视数据库性能、在性能变坏时重新组织数据库。在用户要求或系统设备发生变化时修改和更新数据库，在系统软硬件发生变化时修改和更新数据库。在软、硬件系统出现故障时恢复数据库。

(4) 数据通信的功能。负责数据传输这一部分工作，通常与操作系统协同完成。此外，实现分时系统和远程作业输入的接口。

3. 人员

数据库系统中的人员主要有系统分析员、系统程序员、应用程序员、数据库管理员和用户。系统分析员的责任是负责系统的需求分析、规范说明。他们必须与业务部门即各个用户和其他工作人员，特别是数据库管理人员密切配合，以决定数据库系统的具体构成。系统程序员的责任是负责设计、实现和维护系统程序，特别是数据库管理系统，实现数据组织与存取的各种功能。应用程序员的责任是负责编制和维护应用程序，应用程序员也是系统的用户。数据库管理员(DBA)的责任是负责全面地管理数据库的工作。用户是指最终用户(End User)。数据库系统的用户是有不同层次的,不同层次的用户,其需求的信息以及获得信息的方式也是不同的。一般可将用户分为操作层、管理层和决策层。他们通过应用系统的用户接口使用数据库。常用的接口方式有菜单驱动、表格操作、图形显示、随机查询和对数据库中的数据进行统计,分析时使用专用的软件和分析、决策模型。

4. 数据

数据是数据库的基本组成内容,是对客观世界所存在事物的一种表征,也是数据库用户操作的对象。数据是数据库系统(也是企业或组织)的真正财富。数据应按照需求进行采集并有结构地存入数据库。由于数据类型具有多样性,数据的采集方式和存储方式也会有不同。数据作为一种资源是数据库系统最稳定的成分,即硬件可能更新,软件也可以更新,但只要企业或组织的性质不改变,数据将是可以长期使用的财富。

3.6.2 数据模型

数据库领域最常见的数据模型有三种,即:层次模型(Hierarchical Model)、网状模型(Network Model)和关系模型(Relational Model)。其中,层次模型和网状模型统称为非关系模型。在关系模型出现以前,它们是常用的数据模型。

1. 非关系模型

数据库按数据模型来分,可分为层次数据库、网状数据库、关系数据库,层次和网状数据库,又称为"非关系数据库"。

现实世界中客观存在并可相互区分的事物可将其称为"实体(Entity)",实体可以是具体的人、事物,也可以是抽象的概念或联系,如学生的一次选课或退课,学生与学校的对应关系等,都可以认为是实体。

在非关系模型中,实体用记录表示,记录由若干数据项组成。记录名和组成记录的数据项名的集合用来抽象和刻画同类记录,称为"记录型",如学生记录(学号、姓名、班级、年龄、政治面貌)就是一个记录型。而"980133、张立、9801、21、共青团员"是这个记录里的一个值。

2. 关系模型

关系模型是数据库中所讨论的模型中最重要的模型。关系数据库是以二维表作为数据模型的数据库系统。在用户看来,关系模型中数据的逻辑结构(即数据结构)就是一张二维表。关系模型由数据结构(即关系)、关系操作、关系的完整性三部分组成。在关系模型中,无论是实体还是实体之间的联系均由单一的类型结构关系来表示。在关系模型中,基本操作包括并、交、差、笛卡儿乘积、限制、投影、连接和除。关系操作还包括代数方式(即关系代数)和逻辑方式(即关系演算)。

关系模型的基本术语简述如下。

(1) 关系模型：用二维表结构来表示实体及实体间联系的模型称为关系模型。

(2) 属性和值域：在二维表中的列(字段、数据项)称为属性(Attribute)；列值称为属性值；属性值的取值范围称为值域(Domain)。

(3) 关系模式：在二维表中，行定义(记录的型)称为关系模式。

(4) 元组(Tuple)与关系：在二维表中的行(记录的值)，称为元组；元组的集合称为关系；关系模式和关系常常通称为关系。

(5) 关键字(Key)或码：在关系的诸属性中，能够用来唯一标识元组的属性(或属性组合)称为关键字或码，即关系中的元组由关键字的值来唯一确定。

(6) 候选关键字(Candidate Key)或候选码：如果在一个关系中，存在多个属性或属性组合都能用来唯一标识该关系的元组，这些属性或属性组合都称为该关系的候选关键字或候选码。

(7) 主关键字(Primary Key)或主码：在一个关系的若干个候选关键字中指定作为关键字的属性或属性组合称为该关系的主关键字或主码。例如，在考试成绩关系中，当姓名字段的值在每次考试中都是唯一时，则"学号、考试日期、考试科目"和"姓名、考试日期、考试科目"是该关系的两个候选关键字，选择"学号、考试日期、考试科目"作为该关系的主关键字。

(8) 非主属性(Non Primary Attribute)或非码属性：关系中不组成码的属性均为非主属性或非码属性。

(9) 外部关键字(Foreign Key)或外键：当关系中的某个属性或属性组合虽不是该关系的关键字或只是关键字的一部分，但却是另一个关系的关键字时，称该属性或属性组合为这个关系的外部关键字或外键。

(10) 主表与从表：主表和从表是指与外键相关联的两个表，以外健作为主键的表称为主表；外键所在的表称为从表。

3.6.3 结构查询语言

结构查询语言(Structured Query Language，SQL)是一个功能强大的数据库语言。SQL是关系数据库管理系统的标准语言。SQL语句通常用于完成一些数据库的操作任务，比如在数据库中更新数据，或者从数据库中检索数据。再比如，用户可以用SQL语句对视图和基本表进行查询等操作。在用户看来，视图和基本表是一样的，都是关系(即表格)。

标准的SQL命令主要有Select、Insert、Update、Delete、Create和Drop，常常被用于完成绝大多数数据库的操作。

SQL功能可以分成以下几组。

(1) DML(Data Manipulation Language，数据操作语言)：用于检索或者修改数据。

SELECT　　用于检索数据；
INSERT　　用于增加数据到数据库；
UPDATE　　用于从数据库中修改现存的数据；

DELETE　　用于从数据库中删除数据。

(2) DDL(Data Definition Language，数据定义语言)：用于定义数据的结构，比如创建、修改或者删除数据库。

CREATE TABLE
DROP TABLE
CREATE INDEX
DROP INDEX

(3) DCL(Data Control Language，数据控制语言)：用于定义数据库用户的权限。

ALTER PASSWORD

本章小结

旅游电子商务就是以计算机技术、通信技术、网络技术与 Internet 技术为基础开展商务活动，因此信息技术特别是互联网网络技术的产生和发展是旅游电子商务开展的前提条件，掌握现代信息技术和商务理论与实务的人是旅游电子商务活动的核心。

旅游电子商务信息传递网络的主体，包括接入设施和网络通路。接入设施主要是计算机、路由器等设备，网络通路包括接入网和干线网。Internet 是旅游电子商务的重要基础设施、网络形式和载体。Internet 可以提供丰富的应用服务，包括文件传输、电子邮件、信息搜索、远程联网等，支持大量的旅游电子商务应用。Intranet 和 Extranet 是 Internet 技术的扩展，Intranet 是企业内部的 Internet，Extranet 则实现不同地理位置之间安全的 Intranet 连接，三者各有其不同的技术特点和应用范围，在不同领域中支持旅游电子商务信息的传递。

TCP 和网络层的 IP 是两个最重要的 Internet 协议。下一代 IP 的研究也是 Internet 协议组技术发展的一个重要方面。

通信技术是电子旅游电子商务信息传递的底层技术，其主要作用是对旅游电子商务的应用提供高质量的通信支撑服务。旅游电子商务信息传递的特点是数据信息量大、速度要求高，因此宽带网技术是发展旅游电子商务通信技术的必然趋势。宽带网技术包括宽带接入网和干线网。接入的方法包括电话拨号接入、通过 LAN(局域网)接入、无线接入，以及通过有线电视电缆接入。目前常用的接入方式大体可分为拨号接入和专线接入。

Web 作为一种信息存储和获取的组织方式，成为商务信息分享的主要架构，它所提供的超文本技术和简易的用户界面，不仅实现了 Internet 的页面共享，而且为旅游电子商务信息的表达提供了新的传播媒体和交互手段。

在商务信息表达和交互功能的实现上，存在不同的技术处理方式和逻辑体系结构，从静态信息的传播到动态内容的交互，Web 开发技术得到了迅速发展。静态体系结构以 Web 页面的提取和显示为主，主要通过标记语言完成信息的组织和展示。动态体系结构在静态页面技术基础之上，加入了更多程序设计语言功能，通过在客户端或服务器端的程序代码实现用户交互逻辑的处理及动态内容与静态内容的整合与显示。

数据库是信息的集合。在这个集合中,人们可以根据信息的逻辑结构对其进行组织与存取。目前,数据库技术是组织信息时使用的最常用手段。数据库管理系统(DBMS)是一个软件系统,用这个系统可以定义数据库的逻辑结构,对数据进行组织与存取。

思考与演练

一、思考题

1. 谈谈 Internet 对商务企业经营的影响。
2. 简述 Internet、Intranet、Extranet 的区别与联系。
3. 申请注册一个 E-mail 信箱,并发信给其他人。
4. 列举并描述目前常见的五种 Web 服务。
5. Internet 的三个基本组件是什么?
6. TCP/IP 与 Internet 上的信息传输有何关系?
7. 从整体上对照并比较 Intranet、Extranet 和 Internet 的异同之处。
8. 利用 Internet 收集有关旅游电子商务的资料。
9. 试述数据模型的概念、作用和组成部分,举例说明数据模型发展各阶段的特征及优缺点。
10. 简述关系数据库管理系统的主要功能以及运行机理。
11. 试解释下列术语:数据库、数据库管理系统、数据库系统。
12. 试述数据库管理系统的组成内容。

二、演练题

1. 演练内容

网站与数据库协同工作。

2. 演练步骤

【第一步】登录网址:http://210.37.32.25/kns50/,进入海南大学图书馆 KNS5.0 数据库平台,如图 3-13 所示。

这是一个通过交互式 Web 页面进行数据库检索的网站,当用户登录后,通过由 Web 页面提供的详细的检索条件查找需要的资料。

【第二步】如果要进行默认条件下的检索,可直接在"检索词"一栏里面填写需要查找资料的字段，选择相应的检索项和匹配方式，再单击"跨库检索"按钮即可进行查找。

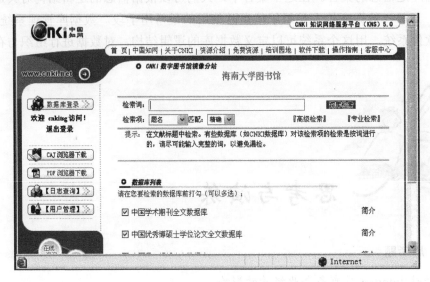

图 3-13　海南大学图书馆

如果要查找字段匹配数量比较大，则可以单击"高级检索"按钮进行更精确的查找，如图 3-14 所示。

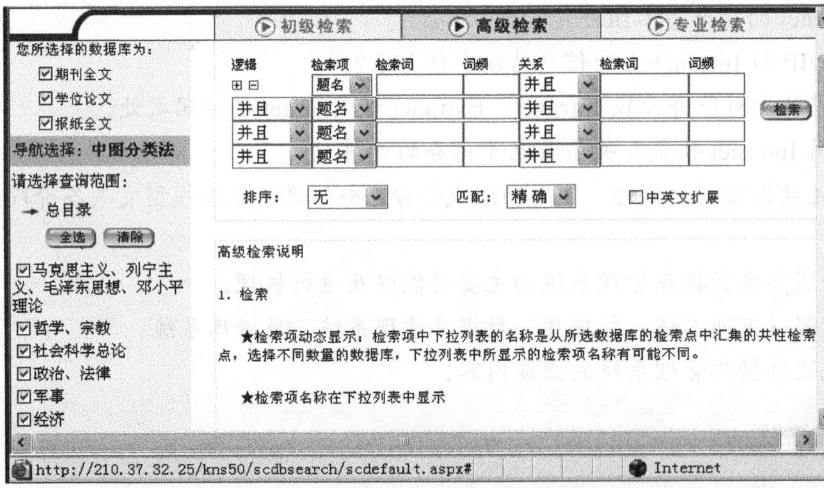

图 3-14　高级检索

为了尽量提高检索效率，需要给交互式 Web 网页提供尽量多的信息，如提供更多的检索词，减小查询范围等。如果查询结果为 0 则需增加查询范围，减少检索词。

在这里，我们输入"电子商务"，检索项为"题名"，匹配为"精确"，单击"检索"按钮，查询出结果如图 3-15 所示。

如图 3-15 所示，使用者通过交互式 Web 页面对后台的数据库进行了查询的操作。在一些网上购物网站，使用者还能对数据库进行一定的增加、修改和删除操作。

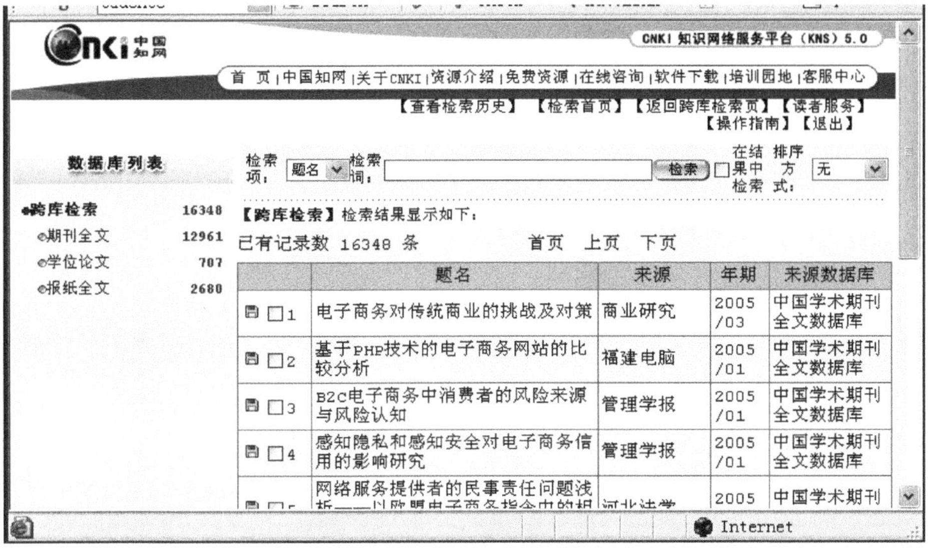

第3章 旅游电子商务的网络技术基础

图 3-15 查询结果

第4章 建立旅游电子商务网站

【学习目标】

通过本章的学习,掌握建立旅游电子商务网站的基本过程;熟悉旅游电子商务网站开发的方法;了解旅游电子商务网站开发的常用软硬件平台;了解旅游电子商务网站中的一些基础设施和虚拟旅游;理解虚拟社区和虚拟旅游企业等概念。

【关键词】

网上广播(Webcast)　中间件(Middleware)　在线论坛(Online Forum)　虚拟旅游(Virtual Tourism)　网上聊天(Online Chatting)　系统规划(System Planning)　虚拟社区(Virtual Community)　内容管理(Content Management)　业务外包 (Business Outsourcing)　应用服务器(Application Server)　电子商务系统(E-commerce System)　电子购物车(Electronic Shopping Chart)　客户/服务器模式(Client/Server Model)　企业系统规划法(Business System Planning, BSP)　业务流程重组(Business Process Reengineering, BPR) Internet 信息服务器(Internet Information Server, IIS)

开篇案例：九寨沟在线交易网

九寨沟旅游电子商务网是中国第一家面向游客和旅行社全面开展景区门票、餐饮、酒店、旅游线路等在线预订的电子商务网站。公司创立于2002年年初，总部设在成都，由九寨沟风景名胜区管理局投资。公司包括一家网络公司——九寨沟网络旅游公司和一家拥有出入境经营资格的旅行社——九寨沟网络国际旅行社有限责任公司。九寨沟电子商务网拥有良好的政府资源和技术资源，通过在线预订旅游线路、景区酒店、航空机票、景区门票、景区餐厅、旅游保险以及提供行业分类信息服务，为旅行社和酒店、航空公司等旅游行业客户提供网络宣传、网络销售、网络支付、管理信息化等一系列技术解决方案和业务服务。

九寨沟旅游电子商务网开了中国景区电子商务的先河，在景区电子商务方面经过积极的探索，已经取得了丰富的行业经验。从2002年1月开通以来，100%的旅行社实现了网上订票。此外，已有多家景区和数十家酒店进行网上销售。截至2011年7月，网上门票安全交易35亿元，创造了较大的经济效益和社会效益，深受旅行社和游客欢迎。国内多家著名媒体都对九寨沟旅游电子商务做了相关报道，如中央电视台2004年"五一"黄金周期间在"新闻30分"对九寨沟旅游电子商务和数字九寨的重点报道。

九寨沟在线旅游交易网首页，如图4-1所示。

图4-1 九寨沟在线旅游交易网首页

九寨沟旅游电子商务网在线业务如下所述。

(1) 景区门票预订：九寨沟环线部分景区门票预订，提供景区门票、观光车票及时在线支付，为旅行社提供部分景区量价挂钩。

(2) 景区酒店预订：九寨沟环线各类旅游酒店预订，提供优质酒店和房源保证，为景区酒店提供销售代理服务。

(3) 景区餐饮预订：提供九寨沟内餐厅、餐位预订，提供针对旅行社的优惠价格，提供景区餐厅适时菜单。

(4) 旅游保险在线购买：在购买景区门票同时提供景区内游客意外险，为旅行社提供各类线路的团队旅游游客意外险，多种保险产品适宜各种团队需求。

(5) 航空机票预订：国际、国内各城市散客团队机票，九黄航线机位和价格保障。

(6) 个性化旅游：为游客提供机票加酒店、酒店加汽车自由行服务；提供目的地各类体育、民俗旅游项目，提供目的地健康养身游，承办主题活动和赛事；为游客量身定做旅游线路和服务；提供完善的服务细节和个性化旅游服务指南。

(7) 出境旅游：提供出境签证，商务考察，超值出境旅行团。

(8) 国内旅游：优价承接国内横向旅游团，承接入境特色旅游团、出省旅行团，散客旅行服务。

(9) 会议旅游：承办会议，提供专业会务服务；优价承接会议旅游团。

(10) 广告业务：为旅行社发布线路，为宾馆饭店、餐饮娱乐等项目发布广告，为景区做网上主题营销活动的宣传策划、发布景区信息和通知。

4.1 旅游电子商务网站简述

旅游电子商务，是旅游企业基于 Internet 提供的互联网络技术，使用计算机、通信技术与企业购销网络系统联通而形成的一种新型的商业活动，包括网上传递与接收信息，网上订购、付款、客户服务等网上销售、网上售前推介与售后服务。

4.1.1 我国旅游电子商务的发展

我国旅游网站的建设最早可以追溯到 1996 年。经过十年的摸索和积累，国内目前具有一定旅游资讯能力的网站已超过 5000 多家。其中专业旅游网站 300 余家，主要包括地区性网站、专业网站和门户网站的旅游频道三大类，提供涉及旅游中食、住、行、游、购、娱全方位的网上资讯和预订服务。

4.1.2 旅游电子商务网站的服务功能

旅游电子商务网站的服务功能可以概括为以下三类。

(1) 旅游信息的汇集、传播、检索和导航。信息内容包括景点、饭店、旅游线路介绍；旅游常识、天气、人文信息以及旅游观感等。

(2) 旅游产品(服务)的在线销售。提供机票、酒店、游船、汽车租赁服务的检索和预订服务。

(3) 个性化定制。自助游将成为旅游行业的一个新趋势，游客可在旅游网站上自行安排设定独特的行程。旅游者足不出户，在家中就可通过旅游网站系统查询到欲往城市的相关旅游信息，并根据自己的需要预订酒店、旅游线路和往返机票，不仅方便快捷，而且价格优惠。

4.2 电子商务网站的硬件与软件平台

4.2.1 电子商务网站的硬件平台

电子商务网站的硬件平台通常由服务器、路由器、DDN 专线和集线器构成。集线器实际上只是一个局域网交换器,不详做介绍。下面简单介绍服务器、路由器和 DDN 专线,以及硬件平台的选择。

1. 硬件组件

1) 服务器

服务器(Server)相当于网站的大脑和心脏,其重要性不言而喻。服务器必须稳定可靠,具备快速处理大量并发访问服务的能力。在选购服务器时,为了保证电子商务交易的顺利进行,服务器性能的稳定性应成为考虑的第一要素,最好是购买原装品牌机。服务器的运算速度也很重要,这是客户浏览网页和在线订购旅游产品速度的保证。

2) 路由器

路由器(Router)是一种网络通信设备,其主要作用在于连接网络,实现网络间资料的传输。将路由器设备适当连接,再进行一些软件的内部配置,就可成功连接网络。

3) DNN 专线

DNN 专线是用户不经电话拨号而直接用专用线路与远程主机服务器连接,速度比拨号上网快,但费用也相对较高。企业商务网站由于信息流量较大,一般宜采用 DNN 专线来保证给用户提供服务的网络连接速度。

2. 硬件平台的选择

旅游企业选择电子商务网站的硬件平台时,要克服以下两种极端倾向:第一种是为了节省建设资金而去购买便宜的硬件组合。俗话说"一分钱,一分货",计算机硬件价格在正常情况下还是和质量成正比的。旅游电子商务网站需要一年 365 天,每天 24 小时不间断地连续运行,对硬件的要求是很高的。价格较便宜的硬件平台可能会因无法承受长时间的高速运作而变得不稳定,故障频发。如果某旅游企业的网站经常发生故障而无法登录使用,必会大大影响企业声誉,错失许多商业合作机会和造成客源大量外流。第二种不合理的倾向则是一味追求潮流,花高价钱购买最新、功能最强大的硬件组合。旅游企业的规模有大有小,而且网站建成后,功能和客流量一般都会有一个从少到多逐步发展的过程。如果企业和网站规模还较小时,就花费许多资金去购买功能技术最先进、面向大中型旅游网站的硬件设施,不仅会影响企业流动资金的运转,许多功能也使用不上,势必造成不必要的浪费。不符合企业经营中应具备的精打细算的原则。

在选购硬件平台时,应该遵循的原则是:按需配置、持续扩展、通盘考虑。我们要对企业及网站的现状及发展规划有个清楚认识,用合理的价格去购买满足我们旅游网站现实及中短期需要的硬件设施;要有发展的眼光,所选择的硬件平台必须能随着旅游企业和网站的发展而能不断扩容和升级。选择硬件平台时还要与欲用的商务软件一起通盘考虑,研究如何搭配才能发挥出二者的最佳组合性能。此外,厂商售后服务的好坏也是值得我们认真关注的一项重要指标。

4.2.2 电子商务网站的软件平台

在介绍下面内容之前,大家必须注意的是服务器这个词在不同的语境中内涵是不同的。服务器既可以是指硬件意义上的,在网络环境中为其他客户机提供服务的那台高性能计算机;也可以指运行在高性能计算机上的一种软件或程序,即服务器软件。服务器软件向其他程序提供服务,如打印服务、收发 E-mail 服务、Web 页服务、数据管理服务等。一台硬件服务器可以装载多个服务器软件,同时提供多种服务。充当服务器的高性能计算机主机和完成特定功能的服务器软件在许多情况下都会被略称为服务器,极易造成混淆,要注意它在不同语境下的具体含义和指向。

电子商务网站的软件平台主要指网站的逻辑结构、网页服务器(Web Server)、电子商务应用服务器(Application Server)和一些服务性的中间件(Middleware)软件。

1. 网站的逻辑结构模式

1) 两层结构模式

在信息处理过程中最初使用的是客户/服务器模式(C/S 结构,Client/Server 结构),它由客户机和数据库服务器这两层构成,亦称两层结构模式(Two-Tier Model)。在此结构模式中,用户界面及处理程序都运行在客户端的计算机上,数据则存储在服务器的数据库中。用户可通过客户机直接对服务器上的数据进行访问处理。随着网站功能的不断完善与强大,我们不仅仅需要进行数据存储和管理,还要在服务器上处理业务逻辑,有些业务逻辑可能是复杂的甚至是复合的功能模块。这些程序模块需要进行有效的组织与管理,而两层结构模式中以数据库管理系统为中心的数据库服务器并无此类组织与管理功能,无法胜任。

2) N-层结构模式

为了满足日益复杂的业务需要,我们在服务器上另外加装了一层应用组织管理程序,即通常所称的"应用服务器"。这就构成了三层应用结构模式或 N-层结构模式(N-Tier Model),如图 4-2 所示。

新添的中间层服务器是一个服务器软件系统,如微软(Microsoft)的 MTS(Microsoft Transaction Server)和 Sybase 公司的 EAServer(Enterprise Application Server)都是较流行的中间层服务器。客户端应用程序不再直接访问数据库,而是通过中间层服务器调用功能组件(如 COM、ActiveX、JavaBean 等),再由这些功能组件访问数据库。中间层服务器把得到的结果整理后传回给客户端程序使用。可见,中间层服务器起到"桥梁"的作用。

三层结构模型将客户端的用户接口、中间层的组件、数据服务器的数据库分隔开来,使它们互相独立。因此对任何一层的修改都不影响其他层,利于维护,提高了系统的稳定性及安全性。

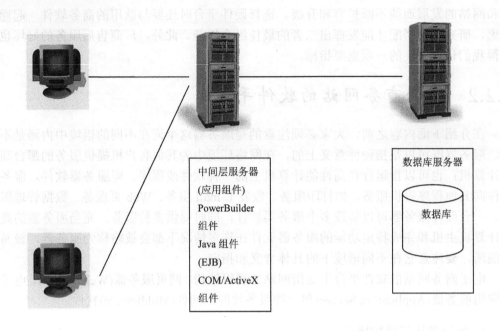

图 4-2 N-层应用结构的组成

2. Web 服务器

Web 服务器,也称网页服务器或 HTTP 服务器,是响应浏览器的请求并提供网页信息的软件。常见的 Web 服务器包括 Microsoft Internet Information Server (IIS)、Microsoft Personal Web Server(PWS)、Apache HTTP Server、Netscape Enterprise Server 和 iPlanet Web Server 等。

网页服务的应用结构属 N-层结构模式。客户端的浏览器向 Web 服务器发送超文本文档的请求。由 Web 服务器控制应用服务器,通过应用服务器上的脚本(Scripts)去访问其他服务器上的数据库和组件。Web 服务器把返回文档组织好后,发送到客户端的浏览器。Web 应用结构模式也称为浏览器/服务器结构(B/S 结构,Browser/Server 结构)。

1) 较流行的 Web 服务器

许多 Web 服务器,如 Microsoft 的 IIS 和 PWS,也都同时具有应用服务器的功能。下面介绍几款较流行的 Web 服务器软件。

(1) Apache Httpd。Apache Httpd 是世界上最流行的 Web 服务器软件之一。Apache 属于自由软件(Freeware),具有简单、快速、性能稳定等特点,并可当代理服务器使用。它支持多种操作系统平台(Windows 2000、IBM OS/2、UNIX 等),目前拥有世界最高的装机量。在它的官方网站(www.Apache.org)上提供了更多详情和下载链接。

(2) Internet 信息服务器(Internet Information Server, IIS)。由微软推出的 IIS 也是当今广泛使用的 Web 服务器软件之一。IIS 安装简单、操作方便、负载能力强,不少大型商务网站都是建立在 IIS 之上。IIS 在微软的 Windows 操作平台下运行。

(3) iPlanet Web Server。Netscape Enterprise Web Server 在与 Sun 公司联手后改名为 iPlanet,是 Unix 环境下首选的 Web 服务器软件。它具有客户端授权的 SSL(Security

Sockets Layer)和出色的数据库连接功能，对于创建、管理和发布信息以及运行联机应用程序来说是一个高性能、安全的 Web 服务器软件。官方站点(www.Netscape.com)提供了更多详情。

(4) Novell Netware Web Server。这是专用于 Netware 4.1 及以上产品，与 Netware 无缝集成，安全性和容错能力较好。但该服务器软件只能运行于 Netware 操作系统平台。

(5) Web Sphere。这是一组专门为商务网站设计的套件，其中最主要的是 Web Sphere Commerce Suite，它可以创建和管理电子商务 Web 站点和复杂的分类数据，在主机上安装电子商务服务器软件和支付软件。

(6) Oracle Web Application Server。Oracle Web Application Server 是甲骨文公司(Oracle)针对 Web 技术开发的应用服务器产品。它可以直接通过 SQL *Net 访问 Oracle Universal Data Server 全能服务器，这比使用 ODBC 方式访问数据库更好，操作更方便，在关系型数据库的操作中具有优势。该软件还具有较好的扩展性、可移植性和安全性。

2) 选择 Web 服务器软件的注意事项

在选择 Web 服务器软件时，不仅要考虑目前的需求，还应考虑网站将来扩展的需要。因为更换 Web 服务器时往往也要更换与之相配套的应用服务器软件。此外，在选择 Web 服务器软件时还要考虑到所要使用的网络操作系统，许多 Web 服务器软件只能运行在某种特定的操作系统，或在该操作系统环境中才能发挥最佳性能。在选择 Web 服务器软件时还应从以下几方面多加注意。

(1) 响应能力。响应速度越快，用户得到请求信息的速度也就越快。

(2) 与后台数据库管理系统的集成能力。用户的许多请求信息都涉及数据的访问和处理，Web 服务器软件必须能与后端的各种数据资源对接集成，处理不同来源、不同格式的信息。

(3) 管理的难易程度。Web 服务器软件应具有对用户友好的易用图形界面(User-Friendly GUI)和完善的向导系统和帮助文档。复杂难用的界面易引起参数配置错误和安全隐患等一系列问题。

(4) 功能扩展难易程度。Web 服务器经常需要添加一些特殊功能的插件和第三方软件等，以满足功能扩展的需要。

(5) 稳定可靠性。Web 服务器软件需要长时间高效稳定的运行。

(6) 安全性。Web 服务器软件要防止黑客和病毒的攻击，保护服务器中的机密资料。此外，销售商的售后服务和技术支持水平，使用该产品的成功案例及产品价格水平等，也是我们需要考虑的因素。

3. 中间件

如上所述，企业的网络 IT 部门需要解决越来越多的需求，尤其是对分布式网络运用的需求，诸如跨越不同硬件平台、不同网络环境、不同的数据库系统之间互操作，新旧系统并存，传输数据的加密等。单靠传统的系统软件或 Web 工具软件功能已无法满足要求，因此，作为电子商务网络应用体系的中间件平台就应运而生。中间件是一类软件的总称，而非专指某种特定软件。中间件构架通常由电子商务应用服务器、通用业务网关、支付网关、通信平台和安全平台构成。中间件使不同格式的信息跨越不同的网络系统和计算机平台，安全、自由地交流。

4. 电子商务应用服务器

应用服务器软件是指为特定的应用信息传递方法管理数据的应用程序。应用服务器软件是电子商务网站系统的心脏，即核心部分。应用服务器软件的选择对整个电子商务网站系统的有效运行有重大影响。根据用途的不同，电子商务网站中可包含多种应用服务器软件，如 Web Server、E-mail Server、FTP Server、BBS Server 等。

电子商务应用服务器内预置了各类服务构件，不仅在进行系统应用开发时可大大缩减周期与成本，而且也能更好地保障系统运行的效率。电子商务应用服务器可与标准的交易中间件无缝集成，形成可单一操作的商务平台，利于对整个进程的完整性维护。主要功能包括：数据库访问管理、交易管理，大规模并发网络用户管理、均衡负载、容错，与现有系统无缝集成，服务器端的状态与安全管理等。

现在，市面上出现了许多商业服务器软件包，它们提供了建立电子商务网站的一切功能，包括商店建立工具、数据库连接、安全交易服务、搜索引擎以及管理和监视工具。这里介绍三种商业服务器：莲花公司(Lotus)的 Domino.Merchant，微软(Microsoft)的 Microsoft Merchant Server 以及国际商用机器(IBM)的 Net.Commerce。这三种商业服务器软件包都带有范例商店，提供了预定义的货品分类和搜索引擎、虚拟的购物车、信用卡验证及故障恢复机制，用户只需对其提供的基本内容稍加改动，就可以轻松设立自己的站点。

1) Lotus Domino. Merchant

Domino. Merchant 是莲花公司(Lotus)的产品，它提供了系统的、循序渐进的方法来建立电子商店。Domino.Merchant 的价格低廉，建立网上商店既快捷、又简单。Domino.Merchant 提供了两种网站模板供选用：一种是快速设计(Quick Design)模板，它使用默认页面设置来完成商店的建立工作；另一种是定制设计(Custom Design)模板，该模板提供了更大的灵活性。但是运行 Domino.Merchant 需要 Lotus 的 Domino Web 服务器和一些 Notes 专门技术。

2) Microsoft Merchant Server

微软的 Merchant Server 服务器安装简便，而且自带了四个基本的商店模板，普通用户不需要具有编程知识，就可轻松开设网上商店。用户只需运行控制面板(Control Panel)，在一份简单的表单中填写商店名称，选择想要使用的模板和数据库。然后，通过管理器控制台(使用 Web 浏览器来访问)把商品类别和信息添加到模板中，并建立相应的链接即可。

Microsoft 打算把将来版本的 Merchant Server 并到 Microsoft Site Server Enterprise Edition 中，后者是一种新型的 Internet 和企业内部网管理产品。它将包含功能更加强大的站点建立工具，方便用户从无到有地建立一个全新电子商务站点。此外，它还将提供强大的报告功能。

3) IBM Net.Commerce

IBM 的 Net.Commerce 服务器价位合理且易于安装，用户只需遵照辅助文档的指示，就可轻松地安装好 Net.Commerce 服务器和建立起一个可运转的演示商业站点，该演示站点包含了几个网店及适当的货品。通过运行演示站点,用户可更加深刻地了解整个系统的运作模式。

4.3 旅游电子商务网站的开发

4.3.1 电子商务系统的建设步骤

电子商务系统建设是一个包括商务、技术、支付、物流等诸多要素的系统工程。开始建设前,必须充分研究所有因素,做好统筹规划,形成完善的设计方案。电子商务系统建设大致需要经过以下各阶段。

1. 商务分析阶段

这一阶段是进行充分的商务分析,主要包括需求分析(包括企业自身需求、市场需求以及客户需求等)和市场分析(包括市场环境、客户分析、供求分析和竞争分析等)两个方面。

2. 规划设计阶段

规划设计主要是从子系统、前台、后台、技术支持、系统流程、人员设置等各方面全面地构架电子商务系统。此阶段的工作类似于为电子商务系统的建设绘制蓝图,直接关系到后续电子商务系统建设和将来电子商务系统运行与应用的成功与否。

3. 系统建设阶段

此阶段的工作可从两个层面同时进行:在技术层面上,要按照电子商务系统的设计规划,完成计算机硬件、网络平台的搭建,软件和电子商务系统的开发与集成;在管理层面上,也要按照规划,全面调整、变革传统的组织、管理和业务流程,以适应电子商务运作方式的要求。

4. 整合运行阶段

此阶段进行整个电子商务系统的试运行。经过必要的调整、改进以后,就可以进入整合运行阶段,开始实现电子商务应用。

我们要清楚地认识到,企业电子商务系统建设不是一劳永逸的事,在系统应用的过程中,我们要根据企业发展的需要和科技的更新,不断创新、优化和完善,确保和提高企业电子商务系统的竞争力。

4.3.2 电子商务网站的开发方式

目前,网站的开发方式有购买现成网站、独立开发、合作开发、委托开发和外包四种方式。不同的开发方式各有优缺点,且对知识产权、开发费用等都有不同的影响。企业需要根据自己的技术力量、资金情况和外部环境等各种因素进行综合考虑和选择。但是，不论哪一种开发方式都需要企业领导的支持和相关业务人员的参与，并在网站的整个建设开发过程中注重培养企业自己的信息技术队伍。

1. 购买网站

专业从事网站建设的公司将开发出来的网站商品化并标价出售，旅游企业为了提高网站系统开发的时效，可购买现成网站。此网站系统建立方式的优点是节省时间和费用，技术含量高；缺点在于它是基于商业目的开发的通用型网站，因而专用性较差。为了使网站更能符合旅游企业的特定需求，发挥最佳性能，通常需要做一些功能上的改善。

2. 独立开发

此方式适合自身拥有较强信息技术队伍的企业。优点是开发费用少，系统的功能与结构能较好地适应本单位的实际需要，便于对网站的更新维护。缺点在于缺乏经验和专业的整体规划；网站系统开发人员属非专业人员，都是临时从所属各单位抽调出来进行网站系统的开发工作，彼此间缺乏了解和合作的默契感。这些开发人员还要兼顾本岗位上的一些工作，难以全身心投入，因而易造成系统开发时间较长、系统优化不够、开发水平低等问题。由本企业自主开发时，为了省事和赶时间，往往会省略忽视一些标准的系统开发书面材料，如系统设计说明书、用户手册等的规范化编写，开发人员如果调离该企业，系统的日常维护和日后升级工作将难以进行。因而，企业在自主开发网站系统时，一方面要加强领导，坚持按标准化程序进行系统开发；另一方面可向专业开发人士或公司咨询请教，或聘请他们作为开发顾问。随着可视化和对用户友好的第四代软件开发工具和项目管理生成器的不断出现，越来越多的企业将可以进行自主的网站系统开发。

3. 联合开发

联合开发方式适合于自身有一定的信息技术人员，但对网站开发方法步骤不甚了解，或是整体优化能力较弱，希望通过网站的建设提高完善自己的技术队伍，便于后期的系统维护工作的企业。它的优点在于比委托开发方式节省资金，但更重要的是可以培养、增强企业自身的技术力量，利于网站系统今后的升级维护工作。缺点是双方在合作过程中易出现相互推诿的现象，因此需要制定详细的分工协作协议，明确双方职责，以便进行协调检查。同时双方要相互尊重谅解，出现问题时及时沟通。

4. 委托开发和业务外包

委托开发方式适合于网站系统开发队伍技术力量较弱，但资金较为充足的企业。委托开发省时省事，旅游企业只需把网站的功能与需求告诉承包的专业网站开发公司，由专业开发公司负责网站开发的一切具体事宜，开发出来的网站系统技术含量和专业化水平也会较高。缺点是费用高，对网站的升级维护要长期依赖开发公司的技术支持。开发过程中需要开发单位和企业双方及时沟通，进行协调和检查，才能开发出令人满意的网站系统。所谓业务外包，是指企业不依靠其内部资源建立网站系统，而是聘请外部专业开发公司负责网站的建设，甚至是日常管理的方式。

委托开发和业务外包的主要区别在于，委托开发一般是就一次性项目签订委托合同，而业务外包则往往是签订一个长期的服务合同，对企业有关网站信息技术的业务进行日常支持。

现在，越来越多的企业选择业务外包的方式建立本企业的网站。一个根本的原因在于，企业使用业务外包方式建立网站比维持企业内部的一个 IT 管理团队更划算、更能控制成本，因为负责网站服务的外部开发商在从规模效益(用相同的知识、技术和能力为多个客户服务，从而降低开发经营成本)中获得经济利益的同时，也能以较低廉的价格向客户提供服务。此外，专业的外部开发商往往都会使用较流行的技术和程序语言进行网站系统的开发，更利于网站今后的发展与扩容。业务外包有可能会给组织带来安全性的问题，我们需要决定承包者进行不损害网络安全的工作时需要些什么信息，还要决定对 Web 服务器采用什么样的安全策略，防止承包者访问未授权的敏感数据。

不同的网站系统开发方式各有不同的长处和短处，旅游企业可根据自己的实际情况灵活选择，也可综合利用各种开发方式。

4.3.3 电子商务网站系统的开发方法

从系统的观点来看，电子商务网站本身就是一个系统，而且这个系统还是更大的系统——企业信息系统和电子商务系统的一部分。因此，电子商务网站的建设过程，实质上是信息系统的开发、设计与实现的过程。生命周期法与快速原型法是进行电子商务网站建设时常采用的系统开发方法。

1. 生命周期法

类似于生物，计算机系统也会经历一个产生、发展和消亡的过程。生命周期法是采用结构化系统分析与设计原则，并按照生命周期流程来进行信息系统开发的方法。生命周期法将整个信息系统开发过程划分出若干个相对独立的阶段，然后分阶段实施。每一阶段都有明确的开发任务和开发的成果以及相应的评测指标；每一阶段都产生相关开发文档和资料；每一阶段的开发成果都成为下一阶段开发的基础和依据。

1) 生命周期法的开发过程

生命周期法适用于大型信息系统、应用软件及商务网站的开发，它的开发过程一般可分为以下五个阶段，如图 4-3 所示。

(1) 系统规划阶段。当现行系统由于各种原因已不能适应企业发展或者需要从无到有进行开发设计时，首先必须提出建立一个新系统的要求，并就用户需求以及新系统开发的目标、原则、方法、条件是否成熟等问题进行可行性研究，并提供可行性报告等书面文件。可行性报告得出的结论不一定认为新系统的开发是可行的，如果得出的结论是开发条件不成熟，新系统的开发计划就得就此终止或暂缓执行，则无须执行以下步骤。

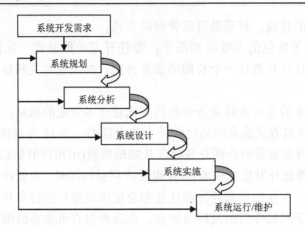

图4-3 生命周期法流程

(2) 系统分析阶段。如果可行性报告得出可行结论,并得到企业高层领导的首肯和支持,就可以开始详细地调查和分析企业现用系统,了解各项业务活动的具体流程,并用图表工具进行定性和定量分析,从而构思和确立新系统的基本目标和功能。此阶段主要解决新系统将要"做什么"的问题,并产生系统说明书、系统总体设计方案等书面文件,指导下一阶段的开发工作。

(3) 系统设计阶段。正式进入对系统开发的技术层面,开始对系统各组成部分进行具体设计(包括模块、代码、数据库、输入/输出、处理逻辑的设计等)及考虑如何用具体的物理设备和通信传输手段来实现系统的各项功能,此阶段要解决新系统具体"怎么做"的问题。产生的书面文件是系统设计说明书。

(4) 系统实施阶段。该阶段的实质是进行具体的系统软件开发工作,将系统的规划与设计模型转化成能够实际运行的系统,主要包括以下步骤:①设备购置与安装;②编写程序;③数据的整理/录入;④操作人员培训;⑤逐步验收/试运行。在逐步进行开发的同时,也要着手准备验收合同和用户手册等书面文件。

(5) 系统运行和维护阶段。新系统投入运行后的各项日常管理、维护工作。此阶段产生的系统维护记录是对系统进行改进和开发新版本的重要依据和第一手资料。

2) 生命周期法的优缺点

生命周期法的优点主要表现以下几方面。

(1) 强调系统开发过程的整体性和全局性,在整体优化的前提下来考虑具体的分析设计问题。

(2) 严格划分开发阶段,强调一步一步严格地进行系统分析和设计,每一步工作都及时总结,发现问题时及时反馈和纠正,避免开发过程的混乱状态。

(3) 采用模块化的结构创建系统,便于系统开发的组织和分工,提高开发效率。

生命周期法存在的主要问题是技术上要求高,开发周期长,费用也较高。另外,这种方法要求系统开发者在调查中就充分地掌握用户需求、管理状况以及预见可能发生的变化,这不大符合人们循序渐进地认识事物的规律性。因此,在实际工作中完全实施有一定的困难性。

2. 快速原型法

快速原型法是在 20 世纪 70 年代出现，旨在改进生命周期法缺点的一种系统开发的方法。在系统开发前期，用户往往对未来的目标仅有一个较模糊的想法，而且由于受专业知识的限制，系统开发人员对系统的具体应用领域功能也不甚清楚。快速原型法根据用户提出的需求，由用户和开发者共同确定出系统的基本要求和主要功能，以及相应的用户界面，并在较短的时间内建立一个实验性的、简单的信息系统原型(模型包括程序模块、数据文件、用户界面、输出信息、与其他系统的接口等内容)。由于有了一个直观的操作界面平台，用户和开发人员之间更易于讨论、交流和沟通。在用户试用原型的过程中，开发人员依据用户提出的评价意见对简易原型进行反复修改、补充和完善，使快速原型越来越能够满足用户的需求，直至用户和开发者都比较满意为止。最终形成一个正式的、可交付使用的工作原型。快速原型法的具体步骤如图 4-4 所示。

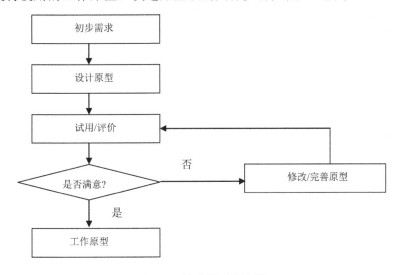

图 4-4 快速原型法流程

(1) 确定初步需求。开发者根据用户对系统提出的主要功能与需求，确定系统的范围和应具有的功能、人机界面等，得到一个简单的计算机模型方案。

(2) 设计原型。依照模型方案，以尽可能快的速度和尽可能低的成本来建造一个结构仿真模型，即快速原型。

(3) 试用/评价。初始原型建成后，交给用户试运行，专业测试人员也对其进行试用、检查，并分析效果。

(4) 修改/完善。由于原型是快速建立起来的，许多细节未考虑到，难免有许多不合理之处。而且系统开发人员通常对企业的经营管理流程不甚了解，而企业客户的计算机水平往往有限，因此开发人员和用户之间必须进行充分沟通，对用户提出的不满意之处要进行认真细致的反复修改和完善，直到用户满意为止。

(5) 建造系统的工作原型。在用户满意的初始原型基础上进一步完善性能、编制必要的文档资料和技术文件(例如用户手册)，最后和系统一起提交给用户。

通过原型法开发的过程，不仅是系统开发的过程，也是开发者对用户的需求不断深入了解、用户对信息系统的功能不断认识和学习的过程,从而有效地保证了系统的适用性。

在构建系统原型时,我们要尽量遵循高效和节省的原则。首先,尽量利用已有的现成软件/模型进行积木式的构建开发;其次,最初构建的原型只需反映出用户需求的最主要特征即可,不求面面俱到;最后,要善于利用高效的软件工具和原型建造工具,以求在最短的时间内完成任务。

4.3.4 电子商务网站的维护和管理

网站的维护和管理是网站生命周期中持续时间最长的环节,也是资源投入最多的阶段。网站的管理工作主要是指保证网站平时的正常运营,例如硬件设备和网络的管理等;而网站的维护工作主要涉及网站内容的更新和交互信息的处理,例如栏目内容的更新及用户回馈处理等。但这两种类型的工作在具体实施的时候都是经常交叉,难以严格区分的。电子商务网站的维护和管理主要涉及以下内容。

(1) 及时发布、更新企业最新的产品、价格、服务信息。
(2) 收集、统计用户信息,提交相关部门分析处理。
(3) 处理用户的投诉、需求信息,及时向用户反馈结果。
(4) 定时更新页面设计。
(5) 不断增加网站的营销创意。
(6) 积极推广网站,提高网站的访问率。
(7) 维持网站设备状态良好、不间断地安全运行。
(8) 注重网站安全管理,防范黑客、病毒的恶意攻击和访问。
(9) 严格机房管理制度,严禁非相关人员进入。
(10) 定时对网站进行测试、评估,不断优化网站的经营管理。

我们可以看到,上述任务中许多工作单靠网站的管理人员是无法完成的,如信息的处理、客户意见的反馈及营销策略的实施等。所以从某种意义上说,电子商务网站的维护,需要企业各部门的齐心参与和通力协作。

4.4 电子商务应用和基础设施

4.4.1 全球分销系统

全球分销系统(Global Distribution System,GDS),是由航空公司订座系统(ICS)和20世纪70年代的航空公司计算机预订系统(CRS)演变发展而来的。目前国际上比较知名的GDS网络系统有Galileo、Apollo、Amadus、Sabre、Worldspan、Axess、Sahara等。GDS原先主要是通过专用增值网络(VAN),提供机票预订服务。进入20世纪90年代,随着Internet的日益普及,GDS向互联网与旅游业全方位服务的方向拓展,不仅能被旅游代理商采用,而且深入千家万户,为旅游者提供包括旅游线路规划、机票预订、酒店预订、网上支付等服务。

使用 GDS 技术的各类旅游服务网站也如雨后春笋般地冒出来,例如国内的八爪鱼旅游网站(www.octopustravel.com)(见图 4-5),旅客只要拥有信用卡,就可轻松地以优惠价格预订遍布全球五大洲 2 万多家酒店的房间,可供选择的规格包括经济型旅馆和豪华五星级酒店,满足不同层次旅客的需求。

图 4-5 八爪鱼旅游网站首页

4.4.2 电子购物车、网上聊天、网上广播和网络电话

1. 电子购物车

电子购物车(Electronic Shopping Chart),又称电子购物篮,是电子商务网站里常用的一项订购处理技术,它可以跟踪、保存顾客的购买意向。顾客在网上购物时,可将选中的物品放入电子购物车中,继续采购。在最后付款之前,顾客可随意往电子购物车里添加或拿出货品,购物车里的物品数量和总额会自动修正,这使网上购物变得更加轻松愉快。电子购物车的功能是通过软件程序来实现的。许多电子商务服务器软件包内都包含有电子购物车的构建组件。电子商务网站开发者也可根据需要,采用 ASP 或 JSP 等编程技术自行开发,或是直接购买第三方的购物车软件。

2. 网上聊天

网上聊天(Online Chatting)是借助互联网进行的人际传播,人人都可参与。与其他书面交流方式相比,网上聊天没有它们所需要的延时,它是实时的。

交流者可自由选择使用文字、声音或视频的方式进行交流。近年来,企业开始意识到在线交流蕴含着丰富的商机。借助互联网组织顾客进行对话,可以聚拢人气,更好地了解客户和为客户服务。聊天室、在线论坛(Online Forum)和聊天组(Chat Group)正被广泛用于电子商务。近年来，许多电子商务网站都纷纷设立了聊天室。一方面，可以提供在线客户服务，顾客可以在网上与企业相关人员或其他顾客交流，对企业提供的产品和服务进行查询、讨论或提出改进建议；另一方面，可以增强用户的参与感，保持他们的忠诚度。

3. 网上广播

网上广播(Webcast)是指基于互联网的音频和视频内容的广播。除了允许视听点播外，还提供播送方和观众之间的双向交流，具有很高的交互性。网上广播可以将文本、音频文件或一个现场或录像的节目、会议、研讨会等在网上利用串流视讯(Streaming)技术播放。它和观看电视一样，但只需相当低的传送成本就可以传送给全球的观众。观众只需有一台带声卡的计算机、一个时下流行的媒体播放器(如 RealPlayer 或 Microsoft Windows Media Player 等，这些软件通常都是免费的)和一个到互联网的拨号或宽频连接即可。通过网上广播的方式，旅游企业可随时发送各种旅游促销信息给数量不限的目标游客群。

4. 网络电话

网络电话又称为 IP 电话，它是通过互联网协定(Internet Protocol，IP)来进行语音传送。它将声音通过网关(Gateway)转换为数据信号，压缩成数据包(Packet)，通过网络传送出去；接收端收到数据包时，网关自动解压缩，重新转成声音给接收方聆听。目前网络电话有三种联机方式：计算机到计算机(PC to PC)、计算机到电话(PC to Phone)、电话到电话(Phone to Phone)。

网络电话虽然也依赖于全球电话基础设施，但不会产生高昂的长途电话费，是新世纪数据网络服务的一个重要发展方向。旅游企业和商务网站可通过网络电话与全球顾客实时交流，不仅提供的服务更快捷、更人性化，而且可以节省大笔通信费用。

4.5 旅游信息门户网站、虚拟旅游与虚拟社区

4.5.1 旅游信息门户网站

旅游信息门户网站(Portal Site)是一个资讯量庞大、功能齐全、交互性强的全方位旅游资源、资讯平台，可为客户提供各种商务及休闲旅行服务。游客登录网站后，就可进行旅游信息查询、信息比较、预订酒店、机票和购买休闲度假配套产品及服务，享受价格优惠的一站式服务。小型的地区性旅游门户网站通常只提供该地区的旅游资讯和服务，而较大型的旅游门户网站则提供全国乃至全世界较著名城市、景区的旅游信息及相关的酒店、机票预订服务。

按网站创办单位来说，旅游门户网站有完全由企业创办的，也有由当地政府的旅游主管部门主导创办的。由企业创办的旅游门户网站完全是市场规律在运作，国内较著名的专业旅游门户网站有携程网(www.ctrip.com)、e 龙网(www.elong.com)、指南针网

(www.ly321.com)等。一方面由政府的旅游主管部门主导创办的旅游门户网站(通常是当地电子政务网的一个有效组成部分)，主要是为该地区的旅游企业提供免费或廉价的促销和电子商务平台，进而整合旅游服务资源，提高档次和服务质量；另一方面，也利于旅游主管部门的有效监管，如合肥市的旅游信息门户网站(www.hfly.gov.cn)。目前，国内一些较大型的综合性门户网站，如新浪网(www.sina.com)，也开辟了自己的旅游信息门户，要在这蓬勃发展的市场上分一杯羹。国外较著名的专业旅游门户网站则有 Travelocity (www.travelocity.com)、Triplel(www.triplel.com)、Travelsource (www.travelsource.com)、Travelweb(www.travelweb.com) 等。

4.5.2 虚拟旅游

相信许多人都想出去旅游放松一下，但往往是"有时间没钱，有钱没时间"。虚拟旅游可帮助你实现真正的网上旅游，不用出家门，只需要动动鼠标，即可游览各地风光。美国专门从事民众与互联网研究的机构 Pew Internet & American life 的一份调查报告结果显示，在当前美国所有的互联网用户当中，45%的美国成年网民曾在网上有过虚拟旅游的经历。

虚拟旅游的方式包括在网上浏览相关地点的风景图片、收看视频以及全息数码相片等，它综合运用了人工智能、虚拟现实及地理信息系统等高端技术，将现实中的场景制作成用于互联网、多媒体光盘、电子名片、触摸屏等多种载体进行展示的电子文件。例如，文山的360度虚拟实景旅游网，以三维实景方式展示文山的各旅游景点及交通状况，浏览者可移动鼠标，从上下、左右、前后任意角度观赏，获得身临其境般的感受，如图4-6所示。

图 4-6 文山 360 度虚拟实景旅游网首页

虚拟旅游给旅游产品提供了"身临其境"的展示和体验机会,使无形的旅游产品变得"有形"起来。旅游目的地可充分利用虚拟旅游技术来进行宣传促销,把景区的优美景色、精巧工艺品及特色小吃鲜活地展示给潜在的旅游消费者,激发他们前来亲身体验的欲望。虚拟旅游技术也让人们有机会领略一些渐已消失的风光(如三峡之旅)和到常人难到的地方去领略绝妙风光(如太空之旅、深海之旅)。此外,虚拟旅游技术还可用来帮助进行旅游目地开发的规划和论证。

中国商务旅游网也即将推出大型场景游戏——《虚拟旅游》。《虚拟旅游》不仅仅是游戏,更是一本活的旅游指南,它模拟了真实的城市场景,又不同于普通地图,它的仿古建筑风格、有趣的卡通人物设计、交互的游戏场景、众多的娱乐元素使人们在游戏中充分领略旅游目的地的魅力,得到丰富完整的旅游信息。

4.5.3 虚拟社区

虚拟社区(Virtual Community)的概念最早是由霍华德·莱因古德(Howard Rheingold)提出的。霍华德·莱因古德认为,虚拟社区是指以虚拟身份在网络中创立的一些由志趣相投的人们组成均衡的公共领域。在网络中所组成的虚拟公共空间里,人们可以像在现实中的社区生活中一样交友、聊天、休闲以及展开其他活动。有共同兴趣爱好,或对某一话题感兴趣的人,无论你身居何处,也无论你处于哪个时区,都可以突破时空限制,无须见面就可交流。在虚拟社区中交流不需要有相似的职位和态度,人人都有一个虚拟的身份并处于一种平等的地位,可以在法律道德允许的范围内畅所欲言地表达自己真实的观点和情感。在虚拟社区中,你可以就某种事物和其他人讨论,发表自己的独特见解和经历感受,也可虚心地向他人求教。从而满足情感交流的需要,丰富自己的社交阅历和增长见识。

社区是人们交流思想、观点和发表言论的地方,应具有良好的互动交流工具,如电子公告板(BBS)、聊天室(Chatroom)、新闻组(Newsgroup)等。社区往往也会提供一些简单易用的模板,供成员构建有个人特色的主页,以便向其他成员介绍、展示自己。此外,社区还常包含一些辅助性的、社区成员日常"网上生活"所需要的服务,如电子邮件服务、记事本等。

构建虚拟社区时必须考虑以下一些基本要素。

1. 主题定位明确

建立虚拟社区必须主题定位明确,并有针对性地围绕一个主题开展工作。如果主题过于分散或缺乏鲜明特色,社区居民则会因兴趣各异而造成彼此交流和沟通上的不畅通,不利于人气的聚集。社区如果规模较大则应考虑按不同主题划分成不同的板块。

2. 互动性

互动性有两层含义,一是指居民与社区间的互动性。社区中的居民不应只是被动地接收和使用社区内已有信息,还应该是信息的主动提供者和社区设施建设的参与者。网站经营者要善于调动居民积极性,"我为人人,人人为我",共建美好的网上家园。二是指居民与居民间的频繁交流。居民间不断地交换信息、互通有无,是虚拟社区的生命力所在。社区应该努力为居民提供和创造更多相互交流的机会。交流的机会多了,信息总量才会不断增多,从而增强整个社区的活力,吸引新成员,形成良性循环。

国内人气较旺的虚拟社区——天涯社区(www.tianya.cn)里关于旅游休闲的板块(如图4-7 所示)已成为旅游爱好者们(通常自称为"驴友")自发的聚集地。旅游者会把自己去过的好地方,旅途感受及注意事项,以图文并茂的方式在社区里发表(简称"发帖子")出来与旅游爱好者们共享(包括旅行中的不愉快经历,提醒其他驴友注意)。

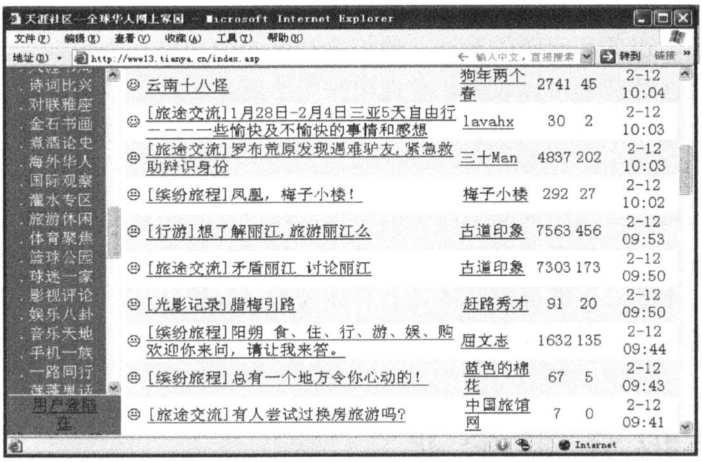

图 4-7 天涯社区的旅游休闲主题区

旅游爱好者在决定出行某地时,会在社区里发帖子求教有关当地的景点、交通和食宿等各类情况。了解当地状况的旅游爱好者也都积极回帖响应。透过此方式,旅游爱好者可以规划好一个经济、愉快的行程。虚拟社区也是一个网上组团的好去处。现今的许多旅游爱好者见多识广,阅历丰富,已对许多旅游地传统的线路不感兴趣,他们可以自行规划出一条独特的、能满足自己兴趣爱好的当地旅游线路,并在旅游虚拟社区里广发帖子,邀约全国,甚至全世界对此线路感兴趣的旅游爱好者结伴而行。如果召集的人数达到一定规模,就可用团队旅游的名义与当地旅行社联系,要求以较优惠的价格提供该旅游线路的服务。

旅游虚拟社区的创建者主要有两类,一类是由专业旅游商务网站创建的,另一类则是由较受欢迎、人气较旺的综合型网站和社区创建的,如上面介绍的天涯社区。不论是哪类的旅游虚拟社区,都应当引起旅游企业的高度重视。旅游企业设立的旅游门户网站,是站在旅游企业的角度看待和思考问题,认知可能与旅游者实际的需要并不一致,存在盲区,所提供的服务不一定就是旅游者感兴趣的。相反的,旅游虚拟社区里的许多帖子,都是旅游者自身的想法、感受描绘,更能表达出他们的真实意愿和需求,蕴含着丰富的商机。旅游虚拟社区也可成为旅游企业的"实验田",旅游企业有了新的创见,也可在社区里广泛征集意见,视其受欢迎程度来决定是否实施,从而降低经营风险。不可忽视的是,社区具有极大的"口碑效应",一传十,十传百,社区的负面报道会影响许多旅游爱好者今后是否到某地旅游的决定,一些帖子还会被链接到其他的虚拟社区中去,影响面就更广了。旅游管理部门和旅游企业必须认真看待旅游虚拟社区里的投诉帖子,是自己过错的就得及时处理、道歉和说明情况,努力消除不良影响。做到有则改之,无则加勉,不断改进,为旅客提供满意、优良的服务。

虚拟社区的经营者可以通过多种方式创造经济价值,为自己盈利。虚拟社区将兴趣相同的成员集中到一起,可以带来许多交易和信息交流的机会,商家和广告业者对此都极为重视,并愿意为此付钱。商家可选择在特定的社区内,有的放矢地向其目标客户群成员提供各种产品目录、折扣券及举办各种类型的拍卖和促销等活动,有些虚拟社区甚至支持在线交易。此外,社区中一些非常有用的市场信息,如社区成员的人口、心理统计,他们对产品、服务和问题的看法,他们在社区中的交易行为数据等,如果社区成员不反对的话,社区经营者可以收集、整理出来卖给商家、广告业者。而且,社区经营者还可以在社区中提供某些有偿服务,或在社区内放入一些特定内容(包括文章、图片或音乐等),供成员付费使用。

虚拟社区的进一步发展需要交流手段的极大改进,包括声音、视频、三维图形等技术的引进,自然语言和体态语言的输入和表达、情感计算等问题,以及由此带来的带宽问题。可以说,不断完善的虚拟社区是多媒体技术、虚拟现实技术、网络技术以及人工智能技术的汇聚点。

4.6 虚拟旅游企业

4.6.1 虚拟旅游企业的内容

随着社会的发展,物质生活日益富裕,市场上的商品总量已超出人们需求,人们也有足够的资金买得起他们想要的商品。此时,人们开始不再满足于那些只具有基本功能、千篇一律的标准化产品(Standardized Product),转而开始追求能展现个性,满足自己特殊需求的个性化产品(Customized Product)。以旅游行业为例,越来越多的游客已不再满足于以组团方式参观旅行社制定的、几十年不变的所谓经典路线,他们往往会根据自己的兴趣爱好(如怀古、探险、休闲、高尔夫等)自行制定旅行社没有提供的独特路线。游客既可以自助游、自驾游的方式出行,也会以网上组团并要求旅行社提供该路线服务的方式出行。如何满足顾客越来越多样化的个性需求?这既给旅游企业带来了机遇,也带来了巨大的挑战。

旅游行业涉及旅行社、饭店、宾馆、交通、通信、旅游景点、旅游商店、文化体育设施,以及保险、医疗、银行等许多方面。旅游市场的开发需对这些相关行业和部门进行综合配置。否则,一方面短缺方面必将限制那些规模大于实际需要的行业和部门发挥效益,造成旅游资源的浪费;另一方面无法给游客提供最佳的服务,甚至影响旅游业的形象。旅游企业间的合作成为一种理性的选择。

虚拟旅游企业就是相互独立的旅游组织或企业通过互联网技术连接起来,共享技术、成本以及市场销售渠道,从而创造共同开发旅游市场的机会。虚拟旅游企业既可以是临时性的合作经营，也可以作为永久性企业进行经营。其企业成员(如旅行社、景区、酒店、旅游车出租公司、航空公司等)在虚拟旅游企业组织以外仍然保持着独立性，并且进行着自主经营。虚拟旅游企业使大公司(如航空公司、连锁酒店)和小企业甚至一个人经营的旅行代理协同经营,通过整合和高度标准化管理,如同运作一个超大型的企业，成员企业形如不同部门，协同运作，从而取得高效率，共创利润，形成多赢的局面。

旅游企业基于网络的虚拟联合通常有两种形式：一是横向联合，如旅游饭店之间、专业旅行社之间通过建立销售和预订协作网络，相互代理产品，并通过消费会员、累计优惠、共享客户资料、共同促销等多样的方式将客源稳定在联合体内部；二是纵向联合，如大型旅游批发商将计算机分销系统延伸向分布于城市各地的小型旅行社，发展代理商网络。

4.6.2 虚拟旅游企业的运作形式

虚拟旅游企业的运作形式，主要有以下四种。

1. 业务外包

为了在激烈的竞争中取得优势地位，旅游企业可通过业务外包(Outsourcing)的形式把一些自己并不擅长的次要业务转由外部专业企业处理(如酒店可将客人衣物洗涤服务外包给专业洗涤店)。这样，不仅客人能够得到更加满意的专业化服务，而且旅游企业也可以集中精力研究制定企业的经营推广策略和发展核心业务，使企业快速健康地成长。

2. 战略联盟

旅游企业为满足消费者的不同需要和自身利益的驱使，可随时选择和变更合作伙伴。例如，面对旅游者列出的旅游产品的订单，旅行社或旅游公司可选择不同代理商，快速高效地组织适合旅游者需要的旅游产品。同样，面对另一个旅游者的订单，进行虚拟运作的旅游企业又做出另外一种选择进行产品组合而不受其业务能力和业务范围的限制。

3. 虚拟销售

旅游企业可利用网络、卫星等高科技手段进行虚拟销售。比如，酒店和旅行社采用GDS系统，可以实现跨酒店(H2H)的房间预订。

4. 企业共生

大、小旅游企业可以各自发挥其自身特点，实现大有大用、小有小用，达到企业共生。大旅行社负责海外营销与宣传，小的地方旅行社负责接待与安排工作。

4.6.3 虚拟旅游企业的运作和协调管理

作为旅游消费平台，虚拟旅游企业覆盖企业与企业交易和企业与个人消费两大交易领域。前者为旅游企业与旅游企业之间的合作提供便利，促成旅游企业之间横向和纵向的更深层次的整合,并提供了有力的促销手段;后者则满足了不同层次消费者对旅游产品的需求以及旅游企业对产品促销的需求,开拓了旅游观光事业新的发展机会。旅游企业可在网上对其旅游产品进行各种促销活动,用户可从计算机上预订酒店、机票,租车,自定旅游线路和实施网上组团。

　　虚拟旅游企业可以设立自己的中心库。通过企业成员收集、了解市场的动态、游客的旅游记录及反馈意见等信息。通过市场分析、数据梳理、信息加工,提炼创造出对企业决策最有价值的东西供企业决策者利用。然后通过广泛交流与学习,把各自的核心优势在虚拟组织中共享,让企业成员共同成长,这有利于企业成员改进服务质量。其次,有利于虚拟旅游企业了解游客消费行为和消费欲望,编制有针对性的数据分析报表,指导成员公司进行的市场宣传活动。获取的信息还可帮助虚拟企业对旅游市场的发展方向做出预测,制订未来的中长期销售和运作计划。成员间的信息共享,使企业更加容易获取更新和可靠的信息,有效避免缺乏信息或信息错误导致的决策失误。

　　虚拟旅游企业的建立解决了旅游行业要求大协作、大品牌的矛盾,使原来单兵作战的局面变成网络营销联盟,"信息孤岛"的问题不再成为企业发展的障碍。同时,虚拟旅游企业有利于企业成员之间整合资源,实现合理分工,发挥专长,实现优势互补。能够帮助企业成员突出自己的核心业务和核心竞争力,真正取得 1+1>2 的效果。

　　虚拟企业的创建遵循的是一种双赢(Win-Win)的策略,企业成员在合作过程中相互促进,共同发展。在共享成果的同时也必须共担风险,因此慎重选择合作伙伴是取得成功的关键之一。虚拟旅游企业的建立讲究的是一种强强联合,每个企业成员都必须在各自领域具有核心竞争力。一个没竞争优势的成员将大大削弱整个虚拟企业的反应处理能力。这类似于所谓的"木桶效应",一个木桶能装多少水,不是由围成木桶的那根最长的木头决定,而是由最短的那根木头决定的。企业成员的素质也是一个重要考量,素质较差的企业难免有时会出现不诚信或不规范行为。由于虚拟旅游企业的成员关联性,一个企业成员的违约或违法行为就可把一连串的企业成员拖进困境。

　　虚拟企业是战略与结构的有机结合,要求各个企业有核心技术的存在、企业优势有互补性。而且由于虚拟企业是各成员企业就某一项目的完成为目标而结合起来的临时性联盟,管理过程中的协调问题更加复杂多样,《虚拟企业的协调管理》一文提出了要从以下四方面对虚拟企业进行更灵活的协调管理。

1. 虚拟企业的知识管理与协调

　　知识管理是指通过改变人的思维模式和行为方式,建立起知识共享与创新的企业内部环境,运用集体的智慧提高应变能力和创新能力,最终实现企业的目标。虚拟企业的知识管理对协调提出了更高的要求。因为知识管理就是要促进企业内部、企业与企业之间、企业与顾客之间、企业与外部环境之间的联系,它要求把信息与信息、信息与活动、信息与人连接起来,在人际交流的互动过程中达到知识的共享,运用群体的智慧进行创新,以赢得竞争优势。

2. 虚拟企业的跨文化管理与协调

　　虚拟企业的管理经常面临着由于企业文化差异带来的障碍甚至冲突。一般的企业是基于统一的文化管理,而且存在一个固定形式的组织内部,虚拟企业的组织形式却无法实施单一的文化管理,临时性的合作又不可能有时间来培育十分完善的组织文化。构建虚拟企业、保持和培育成员企业的核心能力以及对核心能力的载体——人才的培养、激励和发展,都要求虚拟企业要实行跨文化的协调管理。虚拟企业的文化管理具有以下特点:①强调团队文化。虚拟企业实际是一个以完成项目为目的的团队,合作是参与各方共同的义务,因而要求形成目标一致的团队文化。在项目实施过程中要充分沟通信息、加强协调。②建立信任关系。由于各成员企业来自不同的组织,有着不同的背景,在合作过程中,会自觉或不自觉地产生习惯性的防卫心理和行为,在虚拟企业中形成障碍。所以,必须通过充分的沟通与尊重,建立起信任关系。

3. 建立新型的管理体制

虚拟企业要求领导在判断力和能力上有绝对的自信,善于创建组织的共同未来远景,并能清楚地向下属阐明目标与要求,鼓励下属为达到目标而努力,并能建立绩效评估体系;企业的员工则应具有更多的知识和更强的适应能力。

4. 虚拟企业各成员企业的自觉协调

虚拟企业的管理过程的目标就是通过各个成员企业的各种资源的合理配置,使成员企业的核心技术实现良好的配合,从而完成合作项目。协调是在自觉、自愿、自主的条件下实现两个或两个以上企业间的合作。为了处理好虚拟企业中内部组织关系、各企业成员间的关系、企业成员与外部环境的关系以及虚拟企业与外部环境的关系,就必须真正理解"我们是同一个产品",具有共同的目标和利益,培养和保持"共赢"的虚拟企业经营理念。旅游电子商务的发展将进一步促进旅游企业的重组与整合,使我国旅游业走向"集团化、网络化、专业化"的产业组织格局。

本章小结

旅游电子商务网站是旅游企业进行各式网上宣传与营销活动的舞台。本章着重讲述旅游电子商务网站的基本概况、开发网站的方法及常用的软硬件平台。最后,还介绍了电子商务网站中的一些基础设施和虚拟旅游、虚拟社区及虚拟旅游企业等概念。

在进行旅游电子商务网站建设时,我们必须对以下两点有深刻的认识。

1. 前台+后台

这里的前台是指我们构建好的旅游电子商务网站,是旅游企业与客户交流的界面和脸面;后台则是指旅游企业内部的管理信息系统(Management Information System,MIS),负责储存、处理游客的各类预订及相关信息。建设完善的管理信息系统是进行电子商务活动的必要基础和有效保障。没有管理信息系统在后台的强有力支持,再精美的旅游商务网站也只能是空中楼阁。试想一下,如果前台网站的预订功能接纳了大量的旅游订单,后台的管理信息系统却无法对它们有效处理,把张先生一家预订的探险之旅与李小姐预订的浪漫密月之旅搞混淆了,相信这对两个家庭和旅游企业来说都不会是愉快的经历。因此在注重网站建设、宣传的同时,一定要加强后台的实质性服务支持工作。

2. 鼠标+水泥

鼠标是指利用网络科技,即通过旅游电子商务网站进行的各种旅游服务促销活动。而水泥,顾名思义,则泛指有实体经营场所的传统旅行社及其提供的服务。旅游电子商务网站的发展,并不会完全取代或造成传统旅行社及其业务的消亡。相反,在相当长的时间内,两者会相辅相成,共同促进旅游行业的繁荣与发展。

这主要是由于两者服务的客户群不同。以我国为例,首先,现阶段在旅游网站上预订旅游服务的主要是易于接受新兴事物、收入较高的白领阶层和教育水平较高的大学生,普通民众和农民对此还需有一个接受过程。而随着经济改革的不断深入和收入水平的不断提高,普通民众和农民旅游者已越来越成为旅游企业不可忽视的一块"大饼"。其次,旅游电子商务网站业务主要是针对商务客人或者自助游客人,而传统旅行社更多的是服务旅游团队市场。另外,传统旅行社所提供的那种面对面的问候式、笑容式、亲切式和有问即答式的人性化服务和氛围,相对旅游网站"冷冰冰"的标准化和商业化运作而言,也更能赢得一些游客的喜爱。

可见,真正的旅游电子商务并不意味着旅游电子商务网站会完全取代传统的旅游服务。旅游企业应认真细致地做好市场调研和潜在客户群划分工作,学会两条腿走路,用不同的营销方式和服务去迎合不同的市场和客户群,才能在激烈的竞争中赢得优势。

案例研究:专业旅游网信息平台服务的构成模块

I. 信息浏览模块

旅游信息

背景资料	旅游方式介绍	旅游知识	景点名胜
旅行社信息	旅游新闻	网站静态信息	会员服务

II. 电子商务模块

票务系统

航班查询	机票预订	订单的查询与修改	
退票	代理出票/退票/订单维护功能		

酒店系统

客户登录	酒店查询	酒店预订	更改预订
取消预订	房源维护	库存预警	退房模块

旅游线路系统

客户登录	信息查询	线路预订	
更改预订	取消预订	旅行社管理和维护	

第4章 建立旅游电子商务网站

电子超市		
旅游纪念品	旅游用品	生活用品
电子产品	书籍的在线销售/购买	

III. 旅游社区模块

旅游社区			
游记发布	交流中心	个人主页	旅游俱乐部

(资料来源:《专业旅游网信息平台服务解决方案》刊于《大众互联》2005 年第 05 期)

思考与演练

一、思考题

1. 旅游网站有哪些服务功能？
2. 选择电子商务硬件平台的标准是什么？
3. 在考虑网站的逻辑结构时，为什么倾向于用三层结构模式代替二层结构模式？
4. 选择网页服务器时，应注意哪些问题？
5. 简述生命周期开发法。
6. 简述快速原型开发法。
7. 什么是虚拟旅游企业？虚拟旅游企业该如何运作及进行有效的协调管理？
8. 什么是业务外包？旅游企业使用业务外包有何好处？

二、论述题

1. 结合西藏旅游网的案例，谈谈电子商务网站如何从扩大客源和优化内部管理等方面帮助旅游企业做大做强？
2. 谈谈旅游企业该如何通过虚拟旅游、虚拟社区、网上聊天和网上广播等方式，来加强和目标旅客间的有效沟通？
3. 有人认为建立旅游虚拟企业是旅游企业在将来的发展过程中必走之路，请陈述你自己的看法。

三、演练题

1. 演练内容

IIS 服务器的安装与调试；制作简单的 HTML 用户注册与登录网站，在 IIS 中设置并发布。

2. 演练步骤

IIS 可以安装在 Windows NT Server、Windows 2000 和 Windows XP Professional 中。在安装 Windows 时可能已经自动安装了 IIS。如果系统中存在 C:\Inetpub 文件夹或 D:\Inetpub 文件夹，则说明 IIS 已经安装，否则要进行安装。

【第一步】安装 IIS(以 Windows 2000 为例)。

(1) 在 Windows2000 中，依次选择【开始】→【设置】→【控制面板】命令，双击【添加/删除程序】选项，如图 4-8 所示。

图 4-8　在【控制面板】中选择[添加/删除程序]

(2) 在新界面的左侧菜单栏中双击【添加/删除 Windows 组件】选项，并选中【Internet 信息服务(IIS)】复选框，单击【下一步】按钮，如图 4-9 所示。

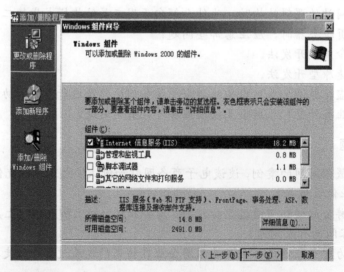

图 4-9　选中【Internet 信息服务(IIS)】复选框

(3) 按照提示说明即可完成安装操作(需要有 Windows 2000 系统安装盘才能够完成安装)，如图 4-10 所示。

第 4 章 建立旅游电子商务网站

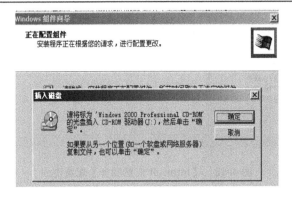

图 4-10　IIS 安装提示界面

【第二步】配置 IIS Web 服务器。

(说明：可先用 HTML 语言或 Frontpage 编写一个简单的网页，存放于计算机中)。

(1) 依次选择【开始】→【设置】→【控制面板】命令，双击【管理工具】选项，如图 4-11 所示。

图 4-11　在【控制面板】中选择【管理工具】

(2) 双击【Internet 服务管理器】选项，如图 4-12 所示。

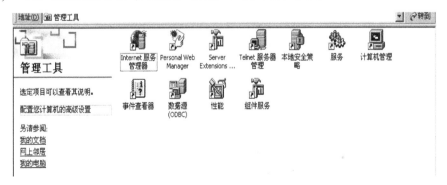

图 4-12　选择【Internet 服务管理器】

(3) 进入【Internet 信息服务】配置页面，如图 4-13 所示。

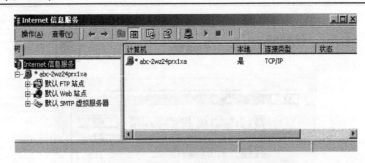

图 4-13 【Internet 信息服务】配置页面

(4) 在该页面的【默认 Web 站点】选项上右击,在打开的快捷菜单中选择【属性】命令,如图 4-14 所示。

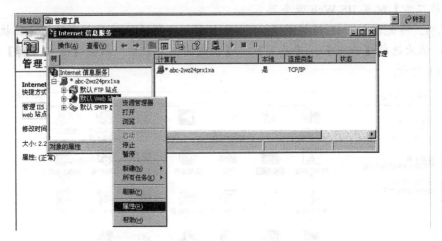

图 4-14 选择【默认 Web 站点】→【属性】

(5) 在打开的【默认 Web 站点 属性】对话框中单击【主目录】选项卡,再单击【本地路径】文本框右侧的【浏览】按钮,设置网页文件所在文件夹的路径,如图 4-15 所示。

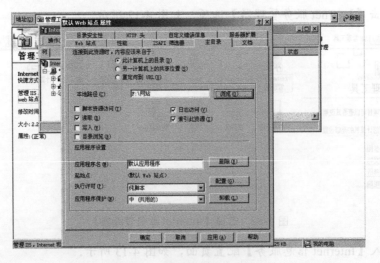

图 4-15 设置网页文件夹路径

(6) 继续在【默认 Web 站点 属性】对话框中单击【文档】标签，展开【文档】选项卡并在其中添加网站的默认首页文件(本例中为 index.html)，单击【确定】按钮，保存设置，如图 4-16 所示。

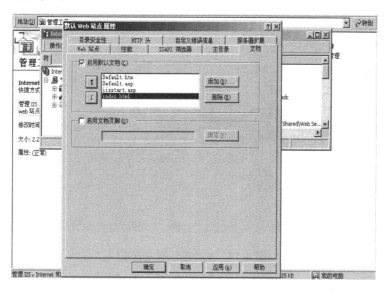

图 4-16　设置网站首页文件

【第三步】用 IIS 发布网页。

(1) 查阅本机 IP 地址。单击【开始】按钮，打开【运行】界面并输入 cmd 命令；并在随后打开的 DOS 界面中输入 ipconfig 命令，按 Enter 键，如图 4-17 所示。

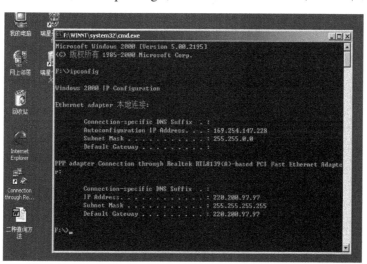

图 4-17　查阅 IP 地址

(2) 在打开的浏览器地址栏内输入本机的 IP 地址(本例为 169.254.147.228)，再刷新页面，即可显示网站首页，如图 4-18 所示。

图 4-18　成功显示网站首页

第5章 旅游电子商务支付系统

【学习目标】

通过本章的学习,熟悉传统支付系统的特点;熟悉并掌握电子支付系统的类型、网上电子支付系统的内容、特点和功能;掌握B2C领域中几种主要的数字支付系统的特点和功能;掌握B2B领域中几种主要的数字支付系统的特点和功能、电子账单展示与支付系统的特点和功能。

【关键词】

电子支票(eCheck)　电子现金(E-cash)　电子结账(E-billing)　移动支付(Mobile Payment)　网络银行(Electronic Bank)　数字现金(Digital Cash)　数字钱包(Digital Wallets)　安全套接层协议(Secure Socket Layer,SSL)　安全电子交易(Secure Electronic Transaction,SET)　储值支付系统(Stored-value Payment System)　基于服务器的数字钱包(server-based digital wallets)　数字信用卡支付系统(Digital Credit Card Payment System)　余额累计支付系统(Accumulating Balance Payment System)

开篇案例：深圳发展银行网上支付系统

深圳发展银行网上支付功能根据使用对象的不同分为发展卡支付和发展网支付。对于发展卡支付，客户只需要在网上对已有的发展卡进行网上支付额度申请，申请成功后即可实现网上购物实时支付结算；对于发展网支付，客户首先通过网上或银行柜台注册成为发展网个人用户，再到银行柜台开立数字证书，然后便可利用注册的发展卡、活期一本通账户实现无限额网上购物实时支付结算。

深圳发展银行网上支付功能的特点如下。

(1) 没有时间和地域范围的限制，只要游客拥有发展卡即可在全国范围内实现 24 小时网上购物的需要。

(2) 采用了符合国际标准的安全认证加密体系，全面提高了系统的安全性能。

(3) 客户支付信息直接传到银行，商户端不保留任何客户账户资料，从根本上防止了商户泄露客户的账号和密码。

(4) 账户信息和交易信息完全不在游客的硬盘上存储，从根本上防止了他人从客户的计算机中窃取信息。

(5) 网上支付额度由客户自由设置，既安全又方便；

(6) 无须另外申请支付卡，只需输入发展卡卡号、密码即可支付。

旅游产品如旅行社的旅游线路、机票等可以在线购买并在线付款，在线购买旅行产品能够避免因旅途携带现金而产生的不便和安全隐患。因此在线支付是旅游电子商务的一个重要环节，是体现旅游电子商务优越性的基本条件。在技术方面，在线支付的安全已经得到保障，且越来越多的游客采取银行卡网上支付的方式进行网络购买旅游产品。根据我国互联网信息中心(CNNIC)2012 年 7 月公布的"中国互联网络发展状况统计报告"中称，截至 2012 年 6 月底，我国使用网上支付的用户规模达到 1.87 亿，网民使用率提升至 34.8%，与 2011 年年底相比，用户数增长超过 2000 万，增长率为 12.3%，网民使用率提高 2.3 个百分点。

近年来，深圳发展银行的不断创新和拓展。网上支付巨大的市场空间，以及在产业链中的重要地位，使深圳发展银行不断进行创新和拓展。更加便捷、更加安全的新支付产品和服务不断涌现，推动更多用户、更加频繁地使用网上支付。深圳发展银行不断扩展应用领域，在传统的网络购物、航空等领域之外，加大公用事业、教育、旅游、基金等行业的拓展力度。2012 年年初央行发布了《支付机构互联网支付业务管理办法(征求意见稿)》，对账户开立、信用卡充值等问题进行了明确的规范。2012 年 6 月 28 日央行发布了第四批第三方支付牌照，包括深圳发展银行在内的 95 家企业获得牌照，接近前三批企业数总和，清晰地表明了政策上对于发展第三方支付行业的支持。规范和支持并举的政策保障了第三方支付市场的有序和持续发展。

本章将对游客和旅游产品与服务的供应商之间采用的多种电子支付方式，包括电子卡(包括信用卡、记账卡、借记卡)、电子钱包、电子支票、电子现金和电子结账(E-billing)等概念和技术逐一介绍。

5.1 电子支付系统概述

5.1.1 传统支付的局限性

在传统旅游商务交易过程中,现金、支票转账、信用卡、储值卡以及余额累计是五种常用的传统支付系统。现金,从交易数量角度来说,是最常见的支付形式。现金可以携带,在使用时不需要任何身份验证,而且持有者可以获得即时购买力;现金的关键特性是它不需要任何机构做中介就可以立即转换为其他的价值形式。例如,免费航行里程数就不是现金,因为不能立即转换为其他价值形式——需要通过第三方(航空公司)作为中介来进行价值(一张飞机票)的转换。支票转账,就是资金通过签名汇票或者支票直接从游客的支票账户转到商家或其他人的账户上、是第二种最常见的支付形式。支票是有一定时延的,非匿名的,有第三方参与的一种最常见的支付形式。信用卡是一种可以为游客提供信用,允许其在购买商品时延期支付,并可以在同一时间对多个卖家进行支付的账户。储值支付系统(Stored-value Payment System)通过存入资金建立的账户,以后所需资金就从此账户中提取或者支付。借记卡(Debit Card)可以立即在支票账户或者其他活期账户的借方登记。储值支付系统的例子包括借记卡、礼券、预付卡以及智能卡。借记卡和信用卡看起来很相似,但借记卡不提供信用额度,而是立即借记到支票或者其他活期账户上。对于多数游客来说,使用借记卡免除了开纸面支票的需要。由于借记卡要依赖于游客银行账户上的可用资金数量,所以通常大额交易还是要通过信用卡来支付。余额累计支付系统(Accumulating Balance Payment System)指可以累计支出费用让游客定期付款的账户。传统的例子如公用事业费以及电话费账户都属于余额累计账户,这些账户通常累计一个特定的时期(一般为一个月),然后在期终时一次付清。

首先,传统支付的方式都假定,不但交易双方必须同时在某一地点同时出现,而且,交易流程中必须有足够的延迟以保证能够发现欺诈、透支和其他问题等。而这些假设对于电子商务是无效的。

其次,传统支付方式存在许多缺点、不能满足现在在线支付的需求。①传统支付方式通常要求游客离开在线平台,以使用电话或寄送支票的方式付款,因此,它缺乏方便性。②为了在 Internet 上完成传统支付,游客必须在线提供卡/账户的信息以及其他个人资料。通过电话或者邮寄方式所提供的卡/账户细节会引起安全上的危险,因此,它缺乏安全性。③信用卡只能在特约经销商处使用,一般不支持个人或企业之间的支付交易,因此,传统支付方式缺乏覆盖面。④并不是所有的购买者都能达到合格的信用卡标准而拥有信用卡或支票账号,因此,传统支付方式缺乏适用性。在电子商务的交易过程中,如果想采用传统的支付方法(如支票)就不可能完成在线的实时支付。"实时"意味着当游客点击浏览器上的"付款"键时,整个交易便已被执行和完成。对于实时支付来说,游客通过 Web 浏览器传送支付指令给商家,商家把这些指令传送给银行,银行在验明其个人身份之后,再拨款给商家。在对游客认证基础上,商家再将游客所购买的商品送给游客。

5.1.2 现有电子商务支付系统

1. 电子支付的概念

电子支付是指单位、个人直接或授权他人通过电子终端发出支付指令,实现货币支付与资金转移的行为。其中,"电子终端"是指客户可用以发起电子支付指令的计算机、电话、销售点终端、自动柜员机、移动通信工具或其他电子设备。电子支付以金融网络为基础,以电子工具或各类交易卡为媒介,以计算机技术和通信技术为手段,将货币以电子数据的形式实现流通和支付。

2. 电子支付系统的类型

旅游电子商务网上支付行为中,游客常使用的电子支付有三种主要的类型:一类是电子货币类,如电子现金、电子钱包等;另一类是电子信用卡类,包括智能卡、借记卡、电话卡等;还有一类是电子支票类,如电子支票、电子汇款(EFT)、电子划款等。不同电子商务类型中,使用不同电子商务数字支付系统。

在现阶段,电子货币的形式多种多样,但基本形态大致是类似的,即电子货币的使用者以一定的现金或存款从发行者处兑换并获得等值的电子数据,并以可读写的电子信息方式储存起来,当使用者需要清偿债务时,可以通过某些电子化的方法将该电子数据直接转移给支付对象。

目前,旅游电子商务交易中,常用的电子货币的形态有以下三种。

(1) 电子现金型:即以电子化的数字信息块代表一定金额的货币。前者如 E-cash,后者如英国研制的 Mondex 型电子货币。

(2) 信用卡应用型:在传统信用卡基础上实现了在互联网上通过信用卡进行支付功能的电子货币。

(3) 存款电子化划拨型:通过计算机网络转移、划拨存款以完成结算的电子化支付方法,又可细分为通过金融机构的专用封闭式网络的资金划拨和通过互联网开放网络实现的资金划拨,如美国安全第一网上银行提供的电子支票,电子结账(e-billing)等。

5.1.3 电子支付的特征

与传统支付方式相比较,电子支付的特征主要体现在如下几个方面。

1. 以信息流代替现金流

电子支付是通过信息流的传输代替现金的交换,其各种支付方式都是通过数字化方式完成款项支付的。传统的支付方式则是通过现金的流转、票据的转让及银行的汇兑等物理实体完成款项支付的。

2. 支付方式便捷高效

电子支付具有方便快捷高效的特征。客户只要在联网的终端上发出支付指令就可以

足不出户完成全部支付过程,不仅支付过程短,而且支付成本低,仅相当于传统支付的几十分之一,甚至几百分之一。

3. 电子支付对信息的安全性要求高

电子支付方式不同于传统通过面对面或传统媒介来完成的支付方式。电子支付是通过数字化方式完成款项支付的。因此,电子支付对信息的安全性要求非常高。

4. 电子支付技术性强

电子支付需要多种技术的支持,比如要求网络速度快、网络安全性高以及电子支付工具方便可行等,而传统支付较少涉及这些技术问题。

5.1.4 实现电子支付的环境

网络交易平台:电子支付建立在网络平台之上,并依靠网上支付工具(如电子支票、信用卡、电子现金)的支持。

电子商务交易主体:电子支付系统的主体首先应包括买(游客或用户)卖(商家或企业)双方。

安全协议:电子支付系统应具有保证电子交易安全进行的可靠环境,这种环境是由电子交易协议或安全套接层协议等安全控制协议来提供的。

网络银行:包括网络金融服务机构,商家银行和用户银行。

认证机构:公开安全的第三方认证体系,这一体系可以在商家与用户进行网上交易时为他们颁发电子证书,在交易行为发生时对电子证书和数字签名进行验证。

法律和诚信体系:属于网上交易与支付的环境的外层,由国家及国际相关法律、法规的支撑予以实现,另外还要依靠完善的社会诚信体系。

5.2 电子货币

5.2.1 电子货币的概念

电子货币是用一定金额的现金或存款从发行者处兑换并获得代表相同金额的数据,将现金价值预存在集成电路(IC)芯片或其他存储介质中,通过某些电子设备直接转移给支付对象,从而能够清偿债务。电子货币具有迅速、简便、节省大量票据费用等优点,已被人们广泛使用。电子货币最大的问题就是安全问题,但各种保证电子货币安全的技术和法律、法规也在不断完善。

5.2.2 电子货币的特征

电子货币作为现代金融业务与现代科学技术相结合的产物,和传统货币相比较,具有如下特征。

(1) 电子货币的流通速度远远大于传统的货币。

(2) 电子货币比传统的货币更难伪造。

(3) 电子货币同传统货币一样具有流通手段、价值尺度、支付手段、储存手段和国际通货等基本职能。

电子货币的安全性，不是靠普通的防伪技术，而是利用现代信息技术。例如，采用了用户密码、信息加解密系统、防火墙等安全防范措施。

5.2.3 电子货币的表现形式

1. 电子现金

电子现金(E-cash)又叫作数字现金(Digital Cash)，是为电子商务开发的最早的支付系统之一。电子现金泛指现有的可以进行价值存储和价值交换的数字形式，可以有限地转化为其他的价值形式，需要由中介机构来完成这一转化过程。它是在银行电子化技术高度发达的基础上出现的一种无形货币，是支票和纸币之外流通的钱，是让使用者通过把一个数字从一台计算机传送到另一台计算机的方式为产品或服务付款的一连串经过加密处理的数据。与真正的钞票上的序号一样，电子现金的号码是各不相同的，每个号码分别由某家银行发行并表示某特定数目的真实货币。例如，利用电子现金服务，顾客可以通过他们的信用卡或银行账户购买电子现金，这些电子现金能替用户保护隐私，就像我们平时用纸币那样，电子现金信息里不包括使用者的姓名、年龄等个人信息。

1) 电子现金的特点

(1) 安全性。能阻止伪造和复制货币。

(2) 匿名性。电子现金数据里不包含使用者的姓名等个人信息。

(3) 不可追踪性。用户的秘密性能得到保护，用户和他购买对象之间的关系对任何人是不可追踪的。

2) 电子现金的存储形式

根据电子现金支付系统的不同，电子现金可以分为硬盘数据文件形式的电子现金和IC卡形式的电子现金。

(1) 智能(IC)卡形式的电子现金。这种形式的电子现金是将货币金额数值存储在智能(IC)卡中，当从卡内支出货币或向卡内存入货币时，改写智能卡内的余额。其过程是启动浏览器，通过读卡器登录到开户银行，将卡上信息告知银行；用户从智能卡内下载电子现金到商家的账户上，或从银行账号下载现金存入卡中。除了与银行账户之间的资金转移外，IC卡的其余的转移操作均可独立完成，不用与银行发生任何联系，从而保证了其分散匿名性和离线操作性。智能卡形式电子现金可应用于多种用途，并且非常容易携带，具有信息存储、安全密码锁等功能，智能卡上存放的证书使持卡人的身份得到认证，并直接在每一次网上购物时签上客户的数字签名。

(2) 硬盘数据文件形式的电子现金。这是一种需要软件支持的电子现金支付方式。它用一系列的加密序列数的计算机磁盘数据文件来代表现实中各种金额的纸币或辅币进行网上支付，具有多用途、使用灵活、匿名和快速简便等特点。基于安全使用的考虑，客户、商家和电子现金的发行机构之间交换金融申请都有其自己的不同类型的协议。每个协议由服务器软件——电子现金支付系统与客户端的"电子钱包"软件执行。因为硬盘数据文件电子现金容易被复制重复使用，所以要想保证电子现金的稀缺性和防伪性，电子现金的发行机构就必须采用安全技术措施使得任何其他个人或组织都无法制造(或复制)出这种数字信息文件。硬盘数据型电子现金的真伪识别和重复使用识别需要银行的在线参与，从而削弱了它的离线处理特性。

3) 电子现金支付系统

(1) Mondex。Mondex 是英国最大的西敏银行和米德兰银行推出的智能卡型电子现金系统。Mondex 系统中，预先在智能卡中载入币值，然后可以在零售场合花费。利用芯片中的微处理器，智能卡本身能执行支付控制程序和芯片间的传输协议，从而实现币值从一张 Mondex 芯片向另一张芯片转移支付。

Mondex 系统业务流程如下所述。

① 客户以银行存款申请兑换 Mondex 电子现金，发卡行受理后向客户发放载有等额币值的智能卡或向其智能卡中充等额币值。这一过程可利用 Mondex ATM 或专用的联网设备终端，并用卡片间的协议进行对话。

② 持卡人可持卡向自己开户行中的银行账户进行存款和取款，账户金额与卡内金额是此消彼长的关系。

③ 持卡人可持卡向商家支付货款，商家利用"币值转移终端"的设备与持卡人的 Mondex 卡建立通信(在网上或网上皆可)，并促成币值的转移。其间完全不用银行的参与，由 Mondex 卡的读写设备自行检测卡的真伪。

④ 持卡人可持卡与另一持卡人进行币值的转移(网上网下皆可)。通过"Mondex 钱包"这一设备来完成转移。若为网下，付款人可将卡插入"钱包"中，将卡内一定数额的币值移入电子钱包的存储器芯片中，然后再由收款人插入自己的 Mondex 卡，将电子钱包中保存的币值再移入自己的卡中。若为网上支付，则通过双方专用的卡读写器，直接在双方的卡之间建立通信，将付款人卡中的一定数额的币值转移到收款人的卡中。

而接收到 Mondex 电子现金的任何一方，包括持卡人的开户行、商家和其他个人，以及持卡人自己，都可以向发卡行请求兑换 Mondex 卡内的余额，将电子现金兑换成传统的实体现金。

Mondex 系统具有良好的匿名性、离线操作性，与实体现金的使用十分近似。1995年 7 月，Mondex 系统在伦敦以西 120 公里、有着 18 万市民的斯温登小镇开始试行，从超级市场到大街小巷的杂货铺，从地铁、汽车站到停车场，从报亭到银行……该镇的人们只要把 Mondex 智能卡片插入电子收款机，既不需要在收据单上签字，也不需要等待用计算机或电话来核准，就可以把存在卡里的"钱"从一个账户转到另一个账户。若要向 Mondex 卡中存款，只需要把 Mondex 卡插到带有插卡接口的电话里，然后拨通开户银行，输入卡片密码和存入钱数，存款就完成了。英国电信公司为方便市民，在斯温登安装了 300 部 Mondex 卡兼容电话，各参与试验的商店和超级市场也安装了 1000 部，后来还投放了一部分有"电子现金"接口的移动电话。现在 Mondex 足迹已遍及欧美、澳洲以及亚洲的上海、香港和新加坡等地，越来越多的人体验到电子现金的便利，如图 5-1 所示。

图 5-1 Mondex 香港中文网站首页

(2) E-cash。E-cash 是美国 DigiCash 公司于 1996 年开发的电子现金支付系统,采用的是硬盘数据文件的形式,其最大特点是只用软件便可实现电子货币交易。只要有与网络相连接的个人计算机,无须专门的卡,都可使用这种电子现金。

E-cash 支付系统流程如下所述。

① 顾客用现金或存款申请兑换 E-cash 现金,E-cash 银行为客户设立特殊账户,随后客户便可以通过联机方式从 E-cash 银行兑付 E-cash 现金,存入自己的计算机硬盘中,以便用于支付。在具体的操作中,首先由客户的一个专门用于创建电子现金的软件创建 E-cash,对每个电子现金产生一个顺序号,然后在使用前传送到 E-cash 银行以获得授权。E-cash 银行根据客户账户进行授权。其中采用到"盲签字"技术,即 E-cash 银行在完全不知其顺序号的情况下进行签字授权,而签字授权后的电子现金又能显现其顺序号,以便在使用中确定其唯一性。就这样,E-cash 系统实现了电子现金的完全匿名性。

② 客户用授权后的 E-cash 现金进行支付,电子现金便通过网络转移到商家。商家在收到 E-cash 现金之后,随即联机向 E-cash 银行验证真伪,以及是否复制过,在得到肯定回复之后,商家接受这次 E-cash 支付。

③ 商家将收到的 E-cash 现金向 E-cash 银行申请兑付,E-cash 银行将 E-cash 现金收回,保留其顺序号以备以后检查已使用过的 E-cash 现金是否被复制多次并重复使用,再将等额的货币存入商家的银行账户中。

E-cash 系统中的电子现金只能使用一次便被"销毁",系统正是通过这种方法保证电子现金的防伪性,克服数据文件型电子现金易被复制的弱点,即使在个人对个人的支付中,也是通过 E-cash 银行"销毁"支付者的 E-cash 现金,又产生等量的新 E-cash 现金给收款人来实现的。

目前电子现金系统除 Mondex、E-cash 外,比较有影响的还有 NetCash、CyberCoin 等。

2. 电子支票支付系统

电子支票,又称数字支票,是一个经付款人私钥加密的写有相关信息的电子文件,它由客户计算机内的专用软件生成,一般应包括支付数据(支付人、支付金额、支付起因等)、支票数据(出票人、收款人、付款人、到期日等)、客户的数字签名、CA 证书、开户行证明文件等内容。由于支票是银行见票即付的票据,因此开出支票的事先授权十分重要。在电子支票系统中,客户开户行的授权证明文件就应是电子支票的重要内容。电子支票系统提供发出支票、处理支票的网上服务,是现有支票和银行基础设施的一个延续。付款人向收款人发出电子支票以抵付货款,收款人用此电子支票向银行背书以启动支付,经认证的合法电子支票在支付过程中就作为将存款从付款人账户转入收款人账户的确认依据。这是一种付款人启动支付的模式,大量的电子支票还可以经票据交换所进行清算,即通过票据交换组织,互相抵消各自应收应付的票据金额,然后只进行最终金额的转账。

电子支票是一种电子支票或数字支票支付系统。一些比较简单的数字支票系统主要用于个人的电子支付和拍卖网站的账户偿付。数字支票支付系统有很多优点:①在处理拍卖业务时,不需要消费者把账户信息透露给他人;②不需要消费者在网上不断发送敏感的财务信息;③对于商家来说,使用成本比信用卡低;④比传统纸质支票的处理速度快得多。表 5-1 列举了一些应用非常广泛的数字支票支付系统。

表 5-1 常用的数字支票支付系统

系统名称	推出时间/介绍
eCheck	1998 年,由 15 家银行、政府机构和技术公司组成的联盟(Echeck.org),是一种安全的电子支票系统,需要使用数字钱包
Achex Inc.	1999 年,一种简单的支票延伸系统,不需要使用数字钱包
Bill Point Electronic Checks	2000 年,是 eBay 推出的在线数字支票的产品,只能在 eBay 上使用,不需要数字钱包

Achex 是一种最简单的数字支票系统,这是一种在个人之间进行资金划转的小型对等网络支付机制。用户在 Achex 上开设一个账户,并提交一个自己用来偿付支票的传统支票账号。一旦该账户得到证实,Achex 的用户就可以付款给那些拥有电子邮件地址并有合法支票账户可以接受资金转入的人了。用户用登录名和密码或个人识别码访问自己的 Achex 账户。接收方会收到一封电子邮件,通知他资金已经到位,并要求他提供一个有效的支票账号来接收转入的资金。随后 Achex 会把资金划转到接收者的支票账户上。这项服务对消费者是免费的,不过商家需要支付处理费用,大约是信用卡处理价格的一半。

eCheck 是一个较为复杂的系统。一个由银行、政府机构和技术企业组成的联盟,从 1996 年起开始制订一个有关电子支票的计划。这种电子支票使用公钥加密方式,而且不需要第三方来进行资金的划转。其目标就是要全部取代纸质支票,并把目前在大机构间已有的电子资金转账功能延伸到所有的商业企业甚至消费者之间。

电子支票交易的支付流程可分为以下几个步骤。

(1) 消费者和商家达成购销协议并选择用电子支票支付。

(2) 消费者通过网络向商家发出电子支票,同时向银行发出付款通知单。

(3) 商家通过验证中心对消费者提供的电子支票进行验证，验证无误后将电子支票送交银行索付。

(4) 银行在商家索付时通过验证中心对消费者提供的电子支票进行验证，验证无误后即向商家兑付或转账。

除此之外，目前，无线设备的使用已呈爆发趋势，而且还不断地有新的产品和服务推出。从移动电话到寻呼机和个人数字助理(PDA)，无线设备刺激了为其提供支持的新兴网站的发展。其中一个具有潜在利益的领域就是金融服务行业，包括股票交易和资金转账。

3. 数字信用卡支付系统

信用卡是游客最熟悉的支付工具，也是网上支付方式中采用最广泛的一种支付工具。

数字信用卡支付系统(Digital Credit Card Payment System)扩展了现有的信用卡功能，使其成为网上购物的支付工具。数字信用卡支付系统特别关注的是如何使信用卡为商家和消费者带来更多安全和便利，寻求为商家解决信用卡在进行网上支付时的一些缺陷，其中包括缺乏认证、拒绝付费以及信用卡欺诈等，以及努力消除消费者对于信用卡使用的担忧。表 5-2 列举了国际通用的数字信用卡支付系统。

表 5-2 国际通用的数字信用卡支付系统

系统名称	系统推出时间/系统介绍
eCharge Credit	1997 年，eCharge 系统可以让消费者使用信用卡账户为网上交易付费，使用时需要下载数字钱包
Bill Point Online Payments	1995/98 年，是 eBay、WellsFarzo 和 Visa 进入对等网络支付系统的入口，BillPoint 允许 eBay 上卖方在没有商家账户的情况下接受买方的信用卡支付，不需要使用数字钱包

eCharge 是一个数字信用卡支付系统，它使用的是基于客户的数字钱包具体流程为：第一步，消费者注册一个 eCharge 账户，通过用 SSL 加密的安全连接向 eCharge 发送个人和信用卡账户信息；第二步，eCharge 在批准了消费者的申请之后，就下载一个数字钱包到消费者的计算机上；第三步，消费者选择 eCharge 支付选项，可以在网上从接受 eCharge 的合作商家那里购买商品；第四步，eCharge 通过审核商家和消费者的数字证书来验证双方的身份；第五步，eCharge 再向消费者的开户行审核消费者的账户和余额情况；第六步，对交易授权。每个月消费者均可使用已有的信用卡或者借记卡账户、任意的银行账户或者 eCharge Phone 或任何电话公司的账单系统以电子方式支付账单。

从上述 eCharge 申请、认证等流程，可以总结出信用卡支付的一般流程。在网上信用卡购买过程中包括五个参与方：消费者、商家、清算所、商家银行(有时也称"收单行")以及消费者所持信用卡的发卡行。为了能够接受信用卡的支付，在线商家必须在银行或者金融机构开立一个商家账户。商家账户就是一个简单的银行账户，企业可以通过该账户处理信用卡支付并接受来自这些交易的资金。信用卡支付方法如下所述。

(1) 顾客或购物者到信用卡发行处开户并申请账号。
(2) 向商家服务器提供信用卡账号。
(3) 商家服务器到业务服务器中认证信用卡信息。
(4) 业务服务器确认后到银行或金融机构进行扣款处理,并返回到商家服务器。
(5) 商家服务器得到扣款通知书后,通知商家发货并交给顾客。

我国目前基于借记卡的在线支付体系,是结合我国信用卡自身特点发展起来的安全支付体系,从安全性、买卖双方的风险、管理制度上都是严格、有效而可靠的。由于我国居民储蓄卡及储蓄账户的高普及性,信用卡支付体系作为我国电子商务资金流解决方案的最基本层面,有着广阔的客户基础和市场接纳度,满足了最基本的在线交易的需求。

我国目前基于借记卡的在线支付流程是:首先,游客从商家网站发出支付指令,通过商家、支付平台到达银行,在这一过程中,信息通过SHTTP、SSL安全协议加密,以此保证支付信息传输的安全;其次,游客被转到银行页面,游客在银行页面里输入敏感信息(账户及密码),从而完成网上支付操作。

5.3 数字钱包

数字钱包(Digital Wallets),又称为电子钱包(E-Wallet),是一个供使用者进行SET安全电子交易并储存交易记录的软件。使用者只要安装了电子钱包软件,就可以将电子现金、电子支票、信用卡等多个支付工具添加到电子钱包里。网上结算时,只要从电子钱包中选择某种支付工具就可以在SET安全电子交易协议的保护下完成支付行为。电子钱包的显著特点是利用数字证书或者其他加密手段来验证消费者的身份,存储和转移价值,并保障从消费者到商家的支付过程的安全。

电子钱包是电子商务活动中顾客购物常用的一种支付工具,是在小额购物或购买小商品时常用的新式钱包。电子钱包最重要的功能就是:①利用数字证书或者其他加密手段来验证消费者的身份;③存储和转移价值;③保障从消费者到商家的支付过程的安全。电子钱包还可以对常规的信用卡、数字现金、数字信用卡以及数字支票等支付手段提供支持,给消费者提供便利并降低交易成本的优点。

目前,电子钱包主要有两种不同的类型。他们是基于客户的电子钱包和基于服务器的电子钱包。基于客户的电子钱包,如Gator.com和Master Card Wallet,是一种可以安装在客户计算机上的应用软件,通过自动填写网上商店的表单来给消费者提供便利。商家在自己的服务器上安装了相应软件来接收来自基于客户的电子钱包信息。当消费者点击了合作商家网站上的相应按钮时,商家服务器就从消费者的浏览器查询来自消费者电子钱包的信息。基于服务器的电子钱包(Server-based Digital Wallets),如微软公司的Passport,是基于软件的身份验证和支付服务产品,其销售对象是那些把系统直接卖给商家,或是把系统作为其向商家提供的金融一揽子服务的一部分的金融机构。基于服务器的电子钱包的经销商可以提供技术服务(处理支付必需的基础设施)和电子钱包两种服务。一般来说,基于服务器的电子钱包为在线商家提供了一种产品或服务,使之可以处理网上消费者支付的所有工作,并能降低交易成本,降低吸引及留住客户的成本,建立起有一定品牌知名度的网上支付服务。

在 Internet 这样的公共网络平台上应用电子钱包进行网络支付，需要参与各方，包括客户、商家以及银行安装相应的电子钱包服务软件，中间还涉及第三方 CA 认证机构的参与。

使用电子钱包之前，需要的前期准备工作是：①客户到电子钱包支持银行申请一张相应信用卡，且在银行网站通过网络下载得到对应的电子钱包软件；支持电子钱包的网上商家也申请并且安装对应的电子钱包服务器端软件。②客户在客户端安装电子钱包软件，设置电子钱包的用户名与密码以保证电子钱包的授权使用。③客户往自己的电子钱包里添加对应的信用卡，也可以是电子现金、电子支票等其他电子货币，申请并且安装信用卡的数字证书。

电子钱包支付流程如下所述。
(1) 顾客使用计算机通过 Internet 连接商家网站。
(2) 顾客确认订单后，利用电子钱包进行网络支付。
(3) 如果经发卡行确认后拒绝且不予授权，则说明客户从电子钱包中取出的这张信用卡里的钱不够用了，客户可以再从电子钱包里取出另一张信用卡或者使用另外一种电子货币，进行支付。
(4) 发卡行证明信用卡有效且经客户授权后，通过专用网络将资金从顾客信用卡转移至商家收单银行的账号里，完成支付结算，并且回复商家与客户。
(5) 顾客电子钱包里记录整个交易过程中发生往来的数据。

5.4　移动支付

随着移动商务的出现，移动运营商和银行合作推出了一项新业务——移动支付。手机用户只需要简单地发送短信或者直接用手机上网，就可以为自己购物、缴费。

使用移动支付服务，需携带相关证件到移动运营商处申请注册，并在用户手机 SIM 卡与用户本人的银行卡账号之间建立一一对应的关系。银联的系统内建立起以手机号码为标识的手机钱包后，便可以使用移动支付的服务。在支持移动支付的网站中，每件商品都有一个编号，用户选购后，按照网站的购物提示，把相关信息(商品编号以及手机钱包密码)通过短信方式发送给指定的电话号码，即可支付。系统会自动从用户的"手机钱包"中扣除相应款项。

"手机钱包"内的数额，由用户从自己的银行卡中划入，用户只需拨打一个指定电话号码，选择手机钱包充值，就可按语音提示进行划账操作。每个手机钱包都有一个密码，用户进行消费时，需以此密码验证身份，由此保证手机消费的安全性。

使用手机支付业务的用户必须拥有支持银联的银行卡和特定电信运营商的手机服务，还要保证"手机钱包"内有一定余额。余额不足时，须充值方可顺利完成下一个交易，手机购物流程参阅图 5-2。

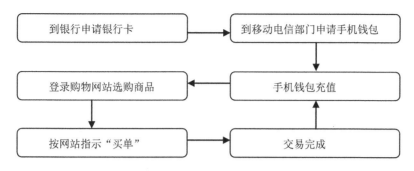

图 5-2　手机购物流程

近年来随着智能手机的逐渐普及应用,手机在线支付日益得到重视,各主流网上支付服务提供商、银行及运营商都在加大对手机在线支付的投入。虽然目前,手机在线支付尚处于初期,但已经显示出了快速的发展势头,2012 年上半年手机在线支付用户数增加了 1382 万,增长率为 45.2%,增速远远超过整体网上支付。

5.5　网络银行

网络银行[E-Bank(Electronic Bank)],又称网上银行、在线银行、电子银行或虚拟银行,是指银行通过互联网向客户提供开户、销户、查询、对账、行内转账、跨行转账、信贷、网上证券、投资理财等传统服务项目,使客户可以足不出户就能够安全便捷地管理活期和定期存款、支票、信用卡及个人投资等。可以说,网上银行是传统银行在 Internet 上的虚拟柜台,是实行电子支付的至关重要的基础设施。在互联网高速发展的今天,网上银行以其无极限的优势,影响和改变着传统银行的面貌和业务模式。1995 年,全球第一家虚拟银行——安全第一网络银行(Security First Network Bank,SFNB)诞生于美国。1997 年,我国招商银行在中国推出了网上银行,随后,工行、建行、农行也纷纷推出网上银行。如今,在西方,85%以上的银行已经或正准备开通网上银行;在中国,全国性主要商业银行也已经开通了网上银行,而且大多数银行均相当重视其网上银行业务。

5.5.1　网络银行的优势

网络银行比实体银行具有以下几项优势。

(1) 交易成本低。建立网上银行无须设立分支机构,不必建造大量固定房舍并雇用大批人力。实体银行网点每一笔交易所需的费用为 1.07 美元,电话银行为 0.45 美元,ATM 自助银行为 0.27 美元,而网上银行每笔交易的成本只是 0.01 美元。

(2) 网上银行可以突破时间、空间限制,随时随地提供 3A 服务,提高银行工作效率。

(3) 有利于金融产品的创新。由于网上银行节约了营运成本、提高了工作效率,可以使银行专心于新产品的设计,加速了金融创新。

(4) 方便客户。客户可以不必亲身去银行办理业务,只要能够上网,无论在家里、办公室,还是在旅途中,都能够每天 24 小时安全便捷地管理自己的资产,或者办理查询、转账、缴费等银行业务。

从业务品种来看，各银行网上银行业务已覆盖账户查询、转账、理财、缴费、发放工资与购物支付等多方面。简单来说，此前必须在银行网点实现的交易现通过网上银行基本都可实现。

网上银行优越性是明显的，一方面，客户可以通过互联网方便地使用银行核心业务服务，完成各种非现金交易；另一方面，由于互联网是一个开放的网络，银行交易服务器是网上的公开站点，网上银行系统也使银行内部网向互联网敞开了大门，因此，网上银行安全问题的解决方式显得尤为关键。

一般来说，人们担心的网上银行安全问题主要包含以下几个方面。
(1) 银行交易系统被非法入侵。
(2) 信息通过网络传输时被窃取或篡改。
(3) 交易双方的身份真伪识别。
(4) 银行账号被他人盗用。

为解决网上银行的安全问题，保障网上银行的安全运行，各个网上银行都采取了多种严密的安全措施。

5.5.2 网上银行的安全措施

1. 设立防火墙，隔离相关网络

一般采用多重防火墙方案，其作用为：分隔互联网与交易服务器，防止互联网用户的非法入侵；用于交易服务器与银行内部网的分隔，有效保护银行内部网，同时防止内部网对交易服务器的入侵。

2. 使用高安全级的 Web 应用服务器

服务器使用可信的专用操作系统，凭借其独特的体系结构和安全检查，保证只有合法用户的交易请求，才能通过特定的代理程序送至应用服务器进行后续处理。采用 24 小时实时安全监控。

3. 采用身份识别和 CA 认证机制

网上交易不是面对面的，客户可以在任何时间、任何地点发出请求，传统的身份识别方法通常是靠用户名和登录密码对用户的身份进行认证。但是，用户的密码在登录时以明文的方式在网络上传输，很容易被攻击者截获，进而可以假冒用户的身份，身份认证机制就会被攻破。在网上银行系统中，用户的身份认证依靠基于"RSA 公钥密码体制"的加密机制、数字签名机制和用户登录密码的多重保证。银行对用户的数字签名和登录密码进行检验，全部通过后才能确认该用户的身份。用户的唯一身份标识就是银行签发的"数字证书"。用户的登录密码以密文的方式进行传输，确保了身份认证的安全可靠性。数字证书的引入，同时实现了用户对银行交易网站的身份认证，以保证访问的是真实的银行网站，另外还确保了客户提交的交易指令的不可否认性。由于数字证书的唯一性和重要性，各家银行为开展网上业务都成立了 CA 认证机构，专门负责签发和管理数字证书,并进行网上身份审核。2000年6月,由中国人民银行牵头,12家商业银行联合共建的中国金融认证中心(CFCA)正式挂牌运营,这标志着中国电子商务进入了银行安全支付的新阶段。中国金融认证中心作为一个权威的、可信赖的、公正的第三方信任机构,为今后实现跨行交易提供了身份认证基础。

4．加强网络通信的安全性

由于互联网是一个开放的网络,客户在网上传输的敏感信息(如密码、交易指令等)在通信过程中存在被截获、被破译、被篡改的可能,为了防止此种情况发生,网上银行系统一般都采用加密传输交易信息的措施,使用最广泛的是 SSL 数据加密协议。

SSL(安全套接层协议)是由 Netscape 首先研制开发出来的,其首要目的是在两个通信间提供秘密而可靠的连接,目前大部分 Web 服务器和浏览器都支持此协议。用户登录并通过身份认证之后,用户和服务方之间在网络上传输的所有数据全部用会话密钥加密,直到用户退出系统为止,而且每次会话所使用的加密密钥都是随机产生的。这样,攻击者就不可能从网络上的数据流中得到任何有用的信息。SSL 协议的加密密钥长度与其加密强度有直接关系,一般是 40~128 位。目前,建设银行等已经采用有效密钥长度 128 位的高强度加密。

5．通过宣传增强客户的安全意识

银行卡持有人的安全意识也是影响网上银行安全性的不可忽视的重要因素。

除此之外,近年出现了移动银行。移动银行也称为手机银行,是银行推出的个性化增值服务。它将客户的手机号码与银行卡账号进行绑定,用户可通过手机短信和语音的方式随时随地进行账户查询、转账及缴费等个人理财服务。目前国内几大银行都开通了此项业务。图5-3为中国工商银行手机银行业务申请页面。

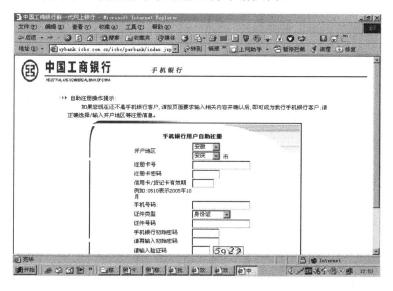

图 5-3　中国工商银行手机银行业务申请页面

案例研究：上海市电子账单的推广

随着国民经济的发展和社会生产生活方式的变化，城市居民家庭和企事业单位日常收到的各类发票、凭据、账单等(以下统称账单)越来越多。除了传统的水、电、煤账单外，还有固定电话、移动电话、数据通信以及购房还贷扣款、保险金分期交纳通知等。粗略估算，以城镇家庭为例，平均每个家庭(或单位)每月收到账单5.5张。以3.25亿城市居民住宅计算，我国每年需要投递和结算的账单总数高达214.5亿张。

由于账单绝大多数采用纸质方式处理并呈递给城市居民用户和企事业单位，由此带来一系列问题。

(1) 用户付费和账单保管不便，排队占用大量时间。

(2) 大量的纸张浪费，消耗自然资源。

(3) 账单处理成本高，一份纸质账单从公用事业出账单位到达用户手中的总成本约为1元，全国每年账单的流转费用约达214.5亿元。

上海推广使用电子账单工作已列入《推进"智慧城市"建设三年行动计划》，由上海付费通公司承建的居民电子账单服务平台已经开始试运营，该平台将成为全国首个集合了水、电、煤公用事业单位和电信、联通等通信单位的电子账单平台。按照上海目前800万户家庭计算，水、电、煤、电话、购房还贷扣款、保险金分期交纳通知……一个家庭一个月平均5.5份账单，按此计算上海一个月要耗费4400万份纸质账单，一年要耗费5.2亿份。按照测算，一份纸质账单大约重20克，从公用事业出账单位到达用户手中，计算纸张、印刷、油墨、物流……各类成本，总成本约为1元。如果纸质账单改为电子账单，可以节约5.2亿元开支，节约用纸1万吨以上，少砍伐20万棵大树，保护2500亩森林。推广电子账单的意义重大，如果一户家庭使用了电子账单，那么节约下来的成本的一部分可以让利给用户，或以用户的名义用于大面积植树造林，共同建造低碳环保的社会。

本章小结

电子支付是支付人通过电子终端发出支付指令，实现货币支付与资金转移的行为。

电子支付系统的类型按电子支付指令发起方式分为网上支付系统、电话支付系统、移动支付系统、销售点终端交易系统、自动柜员机交易系统和其他电子支付系统。

网上电子支付系统内容包括网络交易平台、电子商务交易主体、安全协议、网络银行、认证机构、法律和诚信体系。

电子货币通过电子现金、电子支票、信用卡等方式表现。

电子现金具有安全性、匿名性、不可追踪性以及可离线支付或在线支付等特点。

根据电子现金支付系统或存储形式的不同，电子现金可以分为硬盘数据文件形式的电子现金和IC卡形式的电子现金。

电子支票减少了处理纸质支票的时间成本与财务成本，对支票丢失或被盗的挂失处理方便有效，对轧差处理使得任意交易额都能得到低成本的处理。

电子钱包是一个供使用者进行 SET 安全电子交易并储存交易记录的软件,电子钱包本身并不能用于支付,而是通过存放在电子钱包里面的电子现金、电子支票或信用卡进行结算的。

网络银行的业务包括账户查询、转账、理财、缴费、发放工资与购物支付等,大部分传统银行的业务都可以通过网上银行实现。

网上银行主要采取设立防火墙隔离相关网络、使用高安全级的 Web 应用服务器、24 小时实时安全监控、采用身份识别和 CA 认证机制、加强网络通信的安全性以及通过宣传增强客户的安全意识等措施保证其安全运行。

思考与演练

一、思考题

1. 电子支付系统的类型有哪些?
2. 电子货币有哪几种表现形式?
3. 电子现金的特点是什么?
4. 电子现金有哪些存储形式?
5. 如何解决电子现金被复制从而被反复使用的问题?
6. 著名的电子现金支付系统有哪些?简述各系统流程。
7. 电子支票的优点是什么?
8. 电子支票系统有哪些?
9. 电子钱包有哪些功能?
10. 网络银行采取哪些措施来保障其运行的安全?

二、演练题

1. 个人网上银行的使用

(1) 演练内容:使用工商银行个人网上银行进行跨行汇款。

(2) 演练步骤如下所示。

【第一步】登录工商银行个人网上银行,如图 5-4 所示,文本框中输入信用卡号等信息。

【第二步】用户可以查看账户余额、本卡的购物明细记录等信息,如图 5-5 所示。

【第三步】用户选择"跨行汇款",往中国建设银行的账户里汇 101 元。相应的信息填写如图 5-6 所示,确认无误后单击【下一步】按钮。

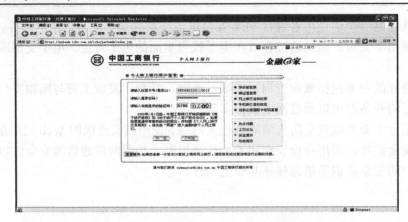

图 5-4 登录工商银行个人网上银行、输入信用卡号等信息

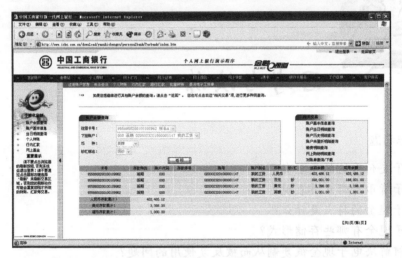

图 5-5 查看账户余额等信息

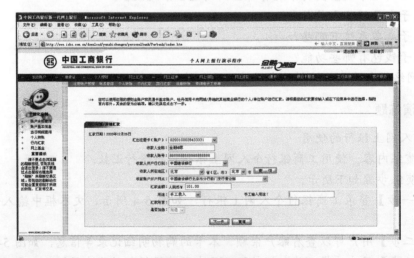

图 5-6 跨行汇款

【第四步】生成汇款单，如图 5-7 所示，用户输入支付密码后，单击【确认】按钮。

第 5 章 旅游电子商务支付系统

图 5-7 执行跨行汇款

【第五步】得到汇款受理信息，跨行汇款操作完成，如图 5-8 所示。

图 5-8 跨行汇款操作完成

2．电子钱包的使用

(1) 演练内容：使用中银电子钱包(模拟软件)支付订单。

(2) 演练步骤如下所示。

【第一步】运行电子钱包软件，输入用户名和密码，单击【确定】按钮，如图 5-9 所示。

图 5-9 运行电子钱包软件

【第二步】这是一个空电子钱包,需要往电子钱包里添加信用卡才能使用。单击【添加】按钮来添加一张信用卡,如图 5-10 所示。

【第三步】输入信用卡号等信息,单击【完成】按钮,如图 5-11 所示。

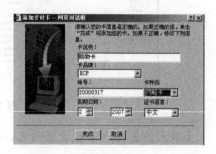

图 5-10　添加一张信用卡　　　　　图 5-11　输入信用卡号等信息

【第四步】信用卡已经添加到电子钱包里,但还要为该卡安装安全数字证书才能使用,如图 5-12 所示。

【第五步】信用卡的证书获取成功,如图 5-13 所示。

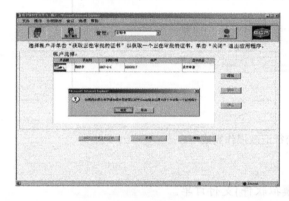

图 5-12　使用安全数字证书　　　　　图 5-13　信用卡的证书获取成功

【第六步】在购物订单里,单击【使用电子钱包支付】按钮,如图 5-14 所示。

图 5-14　使用电子钱包支付

【第七步】在电子钱包里可以看到订单信息,选择一张可用的信用卡,并输入 PIN 识别码发送支付,如图 5-15 所示。

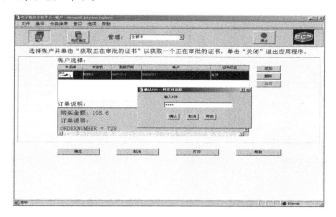

图 5-15　执行发送支付前事务处理

【第八步】在真正支付前,还需要用户确认一下购物网站,如图 5-16 所示。

【第九步】支付完成,如图 5-17 所示。

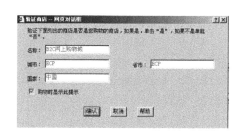 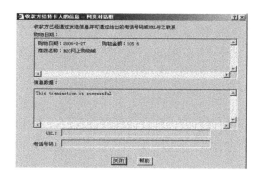

图 5-16　确认购物网站　　　　　　　　图 5-17　支付完成

【第十步】用户可以随时打开电子钱包,查看购物的记录,如图 5-18 所示。

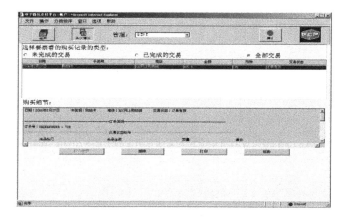

图 5-18　查看购物的记录

第6章 旅游电子商务的安全

【学习目标】

通过本章的学习,熟悉旅游电子商务犯罪和安全问题所涉及的范围;熟悉电子商务安全的重要组成部分;认识电子商务环境中的主要安全威胁;掌握利用不同类型的加密技术来保护 Internet 上所传递消息的安全;了解用来在 Internet 上建立安全通信信道的工具;了解用来保护网络、服务器和客户机的工具。

【关键词】

保密性(Confidentiality) 完整性(Integrity) 不可抵赖性(nonrepudiation) 真实性(authenticity) 恶意代码(malicious Code,Malware) 病毒(Virus) 蠕虫(Worm) 黑客(Backer) 电子欺骗(spoof) 拒绝服务攻击(Denial of Service Attack,DoS) 网络窃听(Sniffer) 内部人行为(Insider Jobs) 密码(Encryption) 密钥(Key) DES(Data Encryption Standard) 对称密钥加密(Symmetric Key Encryption) 私钥加密(Secret Key Encryption) 公钥加密(Public Key Encryption) 数字签名(Digital Signature,E-Signature) 数字信封(Digital Envelope) 数字时间戳(DTS,Digital time-stamp) 数字证书(Digital Certificate 或 Digital ID) 认证中心(Certificate Authority) 防火墙(Firewall)

开篇案例：商家在承担风险

Victor Stein 是纽约市的一个糖类经纪商，他兼营了一个做台球生意的电子商务网站。2000年年初，他很高兴地处理了一份自称名叫 Amina Hadir 的消费者的订单，这位消费者订购了一本价值700美元的台球百科全书。像处理其他网上客户的订单一样，经过 Visa 信用卡的购买授权，Stein 给这位消费者寄出了书。事实上从纽约到摩洛哥的运输过程没有任何问题，但是 Hadir 女士否认曾经购买过这本书，也不承认收到了书。结果，Stein 的银行履行了所谓的"退款"手续将原本已经存入 Stein 的 Visa 账户上的700美元退还给了 Hadir 女士。Stein 不但损失了这笔交易款，而且还损失了货物。旅游网站 Expedia.com 也有过相似的经历，由于不法之徒使用盗窃来的信用卡购买飞机票而使其损失了400多万美元。窃贼们一收到机票，就将其卖出变成现金。而 Expedia 公司则要因信用卡公司的退款请求而承担所有这些机票的零售成本。

在传统离线支付交易过程中，当信用卡被盗，并且被用来购买商品时，如果商家遵循了正确的程序(例如，由用户签名并与信用卡背面的签名核对无误)，则相关的损失是由信用卡发行者承担的。但是，在电子商务在线、离线支付过程中，信用卡的支付是在持卡人不必到场交易的情况下进行的，结果，通常就不存在一个可以检验并作为消费者实际下了订单的证据的有形签名。而 Internet 的高速传输又意味着在信用卡公司或者消费者意识到卡被盗之前，大笔的交易可能已经发生了。尽管信用卡公司对交易进行了授权，但是信用卡公司还是把电子商务中信用卡交易的大部分风险转嫁给了商家。

(资料来源：Paul Greenberg, Expedia Stung by Major Credit Card Fraud, E-Commerce Times, March 2, 2000. Julia Angwin, Credit-Card Scams Bedevil E-Stores, Wall Street Journal, September 19, 2000.)

由于国内、国际上有关电子商务问题的管理法律的缺乏，就如"商家在承担风险"中所描述的那样，在网上做国际消费者生意的风险要比与本地消费者做生意的风险大得多。另一方面，对于消费者来说，电子商务中的风险实际上并不见得比普通商务形式中的风险来得大。虽然目前出现了一些涉及极少数公司的信用卡信息严重丢失情况，但由于各类法律的保护，消费者并没有因信用卡被盗和信用卡信息丢失而受到多大的影响。不过，随着电子商务交易量和交易额的持续增长，商家和消费者所面对的风险也在增大。

美国卡内基·梅隆大学的计算机紧急反应组(CERT)收集的数据同样表明计算机攻击事件的激增。根据统计，向 CERT 报案的数目从1996年的约2600起上升到1999年的约10 000起，而2000年则增加到约22 000起。同样，计算机系统漏洞的报告数也从1996年的约350个上升到2000年的750个左右。

Omni 咨询集团在一项类似的调查中，全世界3000家企业估计其因安全漏洞带来的经济损失的结果相当于销售额的6%。根据这个数字，Omni 估计2000年欧洲企业因安全问题遭受的损失达到43亿美元。

总而言之，无论是经验还是调查数据均反映出安全是电子商务网站(B2C 或 B2B)和消费者关注的焦点。在本章，我们将讨论电子商务的安全问题，明确电子商务中所面临的主要风险，并介绍现有的各种安全解决方案。

6.1 旅游电子商务安全概述

6.1.1 电子商务安全概述

安全问题不仅是那些大公司普遍关注的，对于中小型旅游企业或游客用户来讲，这也是一个值得关心的问题。例如，当一名游客用户登录到一个旅行社网站想获取一些产品信息时，他会被要求填写一份个人情况调查表。在这种情况下会出现什么样的安全问题呢？

就用户来说：
(1) 用户怎样才能确保该网站的服务器是由合法公司拥有并运作的？
(2) 用户如何才能知道该网页和表格不包含一些恶意或危险的代码或内容呢？
(3) 用户如何才能知道自己提供的信息不被提供给别的机构或个人呢？

就公司来说：
(1) 公司如何才能知道用户不会入侵服务器并更改网页或内容呢？
(2) 公司如何才能知道用户不会破坏服务器，使它不能向其他用户提供服务呢？

从双方共同的角度来说：
(1) 他们如何才能知道没有第三方在窃听网上的内容？
(2) 他们如何才能知道在服务器和浏览器之间传递的内容没有被更改过？

这只是在电子商务交易中可能发生的安全问题的一些例子。当今基于 Web 的电子商务安全问题挑战集中在如何确保 Web 服务器以及其上的数据的安全、如何确保信息在 Web 服务器与用户之间传输的安全以及如何确保用户计算机以及接入 Internet 装配的安全。

首先，电子商务是一个非常复杂的系统，它涉及电子商务基础设施、网络服务提供商、个人购买者、企业、政府部门、银行及金融机构等。电子商务的基础设施是 Internet。Internet 是电子商务的保证，它提供了与世界各地的人们和企业进行物流活动接触的途径。而 Internet 由于在互联网络设计之初，只考虑方便性、开放性，使得互联网络非常脆弱，极易受到黑客的攻击或有组织的入侵，也会由于系统内部人员的不规范使用和恶意破坏，使得网络信息系统遭到破坏，信息泄露。在电子商务交易中，商家、客户和银行等各参与方是通过开放的互联网连接在一起的，相互之间的信息传递也要通过互联网来进行，这一特点使交易的风险性和不确定性加大，从而对网络传输过程中数据的安全和保密提出了更高的要求。

其次，电子支付是电子商务中的重要环节，涉及用户与银行等金融部门的交互和接口，其安全性是整个电子商务安全中很重要的一个方面。它涉及消费者、商家、企业、中介机构和银行等通过 Internet 或其他类型的网络为电子商务交易所进行的资金流转。电子支付是通过开放的 Internet 来实现的，支付信息也可能受到黑客的攻击和破坏，这些信息的泄露和受损直接威胁到企业和用户的切身利益，所以安全性也是电子支付实现所要考虑的最重要的问题之一。

最后，电子商务安全是一个复杂的技术问题。电子商务是通过计算机网络传输物流商务信息和进行贸易的，如何保证与传统物流商业活动类似的票据传递和商业确认，这首先需要技术上的支持，如电子签名、电子识别等技术手段的采用。实际上每一次货物、资金或单证文件的交换都涉及信息的保密安全问题，任何泄密事件都可能造成十分严重的后果。同时，它是一个法律问题，电子商务安全问题的真正解决需要通过法律的完善来加以保证。

6.1.2 电子商务的安全要素

根据 Pfleger(1997)和 Ford(1994)对信息安全研究成果，信息安全要达到四个主要目标：机密性、完整性、可获取性和授权使用。在电子商务的实际使用过程中，电子商务安全涉及以下六个方面的因素。

1. 保密性

保密性指信息在传输或存储过程中不被他人窃取，确保信息和数据只能被得到授权的人读取的能力。在利用网络进行的交易中，必须保证发送者和接收者之间交换的信息的保密性。电子商务作为一种贸易手段，其信息直接代表着个人或企业或国家的商业机密；而电子商务系统是建立在一个较为开放的网络环境上的，维护商业机密是电子商务全面推广应用的重要保障。因此，要预防信息大量传输过程中被非法窃取，必须确保只有合法用户才能看到数据，防止信息被窃看。从消费者角度来看，除了消费者指定的接收方外，确保其他人不能读取；从商家角度来看，信息或者机密数据不会被那些没经授权者读取。

2. 完整性

完整性指数据受到保护而不会在未经授权或偶然的情况下被更改或破坏的能力。数据在传输过程中或在被存储后可能被更改或破坏。预定支付数据就是需要保证完整性的一个例子。由于数据输入时的意外差错或欺诈行为，可能导致贸易各方信息的差异：从消费者角度来看，消费者发出或接收的信息未被篡改；从商家角度来看，网站上的数据没有未经授权就被改变了，数据是来自合法的消费者，这是合法的消费者与商家之间发生的信息差异。此外，数据传输过程中的信息丢失、信息重复或信息传送顺序差异也会导致贸易各方信息的不同。贸易各方信息的完整性将影响到贸易各方的交易和经营策略，包括数据传输的完整性和完整性检查。在网络传输所使用的协议中，应具有信息投递的确认与通知功能，具有查错、纠错的功能，以保证数据传送无误，即数据的完整性；对接收的电子商务报文数据进行扫描，按电子商务所规定的语法规则进行上下文检查，不符合语法规则的非法字符将从数据流中移走，即完整性检查。同样，加密也是用于保证数据在传输过程中的完整性的一种手段。

3. 有效性

电子商务信息的有效性将直接关系到个人、企业或国家的经济利益和声誉，交易的有效性在其价格、期限、数量作为协议的一部分时尤为重要。信息接收方可以证实所接收的数据是原发方发出的,而原发方也可以证实只有指定的接收方才能接收。

4. 不可抵赖性

不可抵赖性又称不可否认,是指确保电子商务参与者无法抵赖(或否认)其网上行为的能力。在无纸化的电子商务方式下,通过手写签名或印章进行贸易各方的鉴别已经不可能了。因此,要求在交易信息的传递过程中为参与交易的个人、企业或国家提供可靠的标识,使原发方在发送数据后不能抵赖、接收方在接收数据后也不能抵赖。

5. 真实性

真实性指交易各方确实存在,不是假冒、虚拟的。网上交易的各方相隔很远、互不了解,要使交易成功,必须互相信任、确认对方是真实的。商家要考虑客户是不是骗子,客户要考虑商店是不是黑店、是否有信誉。

6. 系统的可靠性

电子商务系统是计算机系统,其可靠性是指:防止由于计算机失效、程序错误、传输错误、硬件故障、系统软件错误、计算机病毒和自然灾害等所产生的潜在威胁,并加以控制和预防,确保系统安全可靠。

6.1.3 电子商务环境中的安全威胁

1. 电子商务系统安全涉及的因素

虽然旅游电子商务系统的形式多种多样,涉及的安全问题也是方方面面,但主要应对以下因素加以考虑。

(1) 物理安全。物理安全是指保护计算机主机硬件和物理线路的安全,保证其自身的可靠性和为系统提供基本安全机制。影响物理安全的重要因素有:火灾、自然灾害、辐射、硬件故障、搭线窃听、盗窃、偷窃和超负荷。

(2) 网络安全。网络安全是指网络层面的安全。计算机网络有许多不安全的因素,原因在于理论上网络上的计算机有可能被网上任何一台主机攻击或插入物理网络攻击;大部分的 Internet 协议没有进行安全性设计;网络服务器程序经常需要用超级用户特权来执行。

(3) 系统软件安全。系统软件安全是指保护软件和资料不会被篡改、泄露、破坏、非法复制(包括有意或无意)。系统软件安全的目标是使计算机系统逻辑上安全,使系统中的信息存取、处理和传输满足系统安全策略的要求。系统软件安全可分为:操作系统安全、数据库安全、网络软件安全、应用软件安全。

(4) 人员管理安全。人员管理安全主要是要防止内部人员的攻击,包括雇员的素质、敏感岗位的身份识别、安全培训、安全检查等人员管理安全问题。

(5) 旅游电子商务安全立法。通过健全法律制度和完善法律体系,来保证合法网上交易的权益,同时对破坏合法网上交易权益的行为进行依法严惩。旅游电子商务立法是对旅游电子商务犯罪的约束。利用国家机器进行安全立法,体现与犯罪行为斗争的国家意志。

2. 电子商务安全威胁的类型

旅游电子商务中最常见、最具破坏性的安全隐患包括:恶意代码、黑客行为与网络破坏行为、信用卡诈骗与盗窃、电子欺骗、拒绝服务攻击、网络窃听、交易抵赖以及内部人行为。在旅游电子商务交易过程中最易攻击的三个薄弱环节是 Internet 通信信道、服务器端和客户机。

(1) 恶意代码,包括各种威胁,如病毒、蠕虫、特洛伊木马以及"恶意程序"。病毒是一种具有重复或者自我复制并传播到其他文件中的能力的计算机程序,极具破坏性,会销毁文件、格式化计算机硬盘或者引起程序的不正确运行。蠕虫是一种可以在计算机间进行传播的宏病毒,是针对应用程序的。当用户在某一应用程序中打开了一个被感染的文件,宏病毒就把自己复制到文档模板上,这样当创建新文件时,新文件也就被宏病毒感染了。宏病毒还可以作为电子邮件的附件传播。特洛伊木马通常指是病毒或其他恶意代码感染计算机系统的一种途径。

(2) 黑客行为与网络破坏行为。网络破坏行为指企图在未经授权的情况下进入计算机系统的人、故意破坏网站、损害企业名誉甚至摧毁网站行为。黑客和骇客通常是利用 Internet 作为开放系统便于使用的特点,通过寻找 Web 网站和计算机系统的安全程序上的薄弱环节,来进行未经授权的访问,进行商品和信息的盗取、故意破坏和系统损害行为。

(3) 信用卡诈骗与盗窃。信用卡数据的盗窃是 Internet 上最令人担心的现象之一,也是许多用户不敢进行网上购物的原因。旅游电子商务交易中,最大的威胁是客户在与商家进行交易时所使用的商家服务器可能会"丢失"信用卡信息。信用卡文件是黑客攻击 Web 网站的主要目标。

(4) 电子欺骗。电子欺骗是指用虚假的电子邮件地址来虚构自己的身份或者伪装成其他人,威胁网站的完整性的方式。如果黑客引导消费者到了某个看起来很接近真实地址的虚假网站,他们就可能收集并处理客户所下订单,从而从真实的网站抢走交易。黑客们也可能会更改订单,如增加订单的数量或者修改订购的产品,然后再把经过篡改的订单发到真实的网站等待处理和发货。这样消费者就会对错误的订单运送物品不满,企业则可能因为拥有过多的库存变动而影响其正常运作。

(5) 拒绝服务攻击。拒绝服务攻击泛指黑客向网站大量发送无用的通信流量从而淹没网络并使网络瘫痪。分布式拒绝服务攻击指黑客使用大量的计算机从众多的发送节点来攻击目标网络。这两类拒绝服务都可以导致网络关闭,使用户无法进入网站。

(6) 网络窃听。网络窃听是窃听程序的一种,可以监视通过网络传递的信息。黑客利用网络窃听,可以从网络上任何地方盗取企业的专有信息,包括电子邮件信息、企业文件以及机密报告。电子邮件窃听是隐藏在电子邮件信息中的代码,可以让某人监视其后所附带的原信息发送的消息。

(7) 交易抵赖。交易抵赖包括多个方面,如发信者事后否认曾经发送过某条信息或内容;收信者事后否认曾经收到过某条消息或内容;购买者做了订货单不承认;商家卖出的商品因价格差而不承认原有的交易。

(8) 内部人行为。人们认为旅游电子商务安全威胁来自组织外部。而实际上，旅游电子商务安全威胁来自内部。部分造成严重后果的服务中断、网站破坏以及消费者信用卡数据、信息的篡改、信息假冒和个人信息的泄露，都是来自内部人员所为，即那些曾经被信任的雇员。

网上犯罪行为、互联网络的脆弱性、内部人员的不规范使用和恶意破坏最终都使物流企业和消费者付出了很大的代价，因为企业和消费者要采取价格更高的、额外的安全措施。

6.1.4 安全控制的技术手段

1. 实体安全技术

(1) 电源防护技术：采用良好的屏蔽及避雷措施，防止雷电和工业射电干扰；采用稳压电源，防止电压波动；采用不间断电源 UPS，防止突然断电引起设备损坏和数据丢失等损失。

(2) 防盗技术：安装报警器、各种监视系统及安全门锁等。

(3) 环境保护：按计算机房安全要求采取防火、防水、防尘、防震、防静电等技术措施。

(4) 电磁兼容性：采取电磁屏蔽及良好接地等手段，使系统中的设备既不因外界和其他设备的电磁干扰而影响其正常工作，也不因自身的电磁辐射影响周围其他设备的正常工作。

2. 存取控制

(1) 身份认证：身份认证的目的是确定系统和网络的访问者是否是合法用户，主要采用密码、代表用户身份的物品(如磁卡、IC 卡等)或反映用户生理特征的标识(如指纹、手掌图案、语音、视网膜扫描等)鉴别访问者的身份。

(2) 存取权限控制：存取权限控制的目的是防止合法用户越权访问系统和网络资源。因此，系统要确定用户对哪些资源(比如 CPU、内存、I/O 设备程序、文件等)享有使用权以及可进行何种类型的访问操作(比如读、写、运行等)。为此，系统要赋予用户不同的权限，比如普通用户或有特殊授权的计算机终端或工作站用户、超级用户、系统管理员等，用户的权限等级是在注册时赋予的。

(3) 数据库存取控制：对数据库信息按存取属性划分的授权分为允许或禁止运行、允许或禁止阅读、检索，允许或禁止写入，允许或禁止修改，允许或禁止清除等。

3. 计算机安全控制制度

参与网络交易的个人或企业，都有维护网上交易系统安全的责任，对于在网上从事大量贸易活动的企业来说尤为重要。下面是针对企业的网上交易系统进行研究的安全管理制度，但其中的许多方法对于个人网络消费者也具有较高的借鉴意义。网上交易系统安全管理制度是用文字形式对各项安全要求的规定，它是保证企业在网上经营管理取得成功的基础。企业安全制度应当包括人员管理制度、保密制度、跟踪、审计、稽核制度、系统维护制度、病毒防范制度等。是否健全及实施安全管理制度关系到网上交易能否安全地、顺利地运作。

(1) 人员管理制度。参与网上交易的经营管理人员在很大程度上支配着企业的命运，他们面临着防范严重的网络犯罪的任务。而计算机网络犯罪同一般犯罪不同的是，它们具有智能性、隐蔽性、连续性、高效性的特点，因而，加强对有关人员的管理变得十分重要。①对有关人员进行上岗培训。②落实工作责任制，对违反网上交易安全规定的行为应坚决进行打击，对有关人员要进行及时的处理。③贯彻网上交易安全运作基本原则，包括：双人负责原则，重要业务不要安排一个人单独管理，实行两人或多人相互制约的机制；任期有限原则，任何人不得长期担任与交易安全有关的职务；最小权限原则，明确规定只有网络管理员才可进行物理访问，只有网络管理员才可进行软件安装工作。

(2) 保密制度。网上交易时涉及企业的市场、生产、财务、供应等多方面的机密，必须实行严格的保密制度。保密制度需要很好地划分信息的安全级别，确定安全防范重点，并提出相应的保密措施。信息的安全级别一般可分为三级：①绝密级，如公司战略计划、公司内部财务报表等。此部分网址、密码不在 Internet 上公开，只限于公司高层人员掌握。②机密级，如公司的日常管理情况、会议通知等。此部分网址、密码不在 Internet 上公开，只限于公司中层管理者以上人员使用。③秘密级，如公司简介、新产品介绍及订货方式等。此部分网址、密码在 Internet 上公开，供消费者浏览，但必须有保护程序，防止"黑客"入侵。保密工作的另一个重要的问题是对密钥的管理。大量的交易必然使用大量的密钥，密钥管理贯穿于密钥的产生、传递和销毁的全过程。密钥需要定期更换，否则可能使"黑客"通过积累密文增加破译机会。

(3) 跟踪、审计、稽核制度。跟踪制度是要求企业建立网络交易系统日志机制，用来记录系统运行的全过程。系统日志文件是自动生成的，其内容包括操作日期、操作方式、登录次数、运行时间、交易内容等。它对系统的运行进行监督、维护分析、故障恢复，这对于防止案件的发生或在案件发生后，为侦破工作提供监督数据，起着非常重要的作用。审计制度包括经常对系统日志的检查、审核，及时发现对系统故意入侵行为的记录和对系统安全功能违反的记录，监控和捕捉各种安全事件，保存、维护和管理系统日志。稽核制度是指工商管理、银行、税务人员利用计算机及网络系统，借助于稽核业务应用软件调阅、查询、审核、判断辖区内各电子商务参与单位业务经营活动的合理性、安全性，堵塞漏洞，保证网上交易安全，发出相应的警示或做出处理处罚的有关决定的一系列措施。

(4) 网络系统的日常维护制度。对于企业的电子商务系统来说，企业网络系统的日常维护就是针对内部网的日常管理和维护，它是一件非常繁重的工作，因为计算机主机机型和其他网络设备多。对网络系统的日常维护可以从几个方面进行：①对于可管设备，通过安装网管软件进行系统故障诊断、显示及通告，网络流量与状态的监控、统计与分析，以及网络性能调优、负载平衡等。②对于不可管设备应通过手工操作来检查状态，做到定期检查与随机抽查相结合，以便及时准确地掌握网络的运行状况，一旦有故障发生能及时处理。③定期进行数据备份，数据备份与恢复主要是利用多种介质，如磁介质、纸介质、光碟、微缩载体等，对信息系统数据进行存储、备份和恢复。这种保护措施还包括对系统设备的备份。

(5) 病毒防范制度。病毒防范是保证网上交易很重要的一个方面。如果网上信息及交易活动遭到病毒袭击,将阻碍和破坏网上交易的顺利开展,因此必须建立病毒防范措施。目前主要通过采用防病毒软件进行防毒。应用于网络的防病毒软件有两种:一种是单机版防病毒产品;另一种是联机版防病毒产品。前者是以事后消毒为原理,当系统被病毒感染之后才能发挥这种软件的作用,适合于个人用户。后者属于事前的防范,其原理是在网络端口设置一个病毒过滤器,即事前在系统上安装一个防病毒的网络软件,它能够在病毒入侵到系统之前,将其挡在系统外边。由于许多病毒都有一个潜伏期,因此有必要实行病毒定期清理制度清除处于潜伏期的病毒,防止病毒的突然爆发,使计算机始终处于良好的工作状态,从而保证网上交易的正常进行。

6.2 电子商务安全技术

6.2.1 密钥加密技术

密码技术,如加密和数字签名,是旅游电子商务的安全服务实施中重要的组成部分。密码技术中最基本的部分是加密系统或加密算法。加密算法定义了数据的一对转换过程,称为加密和解密,如图 6-1 所示。加密技术的原理是利用一定的加密算法,将明文转换成为无意义的密文,阻止非法用户理解原始数据,从而确保数据的保密性。明文变为密文的过程称为加密,由密文还原为明文的过程称为解密,加密和解密的规则称为密码算法。在加密和解密的过程中,由加密者和解密者使用的加解密可变参数叫作密钥。

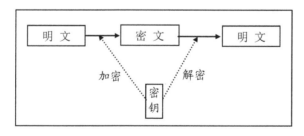

图 6-1 对称加密、解密示意图

目前,获得广泛应用的两种加密技术是对称密钥加密系统和非对称密钥加密系统。它们的主要区别在于所使用的加密和解密的密码是否相同。

1. 对称密钥加密系统

对称密钥加密,又称私钥加密,即信息的发送方和接收方用一个密钥去加密和解密数据。它的最大优势是加密、解密速度快,适合于对大数据量进行加密,但密钥管理困难。使用对称加密技术将简化加密的处理,每个参与方都不必彼此研究和交换专用设备的加密算法,而是采用相同的加密算法并只交换共享的专用密钥。如果进行通信的双方能够确保专用密钥在密钥交换阶段未曾泄露，那么机密性和报文完整性就可以通过使用对称加密方法对机密信息进行加密以及通过随报文一起发送报文摘要或报文散列值来实现。

对称加密使用 DES(Data Encryption Standard)算法，该算法 1977 年由美国国家标准局提出为联邦标准，1981 年被采纳为金融业标准，是目前广泛采用的对称加密方式之一。

2．非对称密钥加密系统

非对称密钥加密系统，又称公开密钥加密系统，是在 1976 年由斯坦福大学的 Whitfield Diffie 和 Martin Hellman 提出来的。与对称密钥加密系统相比，公开密钥加密系统需要使用一对密钥来分别完成加密和解密操作，一个公开发布，即公开密钥，另一个由用户自己秘密保存，即私用密钥，如图 6-2 所示。信息发送者用公开密钥去加密，而信息接收者则用私用密钥去解密。公开密钥机制灵活，但加密和解密速度却比对称密钥加密和解密速度慢得多。

在非对称加密体系中，密钥被分解为一对。这对密钥中的任何一把都可作为公开密钥(加密密钥)通过非保密方式向他人公开，而另一把则作为私用密钥(解密密钥)加以保存。私用密钥只能由生成密钥对的贸易方掌握，公开密钥可广泛发布。

公钥密钥加密实现信息交换的过程是：贸易方 A 生成一对密钥并将其中的一把作为公开密钥向其他贸易方公开；得到该公开密钥的贸易方 B 使用该密钥对信息进行加密后再发送给贸易方 A；贸易方 A 再用自己保存的另一把专用密钥对加密信息进行解密。

RSA 算法是一种可逆的公开密钥加密系统，它是用它的三位发明者，麻省理工学院(MIT)的 Ron Rivest、Adi Shamir 和 Len Adleman 的姓的第一个字母来命名的算法，是由 Rivest、Shamir 和 Adleman 三人发明的，是非对称加密领域内最为著名的算法，但是它存在的主要问题是算法的运算速度较慢。因此，在实际的应用中通常不采用这一算法对信息量大的信息(如大的 EDI 交易)进行加密。对于加密量大的应用，公开密钥加密算法通常用于对称加密方法密钥的加密。

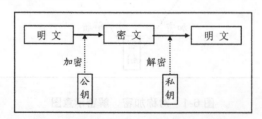

图 6-2　非对称密钥加密、解密示意图

6.2.2　数字指纹

数字指纹也称信息摘要，是 Ron Rivest 发明的一种单向加密算法，如图 6-3 所示，其加密结果是不能解密的，通常采用此加密技术来实现信息的完整性验证。该加密技术是从原文中通过 Hash 算法得到一个有固定长度(128 位)的散列值，不同的原文产生的摘要比不相同，相同的原文产生的摘要必定相同，因此信息摘要类似于人的"指纹"，可以通过"指纹"去鉴别原文的真伪。

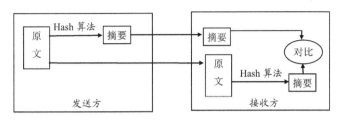

图 6-3　数字指纹的使用过程

6.2.3　数字签名

数字签名是公开密钥加密技术的应用。它的主要方式是：报文的发送方从报文文本中生成一个 128 位的散列值(或报文摘要)；发送方用自己的专用密钥对这个散列值进行加密来形成发送方的数字签名；然后，这个数字签名将作为报文的附件和报文一起发送给报文的接收方；报文的接收方首先从接收到的原始报文中计算出 128 位的散列值(或报文摘要)，接着再用发送方的公开密钥来对报文附加的数字签名进行解密，如图 6-4 所示。如果两个散列值相同，那么接收方就能确认该数字签名是发送方的。通过数字签名能够实现对原始报文的鉴别和不可抵赖性。

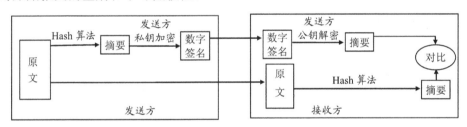

图 6-4　数字签名过程

如图 6-4 所示，数字签名的产生过程是将原文按双方约定的 Hash 算法计算得到一个固定位数的报文摘要(该算法在数学上保证只要改动报文中任何一位，重新计算出的报文摘要值就与原先的值不相符，这样就保证了报文的不可更改性，同时通过摘要是无法获得原文的)。然后对所得的摘要用发送者的私钥进行加密，并将加密结果作为数字签名附在原文后发送给对方。

检验数字签名的过程是接收者收到数字签名和原文后，用同样的 Hash 算法对正文计算形成摘要，再对所附数字签名用发送者的公钥进行解密。如果两者的结果相同，数字签名得到验证，说明报文确实来自所称的发送者；否则无法通过对数字签名的检验——因为相应的私钥只有该原文声明者拥有，而只有用该私钥加密才能获得可由相应公钥正确解密的结果。

1．数字签名的作用

数字签名的作用是保证信息的完整性和不可否认性。

(1) 数字签名解密后得到的摘要与用 Hash 函数处理原文后得到的摘要应该相同，否则，表示原文已被修改或有丢失。

(2) 能够用公钥解密的数字签名只可能由发送者的私钥来产生，所以签名者无法否认自己的签名；接收方也无法伪造发送方的签名。因此数字签名可作为信息发/收双方对某些有争议信息的法律依据。

2. 数字签名与手书签名的区别

手书签名是模拟的，因人而异；数字签名是数字的(0 和 1 的数字串)，因消息而异。

3. 数字签名和数字加密的区别

数字签名和数字加密的过程虽然都使用公开密钥体系，但实现的过程正好相反，使用的密钥对也不同。数字签名使用的是发送方的密钥对，发送方用自己的私有密钥进行加密，接收方用发送方的公开密钥进行解密，这是一个一对多的关系，任何拥有发送方公开密钥的人都可以验证数字签名的正确性。数字加密则使用的是接收方的密钥对，这是多对一的关系，任何知道接收方公开密钥的人都可以向接收方发送加密信息，只有唯一拥有接收方私有密钥的人才能对信息解密。另外，数字签名只采用了非对称密钥加密算法，它能保证发送信息的完整性、身份认证和不可否认性，而数字加密采用了对称密钥加密算法和非对称密钥加密算法相结合的方法，它能保证发送信息的保密性。

6.2.4 数字信封

数字信封结合非对称密钥技术的灵活性和对称密钥技术的高效性，实现信息传输的保密性。在数字信封中，信息发送方采用对称密钥来加密原文信息，然后将此对称密钥用接收方的公开密钥来加密(这部分称为数字信封)之后，将它和密文信息一起发送给接收方，接收方先用相应的私有密钥打开数字信封，得到对称密钥，然后使用对称密钥解开密文信息，如图 6-5 所示。

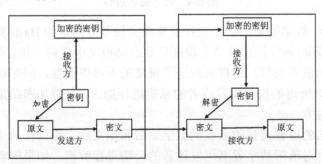

图 6-5 数字信封技术示意图

6.2.5 数字时间戳

数字时间戳(Digital time-stamp，DTS)服务是网络安全服务项目，由专门的机构提供。在书面合同中，文件签署的日期和签名一样均是防止文件被伪造和篡改的关键性内容，而在电子交易中,同样需对交易文件的日期和时间信息采取安全措施,数字时间戳就是用于证明电子文件发表时间的。数字时间戳的获得过程如图6-6所示。

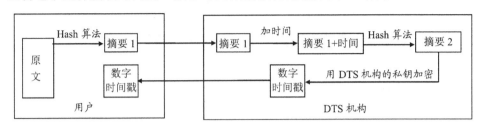

图 6-6　获得数字时间戳的过程

需要数字时间戳的用户首先将文件用 Hash 算法加密得到摘要,然后将摘要发送到提供数字时间戳服务的专门机构——DTS 机构。

时间戳是一个经加密后形成的凭证文档,它包括三个部分:需加时间戳的文件的摘要、DTS 收到文件的日期和时间、DTS 的数字签名。获得数字时间戳的用户可以将数字时间戳发送给自己的商业伙伴以证明信息的发送时间。

6.2.6　数字证书和认证中心

1. 数字证书

数字证书(Digital Certificate 或 Digital ID)是一段包含用户身份信息、用户公钥信息以及身份验证机构数字签名的一系列数据,用来在网络应用中识别通信各方的身份,其作用类似于生活中的身份证。数字在数字证书所包含的数据中,身份验证机构的数字签名可以确保证书信息的真实性,用户公钥信息可以保证数字信息传输的完整性,用户的数字签名可以保证数字信息的不可否认性。

数字证书由大家都信任的授权机构颁发,是各类终端实体和最终用户在网上进行信息交流及商务活动的身份证明。在电子交易的各个环节,交易的各方都需验证对方数字证书的有效性,从而解决相互间的信任问题。

数字证书采用公开密码密钥体系,即利用一对互相匹配的密钥进行加密、解密。每个用户自己设定一把特定的仅为本人所知的私有密钥,用它进行解密和签名。当发送一份保密文件时,发送方使用接收方的公钥对数据加密,而接收方则使用自己的私钥解密,这样信息就可以安全无误地到达目的地了。

图 6-7 所示是中国工商银行的数字证书。

一个标准的 X.509 数字证书包含以下一些内容。

(1) 证书的版本信息。

(2) 证书的序列号,每个证书都有一个唯一的证书序列号。

(3) 证书所使用的签名算法。

(4) 证书的发行机构名称,命名规则一般采用 X.500 格式。

(5) 证书的有效期,现在通用的证书一般采用 UTC 时间格式,它的计时范围为 1950~2049。

(6) 证书拥有者的名称，命名规则一般采用 X.500 格式。
(7) 证书拥有者的公开密钥。
(8) 证书发行者对证书的签名。

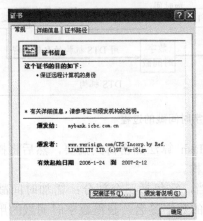 

图 6-7　中国工商银行数字证书及证书内容

2. 认证中心

在电子交易中，无论是数字时间戳服务还是数字证书的发放，都不是靠交易双方自己能完成的，而需要有一个具有权威性和公正性的第三方来完成，这样大家都信任的第三方就是我们称为"认证中心(Certificate Authority，CA)"的机构，该机构提供网上安全交易认证服务，能受理数字证书的申请、签发数字证书、对数字证书管理和确认用户身份。

顾客向 CA 申请证书时，可提交自己的驾驶执照、身份证或护照，CA 经验证后，颁发证书给顾客。CA 在创建证书的时候，CA 系统首先获取用户的请求信息，其中包括用户公钥(公钥一般由用户端产生，如电子邮件程序或浏览器等)，CA 将根据用户的请求信息产生证书，并用自己的私钥对证书进行签名。其他用户、应用程序或实体将使用 CA 的公钥对证书进行验证。如果一个 CA 系统是可信的，则验证证书的用户可以确信，他所验证的证书中的公钥属于证书所代表的那个实体。

CA 还负责维护和发布证书废除列表(Certificate Revocation Lists，CRL)，又称为证书黑名单。当一个证书，特别是其中的公钥由于其他原因无效时(不是因为到期)，CRL 提供了一种通知用户和其他应用的中心管理方式。CA 系统生成 CRL 以后，要么是放到 LDAP 服务器中供用户查询或下载，要么是放置在 Web 服务器的合适位置，以页面超级链接的方式供用户直接查询或下载。图 6-8 所示为中国金融认证中心网站首页。

在网络通信时，通过 CA 签发的数字证书可以证实双方的身份，如果对签发证书的 CA 本身有怀疑，可以由签发该 CA 证书的 CA 机构验证 CA 的身份，这样逐级认证，一直到公认的权威 CA，形成一种树形验证结构，最权威的 CA 称为根 CA。例如，某商家的证书是由海南省电子商务认证中心(HNCA)签发的，而 HNCA 的证书是由中国南方电子商务中心(Southern Electronic Business Center Class B CA)签发的，这样构成的树形结构如图 6-9 所示，由 HNCA 和 BHECA 签发的证书 1～证书 4，最终都由 Southern Electronic Business Center Class B CA 认证。

第6章 旅游电子商务的安全

图 6-8 中国金融认证中心首页

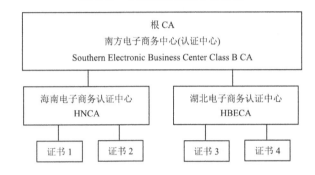

图 6-9 CA 树形结构

3．数字证书的类型

从数字证书使用对象的角度分，目前的数字证书类型主要包括：个人身份证书、企业或机构身份证书、支付网关证书、服务器证书、企业或机构代码签名证书、安全电子邮件证书、个人代码签名证书。

(1) 个人身份证书。符合 X.509 标准的数字安全证书，证书中包含个人身份信息和个人的公钥，用于标识证书持有人的个人身份。数字安全证书和对应的私钥存储于 E-key 中，用于个人在网上进行合同签订、订单、录入审核、操作权限、支付信息等活动中标明身份。

(2) 企业或机构身份证书。符合 X.509 标准的数字安全证书，证书中包含企业信息和企业的公钥，用于标识证书持有企业的身份。数字安全证书和对应的私钥存储于 E-key 或 IC 卡中，可以用于企业在电子商务方面的对外活动，如合同签订、网上证券交易、交易支付信息等方面。

(3) 支付网关证书。支付网关证书是证书签发中心针对支付网关签发的数字证书，是支付网关实现数据加解密的主要工具，用于数字签名和信息加密。支付网关证书仅用于支付网关提供的服务(Internet 上各种安全协议与银行现有网络数据格式的转换)。支付网关证书只能在有效状态下使用。支付网关证书不可被申请者转让。

(4) 服务器证书。符合 X.509 标准的数字安全证书，证书中包含服务器信息和服务器的公钥,在网络通信中用于标识和验证服务器的身份。数字安全证书和对应的私钥存储于 E-key 中。服务器软件利用证书机制保证与其他服务器或客户端通信时双方身份的真实性、安全性、可信任度等。

(5) 企业或机构代码签名证书。代码签名证书是 CA 中心签发给软件提供商的数字证书,包含软件提供商的身份信息、公钥及 CWCA 的签名。软件提供商使用代码签名证书对软件进行签名后放到 Internet 上,当用户在 Internet 上下载该软件时,将会得到提示,从而可以确信:软件的来源;软件自签名后到下载前,没有遭到修改或破坏。代码签名证书可以对 32-bit.exe、.cab、.ocx、.class 等程序和文件进行签名。

(6) 安全电子邮件证书。符合 X.509 标准的数字安全证书,通过 IE 或 Netscape 申请,用 IE 申请的证书存储于 Windows 的注册表中,用 Netscape 申请的存储于个人用户目录下的文件中。用于安全电子邮件或向需要客户验证的 Web 服务器(https 服务)表明身份。

(7) 个人代码签名证书。个人代码签名证书是 CA 中心签发给软件提供人的数字证书,包含软件提供人的身份信息、公钥及 CWCA 的签名。软件提供人使用代码签名证书对软件进行签名后放到 Internet 上,当用户在 Internet 上下载该软件时,将会得到提示,从而可以确信:软件的来源;软件自签名后到下载前,没有遭到修改或破坏。代码签名证书可以对.32-bit、.exe、cab、ocx、class 等程序和文件进行签名。

4. 数据加密、身份认证流程图

如上所述,在数字证书所包含的数据中,身份验证机构的数字签名可以确保证书信息的真实性,用户公钥信息可以保证数字信息传输的完整性,用户的数字签名可以保证数字信息的不可否认性。下面说明数字证书是如何实现电子商务的保密性、完整性、不可否认性、真实身份的确定性的,如图 6-10 所示。把数据加密技术和认证中心的身份认证技术结合起来,就解决了电子商务的安全性问题。

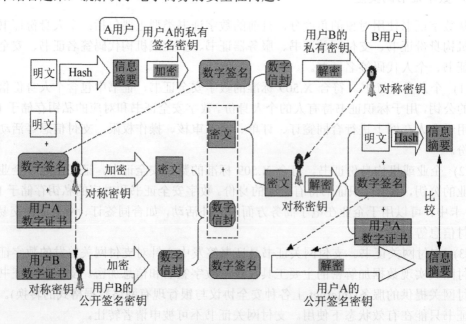

图 6-10 数据加密、身份认证流程图

第6章 旅游电子商务的安全

数据加密与解密、身份认证流程如下所述。

(1) A 用户先用 Hash 算法对发送信息(即"明文")进行运算,形成"信息摘要",并用自己的私人密钥对其加密,从而形成数字签名。A 用户再把数字签名及自己的数字证书附在明文后面。

(2) A 用户随机产生的对称密钥(DES 密钥)对明文进行加密,形成密文。为了安全地把 A 用户随机产生的对称密钥送达 B 用户,A 用户用 B 用户的公开密钥对其进行加密,形成了数字信封。这样 A 用户最后把密文和数字信封一起发送给 B 用户。

(3) B 用户收到 A 用户传来的密文与数字信封后,先用自己的私有密钥对数字信封进行解密,从而获得 A 用户的 DES 密钥,再用该密钥对密文进行解密,继而得到明文、A 用户的数字签名及用户的数字证书。

(4) 为了确保"明文"的完整性,B 用户用 Hash 算法对明文进行运算,形成"信息摘要"。同时 B 用户把 A 用户的数字签名用 A 用户的公开密钥进行解密,从而形成另一个"信息摘要1"。 B 用户把"信息摘要"与"信息摘要1"进行比较,若一致,说明收到的"明文"没有被修改过。

5. 证书存放方式

数字证书可以存放在计算机的硬盘、随身软盘、IC 卡或 CUP 卡中。用户数字证书在计算机硬盘中存放时,使用方便,但存放证书的 PC 机必须受到安全保护,否则一旦被攻击,证书就有可能被盗用。使用软盘保存证书,被窃取的可能性有所降低,但软盘容易损坏。一旦损坏,证书将无法使用。IC 卡中存放证书是一种较为广泛的使用方式。因为 IC 卡的成本较低,本身不易被损坏。但使用 IC 卡加密时,用户的密钥会出卡,造成安全隐患。使用 CUP 卡存放证书时,用户的证书等安全信息被加密存放在 CUP 卡中,无法被盗用。在进行加密的过程中,密钥可以不出卡,安全级别最高,但相对来说,成本较高。

6. 防火墙技术

1) 防火墙的基本概念

企业内部网(Intranet)是企业电子商务系统的一个重要组成部分。内部网与 Internet 连接后,方便了企业内部与外部的信息交流,工作效率得到提高。但同时,也产生了不安全因素。为了达到既要与外界沟通,又要保护信息和网络平台安全的目的,就要在被保护的内部网与外部网之间设置一道屏障,以防止发生不可预测的、潜在破坏性的侵入。所有内部网和外部网之间的链接都要经过这一保护层,这一保护屏障就称为防火墙。确切来讲,防火墙是指一个由软件和硬件设备组合而成,在内部网和 Internet 之间的界面上构筑的一道保护屏障,如图 6-11 所示,用于加强内部网络和公共网络之间安全防范的系统。

2) 防火墙的作用、安全控制策略及其功能

防火墙的作用就是限制 Internet 用户对内部网络的访问以及管理内部用户访问外界的权限。防火墙的安全控制策略就是在网络之间执行访问控制策略。实现防火墙的实际方式各不相同,但是在原则上,防火墙可以被认为是这样一对机制:一种机制是拦阻传

输流通行,另一种机制是允许传输流通过。即:凡是没有被列为允许访问的服务都是被禁止的,凡是没有被列为禁止访问的服务都是被允许的。

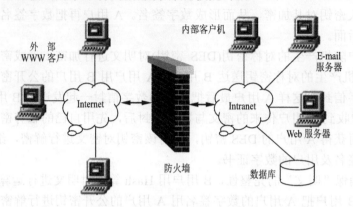

图 6-11 防火墙构造图

3) 防火墙的功能

防火墙的功能包括以下几个方面。

(1) 过滤不安全服务。防火墙只允许特定的服务通过,其余信息流一概不许通过,从而保护网络免受除特定服务之外的任何攻击,确保电子商务系统平台不受到入侵。防火墙封锁所有信息流,然后对希望提供的服务逐项开放(如 HTTP、POP3、FTP 等服务)。对不安全的服务或可能有安全隐患的服务一律关闭。这是一种非常有效、实用的方法,可以构成一种十分安全的环境,因为只有经过仔细挑选的服务才能允许用户使用。

(2) 过滤非法用户和访问特殊站点,确保所有电子商务应用都是授权访问,保护关键部门不受到来自内部或外部的攻击。防火墙应先允许所有的用户和站点对内部网络的访问,然后网络管理员按照 IP 地址对未授权的用户或不信任的站点进行逐项屏蔽。这种方法构成了一种更为灵活的应用环境,网络管理员可以针对不同的服务面向不同的用户开放,也就是能自由地设置各个用户的不同访问权限。

(3) 设置安全和审计检查。对所有商业事务处理进行审计,以便安全管理和责任追究。防火墙可以发挥一种有效的"电话监听(Phone Tap)"和跟踪工具的作用。防火墙提供一种重要的记录和审计功能;可以向管理员提供一些情况概要,如有关通过防火墙的传输流的类型和数量以及有多少次试图闯入防火墙的企图等信息。

(4) 数据源控制。使用过滤模块来检查数据包的来源和目的地址,根据管理员的规定来决定接收还是拒绝该数据包。

(5) 应用与数据包级控制。扫描数据包的内容,查找与应用相关的数据。在网络层对数据包进行模式检查。

(6) 对私有数据的加密支持。保证通过 Internet 进行的 VPN 和商务活动不受损坏。

(7) 使用授权控制。客户端认证只允许指定的用户访问内部网或选择服务。

(8) 反欺骗。欺骗是从外部获取网络访问权的常用手段,它使数据包好似来自网络内部,电子商务系统的防火墙应监视这样的数据包并能扔掉它们。

4) 防火墙的局限性

防火墙的失灵包括以下四个方面。

(1) 不能防范来自内部的攻击。

(2) 不能真正防止人为因素的攻击，如口令泄露、用户错误操作。

(3) 不能有效地防范受病毒感染的软件或文件的传输。在网络上传输二进制文件的编码方式太多了，并且有太多的不同的结构和病毒，因此不可能查找所有的病毒。

(4) 不能防止数据驱动式的攻击，即通过将某些表面看来无害的数据邮寄或复制到内部主机中，然后它再在内部主机中运行而造成的攻击。

6.3 电子商务的安全协议与标准

6.3.1 安全套接层协议

安全套接层协议(Secure Sockets Layer，SSL)最初由 Netscape 公司设计开发，随后将其提交给 IETF 进行标准化，形成了 IETF 的规范。SSL 是目前应用最广泛、最普遍的安全协议。尽管 SSL 主要被认为是一种安全协议，但从技术上来讲，它实际上是插入在 Internet TCP 协议栈中的一个全新的协议层。它主要用于保护任何位于 TCP 之上的应用协议的通信。SSL 协议的概念可以被概括为：它是一个保证任何安装了安全套接层的客户和服务器间事务安全的协议，该协议向基于 TCP/IP 的客户/服务器应用程序提供了客户端和服务器的鉴别、数据完整性及信息机密性等安全措施。目的是为用户提供 Internet 和企业内联网的安全通信服务，SSL 在内部网和公共 Internet 上广泛运用，被许多先进厂商的客户机/服务器所支持，其中包括 Netscape、Microsoft、IBM、Spyglass 和 Open Market。SSL 还被一些公共域产品所支持，如 Apache-SSL。

SSL 采用了公开密钥和专有密钥两种加密：在建立连接过程中采用公开密钥，在会话过程中使用专有密钥。加密的类型和强度则在两端之间建立连接的过程中判断决定。它保证了客户和服务器间事务的安全性。

SSL 也是一个工业标准协议，对应(七层)网络模型的会话层，它使公共密钥技术发挥了重要作用，该协议层包含了两个协议子层：SSL 记录协议与 SSL 握手协议。SSL 提供三种基本的安全服务，每一种都包含了公共密钥技术。这三种服务是报文保密、报文完整性和互相证明。

(1) 报文保密。报文保密是通过公共密钥和均衡密钥加密的组合实现的。在一个 SSL 服务器和一个 SSL 客户机之间的所有通信量都通过一个密钥和一个协商好的加密算法被加密，都是在 SSL 握手期间完成的。加密可以成功地阻止一些网络窃听者，这些人通过使用类似于 IP 包嗅探器的设备可以捕获 TCP/IP 对话。加密使得这些窃听者即使可以使用包嗅探器一直捕获服务器与客户机之间的通信，也无法读懂所得来的信息。

(2) 报文完整性。报文完整性服务可以确保 SSL 的对话通信内容在传递途中没有任何改变地送达目的地。如果 Internet 要在电子商业中起一个有效平台的作用，首先必须保证服务器与客户机之间流动的信息内容不被非法者所篡改。SSL 使用称为摘要函数的一种被共享的秘密与特殊的数学函数组合来提供报文的完整性服务。

(3) 互相证明。互相证明是服务器设法让客户机信服它的身份,客户机设法让服务器信服它的身份的过程。它们以公共密钥凭证的形式编码,并在 SSL 握手过程中相互交换。

为证明某实体出示的凭证是来自一个合法的凭证所有者的(而不是冒名顶替者),SSL 要求在握手期间,凭证出示者必须对要交换的数据进行数字签名。被交换的握手数据包括完整的凭证。各实体对协议数据(包括他们的凭证)进行签署的目的是证明他们是合法的凭证所有者。这可有效防止某人通过出示你的凭证来冒充你。靠凭证本身不能证明你的身份,还必须加上正确的私人密钥才行。图 6-12 所示为 SSL 工作过程示意图。

建立 SSL 连接事先需要经过一个握手过程。SSL 所提供的安全服务对终端用户是透明的,通常用户只需单击某页上的按钮或指定线段,以此提出与具有 SSL 功能的服务器连接的请求。服务器一般在一个指定的端口(默认为 443)接收 SSL 连接请求,这个端口与用来接收标准 HTTP 请求的端口(默认为 80)不同。

当客户机连接到那个端口上时,便开始进行 SSL 握手过程,之后开始执行通信加密和报文完整性检查,一直到 SSL 对话有效期结束。在 SSL 对话建立阶段,握手过程只需一次,不致造成性能下降。

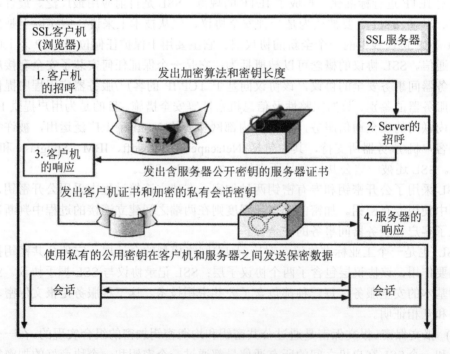

图 6-12　SSL 工作过程示意图

下面是在一次 SSL 握手期间在高层所发生的事件。

(1) 客户机和服务器交换 X.509 凭证以互相验明身份。这种交换的内容可以包括一个完整的凭证链,一直到某种根凭证。凭证验证包括检查凭证有效日期并验明凭证具有一个可信的认证机构的数字签名。

(2) 客户机随机生成一组密钥,并将它用于对 MAC 的加密和计算。这些密钥将以服务器的公共密钥加密，并被安全地送到服务器上。被用于客户机到服务器和服务器到客户机之间通信的独立密钥组一共有四组。

(3) 商定一个报文加密算法(用于加密)和摘要函数(用于完整性)。比如，Netscape 公司的做法是，让客户机列出它所有算法的清单，而服务器则选择最强的有效密码。服务器管理员可以打开或关闭特定的密码。

凡是支持 SSL 协议的网页，都会以"https://"作为 URL 的开头，如图 6-13 所示。客户与服务器进行 SSL 会话时，如果是使用 IE 浏览器，可以在状态栏看到一只锁形标志，双击该标志，就会弹出服务器证书信息。

图 6-13　支持 SSL 协议的网页

6.3.2　安全电子交易协议

安全电子交易协议(Secure Electronic Transaction，SET)向基于信用卡进行电子化交易的应用提供了实现安全措施的规则。它是由 Visa 国际组织和万事达组织共同制定的一个能保证通过开放网络(包括 Internet)进行安全资金支付的技术标准。参与该标准研究的还有微软公司、IBM 公司、Netscape 公司、RSA 公司等。

SET 提供对消费者、商户和收单行的认证，确保交易数据的安全性、完整性和交易的不可否认性，特别是保证了不会将持卡人的信用卡号泄露给商户。

SET 支持了电子商务的特殊安全需要，如购物信息和支付信息的私密性；使用数字签名确保支付信息的完整性；使用数字签名和持卡人证书，对持卡人的信用卡进行认证；使用数字签名和商户证书，对商户进行认证；保证各方对有关事项的不可否认性。

证书作为网上身份证明的依据，主要包含申请者的个人信息和其公共密钥。在 SET 中，主要的证书有持卡人证书、商户证书和支付网关证书。图 6-14 所示为 SET 协议的参与对象。

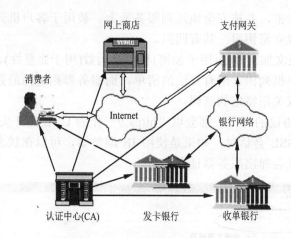

图 6-14 SET 协议的参与对象

SET 协议的工作流程分为下面七个步骤。

(1) 消费者利用自己的 PC 机通过互联网选择所要购买的物品，并在计算机上输入订货单。订货单上需包括在线商店、购买物品名称及数量、交货时间及地点等相关信息。

(2) 通过电子商务服务器与有关在线商店联系，在线商店做出应答，告诉消费者所填订货单的货物单价、应付款数、交货方式等信息是否准确，是否有变化。

(3) 消费者选择付款方式，确认订单，签发付款指令。此时 SFT 开始介入。

(4) 在 SET 中，消费者必须对订单和付款指令进行数字签名，同时利用双重签名技术保证商家看不到消费者的账号信息。

(5) 在线商店接受订单后，向消费者所在银行请求支付认可。信息通过支付网关到收单银行，再到电子货币发行公司确认。批准交易后，返回确认信息给在线商店。

(6) 在线商店发送订单确认信息给消费者。消费者端软件可记录交易日志，以备查询。

(7) 在线商店发送货物或提供服务，并通知收单银行将钱从消费者的账号转移到商店账号，或通知发卡银行请求支付。

在认证操作和支付操作中间一般会有一个时间间隔，例如在每天的下班前请求银行结一天的账。前两步与 SET 无关，从第三步开始 SET 起作用，一直到第七步。在处理过程中，通信协议、请求信息的格式、数据类型的定义等，SET 都有明确的规定。在操作的每一步，消费者、在线商店、支付网关都通过 CA 来验证通信主体的身份，以确保通信的对方不是冒名顶替。所以，也可以简单地认为，SET 规范充分发挥了认证中心的作用，以维护在任何开放网络上的电子商务参与者所提供信息的真实性和保密性。

本章小结

电子商务的安全性要求包括六个方面，即信息的保密性、信息的完整性、信息的有效性、信息的不可抵赖性、交易身份的真实性、系统的可靠性。

密钥加密技术包括对称密钥加密系统和非对称密钥加密系统；对称加密使用 DES 算法，非对称加密使用 RSA 算法；对称密钥加密系统的加密、解密速度快，适合于对大数据量进行加密，但密钥管理困难，非对称密钥加密系统公钥机制灵活，但加密和解密速度比对称密钥加密慢。

数字指纹技术实现信息的完整性验证；数字签名技术实现对原始报文的鉴别和不可抵赖性；数字信封实现信息传输的保密性；数字时间戳用于证明电子文件发表时间；数字证书可以证明用户或服务器或软件的合法身份，在数字证书所包含的数据中，身份验证机构的数字签名可以确保证书信息的真实性，用户公钥信息可以保证数字信息传输的完整性，用户的数字签名可以保证数字信息的不可否认性，数字证书的常用格式是 X.509；认证中心(CA)，能受理数字证书的申请、签发数字证书、对数字证书管理和确认用户身份等业务。

使用最广的电子商务的安全协议与标准是 SSL 与 SET；SSL 在内部网和公共 Internet 上广泛运用，被许多先进厂商的客户机/服务器所支持，其中包括 Netscape、Microsoft、IBM、Spyglass 和 Open Market；SET 提供对消费者、商户和收单行的认证，确保交易数据的安全性、完整性和交易的不可否认性，特别是保证了不会将持卡人的信用卡号泄露给商户。

思考与演练

一、单项选择题

1. 数字证书采用公钥体制，即利用一对互相匹配的密钥进行(　　)。
   A. 加密　　　　　B. 加密、解密　　C. 解密　　　　　D. 安全认证
2. 数字证书的作用是证明证书中列出的用户合法拥有证书中列出的(　　)。
   A. 私人密钥　　　B. 加密密钥　　　C. 解密密钥　　　D. 公开密钥
3. 在社会经济领域，网络安全主要是(　　)。
   A. 党政机关网络安全问题　　　　　B. 国家经济领域内网络安全问题
   C. 国防计算机网络安全问题　　　　D. 军队计算机网络安全问题
4. SET 协议通过(　　)技术保证数据的一致性和完整性。
   A. 公共密钥　　　B. 数字信封　　　C. 数字签名　　　D. 对称密钥
5. SSL 协议是属于网络(　　)的标准协议。
   A. 对话层　　　　B. 网络层　　　　C. 应用层　　　　D. 传输层

6. SET 协议又称为（　　）。
   A. 安全套接层协议　　　　　　　B. 安全电子交易协议
   C. 信息传输安全协议　　　　　　D. 网上购物协议
7. 电子商务法的调整对象是（　　）。
   A. 电子商务的参与者
   B. 电子商务交易活动中发生的各种社会关系
   C. 认证中心与被认证者之间的关系
   D. 虚拟银行与交易参与者之间的关系
8. （　　）是用来保证硬件和软件本身的安全的。
   A. 实体安全　　B. 运行安全　　C. 信息安全　　D. 管理安全
9. 网络安全主要涉及的领域总共有（　　）。
   A. 2个　　　　B. 3个　　　　C. 4个　　　　D. 5个
10. 电子商务法需要涵盖电子商务环境下合同、支付、商品配送的演变形式和操作规则。联合国在（　　）中对"电子商务"中的"商务"一词做了广义解释。
    A. 《电子商务示范法》　　　　B. 《电子商业示范法》
    C. 《贸易法委员会电子签字示范法》　　D. 《电子签字统一规则》
11. SSL 协议层包括两个协议子层：记录协议和（　　）。
    A. 握手协议　　B. 牵手协议　　C. 拍手协议　　D. 拉手协议
12. 效率最高、最保险的杀毒方式是（　　）。
    A. 手工杀毒　　B. 自动杀毒　　C. 杀毒软件　　D. 磁盘格式化
13. 《电子商务示范法》是（　　）于1996年通过的，这将促进协调和统一国际贸易法。
    A. 国际贸易法委员会　　　　　B. 国际商会
    C. 欧盟贸易法委员会　　　　　D. 美国贸易法委员会
14. 防火墙是一种计算机硬件和软件的结合，使互联网与内部网之间建立起一个（　　），从而保护内部网免受非法用户的侵入。
    A. 安全等级保护制度　　　　　B. 安全信息系统
    C. 安全网关　　　　　　　　　D. 安全保护
15. 用来对两个或多个网络之间的互相访问实行强制性管理的安全系统是（　　）。
    A. 隔离系统　　B. 防火墙　　C. 屏蔽系统　　D. 安全网关系统
16. 以下哪一个可以用来保证计算机能在良好的环境里持续工作？（　　）
    A. 环境安全　　B. 实体安全　　C. 运行安全　　D. 信息安全
17. 计算机病毒按其入侵方式可分为：操作系统型病毒、（　　）、外壳病毒、入侵病毒。
    A. 定时病毒　　B. 随机病毒　　C. 源码病毒　　D. 圆点病毒
18. 数字签名为保证其不可更改性，双方约定使用（　　）。
    A. HASH 算法　　B. RSA 算法　　C. CAP 算法　　D. ACR 算法
19. 在公开密钥密码体制中，加密密钥即（　　）。

A. 解密密钥　　　B. 私密密钥　　　C. 公开密钥　　　D. 私有密钥
20. 下列关于防火墙的说法正确的是(　　)。
   A. 防火墙的安全性能是根据系统安全的要求而设置的
   B. 防火墙的安全性能是一致的，一般没有级别之分
   C. 防火墙不能把内部网络隔离为可信任网络
   D. 一个防火墙只能用来对两个网络之间的互相访问实行强制性管理

二、多项选择题

1. 在社会经济领域，网络安全主要考虑的内容有(　　)。
   A. 党政机关网络安全问题
   B. 市民上网的网络安全问题
   C. 国家经济领域内网络安全问题
   D. 国防和军队网络安全问题

2. 对电子商务立法范围的理解，应从哪些方面进行考虑？(　　)
   A. 商务
   B. 网络交易客户
   C. 网络交易中心
   D. 电子商务所包含的通信手段

3. 关于电子商务法的调整对象的说法正确的是(　　)。
   A. 电子商务法的调整对象应当是电子商务交易活动中发生的各种社会关系
   B. 这类社会关系是在广泛采用新型信息技术并将这些应用技术商业化后才形成的特殊的社会关系
   C. 这类社会关系交叉存在于虚拟社会和实体社会之间
   D. 这类社会关系有别于实体社会中的各种社会关系，且完全独立于现行法律的调整范围

4. 以下哪些属于防火墙应有的功能？(　　)
   A. 过滤进出网络的数据包　　　　　　B. 对密码进行加密
   C. 封堵某些禁止的访问行为　　　　　D. 管理进出网络的访问行为

5. 所谓对称加密是指(　　)。
   A. 使用相同的密钥加密和解密
   B. 一把钥匙开一把锁
   C. 发送者和接收者使用相同的密钥
   D. 每个交易方都不必彼此研究和交换专用的加密算法

6. 数字证书的类型有(　　)。
   A. 个人数字证书　　　　　　　　　　B. 企业数字证书
   C. 软件数字证书　　　　　　　　　　D. 硬件数字证书

7. 网络安全主要涉及的领域有(　　)。
   A. 社会经济领域　　　　　　　　　　B. 教育领域

C. 电子商务领域　　　　　　　　D. 技术领域

8. 《中华人民共和国计算机网络国际联网管理暂行规定》规定了从事互联网经营活动和从事非经营活动的接入单位必须具备的条件(　　)。
   A. 是依法设立的企业法人或者事业单位
   B. 具备相应的计算机信息网络、装备以及相应的技术人员和管理人员
   C. 具备健全的安全保密管理制度和技术保护措施
   D. 符合法律和国务院规定的其他条件

9. 自1994年以来，国务院及其有关部委相继出台了一系列涉及网络安全的行政法规，包括(　　)。
   A. 《中华人民共和国计算机信息系统安全保护条例》
   B. 《中华人民共和国计算机信息网络国际联网管理暂行规定》
   C. 《中国互联网络域名注册暂行管理办法》
   D. 《计算机信息网络国际联网安全保护管理办法》
   E. 《计算机信息系统网络国际联网出入口信道管理办法》
   F. 《中国公用计算机互联网国际联网管理办法》

10. 我国的新《刑法》确定了计算机犯罪的主要形式，包括(　　)。
    A. 违反国家规定，侵入国家事务、国防建设、尖端科学技术领域的计算机信息系统
    B. 对计算机信息系统功能进行删除、修改、增加、干扰，造成计算机信息系统不能正常运行
    C. 对计算机信息系统中存储、处理或传输的数据和应用程序进行删除、修改、增加的操作
    D. 故意制作、传播计算机病毒等破坏性程序，影响计算机系统的正常运行
    E. 利用计算机实施金融诈骗、盗窃、贪污、挪用公款、窃取国家秘密或其他犯罪行为等

三、正误判断题

1. Intel公司推出的奔腾处理器的序列号功能不能关闭。　　　　　　　　　　(　　)
2. 利用局域网进行的电子商务活动可以不考虑在电子商务立法所涉及的技术范围。
   　　　　　　　　　　　　　　　　　　　　　　　　　　　　　　　　(　　)
3. 计算机病毒按其表现性质可分为良性的和恶性的。　　　　　　　　　　(　　)
4. 病毒程序大多夹在正常程序之中，很容易被发现。　　　　　　　　　　(　　)
5. 电信、银行部门使用PⅢ处理器不必关闭序列号功能。　　　　　　　　(　　)
6. 数字证书就是网络通信中标志通信各方身份信息的一系列数据。　　　　(　　)
7. 调整对象揭示了立法调整的因特定主体所产生的特定社会关系。　　　　(　　)
8. SET标准为网上信息及资金的安全流通提供了充分的保障。　　　　　　(　　)
9. 封堵某些禁止的访问行为不属于防火墙的功能。　　　　　　　　　　　(　　)

四、演练题

1. 数字证书的申请

【步骤一】登录中国数字认证网 www.ca366.com，如图 6-15 所示。

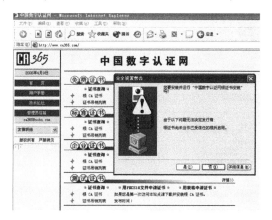

图 6-15　登录中国数字认证网

【步骤二】登录中国数字认证网 www.ca366.com，安装测试证书的根证书，如图 6-16 所示。

图 6-16　安装测试证书的根证书

【步骤三】安装好根证书后的常规页面，如图 6-17 所示。

图 6-17　安装好根证书后的常规页面

【步骤四】在"测试证书"区,单击"用表格申请证书"后,在打开的"申请测试证书"中认真填写有关栏目内容。"证书用途"里,选择"电子邮件保护证书"。相应信息填写好后,单击"提交"按钮,如图6-18所示。

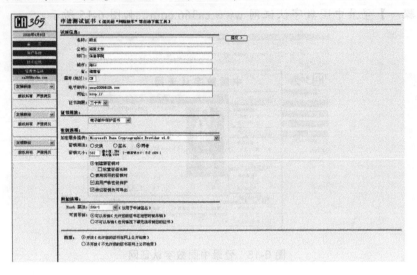

图6-18 提交电子邮件保护证书

【步骤五】弹出"正在创建新的RSA交换密钥"对话框,单击"设置安全级别…"按钮,设置交换密钥的安全级别,如图6-19所示。

【步骤六】在随后展开的界面中选择"高"或"中"的安全级别后,单击"下一步"按钮,如图6-20所示。

 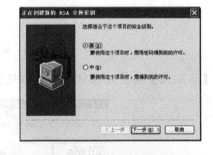

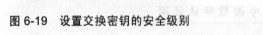

图6-19 设置交换密钥的安全级别   图6-20 选择安全级别

【步骤七】输入密码以创建私钥。单击"完成"按钮,如图6-21所示。

【步骤八】返回设置对话框,提示"安全级别被设成高级",单击"确定"按钮,如图6-22所示。

【步骤九】网页里显示了被分配的测试证书序列号,单击"下载并安装证书"链接,如图6-23所示。

【步骤十】打开下载的数字证书,可以查看证书信息,如图6-24、图6-25所示。单击"安装证书"按钮后,数字证书就可以使用了。

第 6 章 旅游电子商务的安全

图 6-21 创建私钥

图 6-22 设定安全级别

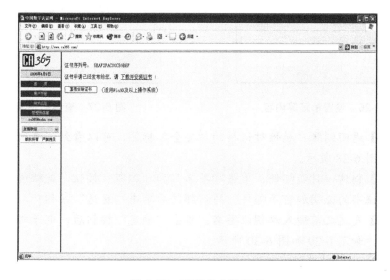

图 6-23 下载并安装证书

图 6-24 查看证书信息

图 6-25 安装证书

2．电子邮件数字证书的使用

【步骤一】打开 Outlook Express，然后做好邮箱等内容的设置，如图 6-26 所示。

【步骤二】使用"工具"→"账户"命令查看账户属性,在属性窗口里选择"内容"标签。可以在列表中看到下载的数字证书。选中该证书后,单击"确定"按钮,如图 6-27 所示。

图 6-26 设置邮箱等内容

图 6-27 查看账户属性

【步骤三】返回到账户属性对话框的"安全"标签,可以看到证书所有人的名称已经被显示,如图 6-28 所示。

【步骤四】创建一封新邮件,单击"签名"和"加密"按钮,就给邮件附上了数字证书并用数字证书的公钥加密了邮件。写好邮件后单击"发送"按钮。

【步骤五】发送之前输入私钥以签名。单击"确定"按钮后,电子邮件保护数字证书的使用完毕,如图 6-29 和图 6-30 所示。

图 6-28 显示证书所有人的名称

图 6-29 使用电子邮件保护数字证书

图 6-30 成功使用电子邮件保护数字证书

第7章　旅游产品与服务网上零售

【学习目标】

通过本章的学习，熟悉电子零售商业模式；熟悉网上旅游产品与服务零售市场；了解直销和旅游产品与网上服务零售的关键成功因素；了解传统旅游产品与服务零售商"鼠标加水泥"战略的要点；掌握网上旅游产品与服务零售业中的非中介化、再中介化和渠道冲突问题

【关键词】

电子零售(E-retailing)　直销(Direct Marketing)　非中介化(Disintermediation)
电子分销商(E-distributor)　中介商(Matchmaker)　渠道冲突(Channel Conflict)
全包服务(All-inclusive Package)

开篇案例：携程旅行网

携程旅行网创立于 1999 年年初，是一家吸纳海外风险投资组建的旅行服务公司，主要投资者有美国 Carlyle Group、日本软银、美国 IDG、上海实业、美国 Orchid 及香港晨兴集团等，总部设在中国上海，下有北京、广州、深圳、香港四个分公司，并在全国 20 多个大中城市设有分支机构，现有员工 1000 余人，是国内最大的旅游电子商务网站之一，提供酒店、机票、度假产品的预订服务，以及国内、国际旅游实用信息的查询，如图 7-1 所示。

图 7-1 携程旅行网首页

携程于 1999 年 10 月接受 IDG 的第一轮投资，次年 3 月接受以软银集团为首的第二轮投资，2000 年 11 月收购国内最早、最大的传统订房中心——现代运通，成为中国最大的宾馆分销商，并在同月接受以凯雷集团为首的第三轮投资，三次共计吸纳海外风险投资近 1800 万美元。2001 年 10 月携程实现盈利，2002 年 4 月收购了北京最大的散客票务公司——北京海岸航空服务公司，并建立了全国统一的机票预订服务中心，在 35 个商旅城市提供送票上门服务。

携程旅行网公司旨在利用高效的互联网技术和先进的电子资讯手段，为会员提供更快速、更灵活、更周到和个性化的服务。在充分借鉴美国 Priceline、Travlocity 和 Preview Travel 等成功的旅游服务网站的基础上，推出了适合中国国情的3C旅游电子商务模式(内容 Content，社区 Community、商务 Commerce)。即通过以旅行者为中心，将旅行指南等内容、网友交流的社区和预订服务有机地结合，以预订获取收入，以旅行指南、优惠价格和旅游社区吸引上网者。该网站现已拥有2000多个自然人文景观的旅游信息,并涉及旅游衣、食、住、行、娱、购等各方面的预订服务。

携程旅行网主要通过互联网、呼叫中心订购飞机票、住宿和旅游线路3个主导产品来获取利润。其中,网上预订客房是其发展的生命线,它使携程成为目前国内最大的旅游服务网站和订房中心。公司的交易额、毛利、会员数以及宾馆业务连年呈直线快速上升。这些数据可以证明公司的蓬勃发展:公司在30个月内实现了盈利,2002年10月的交易额突破1亿元人民币,其中酒店预订量达到了18万间/夜。2002年全年的交易额超过10亿元人民币。到2003年10月底,携程拥有注册会员超过700万人,其中使用过携程服务及产品的常用客户约50万人。

携程旅行网的案例充分显示了试图成为强大的旅游电子商务零售企业的传统旅行社所具备的各种优势。携程、中青以及e龙这样的商家都已拥有知名的品牌和忠实的客户群,携程旅行网创建适合中国国情的3C旅游电子商务模式(内容Content,社区Community、商务Commerce)非常有效率。在本章中,我们将对旅游产品与服务网上零售的最新经验进行总结。

7.1 互联网零售的历史及功能

7.1.1 互联网零售的历史

把互联网作为销售渠道只是最近十多年的事情。互联网快速的扩张、普及和应用,使其演变成为商业交易环境,导致产生了崭新的商务模式,以及新的产品与服务,成为消费者接受的全新的零售渠道。

1989年才将互联网应用于商业成为可能。1994年美国的Flowers Direct公司首次为消费者提供了借助Internet网在线订购鲜花的机会。在欧洲,Blackwell书店和Victoria酒业公司率先借助Internet网向消费者提供在线购买的机会。Doherty等人引入了网上零售渠道这个名词用以描述企业应用Internet的多重目的。在B2C市场中,网上零售渠道起到沟通渠道和交易渠道的作用,形成交互式的零售渠道(Interactive channel),双向的零售商——消费者的关系,拉近了消费者与零售商的距离。网上零售渠道使得消费者拥有更大的权力。在这以后的时间里,越来越多的零售商借助于互联网向消费者提供更多的产品和服务。从1999年年底到2000年年初,全球企业使用互联网作为网上零售渠道进入了疯狂状态。在2001年,据估计约有7500万个人互联网用户参与了某种形式的在线购物(emarketer.com, 2001年7月)。根据eMarketer 2001年5月的报告,2000年全球B2C交易的总收入为530亿到2380亿美元,到2004年这一数字预计将达到4280亿到21 340亿美元。电子零售业的成功主要都来自于以优惠的价格和出色的服务提供优质产品。

7.1.2 互联网在线零售的功能

互联网在线零售具有信息功能和交互功能。

1. 信息功能

互联网在线零售信息功能是指零售商使用网站向顾客提供各类信息。许多旅游在线企业把网站用作低成本信息传播工具以及扩展顾客服务的工具，向顾客提供各种与公司相关的信息。最常见的包括以下几种。

(1) 产品信息，采用各种信息发布的形式发布包括产品描述、产品价值、促销信息、网络广告、酒店图片、线路及景点彩色图片、图像产品信息。

(2) 公司信息，包括公司的历史、员工以及战略发展的详细信息。

(3) 新闻发布，采用各种新闻发布的形式发布旅游、旅行等新闻，提升品牌的总体形象或改善顾客促销质量。

2. 交互功能

互联网的交互应用不仅包括旅游产品促销信息的提供，还包括产品的订购、促销文件、鼓励游客、旅行者提供市场研究数据的免费礼物以及产品的订购和在线支付。

7.2 互联网旅游产品与服务零售业

7.2.1 互联网旅游产品与服务持续快速地增长

近几年在全世界范围内，网上旅游服务的收入持续快速的增长。网上旅游服务构成了 B2C 电子商务中最成功的一个部分，这是因为它所吸引的客户人数最多，同时它的收入也超过了 PC 软硬件及外围设备的收入总和，是 B2C 电子商务收入中最大的一个部分。互联网已成为消费者用来查找旅游去处、查找最合适的价格、预订机票、预约租车、预订旅馆、预订游程和预订观光行程时最常用的一种工具。就美国而言，到 2006 年，网上旅游预订的收入有望从 2002 年的 240 亿美元增加到 630 亿美元(见图 7-2)，这意味着网上旅游服务的收入在整个旅游服务费收入市场中的份额将由目前的 10%增加到 2006 年的 21%。

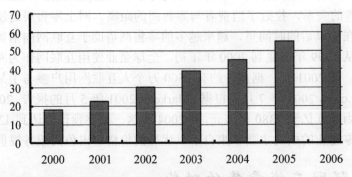

图 7-2　美国网上旅游订购总收入分布趋势图 (单位：10 亿美元)

在欧洲，自 2001 年到 2002 年，在线旅游服务产值增长了 61%，在欧洲市场达到了

76亿欧元，并且占市场总额的3.6%。2003年产值估计会进一步增长35%，达到103亿欧元(占市场总额的4.7%)。欧洲市场2002年获利1000万欧元。自2004年到2005年，欧洲在线旅游服务销售增长了34%，达到了252亿欧元，并且占市场总额的10.3%。丹麦区域与旅游研究中心Marcussen博士推算，欧洲在线旅游服务2006年将以25%的增长速度继续增长，可望实现315亿欧元销售额，占欧洲市场总额的12.6%。2006年以后，欧洲在线旅游服务销售额每年以60亿欧元的增长速度增长，详见图7-3和表7-1。

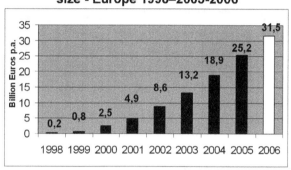

图7-3　1998—2006年欧洲在线旅游服务销售增长趋势图

表7-1　欧洲1998—2006年在线旅游销售增长率

年份	市场规模 (10亿欧元)	在线销售 (10亿欧元)	在线销售市场 增长率(%)	在线销售 增长率(%)
1998	218	0.2	0.1	未增长
1999	231	0.8	0.3	256
2000	247	2.5	1.0	213
2001	244	4.9	2.0	97
2002	242	8.6	3.6	75
2003	237	13.2	5.6	53
2004	240	18.9	7.9	43
2005	244	25.2	10.3	34
2006	249	31.5	12.6	25

值得注意的是，其他咨询公司，如Jupiter、Forrester、Phocuswright等著名咨询公司研究结果都一致表明欧洲在线旅游服务迅速增长的趋势，如图7-4所示。

尽管旅游服务是B2C商务中最大的收入来源，但一般当消费者首次在网上购物时，他们只会买一些小商品，只有在积累了更多的经验之后，他们才会购买像旅游这样的高价商品或服务。例如，2001年2月所做的一项调查发现，在美国，有29%的网上用户曾经在网上购买过旅游服务，还有29%的用户仅仅使用网络来查询旅游产品信息，而余下的42%的网上消费者从来没有尝试过在网上查询旅游信息或购买旅游服务。因此，网上旅游服务还有很大的市场潜力，随着 Internet 用户人数的增加，将会有更多的人被吸引到网上旅游服务上来。

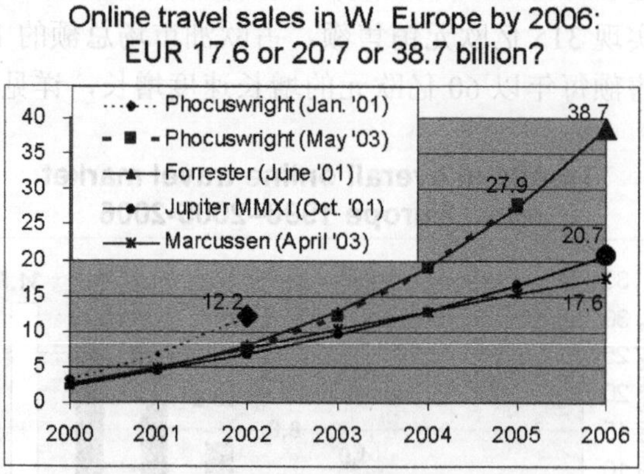

图 7-4　欧洲在线旅游服务增长趋势图

7.2.2　网上旅游产品与服务的特征

旅游服务网站向消费者提供了一站式的、方便的休闲旅游和商务旅行感受。这些网站上提供了旅游内容介绍(关于度假情况和设施情况的介绍)、旅游社区(包括聊天室和BBS)、商务服务(提供所有差旅相关服务)和消费者服务(通常是通过呼叫中心)。网上旅游网站所提供的旅游信息和旅游项目要比传统旅游代理丰富得多。对于旅游的提供商(旅馆、汽车出租公司、航空公司)来说，通过网站上推出的广告和促销活动，不仅可以有效地影响这些消费者，还可以创造一个更有效的市场，并且可以让消费者和供应商在一个交易成本较低的环境中进行交易。

对互联网来说，旅游服务是一种非常理想的产品/服务，因此电子商务商业模式应该在旅游产品中发挥很好的作用。旅游业是信息敏感型产业，表现为旅游信息在互联网上表现或呈现的形式对消费者购买决策制定产生重大的影响。基于互联网旅游网站为旅游市场的供应商(旅游组织、旅游目的地、旅行社、旅游公司、民航、饭馆、餐馆、银行、购物中心等)向消费者提供了向消费者推介旅游商品和服务信息的一种方便地、成本低廉的平台，计划出游者通过获取、分析和比较旅游供应商提供的有关旅游目的地和设施相关信息，最后做出去何处旅游的计划和安排。

网络技术使基于互联网旅游网站可能把带有动态影像、动画或声音等形式的信息呈现在互联网上,甚至可能利用虚拟现实系统给消费者以直接体验旅游产品和服务的方式。它同时可提供鼓励消费者购买旅行产品或服务的刺激因素。旅游网站上信息表现方式的优劣使旅游企业赢得(或失去)许多交易机遇。

旅游也可以说是一种电子化的产品，因为绝大部分的工作(制订计划、进行调查、比较购物、进行预订、资金支付)都是在网络这一数字环境中完成的。从旅游产品的实际履行来说，它不需要任何"库存"，不存在通过传统零售商店以实物形态销售，可以从网上直接出售给消费者。旅游产品的供应商——旅馆、航空公司、汽车出租公司、度假别墅、观光导游，这些都是高度分离的，而且常常是供过于求。因此为了让自己空闲的客房和汽车能够租出去，供应商往往愿意降低价格，也愿意在网站上做广告以吸引大量的客户。以 Travelocity.com、Expedia.com 以及其他一些网上旅游公司为例，这些网上旅游代理商不需要在全国各地部署上千个实际的营业场所，只要通过统一的界面与全国的消费者联系就可以了。与网上金融服务不同，网上旅游服务不需要实施有固定营业网点支撑的昂贵的多渠道战略。因此，旅游服务可以较好地扩大其规模，使收益的增加能够赶上成本增加的速度。

7.2.3 网上旅游产品与服务的组成

在美国市场上，网上旅游服务销售主要由飞机票、旅馆预订、观光线路预订和汽车预订组成。机票预订占主导地位(见表7-2)。网上旅游服务的预期增长对旅游服务的各个不同部分的影响是不同的。例如，尽管旅馆预订和汽车预订的增长速度更快，但机票预订有望成为网上旅游服务中市场份额最大的一块，2006年的市场份额将是现在的3倍(见图7-5)。

表7-2　美国网上旅游服务的组成成分及销售额(单位：10亿美元)

成　　分	2000年	2001年	2002年	2003年	2004年	2005年	2006年
预订游程/观光行程	0.2	0.3	0.4	0.6	0.9	1.2	1.5
预订旅馆	4.0	6.0	7.0	9.0	11.0	13.0	15.0
预订汽车	1.5	2.0	3.0	4.0	5.0	6.0	7.0
预订机票	13.0	16.0	21.0	25.0	29.0	34.0	39.0

(数据来源：Jupiter Media Metrix，2001)

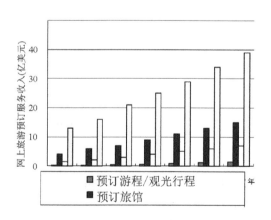

图7-5　各类网上旅游市场份额的预计增长

相对于其他旅游服务项目而言，网上机票预订的规模很大，且继续以强劲的速度增长，这主要是由下面两个因素造成的。机票预订很大程度上就像是日用品的买卖，机票很容易在网上描述清楚。同样，租车业务也是如此，通过电话或网络，绝大多数人一定能够租到自己所希望预订的车。但是对旅馆的要求就比较难以在网上描述清楚了。各旅馆的收费不同，对不同的旅游团队有不同的折扣，旅馆的级别类型不同(商务旅馆、一般消费者旅游住宿的旅馆、豪华旅馆)，各旅馆的设施和环境也不同，如此复杂的信息是很难在网上描述清楚的。游程和观光行程的选择也面临着同样的问题。因此，网上游程和观光行程的预订，以及一定程度上的旅馆预订，理所当然要比网上机票预订和汽车预订的增长速度来得慢些。

在欧洲市场上，网上旅游服务销售主要由飞机票、旅馆预订、观光线路预订、火车票和汽车预订组成。它们各自所占市场份额分别是：飞机票占56%、旅馆预订占16%、观光线路预订占16%、火车票占10%和汽车预订占2%，如图7-6所示。

图7-6 欧洲市场在线旅游市场份额表示图

除此之外，近来随着商务旅游的快速发展，出现了专门为商务旅游服务的"一站式"网上一揽子服务项目以及网上休闲旅游市场(包括不受限定的商务旅行)。越来越多的企业都将自己负责安排差旅的部门外包给那些提供基于网络的、优质低价的旅游安排服务的公司。一些网上旅游公司向企业推出了一种名叫"企业网上订票方案"的服务，可以在一个单一的网站上提供机票预订、旅馆预订、会议中心预订、汽车租赁预订等一揽子服务。但是，有数据显示，有限定的商务旅行市场的发展速度将来将更快，如图7-7所示。

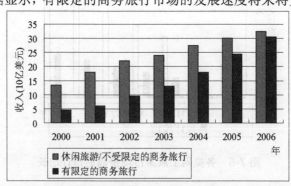

图7-7 有限定的商务旅行和休闲/不受限定的商务旅游的预计增长情况

7.3 非中介化与再中介化的机会

7.3.1 直销

在传统商务交易中,直销(Direct Marketing)一词是指直销商绕过了传统零售商店,直接从消费者那里获得订单。另外,直销商可能从产品生产商那里直接购买产品,从而绕过了传统批发商。互联网技术为直销商和顾客提供了另一种交互方式,为旅游产品提供商提供了在线销售方面独特的优势,因为通过使用互联网,旅游产品提供商可以向消费者直接销售产品和提供在线支持服务。使用互联网,游客可以打破地区、国界的限制,实现旅游产品的全球购买。互联网使购买过程便利、快捷,大大缩短了交易时间;可以为顾客提供充分的商品信息,从而扩大了旅游产品选择的余地。

7.3.2 非中介化

从某种意义上说,直销使得传统交易过程中的某些中介过程被取消了。因此,非中介化(Disintermediation)是指在一个给定的价值链中去除负责特定中介环节的组织或业务流程。在传统销售渠道中,在旅游产品提供商,或生产商和消费者之间存在着中介层,如旅行社和旅行代理商。网上旅游产品零售最重要的特点就是能够绕过中介(如旅行社、旅行代理商)建立与客户的直接关系,从而在向客户传递价值的同时使销售额和利润最大化。例如一间酒店的客房,经过酒店本身、当地协议旅行社、委托旅行社、专人服务上门等中介,使客房价格上升了200%以上。而通过使用互联网,酒店可以向顾客直接销售产品和在线提供支持服务,实现"鼠标加水泥"的零售模式,取消了传统的中介。

消费者直接从旅游产品提供商,或生产商处预订产品使得销售链缩短,传统商务交易中低效率的现象就可以被消灭。电子机票的应用使得送票时间缩短为零。非中介化过程使旅游产品提供商与消费者建立更密切的关系。一方面,旅游产品提供商或生产商与客户的直接关系,使销售链供应链上成员间能够共享信息,同时,使公司更加容易获取更新和更可靠的信息,避免由于缺乏信息或信息误导导致决策失误一类问题,因此发生错误的可能性和造成的损失可能被减少。另一方面,当互联网能够充当从消费者返回旅游产品的信息渠道时,获取的信息可用作市场分析,预测未来的市场需求。例如,当互联网能为旅游产品生产商提供机会直接接触消费者,向他们提供产品信息或订单信息时,对传统中介的需求程度就被降低或消灭了。

7.3.3 再中介化

狭义上来说,旅游业主要的、直接的职能是为游客的旅游活动提供旅游产品和服务。与之相适应,它有一套与之相关联、相适应的商务体系,其中包括目的地、旅游公司、连锁旅馆、航空公司、基础设施、旅游经营商、旅行社、娱乐和休闲设施的供应商。从市场结构和作用来看,旅游者(即消费者)、中间媒介、服务供应商构成一个三层网络市场结构。因此，旅游行业的价值链(见图 7-8)要比其他一般行业复杂得多。一般来说，大型的全国性航空公司、国际性的连锁旅馆、租车公司以及旅游观光地的经营者等这些旅游服务的提供商必须通过像全球分销系统(Global Distribution System，GDS)和旅游代理商等中介团体一样来经营业务，而不是直接与消费者联系。GDS 是指批发商从供应商那里预订旅游产品，然后将这些订购的旅游产品转售给代理商，代理商再将这些从批发商那里购买过来的旅游产品零售给消费者或将其加工成"度假套餐"销售给零售代理商。过去，供应商与消费者之间无法直接建立联系，即使可能，也是非常困难的。

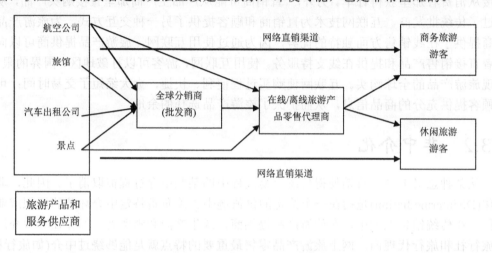

图 7-8　旅游服务业的价值链

　　GDS 和旅游代理商处于供应商和消费者的双重压力之下。航空公司、旅馆、汽车出租公司等供应商希望除去像 GDS 和代理商这样的中间人，与消费者建立直接的联系。例如，七大航空公司已经组建了它们自己的网上订票系统，该系统名叫 Orbitz，目的是为了与企业及休闲旅游者直接进行业务联系。一些大型汽车出租公司也已经建立了直接面向消费者的网站，这在一定程度上减少了代理费，提高了空闲汽车的出租价格，如 Alamo.com、budget.com、hertz.com。一些旅游目的地营销系统平台提供了直接面向旅游者的直销平台。

　　GDS 是应用于民用航空运输及整个旅游业的大型计算机信息服务系统。通过 GDS，遍及全球的旅游销售机构可以及时地从航空公司、旅馆、租车公司、旅游公司获取大量的与旅游相关的信息，从而为顾客提供快捷、便利、可靠的服务。

　　从 GDS 的发展过程看，GDS 是由于旅游业的迅猛发展而从航空公司订座系统中分流出来的面向旅行服务的系统。如今，GDS 已经发展成为服务于整个旅游业的一个产业，除了原有的航空运输业，旅馆、租车、旅游公司、铁路公司等也纷纷加入 GDS 中来。经过技术与商务的不断发展，GDS 已经能够为旅行者提供及时、准确、全面的信息服务，并且可以满足消费者旅行中包括交通、住宿、娱乐、支付及其他后继服务的全方位需求。目前，中国 GDS 也正在紧锣密鼓地建设中，建成后，中国 GDS 将成为一个覆盖全国、具有国际竞争力的旅游信息服务的航空母舰。

　　从图 7-8 可知，旅游电子商务使得致力扩大直销、弱化中间商的同时，又创建了新的中间商，即再中介化。第 2 章中讨论过的团体采购方式就是再中介化的一种例子。

从营销渠道上来看，似乎是直销与再中介化可能发生渠道冲突。渠道冲突(Channel Conflict)是指销售渠道成员因为实际存在的或感觉到的回报、政策或支持上的差异而相互敌对。传统旅游产品的生产商、代理商及零售商，在利用基于 Internet 旅程电子中介时，实际上已经建立一条区别于传统商家的营销渠道，就可能发生渠道冲突。从媒体的信息中可以看出，很多人认为网上旅游服务的零售是零售业的创新，对传统零售业将会造成很大的冲击，对常见的营销渠道大有取而代之的趋势。

其实，网上旅游服务的零售在形式上与零售业中传统的无店铺销售(如商品邮寄销售、电视销售、电话订购等)是相同的营业形态，是一项类似的替代选择。因此网上旅游服务交易与传统旅游服务的交易不是相互替代的关系，渠道之间也不存在冲突，而是相互融合、互补的关系。由此可见，网上旅游服务零售与网下零售、虚拟零售与现实零售呈现出融合的趋势。B2C 旅游电子商务的发展如果没有传统旅游产品的代理商的加盟，旅游电子商务热只能停留在纸面上的炒作；而传统旅游产品的代理商如果不顺应新经济的潮流，加入旅游电子商务中来，就会很快被市场淘汰。

7.4 网上旅游产品与服务的电子商务零售实例

7.4.1 虚拟旅游商家

电子旅游技术给旅游业的企业过程重组带来了手段与技术。企业过程重组就是重新创建企业组织内部的过程。旅游业的企业过程重组是一种应用创新战略。它采用电子数字信息技术在游客服务、目的地营销方面做出重大改进的根本性变革。企业过程重组的目的是增强生产力、降低生产经营成本、提高企业利润。企业过程重组的一个有效模式是采用电子商务手段组建旅游虚拟公司或企业(见图 7-9)。因为电子旅游商务支持"虚拟市场"，旅游产品和服务提供商、旅行社、旅游公司、旅游目的地和游客可聚集在这一市场中进行交易。旅游虚拟公司就是相互独立的旅游组织或企业通过加入互联网，公共互联网技术将它们连接起来，使它们共享技术、成本以及市场销售渠道，而共同开发旅游市场机会。

旅游虚拟公司可以作为永久性公司进行经营。旅游企业成员加入到一个电子旅游信息网络中，建立生产旅游产品和服务的永久关系。成员公司，如旅行社、景点、景区，在旅游虚拟公司组织以外仍然保持着独立性，并且进行着自主经营。在长期的协约下，成员公司同时生产、经营，扩展市场范围，创造出共享的组织速度。游客可以从旅游虚拟市场中每天 24 小时地订购产品和服务。九州旅游文化网虚拟旅游系统网站就是这种模式的一种类别，如图 7-10 所示。

旅游电子商务(第二版)

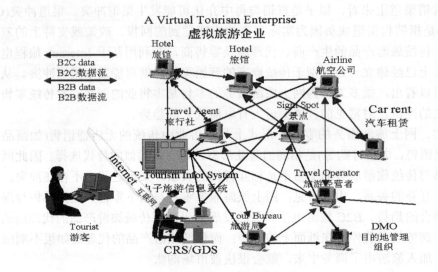

图 7-9 旅游虚拟公司模式

图 7-10 九州旅游文化网虚拟旅游网站

　　九州旅游文化网虚拟旅游网站提供了虚拟旅游、查询预定、广告宣传等功能。进入虚拟旅游区，可直接进入虚拟旅游系统，可以进一步查看全国区域的省市级旅游景点，并配有声控引导，图文、视频并茂。现以华中区湖北省为例，如图 7-11 所示。

　　单击查询预定模块，可进入国内列车和全球机场信息的查询，同时还可以进入机票、酒店预订等子功能模块查询所需信息，如图 7-12 所示。

第7章 旅游产品与服务网上零售

图7-11 虚拟旅游板块

图7-12 国内列车和全球机场信息的查询系统

7.4.2 "鼠标加水泥"型零售商

旅游企业要想获得真正的收益,必须充分利用来自对实体业务(砖块加水泥商店)和在线业务(网站)所带来优势。旅游网站向游客提供更低的价格和更多的选择,而实体商店为游客提供值得信赖的店员和在购买前评估商品的机会。对于拥有成熟旅游网站的传统"砖块加水泥"型旅游企业来说,可以采取以下方式使用"鼠标加水泥"的混合战略。

(1) 提供一致完整的信息和服务。首先,"传统砖块加水泥"型旅游企业充分使用

"中间件"软件将所有后台数据库与一个"面向顾客的系统"进行无缝相连,充分发挥数据库营销技术,从而创造完整的顾客体验。无论游客是通过与店员的面对面接触、按键电话、网页、客户服务代表或销售人员的电话,还是通过其他方式,如无线设备或触摸屏,他们所得到的信息和服务应该是完全一致的。

(2) 授权给游客。通过使用各种技术来保证游客获得足够信息,以及给游客提供机会使用交互式在线技术执行各种功能,销售商可以建立一个强大的"24 小时/7 天"的服务和信息提供渠道。

(3) 利用各种渠道。创新型的砖块加水泥旅游企业将为来自每一渠道的游客提供所有渠道的营销优势。无论是在线还是离线、实体,游客将同时得到两种渠道的好处。让我们看一下上海春秋旅行社在实践中应用这种战略的例子。

上海春秋旅行社在国内旅游经营中已连续 7 年荣膺国家旅游局评定的国内旅游百强之首。上海春秋旅行社的核心经营理念是以市场为中心的 4 个特色经营:散客的市场定位、优质的服务、网络化的经营和艰苦奋斗的企业文化。其中,春秋旅行社的网络化经营尤为引人关注,它将传统旅行社业务和现代销售方法紧密结合,使用网络信息手段统筹全国分社的运行,并实现了个性化服务和规范化经营的良好结合。

春秋旅行社将春秋旅游网从简单的信息发布网站改造成为能够运行旅游电子商务活动的网站,规划了与之相适应的网站结构和网页形式。新的春秋旅游网提供详细的、实时更新的旅游线路信息,包括价格、开班日期、游程安排、供应标准等,同时也经营商务订房、订票以及自助旅游产品,这些产品都能从网上预订。春秋旅游网把信息的准确、预订的方便、网下的服务质量和预订的成功率作为考核的主要指标。

春秋旅游网将前台业务受理与系统后台功能进行有效的整合,使得前台业务受理具有仿真可视化购票界面、符合客户需求的旅游资源(旅游目的地、会展、节事、酒店、飞机航班、火车和汽车租赁等)查询、顺畅的订购流程、个性化的客户定制服务和与目前主流在线支付平台完美对接等功能性特点,使得后台业务受理具有智能的可视化订购前台生成系统、人工实现的各类旅游信息的维护、完善的接口系统,实现与各主流商家的系统对接、销售情况的分析统计、全面的客户信息支持系统以及完善的销售策略体系等功能性特征。

7.4.3 网上客房直销

总部设于深圳,全国各地主要城市均有代理商及合作伙伴的长乐订房网(www.i2hotel.bak.cn)创立于 2004 年。目前是国内功能较齐全的酒店客房直销、专业酒店预订的电子商务平台,经营在线旅行服务业务。现拥有 8 种语言(中文简体、中文繁体、英文、日语、韩语、德语、意大利语、法语、西班牙语)、界面统一的互联网酒店预订平台,包括商务酒店、休闲度假酒店、小旅馆、酒店式物业等国内外信息达 6000 多家,并且收集了提供给会员搜索的酒店信息,加盟酒店的数量迅速增长,网络直销的酒店数量、建立网站预订系统的酒店数量以及购买整个客房直销预订系统的酒店数量出现阶梯式的增长,目标是实现中国 20 000 多家酒店通过长乐订房网平台来直接面向客户预订。

长乐订房网是一家高度安全可靠的电子商务网站,有网络安全认证,数据中间应用安全防护技术,保障数据的实时、有效、安全可靠,保障客户的资料、酒店的订房数据的安全,如图 7-13 所示。酒店的内部管理系统、酒店网站、酒店预订系统无缝地集成在一起——酒店预订客房直销平台。

该平台具有强大搜索引擎功能,可对酒店资料进行精确或模糊查询。例如,我们以中国→海南→三亚→五星级酒店进行模糊查询,如图 7-14 所示,就可得出所有的相关酒店资料。这样我们就可以对于酒店的地址、房型、房价、折扣等具体情况进行选择,从而预订酒店房间了。

图 7-13 长乐订房网首页

图 7-14 三亚五星级酒店查询网页

网上客房直销，预订客房的过程：搜索酒店→选好客房预订→提交预订相关信息→客服人员与您联系确认→办理入住手续→发短信通知客户成功预订→客人可查询预订的情况。

7.4.4 全包服务

由于旅游服务产品具有不可储存性，因此旅游产品销售商把很多不同的产品打包在一起以一个较低价格来销售，行业中形成了一系列相关和互补的服务组合，即全包服务(All-inclusive Package)。一般包括项目包装(Packaging)和活动策划(Programming)两部分，其实也就是为个体顾客量身订制的产品。

旅游服务业中一般有两种类型的全包服务。

(1) 旅游中间商开发的全包服务：许多旅游中间商(包括旅游经销商、批发商、奖励旅游策划机构)、旅游代理商和会议旅游策划机构开发的全包服务。

(2) 其他部门开发的全包服务：如供应商、运输商、目的地营销组织、各种俱乐部和其他特殊兴趣爱好者协会等开放的全包服务。

从全包服务概念的诞生至今六十余年间，旅游全包服务以方便、经济、服务后果的一致性和能满足特殊兴趣等特性，越来越受到全球旅游业的重视，网上旅游产品的浏览、查询、预订及量身订制更是将其服务体现得淋漓尽致，如图 7-15 所示。

图 7-15 青旅在线的订制网面

案例研究：Expedia.com

Expedia.com 是一家总部设在华盛顿州贝尔维尤市的网上旅游服务公司，它提供日程安排、价格、航班、旅馆和汽车出租信息。1999 年后期之前，Expedia.com 一直都是微软下属的一个子公司。2001 年，USANetworks 公司从微软手中购买了 Expedia 公司 70%的股权。Expedia 是最成功的网上旅游服务公司之一，根据世界旅游观光协会的数据，2001 年全球旅游行业的总收入约为 3.8 万亿美元，而 Expedia 的收入就有 2.22 亿美元。

Expedia 的目标是要建立一个全球性的旅游市场，使得旅游服务的提供商可以扩展其网上业务，使消费者可以查询、计划、购买旅游服务。Expedia 的客户价值体现就是要减少客户的交易成本和搜寻成本，增加价格的透明度。通过取代许多原本由当地的旅游代理所完成的功能，Expedia 改变了整个行业的结构。

Expedia 基本上已经成功地实现了它的目标。通过 Expedia 网站，一般消费者和商务旅行者可以一天 24 小时实时地获得行程安排信息、450 家航空公司的价格信息、65 000 家旅馆的信息以及所有大型租车公司的信息。网站的访问者可以咨询 350 多个旅游景点的旅游情况，从业内专家那里获得旅游信息和旅游建议，还可以通过聊天室和社区公告栏向其他旅游者了解情况。在收集了必需的信息之后，消费者还可以在网站上订购相应的旅游产品或服务。目前登录 Expedia 网站查询旅游信息和订购旅游产品/服务的唯一用户数已经超出了 800 万，Expedia 是世界上访问量最大的网站之一。

Expedia 商业模式与传统的旅游代理商一样。Expedia 的收入主要来源于对每笔业务所收取的佣金。但是，公司正在转向批发商商业模式，它以折扣批发价从供应商那里购买大量的库存商品，然后用自己制定的零售价将商品转售给消费者。采用这一模式，Expedia 所提供的价格可以更具竞争性，所获得的毛利润也比主要依靠佣金的代理模式要高。此外，公司还有一部分的收入主要来源于航空公司、旅馆等供应商支付的广告费，以及公司将自己的核心技术平台授权给美国大陆航空公司、美国西北航空公司和美国运通使用所获得的收入。

在截止到 2001 年 6 月 30 日的会计年度中，Expedia 的总收入为 2.22 亿美元，远远超过了 2000 年的 1.35 亿美元。公司有大约 55%的收入来源于机票销售、旅馆预订以及汽车出租等代理业务(1.22 亿美元)。它最近将其业务扩展为批发模式，将大量事先预订好的旅游产品转售给零售消费者，收入不错，有 6400 万美元。2001 年，公司的广告收入大约占其总收入的 15%。虽然公司的总收入在 1999—2001 年度增长了 5.8 倍，但是成本也几乎以同样的速度大幅增加，是原来的 4.6 倍。虽然产品的开发成本保持相对稳定，但销售和营销的费用则是 1999 年的 62 倍。公司对几家拥有特殊技术的旅游公司实施的收购，如收购 Best Fare Finder 公司，也增加了公司 2000 年的收购成本。从 1999 年以来，公司总的经营费用增加了 5.4 倍，与公司在这段时间收入的增长速度几乎持平。

本章小结

电子零售商业模式可以被分为完全电子零售商以及用在线销售渠道来补充传统渠道的"鼠标加水泥"型零售商。

生产商的直销将导致移去批发商和零售商的非中介化，而在线再中介化可以帮助消费者在众多生产商间做出选择。

网上旅游服务所吸引的客户人数最多，其收入是B2C电子商务收入中最大的一个部分。Internet已成为消费者用来查找旅游去处，查找最合适的价格，预订机票、预约租车、预订旅馆、预订游程和预订观光行程时最常用的一种工具。到2006年，网上旅游服务的收入在整个旅游服务费收入市场中的份额将由目前的10%增加到2006年的21%。网上旅游服务之所以能够取得成功，主要有以下几个原因。

(1) 旅游服务网站向消费者提供了一站式的、方便的休闲旅游和商务旅行。这些网站上提供了旅游内容介绍、旅游社区、商务服务和消费者服务。旅游网站还可以让消费者和供应商在一个交易成本较低的环境中进行交易。

(2) 旅游属于一种信息密集型产品，旅游也可以说是一种电子化的产品，因为绝大部分的工作都是在网络这一数字环境中完成的。网上旅游服务不需要实施有固定营业网点支撑的昂贵的多渠道战略，因此，旅游服务似乎特别适合于网络市场环境。

(3) 旅游业的各个不同部门适合网络市场环境的程度是不同的。例如，机票预订、汽车出租适合的程度最高，其次是预订旅馆。而不同游程和观光行程服务的质量大不相同，信息的复杂程度很高，它要求一定程度的决策支持处理，因此，网上游程和观光行程的预订，以及一定程度上的旅馆预订在网络环境下的发展速度并不快。

(4) 当今网上旅游服务业的主要发展趋势有以下两个发展趋势。

① 随着一些实力比较雄厚的传统旅游公司采取合并策略，收购了一些比较弱小的、相对便宜的电子旅游公司，以建立融合了固定营业网点、电视销售以及网站在内的强大的多渠道旅游服务公司，纯网上旅游服务业也在不断地发展壮大。

② 航空公司、旅馆、汽车出租公司等这些供应商希望除去像GDS和代理商这样的中间人，与消费者建立直接的联系。一些大型汽车出租公司也已经建立了直接面向消费者的网站。

思考与演练

一、思考题

1. 在线旅游产品与服务零售市场当前和未来预期的规模有多大？在回答时请比较B2C旅游产品与服务和B2B旅游产品与服务销售，哪些行业将取得成功？
2. 携程旅行网站的成功因素是什么？
3. 讨论在线旅游产品与服务零售的主要商业模式。
4. 旅游服务的供应商是如何从消费者对旅游网站的使用中获得收益的？
5. 旅游业主要由哪两部分组成？哪一部分增长得最快？为什么？

6. 解释全球分销系统(GDS)的功能。

二、讨论题

1. 讨论"量身订制"给买方和卖方带来的好处。是否存在不利之处?
2. 以携程为例,讨论鼠标加水泥型旅游公司的优势所在。
3. 为什么携程网站采取多样化的战略?
4. 讨论渠道冲突的问题,并找出一些旅游公司为解决该问题而采取的战略。

三、演练题

1. 访问e龙和携程网站。比较这两家公司提供的服务,并评价它们的成功机会。
2. 访问e龙、Expedia和携程网站,比较这3家公司提供的服务的差异性,并评价它们在中国的成功机会。
3. 访问青旅在线网站并提交一份根据自己旅游兴趣定制的旅游线路订单。下订单的过程是怎样的?你是否认为由此可以得到更满足你旅游需求与体验的合适的旅游线路?你是否认为这种定制化特色将为青旅在线带来更高的销量?
4. 找到3家五星级旅游酒店预订的网站,比较这3家网站向你提供信息的能力。

第8章 基于社会化媒体与互联网的旅行产品与服务营销

【学习目标】

通过本章的学习,熟悉微营销的几种手段和特点;了解社会化媒体平台的作用;掌握旅游产品与服务网络营销概念、使用互联网技术进行营销的优点;掌握网上旅游产品与服务零售市场;了解直销和旅游产品与网上服务零售的关键成功因素;了解传统旅游产品与服务零售商"鼠标加水泥"战略的要点;掌握旅游产品与服务网络营销潜力、旅游产品与服务网络营销战略、旅游产品与服务网络营销组合、旅游产品网络营销沟通、旅游产品与服务网络关系营销。

【关键词】

营销(Marketing) 网络营销(Networked Marketing) 社会化媒体营销(Social Media Marketing, SMM) 社会网络服务(Social Networking Service, SNS) 微营销(Smart Planet) 微电影(Mini Film) Internet 营销(Internet Marketing) 网络营销沟通(Online Marketing Communications) 网络营销战略(Online Marketing Strategy) 网络关系营销(Online Public Relations Marketing) 渠道(Place) 促销(Promotion) 在线广告(Online Advertising) 普通在线沟通(General Online Communications) 个性化在线沟通(Personalized Online Communications) 传统大众营销沟通(Traditional Mass Marketing) 直接沟通(Direct Communications) 旗帜广告(Banner Advertisements) 直接电子邮件营销(Direct E-mail Marketing) 病毒式营销 (Viral Marketing) 数据库营销(Database Marketing) 客户关系管理系统(Customer Relationship Management System) 许可营销(Permission Marketing) 会员制营销(Affiliate Marketing) 一对一营销(One-to-one Marketing) 定制化(Customization) 市场调查(Market Research)

开篇案例：张家界——通过微信将旅游服务做得更好

为及时适应新媒体环境下传播方式和传播渠道的多样性，进一步提高新闻资讯传播的时效性，缩短与受众的距离，增强互动性，张家界旅游景区于 2014 年 9 月认证"张家界旅游"官方微信公众号(zjjwly)。至此，张家界在覆盖全球的手机报传播渠道基础上又增添一个新的传播方式。目前，"张家界旅游"微信听众已超过 40 万人，广播 5000 条以上信息，成为国内同类景区利用微信营销旅游的佼佼者。

微信是目前最受欢迎的社交工具，它是绝大部分智能手机用户的必装软件。张家界微信公众账号开通后，每天甄选发送一组图文并茂的张家界本地重要资讯，并积极与粉丝互动，打造快捷、可读性高、互动性强的新闻类微信公众账号平台。

"张家界旅游"官方微信营销平台搭建以来，已经成功举办了很多活动，与微信听众的互动更好地宣传了张家界景区。比如，"第三届张家界·武陵源全国风光摄影大展推荐欣赏作品""张家界入选世界十大迷人森林"……再比如，从 2014 年 5 月 1 日起，只要关注官方微信"张家界旅游"，并转发相关信息，就有机会到世界自然遗产地——张家界武陵源核心景区免费赏绝版张家界地貌美景。张家界武陵源风景区向全球十万微友发出了正式邀请，所有微信和自驾车微友都可参加。微信微友关注官方微信"张家界旅游"(微信号 zjjwly)，转发活动图文专题到微信朋友圈，截屏发送至"张家界旅游"(见图 8-1)，活动官方按 10∶1 的比例抽取幸运微友，并向幸运微友邮寄明信片一张，总数 20 000 张抽完为止。幸运微友到达张家界·武陵源核心景区后凭本人有效身份证件和明信片到各门票站办理登记，可换取张家界·武陵源核心景区门票赠送票一张。

图 8-1　张家界微信公众平台截图

邀请全球十万微友免费游张家界地貌，是武陵源借助微信向全球宣传世界自然遗产

第 8 章 基于社会化媒体与互联网的旅行产品与服务营销

张家界地貌景观,扩大张家界地貌品牌影响力的一项重要举措。

"张家界旅游"官方微信的管理者,武陵源区旅游局专门成立了旅游网络营销中心,安排2~3人负责收集、发布信息和日常维护管理,每天定时向微友分享最新旅游资讯,及时回复微友咨询等。针对粉丝的增多,微友的要求趋向多元化,增加了张家界相关景区介绍、线路推荐、旅游攻略等元素,使官方微信的服务再上台阶。例如,"张家界旅游"微信收录了第三届·张家界武陵源全国风光摄影大展的相关信息,摄影爱好者在关注后直接回复数字1即可获取详情。同时借助微信平台,武陵源区还首创"微新闻""微张家界"两大网络宣传模式,与区内各大景区企业、宾馆酒店等建立了信息传递和资源共享机制,开辟了寻味之旅、微段子、微留言、微公示等板块,第一时间实现了景区动态信息、服务信息、生活信息在手机上快速传播,成为中外游客了解张家界的重要窗口。

8.1 社会化媒体营销的旅游产品与服务概述

8.1.1 社会化媒体概述

1. 社会化媒体的发展

社会化媒体,英文为"Social Media",简称 SM,它也是区别于传统主流形式(报纸、杂志、电视、广播)的一种新型的媒体方式,主要是通过互联网技术实现信息的分享、传播,通过不断的交互和提炼,对观点或主题达成深度或者广度的传播,其影响力是传统媒体往往无法达成的。

社会化媒体可以是 BBS、论坛、部落格、百科、微信、微博、优酷、天涯社区、豆瓣、Youtube、Twitter 或者 Facebook 等形式。由于上述的这些网络服务媒体具有互动性,因此,能够让互联网上的任何一个用户通过手机、iPad 或者计算机等终端在任何时候、地点,在一个平台上,进行彼此沟通与交流。基于这个特点,社会化媒体短短几年间在全球迅速发展,以 Facebook 和 Twitter 为代表的社交网络引领了这个发展。在这个全球大环境中,微信、微博、天涯社区、优酷等成为中国甚至是全球华语圈的主流社会化媒体平台。这些新兴的社会化媒体平台,为旅游企业提供了具有巨大潜力的旅游产品与服务的营销渠道。许多旅游企业、政府管理部门,通过社会化媒体与用户直接沟通,提供了更高效率和更高用户满意度的服务。中国的社会化媒体发展历程如图 8-2 所示。从图中可以看出,在 2004 年,国内一些博客平台的兴起,真正标志着国内社会化媒体发展的开端。由传统网站制造内容转向网民制造内容,网站和网民、网民和网民之间的交流,更加的密切,信息的传播无论是从深度还是广度都实现了大的突破。社交类网站、百科、主题分享(文字、图片、视频)相应发展,2009 年新浪微博的建立,腾讯,搜狐相继建立博客平台,社会化媒体的格局逐渐清晰起来。

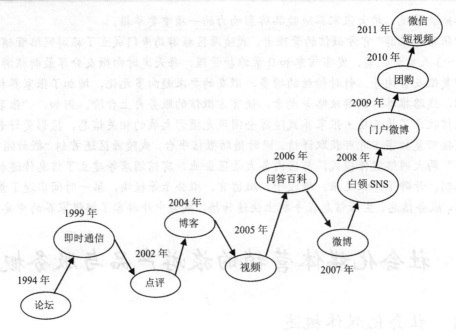

图 8-2　中国的社会化媒体发展历程图(资料来源：IT168 文库)

Twitter 和 Facebook 均是美国最热门的社交网络工具，两者都允许用户将个人最新状态和想法以信息的形式发送到个性化的网站群里以便共享个人的最新动态。艾瑞咨询公司通过整理美国咨询公司 eMarketer 最新发布的数据显示，2014 年在美国有 2800 万人平均每个月至少有一次在他们的手机上使用 Twitter；接近 1 亿美国人至少每月有一次通过手机访问他们的 Facebook 账户，几乎所有的移动社交网络用户都会通过手机使用 Facebook。美国主流社会化媒体用户规模如图 8-3 所示。国内外各社会化媒体平台的活跃用户数量如图 8-4 所示。

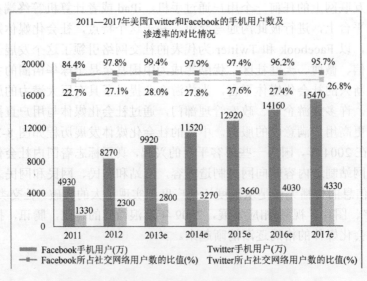

图 8-3　美国主流社会化媒体用户规模图

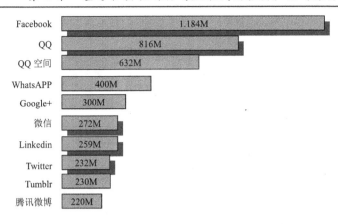

图 8-4 2014 年 1 月国内外各社会化媒体平台的活跃用户数量

2. 社会化媒体的特征

(1) 参与：社会化媒体可以激发感兴趣的人主动地贡献和反馈，它模糊了媒体和受众之间的界限。

(2) 公开：大部分的社会化媒体都可以免费参与其中，他们鼓励人们评论、反馈和分享信息。参与和利用社会化媒体中的内容几乎没有任何的障碍，受保护的内容除外。

(3) 交流：传统的媒体采取的是"广播"的形式，内容由媒体向用户传播，单向流动。而社会化媒体的优势在于，内容在媒体和用户之间双向传播，这就形成了一种交流。

(4) 社区化：在社会化媒体中，人们可以很快地形成一个社区，并以旅游、摄影、新闻事件等共同感兴趣的内容为话题，进行充分的交流。

(5) 连通性：大部分的社会化媒体都具有强大的连通性，通过链接，将多种媒体融合到一起。

社会化媒体所拥有的特点，改变着人们的生活方式。2013 年美国社会化媒体营销盘点数据显示：美国网民 27%的时间花在社会化媒体站点上；美国网民 15%的移动互联网使用时间用在社会化媒体上；社会化媒体带来的销售线索是展销、电话营销、付费搜索的两倍；社会化媒体的转化率比一般转化率高 13%；21%的营销者表示过去 6 个月中社会化媒体对公司变得重要了；4%的营销表示 Facebook 对他们的营销很重要；一天能获得 1000 个 Facebook 赞的公司，网站访问也能增加 1400 个；Facebook 上面一篇帖子发布后 30 分钟，覆盖率达到一半；59%的 Twitter 用户访问过 B2B 的科技品牌。国外社会化媒体的格局如图 8-5 所示，中国社会化媒体的格局如图 8-6 所示。

3. 社会化媒体的评估方式

社会化媒体传播效果的评估方式主要分两种：定量评估与定性评估。

1) 定量评估

定量评估指标主要包括如下几项。

(1) 曝光次数(Impression)：指总体发布量、阅读数量(点击数量)、转载数量、回复数量等常规内容数据。

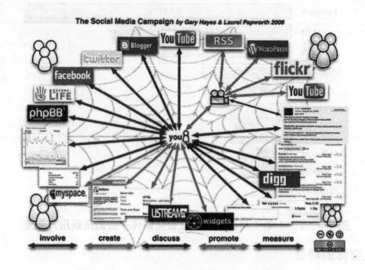

图 8-5 国外的社会化媒体格局概览图

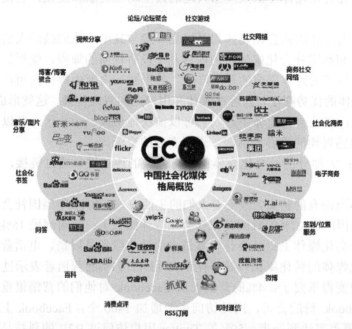

图 8-6 中国社会化媒体格局概览图(资料来源：互动百科)

(2) 广告当量：统计出每次营销活动(Campaign)中，加精华、加置顶这些内容的总量，可以折合成多少对应的传播网站对外报价的费用，可得出此次 Campaign 附加价值。

(3) 单人点击成本(CPC)：计算每次营销活动(Campaign)的平均 CPC 值，将其与 IT 行业常规平均 4～5 元的 CPC 值进行对比，即可评估此次 Campaign 效果。

(4) 转化率(Conversion)：在一次营销活动(Campaign)中，对比前后用户的使用、关注、参与的数据，例如线上活动的注册人数、参与人数、网站 PV/UV 值、销售量等，即可得出转化率数据。

(5) 第三方数据：在一次营销活动(Campaign)实施前后，对比 Google 趋势、百度指

第8章　基于社会化媒体与互联网的旅行产品与服务营销

数等数据,或者委托第三方调研公司,调查品牌或者产品的知名度及美誉度变化情况。

2) 定性评估

定性评估方式也主要分为两个角度:网络舆论分析和影响力分析。

(1) 网络舆论分析:在一次Campaign实施中,需要从如下一些角度分析网络舆论情况,即分析网络舆论的评论比率,包含网络舆论的正面、负面、中性的评论比率,即可评估出舆论引导效果。其中,搜索引擎首页的负面率等也在网络舆论的分析范围之内。分析微博、论坛、博客、SNS等社会化媒体传播通路中的跟帖评价比率,分析网民关注点(关注的产品是什么?关注的产品功能有哪些?是否关注售后服务?关注服务哪个环节等),同样需要从正面、负面、中性三个方面对评价内容进行分析。

(2) 影响力分析:名人博客/微博,有无名人博客/微博自发撰文讨论或引用相关内容,有无博客频道显著位置推荐、博客圈加精;媒体跟进,有无其他非合作媒体进行话题的跟进及二次传播。

8.1.2　社会化媒体营销

1. 社会化媒体营销的概念

社会化媒体营销指的是利用社会化网络、在线社区、博客、百科或者其他互联网协作平台和媒体来进行营销、销售、公共关系处理和客户服务维护及开拓的一种方式。一般社会化媒体营销工具包括论坛、微博、博客、SNS社区、图片和视频分享等。社会化媒体营销的主要特点是网站内容大多由用户自愿提供,而用户与站点不存在直接的雇佣关系。

2. 社会化媒体营销的优点

(1) 社会化媒体营销可以精准定向目标客户。

社交化网络掌握了大量的用户信息,仅仅是用户公开的数据中,就有大量极具价值的信息。不只是年龄、工作等一些表层的东西,通过对用户发布和分享内容的分析,可以有效地判断出用户的喜好、消费习惯及购买能力等信息。此外,随着移动互联网的发展,社交用户使用移动终端的比例越来越高,移动互联网基于地理位置的特性也将给营销带来极大的变革。通过对目标用户的精准人群定向以及地理位置定向,在社交网络投放广告能收到比在传统网络媒体更好的效果。

(2) 社会化媒体营销的互动特性可以拉近企业与用户的距离。

互动性曾经是网络媒体相较传统媒体的一个明显优势,但是直到社会化媒体的崛起,我们才真正体验到互动带来的巨大魔力。在传统媒体投放的广告根本无法看到用户的反馈,而在网络上的官方或者博客上的反馈也是单向或者不即时的,互动的持续性差。往往是我们发布了广告或者新闻,然后看到用户的评论和反馈,而继续深入互动却难度很大,企业跟用户持续沟通的渠道是不顺畅的。而社交网络使我们有了企业的官方微博,有了企业的人人网官方主页,在这些平台上,企业和顾客都是用户,先天的平等性和社交网络的沟通便利特性使得企业和顾客能更好地互动,打成一片,形成良好的企业品牌形象。此外,微博等社交媒体是一个天然的客户关系管理系统,通过寻找用户对企业品牌或产品的讨论或者批评，可以迅速地做出反馈，解决用户的问题。如果企业官方账号能与顾客或者潜在顾客形成良好的关系，让顾客把企业账号作为一个朋友的账号来对待，那么企业的获得的价值是难以估量的。

(3) 社会化媒体营销的大数据特性可以帮助企业低成本地进行舆论监控和市场调查。

随着社交网络的普及，社交网络的大数据特性得到很好地体现。而企业如果能做好社交网络的数据分析与处理，也能从中获益。

首先，通过社交媒体企业可以低成本地进行舆论监控。在社交网络出现以前，企业想对用户进行舆论监控的难度是很大的。而如今，社交媒体在企业危机公关时发挥的作用已经得到了广泛认可，任何一个负面消息都是从小范围开始扩散的，只要企业能随时进行舆论监控，就可以有效地降低企业品牌危机的产生和扩散。

其次，通过对社交平台大量数据的分析，或者进行市场调查，企业能有效地挖掘出用户的需求，为产品设计开发提供很好的市场依据，比如一个蛋糕供应商如果发现在社交网站上有大量的用户寻找欧式蛋糕的信息，就可以加大这方面的蛋糕设计开发，在社交网络出现以前，这几乎是不可能实现的，而如今，只要拿出些小礼品，在社交媒体做一个活动，就会收到海量的用户反馈。

最后，社会化媒体让企业获得了低成本组织的力量。通过社交网络，企业可以很低的成本组织起一个庞大的粉丝宣传团队，粉丝给企业带来的价值是巨大的。比如，2010年，"九寨沟小萝莉"的小女孩的图片被疯传于各大网络，网友集体"被秒杀"，"一见倾心，再见倾城"的"九寨沟小萝莉"各种可爱的照片，让人们惊叹"九寨沟小萝莉"实在太萌了。而"九寨沟小萝莉"事件是一起旅游景区利用网络红人进行的旅游网络营销的案例活动。小萝莉照片发布到了网上，网友们自主地加入了这次旅游网络推广中，开始了一场席卷整个互联网的推广，网友纷纷对"九寨沟小萝莉"进行关注，使"九寨沟小萝莉"变成网上人见人爱的网友红人。在"九寨沟小萝莉"的网络红人效应带动下，九寨沟景区的网络搜索呈上升趋势。据全国知名旅游线路预订网站悠哉旅游网给出的统计数据显示，自从"九寨沟小萝莉"在九寨沟的照片被曝光后，该地区旅游线路订单量和电话量有了明显上升。社会化媒体对旅游产品与服务的营销效果是明显的。

8.1.3 旅游微营销

微营销中的"微"，具有随时随地分享与互动的含义。

1. 微信营销

1) 微信概述

微信是腾讯公司于 2011 年推出的一个为智能终端提供即时通信服务的免费应用程序，微信支持跨通信运营商、跨操作系统平台、通过网络快速发送免费(需消耗少量网络流量)语音短信、视频、图片和文字，同时，也可以使用通过共享流媒体内容的资料和基于位置的社交插件"摇一摇""漂流瓶""朋友圈""公众平台""语音记事本"等服务插件。微信提供公众平台、朋友圈、消息推送等功能，用户可以通过"摇一摇""搜索号码"、"附近的人"、扫二维码方式添加好友和关注公众平台,同时微信可将内容分享给好友以及将用户看到的精彩内容分享到微信朋友圈。截至 2013 年 11 月注册用户量已经突破 6 亿,是亚洲地区最大用户群体的移动即时通信软件。

微信营销是社会化媒体营销模式的一种,是伴随着微信的普及而兴起的一种网络营销方式。微信不存在距离的限制,用户注册微信后,可与周围同样注册的"朋友"形成一种联系,订阅自己所需的信息,商家通过提供用户需要的信息,推广自己的产品,从而实现点对点的营销。

微信营销主要体现在以安卓系统、苹果系统、Windowsphone 8.1 系统的手机或者平板电脑中的移动客户端进行的区域定位营销。旅游企业通过微信公众平台对接微信会员云营销系统展示商家微官网、微会员、微推送、微支付、微活动、微 CRM、微统计等,已经形成了一种主流的线上线下微信互动营销方式。

微信营销,包括微信平台基础内容搭建、微官网开发、营销功能扩展;另外还有微信会员卡以及针对不同行业,还有微旅游、微餐饮、微外卖、微房产、微汽车、微电商、微婚庆、微酒店、微服务等个性化功能开发。

2) 微信营销的特点

(1) 点对点精准营销:微信拥有庞大的用户群,借助移动终端、天然的社交和位置定位等优势,每个信息都是可以推送的,能够让每个个体都有机会接收到这个信息,继而帮助商家实现点对点精准化营销。微信的点对点的特点使其能够通过互动的形式将普通关系发展成强关系,从而产生更大的价值。通过互动的形式与用户建立联系,让企业与消费者形成朋友的关系。

(2) 形式灵活多样的漂流瓶:用户可以发布语音或者文字然后投入大海中,如果有其他用户"捞"到则可以展开对话,如招商银行的"爱心漂流瓶"用户互动活动就是个典型案例。

(3) 位置签名:商家可以利用"用户签名档"这个免费的广告位做宣传,附近的微信用户就能看到商家的信息。

(4) 二维码:用户可以通过扫描识别二维码身份来添加朋友、关注企业账号;企业则可以设定自己品牌的二维码,用折扣和优惠来吸引用户关注,开拓 O2O 的营销模式。

(5) 开放平台:通过微信开放平台,应用开发者可以接入第三方应用,还可以将应用的 LOGO 放入微信附件栏,使用户可以方便地在会话中调用第三方应用进行内容选择与分享。例如,"美丽说"的用户可以将自己在"美丽说"中的内容分享到微信中,可以使一件"美丽说"的商品得到不断的传播,进而实现口碑营销。

(6) 公众平台:在微信公众平台上,每个人都可以用一个 QQ 号码打造自己的微信公众账号,并在微信平台上实现和特定群体的文字、图片、语音的全方位沟通和互动。用户使用微信主要功能的情况如图 8-7 所示。

3) 旅游微信营销的优势

(1) 营销成本低廉。传统的营销推广成本高,而微信软件本身的使用是免费的,使用各种功能都不会收取费用,微信时产生的上网流量由网络运营商收取比较低廉的流量费,也就是说微信从注册、开通、使用几乎是免费的。那么,通过微信开展的微信营销活动的成本自然也是非常低的。

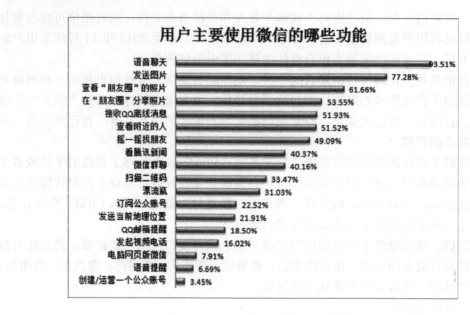

图 8-7　用户使用微信主要功能的情况

(2) 营销方式多元化。微信不仅支持文字，更支持语音以及混合文本编辑，普通的公众账号，可以群发文字、图片、语音三个类别的内容。而认证的账号，有更高的权限，使营销活动变得更生动、更有趣，更利于营销活动的开展。此外，微信中还有位置签名 LBS 定位功能，能使游客迅速查询到以自身所在位置为参照的周围附近的购物场所、餐馆等旅游信息，这样使旅游信息的推送更加丰富。

(3) 高接受率。微信用户已超过 5 亿之众。2013 年，微信活跃用户数量增幅达到 1104%，2013 年第一季度至 2014 年第一季度增长率稳定在 1098.8%。在亚太地区主要国家，包括印度、印度尼西亚、马来西亚和菲律宾等，微信占据通信类应用用户增长率首位。在另外一些亚太地区国家，其用户数量增长率也基本超过 1000%。微信已经成为或者超过类似手机短信和电子邮件的主流信息接收工具，其广泛和普及性成为营销的基础。除此之外，由于公众账号的粉丝都是主动订阅而来，信息也是主动获取，完全不存在垃圾信息招致抵触的情况。微信营销是亲民而不扰民，用户可以许可式选择和接受，微信公众账号的内容推送既可以主动推送，也可以把接收信息的权力交给用户，让用户自己选择自己感兴趣的内容，比如回复某个关键词就可以看到相关的内容，使得营销的过程更加的人性化而被接受。

(4) 高曝光率。曝光率是衡量信息发布效果的另外一个指标，微信有新内容会通过中心消息停驻、角标、铃声等随时提醒用户收到未阅读的信息，曝光率高达 100%

(5) 高到达率。营销效果很大程度上取决于信息的到达率，这也是所有营销工具最关注的地方。与手机短信群发和邮件群发被大量过滤不同，微信公众账号所群发的每一条信息都是以推送通知的形式发送，推广方所发布的每一条信息都会送达订阅的用户手中，到达率可以达到 100%。

(6) 定位精准。微信公众账号让粉丝的分类更加多样化，可以通过后台的用户分组和地域控制，实现精准的消息推送，也就是说可以把不同的粉丝放在不同的分类下面，在信息发送的时候,可针对用户的特点实现精准的消息推送。

(7) 高便利性。移动终端的便利性再次增加了微信营销的高效性。相对于 PC 而言,未来的智能手机不仅能够拥有 PC 所能拥有的任何功能,而且携带方便,用户可以随时随地获取信息,而这会给商家的营销带来极大的方便。

2. 微博营销

1) 微博概述

微博(Weibo),微型博客(MicroBlog)的简称,即一句话博客,是一种通过关注机制分享简短实时信息的广播式的社交网络平台。微博是一个基于用户关系信息分享、传播以及获取的平台。用户可以通过 Web、Wap 等各种客户端组建个人社区,以 140 字(包括标点符号)的文字更新信息,并实现即时分享。微博的关注机制分为可单向、可双向两种。微博作为一种分享和交流平台,其更注重时效性和随意性。

随着微博的发展,每个人都可以在微博平台上注册得到一个微博账号,在微博上发布自己的心情和日常生活所见所得,通过微博内容以及评论跟网络上的人交流互动,通过感兴趣的话题吸引志同道合的朋友。这样一个迅速快捷的交流平台已经深入人们的生活之中。微博的营销价值被很多旅游企业和管理部门所发掘,微博营销就是这样一个随着微博的发展而产生的新型网络营销方式。

微博营销,是在人们交流和互换信息的过程中进行品牌推广、活动策划、个人形象包装、产品宣传等一系列的营销活动,达到营销推广的目的。

最早的微博是美国 Twitter。2006 年 3 月,博客技术先驱 Blogger 创始人埃文·威廉姆斯(Evan Williams)创建的新兴公司 Obvious 推出了大微博服务。在最初阶段,这项服务只是用于向好友的手机发送文本信息。对于文本字数的限制,使用不同的语言,会有些差异。例如西文,以英文为例,一个英文单词加上空格平均也要五六个字符,而中文以双字词为主流,这样每条 Twitter 能够传达的信息量,就只有一条中文微博的 1/3 左右。微博有 140 个字的长度限制,如果用信息密度更低的语言(比如西班牙语)写微博,所传达的信息量就更少了。

国内提供微博服务的知名门户有以下四个。

(1) 腾讯微博。腾讯微博限制字数为 140 字,有私信功能,支持网页、客户端、手机平台,支持对话和转播,并具备图片上传和视频分享等功能。支持简体中文、繁体中文和英语。在"转播"设计上,转发内容独立限制在 140 字以内,采取的类似于 Twitter 一样的回复类型@,这与大多数国内微博相同,此外,腾讯微博更加鼓励用户自建话题,在用户搜索上可直接对账号进行查询。

(2) 新浪微博。新浪微博改名为"微博",是一个类似于 Twitter 和 Facebook 的混合体,用户可以通过网页、Wap 页面、外部程序和手机短信、彩信等发布 140 汉字(280字符)以内的信息,并可上传图片和链接视频,实现即时分享。新浪微博可以直接在一条微博下面附加评论,也可以直接在一条微博里面发送图片,新浪微博最先添加这两点功能。

(3) 网易微博。网易微博继承 Twitter 的简约风格,无论是从色彩布局,还是整体设计上,都可以找到些 Twitter 的感觉。交互上,摒弃了新浪微博回复提醒的烦琐功能,相比于新浪微博的评论内嵌,网易微博采用了@的形式进行用户之间的友好交流。信息提醒方面，区别于新浪微博的右侧小范围提醒，采用 Twitter 式的 Ajax 免刷新设计的横条，大大扩大了可点击范围。话题搜索快捷插入功能上，单个"#"(如"#话题")比新浪微博的"#话题#"更考虑到用户插入话题的便捷性和易用性。同时将"#"意见反馈放到内容框下更显眼的位置，可见网易微博把用户的建议与意见放到一个相当重要的位置。

(4) 搜狐微博。搜狐微博是搜狐网旗下的一个功能，如果用户已有搜狐通行证，可以登录搜狐微博直接输入账号登录。可以通过文字或者图片发布到互联网中与朋友们分享。

四大门户虽然都有涉足微博，但是从微博用户数上来说，新浪和腾讯的用户比较多，截止到 2013 年 2 月，新浪微博和腾讯微博的注册用户数均超过 5 亿。

2) 旅游管理部门、景点的官方微博营销情况

各地旅游主管部门的地方旅游局纷纷开通旅游微博。截至目前，包括山东、河北、江苏、安徽、湖北、广西、海南、四川、云南、青海、西藏等省(区、市)的旅游局，以及更多地方旅游部门都已开通官方微博。这些官方微博刚一开通就吸引众多旅游爱好者。比如腾讯微博平台上，山东省旅游局、江西省旅游局、四川省旅游局的官方微博听众都在 30 万以上，而且增长迅速。旅游局微博每天定时更新，旅游产品、服务、投诉等都可以通过微博随时与游客互动。图 8-8 显示了各级旅游局微博营销运营效果的排名情况，由此可见旅游官方微博的影响力和传播效果，微博已经成为重要的旅游信息发布、旅游营销、游客交流的平台。图 8-9 为海南省旅游发展委员会的微博。

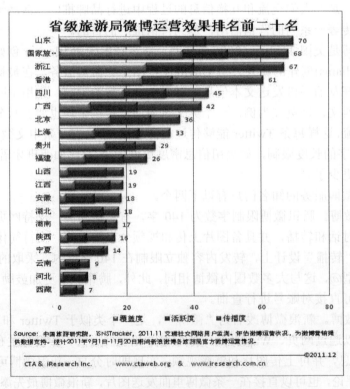

图 8-8　各级旅游局微博营销运营效果的排名情况

各地旅游局的官方微博，不以官方的语言基调发布信息，从主动灌输，转变为分享互动，在文字和图片等内容上显示出亲民或者"接地气"的人性化的一面。比如，江西

省旅游局官方微博在取名上就别具一格，直接叫"江西风景独好"，点击其微博，网友不仅可领略庐山的雄奇与秀美、欣赏婺源的油菜花、把玩景德镇瓷器，也能"品尝"到"十大人气赣菜"；山东省旅游局的官方微博"好客山东"经常发美食图片，把山东人的好客发挥得淋漓尽致；四川旅游局通过"第十七届世界旅游小姐选拔大赛"，丽人结合当地美景的图片吸引粉丝来四川旅游；"柔软丽江"则充分展示了自己的"柔软"，提醒游客注意保暖。当有网友表达对丽江的眷念时，这个微博回复说：我在丽江等你！而在云南红河哈尼族彝族自治州通过腾讯微博发起的地方形象歌曲有奖征集活动，吸引了近万名微博网友报名。旅游局的官方微博的营销方式拉近了官方与游客的距离，使信息更容易被接受，有利于稳定粉丝的黏合度，使营销推广更为有效。

图 8-9　海南省旅游发展委员会的微博

此外，九寨沟、乌镇、玉龙雪山、泸沽湖、武夷山、庐山等著名风景名胜区，也开通了"旅游微博"。其中故宫博物院是风景名胜区开通微博的先行者，在腾讯的官方微博自开通以来，以诙谐幽默的语言风格和频繁亲和的互动，在网民中博得"宫哥"美誉，听众超过 300 万人。继故宫之后，少林寺、国家博物馆、国家大剧院、圆明园等纷纷开微博，开展微博营销。微博一时成为各大景区对外宣传的"标配"。目前此类旅游微博在腾讯已开通上百家。

许多旅游局或者景点在发布旅游资讯，向民众提供吃、住、行、游、购、娱等各方面的一手信息，各家微博根据自身特点，结合自身优势作个性化运营，以灵活多变的风格博取网民关注，已达到营销推广的目的。

从上述内容中可以看出，微博营销的有效性正被业界，尤其是旅游界所认识，并引起各地旅游主管部门重视。以前的旅游网络营销主要是依托旅游局的官方网站，以发布旅游业内政策和资讯为主。现在利用微博开展网络营销，互动性明显增强，语言活泼亲切，更加方便交流和互动，效果更好。

3) 微博营销的关键要素

(1) 在微博内容上要有吸引力。众所周知,一条微博的字数限制是 140 个字,在这有限的字数内达到最大的收效是需要重点考虑的问题。怎样有效地利用这 140 个字,收获最好的效果,这就要在微博的内容上多下功夫。我们需要明白的是,140 个字其实是最好的字数,在这样一个时代,人们快速浏览各种信息,字数太多很容易让人丧失兴趣。所以,这 140 个字要巧妙利用。同时,要充分利用微博的可用资源,例如视频、图片等,一条微博加上一张吸引人的眼球的图片或者充满趣味的视频,会事半功倍。然后,在内容上,不要过于官方和复杂,快速阅读的时代,人们需要的是直白、简单、易读的信息,能让人轻松地直接获取信息。例如,如果要做产品推广,就要站在用户的角度去描述这个产品,简单浅显的语言,要趋于生活化,最后还要加上产品链接以及产品图片。不能写得太公式化、官方化,太像广告。人们早已经形成了在众多信息中过滤广告的能力,所以如果是太明显的广告语气,必然会被很多人直接无视。当然,所有这一切也有个前提,吸引用户的根本是微博提供的产品信息的价值,以及用户对品牌和产品的认知和信任度,或者是对这个企业本身的看法和欣赏度,所以,想要做好微博推广,经营好自己的形象,控制好发布信息的质量不可忽视。

(2) 和粉丝们互动,多参与增加亲和力。微博的成功不止在于微博内容的交流,还有各种微活动的作用也是不可忽视的。举行微博活动的优点很多,首先就是吸引人的眼球,一旦举行活动,不管是否有人参与,都会获得一定的关注,增加人气。其次,如果进行的是有奖活动,人们就会获得参与的动力,不仅能增加企业的人气,还可以加深人们对产品的认知以及引起人们的兴趣,提高推广销售的成果,一举多得。同时,举办微博活动也有需要注意的地方,有创意的活动才能达到预期的好结果。但是有几点需要注意:首先就是活动的主题,简洁直接,不要复杂和官方,否则很容易失去支持者;其次是活动的广泛性和传播性,在微博上,发动粉丝的转发,就可以让更多人看到这个活动,获得更多的参与量;最后,是奖品问题,也是最重要、最吸引人的,奖品必须足够吸引群众来参与这个活动,满足群众的需求欲,并且最好是不需要参与成本,奖品又足够吸引人,才能激起人们的参与欲望。让人们参与进来,参与的人越多,活动越火热,自然也越会受人关注,达到期望中的宣传效果。

(3) 通过名人效应可扩大影响力。就如同在电视上做广告一样,需要名人的帮助。一旦有名人的宣传,吸引力自然增大很多倍,无论最初成效如何,首先就能在人们心中留下深刻的印象。还有一个前提就是,要选对代表的名人,根据需要宣传的产品的特点,最好是搜寻相关领域的名人,请他们帮助宣传。名人效应不容小觑,仅仅是从名人的粉丝数量来看,就是个巨大的潜在用户宝库。几十万、几百万,甚至上千万的粉丝,都是随时随地的关注者。从这里入手,营销推广的效果可想而知。

3. 微信营销与微博营销的区别

微博与微信有着本质的区别,两者是相互补充的作用,而非取代作用。微信是强关系、窄传播,适用于品牌维护与品牌黏性打造;微博是弱关系、宽传播,适用于品牌塑造与大事件曝光,微博与微信应是并生,而非谁取代谁。有效的做法是用微博去吸引更多的粉丝,用微信去维护。

微信和微博是两种不同的信息服务传播渠道。微博具有信息公开的功能，在微博运营中，信息发布、粉丝评论是向所有人公开显示的。对于微信而言，定制微信的人，看不到其他定制用户的相关信息。粉丝与微信平台的互动也"不为外人所知"，私密性更强。所以，政务微信、政务微博在传播上各有特点，两者联动是政府利用好"微平台"的必备功课。

与微博相比，微信信息拥有更高的曝光率。在微博营销过程中，除了少数一些技巧性非常强的文案和关注度比较高的事件被大量转发后获得较高曝光率之外，直接发布的广告信息微博很快就会淹没在微博滚动的动态中，除非是刷屏发广告或者用户刷屏看微博，而刷屏发广告很容易引起用户的反感而取消对微博的关注，这样就容易失去粉丝。而微信是由移动即时通信工具衍生而来，具有很强的提醒力度，比如铃声、通知中心消息停驻、角标等，随时提醒用户收到未阅读的信息，曝光率高。

4. 微电影营销

1) 微电影营销的产生

微电影(Mini Film)，即微型电影。微电影是指专门运用在各种新媒体平台上播放的、适合在移动状态和短时休闲状态下观看的、具有完整策划和系统制作体系支持的、具有完整故事情节的"微时"放映、"微周期制作"和"微规模投资"的视频短片，内容可以单独成篇，也可系列成剧。它具备电影的所有要素：时间、地点、人物、主题、故事情节。这里的"微"，不仅仅是小，还有随时随地分享互动的含义。

Web 3.0、影视技术的进步和普及，是微发展的主要驱动力。除此以外，"碎片化"的信息接收方式的形成也催生了微电影的诞生发展。微电影形式简单，短小精悍，恰好在"体型"上契合了受众即时消费的诉求，它既可以满足时间上的"碎片化"需要，也可以满足传播上的"碎片化"需求。人们可以充分利用各种时间"碎片"，包括坐车、等人、排队等闲暇时间，用 3G 手机或 iPad 看完一部"微电影"。

因此微电影具有以下的特点。

(1) 传播渠道主要利用社会化媒体播放。

(2) 传播主题更专业。

(3) 与受众的互动性更强。

2) 微电影营销的优势

微电影营销是相对于那些生硬、直白、单调的叫卖式的硬广告，显得更软性、更灵活、更易接受的营销方式，旅游行业根据品牌定制属于自身特色的微电影已经成为行业趋势。一方面，微电影比传统广告更有针对性，观看它的人群主要是具有潜在购买欲望的顾客；另一方面，通过微电影，可以把旅游产品与服务的功能和品牌理念与微电影的故事情节巧妙地结合，用精彩的视听效果达到与观众的情感交流，使观众形成对品牌的认同感。

微电影营销的优势主要有以下几点。

(1) 可进入性强。微电影以它的低门槛、广谱性与互动性，适合了新时代人们追求精神自由和互动体验交流的感性诉求。互联网延升到了移动设备，更是将"微"特征发挥到极致。

(2) 观影人数多。中国电影的年人均观影次数仅 0.14 次左右，平均每人 10 年才进一次电影院。一部微电影的观影人次却能够达到两亿左右的点击率，呈数倍甚至数百倍增长。

　　(3) 方便播出。现在国内电影档期十分拥挤，很多电影拍了之后根本没有机会走进电影院，因此需要新的通道。网络恰恰帮助电影缓解了燃眉之急，在很大程度上弥补了大银幕的不足。

　　(4) 互动性强。微电影互动性强，使得消费者乐于观看进而转发，引发网民对电影中出现的当地特色内容(自然风光、历史文化古迹、民俗人文、美食等)的关注与探寻，最终达到让网民参与互动的目的。

　　3) 旅游微电影的类别

　　目前旅游电影的类别主要有城市形象微电影、景区微电影、酒店微电影。各地旅游局、旅游集团等纷纷借助新的营销方式为自身做宣传，微电影的营销方式已成趋势。

　　(1) 城市形象微电影从微电影中衍生而来，是以城市为注视对象的微型影片，它以剧情的方式展现与表达对城市的想象与城市生活的体验，是对城市整体文化含量和城市视觉强力传播的介质。城市形象微电影具有互联网传播背景，即主要在各种新媒体平台上播放，适合在移动状态和短时休闲状态下观看，具有完整策划和系统制作体系支持，是有完整故事情节的短视频。城市形象微电影是城市文化的重要组成部分。作为媒介是对城市品牌的承载和传达，作为符号是一种更加具有通用性的语言和视觉标签。

　　比如，四川用微电影这一新型营销方式宣传四川旅游，打造出《爱，在四川》系列微电影，分"美食篇""熊猫篇""温江追梦篇"和"汶川篇·新生"，通过生动有趣、诙谐幽默的故事情节，以电影语言展示出四川的好吃好玩、风土人情和自然风光。《爱，在四川》系列微电影在国内视频网站累计点击量已经高达 6500 万人次，该系列微电影也同时在 YouTube、FaceBook、Twitter 等国外重要视频、社交网站上映。在境内则由优酷网主页、爱奇艺网主页、新浪视频主页、优酷旅游频道、爱奇艺网旅游频道进行主推，第一旅游网、乐途旅游网、凤凰网、央视网、中青网、城市网络电视台网等大型门户网站还设立专区进行推荐。同时，优酷、土豆、爱奇艺、56 网、酷 6 网、新浪视频、搜狐视频、腾讯视频、凤凰视频、爱西柚网、爆米花网、激动网等 12 个主流视频网站均上线，每部微电影点击量都不低于 800 万人次。其中，"美食篇"在网络热播的第一个月，"看四川旅游微电影到四川旅游"活动在各大微博转发总量已逾两万次，评论 800 余条。"汶川篇·新生"点击量更是突破 1500 万人次。

　　(2) 景区微电影对于景区的宣传是一种新的方式，其营销效果已经被多部微电影所证实。比如，为宣传当地的樱花节，吸引更多的游客，绍兴发布了微电影《樱为爱情》。微电影首映后的十多天，樱花还含苞未放，樱花节还未开幕，宛委山便迎来了 3 万多慕名而至的游客。樱花节期间，旅游集团下属各景区购票人数和门票收入更是同比增长 175.26%和 95.93%，创历史新高。扬州的《三月爱情》、武夷山的《武夷源·武夷缘》、北京圆明园的《黑天鹅》等多部微电影陆续推出，旅游微电影的营销方式已经成为传统旅游营销方式的重要补充。

　　(3) 酒店微电影可以从不同的侧面将酒店文化、设施设备等丰富的内容，融入故事情节之中，不但对外展示了酒店的各种资源、品牌内涵，还为顾客提供一种易于接受的获取酒店信息的方式。酒店微电影营销成功的案例包括：桔子酒店的《12 星座》微电影，该微电影一经发布，就得到了巨大的转发量，2011 年春季到秋季的大半年时间，其播放量已达 4000 万，是酒店运用微营销手段扩大宣传影响力的积极营销案例。

旅游微电影是网络时代的"微"产物，它特别适合城市形象、景区、酒店等营销创新需要，为网络时代的旅游营销开启了一种全新的互动的时尚方式。其短小精悍、制作专业、故事完整、运作周期短、传播速度快、成本与旅游宣传片基本相当的特点，对旅游营销有很大的作用。

8.2 旅游产品与服务的网络营销

网络营销与传统的营销有许多相似之处，但也存在差别。与传统的营销一样，网络营销的目的就是要与客户建立密切关系以使企业能够获得良好的回报。

通常，网络营销或者基于互联网的营销可以定义为运用互联网和相关的数字技术来实现营销目标与支持现代营销观念。相关的数字技术包括互联网媒介和其他数字媒介，例如通信系统、移动电话等。对于企业层面而言，网络营销可看作是公司的网站与在线促销技术的有效整合。使用搜索引擎、横幅广告、直接电子邮件获得新的、潜在的客户和向现存的客户提供服务，从而有助于建立良好的客户关系。旅游业网络营销从属于网络营销范畴。它是利用电子网络这一载体的营销活动，以互联网为中心的电子网络支持网络营销。

8.2.1 基于互联网技术的网络营销

使用互联网进行营销的主要原因是互联网可以替代传统的营销和分销渠道。使用以互联网为代表的网络技术可为旅游产品营销提供许多好处。互联网技术在营销战略中起到的作用，可从旅游产品市场渗透、市场开发、产品开发、多元化四个方面做简单的讨论。

在旅游产品市场渗透方面，网络技术可以用来将更多的旅游产品销售给现存市场，并且将市场渗透到具有上网能力的所有人群、所有地域，且不受地域、政治、信仰限制。因此，可以使用网络的在线广告功能，提高现有旅游产品市场中潜在客户对旅游产品和提供旅游产品的公司、服务商的认知度来实现旅游产品的市场渗透。

在旅游产品市场开发方面，网络技术被用于新市场中进行销售，利用低成本的国际性广告而不需要增加用于支持销售的基础设施。

在旅游产品开发方面，许多新的旅游产品与服务根据网络的功能特点被研发出来，尤其像电子机票、酒店客房预订，可以通过旅游电子商务进行购买。

在旅游产品多元化方面，在此环节中，新的产品被开发出来并卖到新的市场。

此外，从旅游产品与服务的开发商、供应商的角度，他们应用网络营销的主要动机是：①成本、效率动机，包括减少销售成本和降低运营成本；②竞争动机，包括最大限度地满足旅游客户的需求与期望，提高服务的范围与质量以及避免基于旅游电子商务的公司抢走市场份额。

应用网络技术还有助于所有旅游产品的营销功能。

(1) 销售功能。通过提高对旅游产品与服务的认知度，支持购买决策和保证在线购买来促进销售。

(2) 营销沟通功能。运用旅游产品与服务的开发商、供应商的网站进行营销沟通。

(3) 客户服务功能。通过可用在线信息和其他技术来补充呼呼中心服务。

(4) 公共关系功能。网络技术可以向公共关系营销提供新的渠道，提供发布最新旅游产品与服务、市场和人员的信息的机会。

(5) 营销调研功能。通过搜索引擎，基于Web的网络技术可使用更多、更有效的营销调研方法来寻找一定范围的在线信息，比如在线问卷调查等。

8.2.2 旅游产品与服务网络营销潜力

最近，央视调查咨询中心针对北京中青年网民的旅游消费行为和使用旅游网站的行为进行了调查。这项"互联网网民旅游消费"调查结果显示，被调查网民了解旅游信息的最主要途径是媒体栏目介绍及广告(71.5%)，其次为上网查询(25.6%)、亲朋好友介绍(20.8%)。上述数据表明，约有1/4的网民通过上网进行旅游信息的查询，网上查询已经成为网民了解旅游信息的一种主要方式。

在了解旅游网站的相关信息和网址的方式上，被调查网民选择的主要方式为：媒体栏目介绍及广告(48.1%)，搜索引擎(42.0%)，网站链接(29.8%)，朋友、同事介绍(25.2%)。从此数据中可以看出，网上查询的方式已经开始接近传统媒体的信息渠道优势。

调查在问及未登录过旅游网站的网民时，有55.2%的网民表示将会登录旅游网站，有30.2%的网民表示不一定会登录旅游网站，有14.6%的网民表示不会登录旅游网站。

从总体上看，在被调查的网民中，已经有21.8%的网民登录过旅游网站，有43.2%的网民表示将会登录旅游网站，有24.0%的网民不确定是否会登录旅游网站，有11.4%的网民表示将不会登录旅游网站。表明在未来将会有超过60%的网民登录旅游网站进行信息查询，旅游网站将会逐渐成为旅游信息查询的主要渠道。

在对旅游网站作为新的旅游业务交易方式及网上旅游业务交易情况的调查分析中看到：在登录过旅游网站的网民中，有11.4%的人已经尝试过网上预订，但这一比例只占到整个被调查网民的2.5%；而在未来，在已经登录过和将会登录旅游网站的网民中，有超过半数(54.2%)的人表示会尝试网上预订。

综合起来看，在已经登录和将会登录旅游网站的网民中，有3.8%网民已经进行过与旅游相关的网上预订，有54.2%的网民表示将会尝试网上预订，有29.0%的网民不确定是否会尝试网上预订，而有13.0%的网民明确表示不会尝试网上预订。可以预见，在未来与旅游相关的网上预订业务有着较大的发展空间，网络营销潜力巨大。

在"选择旅游网站时考虑的主要因素"这一项调查中，登录旅游网站和将会登录旅游网站的网民表示，在选择旅游网站时首先会考虑信息量大(54.2%)、知名度高(45.0%)的旅游网站，其次为频道清晰、查询方便(24.1%)，网上预订便捷(19.9%)。旅游企业在调整网站内容、形式或进行网上宣传时，应该注意到网民在这些方面的选择倾向。

可见，旅游网站作为新的旅游信息渠道对旅游业网络营销的意义。

8.3 旅游产品与服务的网络营销战略

旅游产品与服务的网络营销战略与传统的营销战略有许多相似之处。
(1) 为旅游产品与服务网络营销活动指明未来的方向。
(2) 明确支持旅游产品与服务营销目标的网络营销目标。
(3) 进行网络营销战略决策选择，以完成网络营销的目标和创造持续、具有鲜明特色的竞争优势。
(4) 引入网络营销战略规划，例如目标市场、定位和营销组合的规划。
本节将简要地分析构成战略的主要因素并介绍通用的网络营销战略方法。

8.3.1 网络营销战略的整合

对于许多旅游企业来说，把网络营销战略整合到整体经营和营销战略中是个巨大的挑战。部分原因是许多旅游企业没有意识到一个行业层面的改变对他们自身发展产生的深远的意义。网络营销战略与旅游企业的目标和市场营销战略紧密相关。网络营销在一定程度上直接受到企业战略的影响。对于企业外部来说，网络营销战略影响市场结构与需求、竞争者的战略以及未来的机会与威胁。

一般认为，网络营销战略应该属于营销规划层次，它是一个详细的战略，是范围更宽广的战略营销规划过程的一部分。网络营销战略作为企业独特的战略，应给出详细的电子营销计划。

8.3.2 通用的网络营销战略方法

网络营销战略模型提供了一个完整的过程框架。它简明地表示了网络营销战略的逻辑顺序，确保使战略开发与实施的所有活动都被包含。图8-10所示为网络营销战略过程模型。

简单来说，网络营销战略由战略开发与战略实施两部分构成。但是，一个良好的战略开发方案是建立在良好的战略分析之上的。网络营销战略由环境分析以及营销计划的目标与策略决定。在战略分析方面，一个从事旅游电子商务的企业网络营销战略第一步应该清晰地定义企业的使命和企业的营销战略目标。第二步，进行环境分析，包括营销审计、SWOT分析以及某些设想。第三步，在上述分析的基础上，制定网络营销战略，也就是说，开发网络营销战略，包括制订网络营销计划、确定网络营销目标、估计预期效果、确定备选计划与组合等过程。第四步，实践战略，包括创建在线展示、网络营销沟通实施和维护与监视、网络营销战略实施评价。

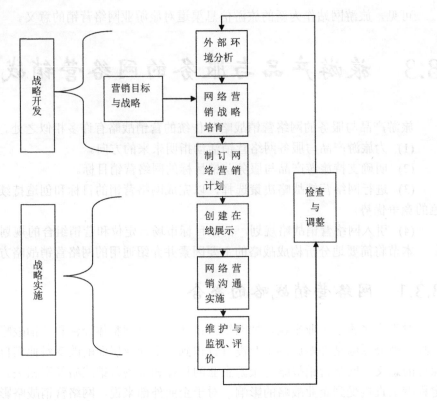

图 8-10 网络营销战略开发与实施过程

1. 形势分析

形势分析包括对以下方面进行的研究。

(1) 企业内部资源、企业运营过程以及企业在市场中的表现，直接的竞争环境(微观环境)，包括顾客需求、顾客行为和竞争。

(2) 竞争对手的行为、市场结构、与供应商和合作伙伴之间的关系等。

(3) 企业运营宏观环境，包括经济发展，政府以法律和税收等方式进行的管制，以及社会和道德方面的限制，如对于隐私的要求。

驱动网络营销和电子商务战略目标的关键因素在各个细分市场上。顾客对电子商务需求的当前水平和未来预测会影响到对产品的在线需求，反过来也决定分配给各在线渠道的资源。以从事电子商务的旅行社为例，在各个目标市场里，可以通过询问每个市场，掌握顾客的行为。

(1) 旅行社客服业务中有多少是通过网站实现的？

(2) 在旅行社业务中做出购买决策的客户中有多少是上网的？客户中有多大比例准备好了在线购买旅行社的特定产品？

(3) 上网的顾客中有多大比例不打算在线购买旅行社的产品或服务，但会直接到旅行社购买或者受网站信息的影响会到旅行社购买？

(4) 旅行社业务采取在线交易的主要障碍是什么？是什么推动了顾客实施在线购买？我们如何鼓励他们实施在线交易？

(5) 当前在线用户与那些线下顾客之间的心理差别是什么？

网络营销中的形势分析必须确切掌握顾客进入互联网的程度以及受网络影响在线购买或线下购买的倾向性。

2. 战略目标的制定

从理论上讲，任何营销战略都应该建立在明确的公司目标基础之上。但事实上，目前旅游企业的网络营销并未与企业其他营销目标联系起来。这是因为网络营销还没有被整合到企业文化或管理中去，只是被看作是从营销中分离出来的一部分。当然，最好的情形是网络营销战略目标与公司旅游业务和营销目标相一致，并支持它们的运作。例如，旅行社计划增加海外市场份额或者引入一条新的旅游线路，应能够并且应该得到网络沟通渠道的支持。

网络营销的目标设定应该以经理们如何看待互联网技术与他们行业之间的相关性为基础。在网络营销目标设定之前，旅游企业现有的基础分析是非常有效的方法。以旅行社为例，现有基础分析应包括如下几个方面。

(1) 旅行社行业中的某家旅行社通过应用互联网技术进行网络营销而成为旅行社行业中的霸主。

(2) 是否主要客户并不采用电子商务交易，因为组织形式上存在障碍。

(3) 旅游行业里出现了大规模的直接预订，大量的去中介化。

(4) B2B 市场在旅行社的行业中成为或没有成为主宰。

(5) 新进入者或替代产品改变了旅行社这个行业的格局。

在定义一家旅行社网络营销战略时，公司(企业)目标在网络营销计划中应该得到明确的阐述。

(1) 在特定时间内，营业总收入中在线收入应达到的百分比。

(2) 在特定时间内，营销沟通成本应降低多少百分比。

(3) 顾客重复购买增加的比率应达到多少百分比。

在定义网络营销的目标时，这些目标都要有具体的数字以及时间界限。随着目标的量化和完成期限的确定，朝着完成目标所取得的进展就很容易被看到。当发现目标可能无法完成时，可以进行适当调整。

在定义网络营销的目标时，旅游公司应该对能够产生的所有利益进行综合考虑。非常重要的利益类型有：①交易速度提升；②信息管理水平的提高；③提高对顾客的服务水平；④服务时限的取消；⑤进入全球市场；⑥空间限制的消除；⑦用电子方式完成全部交易的能力提升；⑧进入充满竞争力的市场；⑨新的营业增长机会；⑩成本效应提升；⑪成本效用与业务伙伴之间更有效、更紧密的关系；⑫提高对顾客需求的了解。

在制定战略目标时，要充分考虑网络营销的潜在利益，包括那些可以用货币来衡量成本节约或收入量度的有形利益和难以计算节约的成本的无形利益。要将这些利益看作重要的成功因素放到营销计划中去，计划实施的成功与否必须以此为衡量基础。网络营销利益的总结见表 8-1。

表 8-1　网络营销的有形利益和无形利益

有形利益	无形利益
销售增长从以下几方面导致了收入的增加	企业形象沟通
新客户，新市场	提升品牌
老客户、老市场重复销售	更快更具针对性的、包括公共关系的营销沟通
老客户、老市场跨地区销售	提高服务质量
成本减少导致了收入的增加	通过网站满足游客的期望
减少客户服务时间	发现结识新伙伴，更好地支持现有伙伴
在线销售	更好地管理营销信息和客户信息
减少营销沟通中的印刷和分析成本	获得客户对产品的反馈信息

史密斯和查菲提出网络营销有五个广义的利益、原因或目标，查菲等称此为网络营销目标的 5S。

(1) 销售(Sell)。通过更加广泛的渠道、更宽的产品线或更好的价格增加销售额。

(2) 服务(Serve)。通过在线形式向顾客提供额外的利益，通过在线聊天和在线反馈将产品开发信息通知顾客，最终增加价值。

(3) 交谈(Speak)。通过追踪客户，问客户问题，进行在线采访，与客户对话，进入聊天室，向客户学习等拉近与客户的距离。

(4) 节约(Save)。节约服务、交易和管理、打印和邮寄成本，使得在线销售获利更多或者使用成本节约方案使公司能降低价格。

(5) 有声有色(Sizzle)。有声有色进行在线品牌扩展，在一个全新的媒介中强化品牌价值，以网站作为创造品牌知晓度和认知度的媒介。

3. 网络营销战略的制定

网络营销战略的制定包括可选择战略的确定，对可选择战略进行研究并选择其中最适合的战略。由于互联网是个相对来说较新的营销媒介，许多旅游企业(公司)正在开始制定它们的网络营销战略，为了能使这个战略充分发挥作用，网络营销战略的制定必须考虑以下几个关键决策要素。

(1) 目标营销战略。

决定以哪个市场为目标对于旅游产品与服务网络营销战略来说与传统的营销战略一样，都是极为重要的考虑因素。目标营销战略制定一般分四个阶段。第一阶段是市场细分阶段，其目的是识别旅游产品与服务客户需求和细分市场，细分市场包括了解目标市场中的客户群体。客户作为企业收入来源的主体，了解他们的需求和潜在的需求，使得旅游企业能够开发出一个满足这些细分市场，同时使收入最大化的战略。第二阶段是目标营销阶段，该阶段的目的是评估和选择目标市场，其涉及细分市场和每个细分市场的在线收入的贡献。第三阶段是市场定位，其目的是确定每个细分市场的位置。第四阶段是规划阶段，其目的是配置企业资源以实现企业网络营销计划。

制定目标营销战略市场细分阶段所需信息的途径是进行市场调研。市场调查的目的是找出描述游客、旅游产品、旅游产品营销手段和旅游产品与服务提供商之间关系的信息,从而发现市场机会,制订营销计划,更好地理解购买过程和评估营销成果。市场调查的内容包括收集与经济、行业、公司、产品、价格、分销、促销和游客购买行为有关的信息。

一般的市场调查过程如图8-11所示。它也包括四个阶段:第一阶段是确定要调查的问题(例如,为什么网上旅行线路销售比网上票务、酒店客房销售发展得慢)和调查目标(例如,找出主要原因,并把它们按重要性排序);第二阶段是确定调查方法(如抽样统计)和数据收集计划;第三阶段是收集数据;第四阶段是数据分析和综合。

图8-11 市场调查过程

迪布等人强调市场细分是强大的营销战略开发的关键,市场细分不仅仅是把顾客分组到细分市场中去,而且还需确定设定目标、相对于竞争对手进行定位和开发差异化优势等,这些都是营销战略的基础。市场细分的一个重要任务是分析游客和旅游产品间的关系。旅游产品与服务提供商、销售商、旅游目的地营销组织、中介商都需要调查并细分市场,考虑哪些类型的游客会购买这种产品与服务,以及它们与那些不大会购买和使用该产品的游客有何不同。

市场调查,包括电子商务市场的调查,可以按传统的方法进行,也可以借助互联网络来完成调查。互联网是一种对游客消费行为开展市场调查、发现新市场、检验游客对新产品兴趣的有效而成本低廉的工具。在网上开展的在线市场调查通常更有效、更快和成本更低,而且还可以得到比传统离线调查更加广泛的调查对象。另外,市场调查设计的关键因素是样本的大小。样本越大,结果的精确性和预见性就越高。在网上可以进行范围很大的调查,而费用却比其他手段低得多。在线市场调查过程见表8-2。

表8-2 在线市场调查过程

收集市场调查数据的步骤	调查的手段	调查的目标受众
确定调查的目的和目标市场	在讨论组有目的地张贴问卷,对参与者进行奖励	比较你的受众和目标人群
找出要调查的新群体和网上社区	在自己的网站上张贴调查问卷	决定你的主题
确定讨论的话题	在自己的网站上有目的地张贴问题	决定你的内容
加入该群体,在社区注册	在讨论组张贴有关文章,并留下到自己网站的链接	决定为各类受众提供哪些互联网服务
搜索讨论组的话题和内容列表来找到目标市场	以特别电子邮件的方式发送详细的调查问卷	
搜索电子邮件讨论组的列表	建立聊天室来培养游客的网上社区	

续表

收集市场调查数据的步骤	调查的手段	调查的目标受众
申请过滤服务来监视该群体		
阅读常见问题解答和其他指导		
有机会就加入聊天室		

为了避免提供虚假信息的问题,也可以通过观察游客的消费行为来了解他们,而不仅仅是与他们交流和向他们提问。许多商家利用附加在浏览器上的 Cookie 文件来跟踪游客在旅游网上的行动。通过客户机/服务器日志文件来收集数据,并定期地提供包括人口统计分布数据在内的报告(如游客从哪里来,有多少游客直接到旅游服务提供商、运营商主页上订购等)。

(2) 产品差异化与市场定位。

针对竞争对手的现状及趋势对自己的产品进行定位,应考虑产品质量、服务质量、价格以及实现时间等因素,这些因素相互作用共同影响顾客对品牌和价值的感知。综合影响结果可表示为:顾客价值(品牌认知)=(产品质量×服务质量)÷(价格×实现时间)。

旅游产品与服务产品差异化战略应该研究产品质量与服务质量的增加和价格与实现时间减少之间的匹配范围。在在线市场中定位一个旅游产品与服务提供商或销售商、旅游目的地营销组织以及一个中介商企业的战略中心应该集中在已有产品性能优异、价格表现良好、交易的优点等方面的优势上。同时,借助于计算机网络实现旅游产品与服务产品差异化以及使用在线设施来改进定位。产品性能优异是指通过提供在线产品定制来提升服务质量;价格表现良好是指使用互联网工具向忠实游客提供诱人的价格或者在需求下降时降低价格;交易的优点是指销售网站通过把定价信息与动态的产品可获得性信息组合在一起,列出票务、酒店客房存货的数量、订单的数量以及订单上的时间等,向游客提供优质的交易服务。

(3) 网络营销优先战略。

相对于其他营销渠道,应优先推荐、评估互联网的战略重要性。古拉蒂和格里鲁把网络营销优先总结为对"砖头加水泥公司"进行正确的组合。"砖头加水泥公司"用以描述那些传统的、很少使用互联网进行在线沟通的企业。目前,还有数量可观的旅游企业仍然属于"砖头加水泥公司",原因在于我国大部分的旅游企业是中、小型企业,企业数字化、信息化的发展水平较低。这些企业的网络营销战略关键是要实施网络营销优先战略。

(4) 聚焦客户关系管理战略。

旅游产品与服务网站失败的大多数案例都是与低下的客户关系管理水平有关。如果网站设计、服务质量以及营销沟通不能有效地把网站浏览者转换成潜在顾客或购买者的话,其网络营销战略就是失败的。了解顾客,尤其是了解顾客需要什么和怎样满足这些需要,这是以游客为中心的营销方式最关键的部分。为了满足顾客的需要,旅游产品与服务提供商、销售商、旅游目的地营销组织、中介商都必须使顾客满意并留住他们,管理者必须监控营销、维护和后续服务的全过程。

(5) 市场与产品开发战略。

管理旅游网络营销战略的经理们必须决定是否使用新技术以把他们的业务领域扩展到新市场和新产品中去。在评估市场与产品开发战略备选方案时，为了能够成功开发新市场，旅游产品与服务提供商、销售商、旅游目的地营销组织、中介商都须考虑需要实施的三个主要目标。这些目标是否能够实现应该通过对下列问题进行仔细的分析。

① 现存的基础设施是否适合方案的实施？
② 对已有营销渠道的冲击是什么？
③ 旅游产品与服务的标准化能使产品更适合从网上购买吗？

(6) 业务与营业收入模型，包括产品开发和定价策略。

网络营销战略构成的要素之一是业务与收入模型。旅游电子商务的业务模型与盈利模型已在第 2 章中讨论过。借助于电子商务工具培育新产品、核心产品的整合与分解，以及定价策略都与这个决策有关。对业务与营业收入模型进行评估非常重要，因为如果企业不进行革新，那么竞争对手以及新进入者便会乘虚而入，企业将发现，要想重新获得以前的优势很难。同样，如果选择了不恰当的业务或盈利模式，企业可能将遭受巨大的损失。

德格列夫的网上旅行社为我们提供了企业如何创建它的业务模型的例子。德格列夫的旅行社是法国一家最大的、没有门市的旅行社。然而，没有门市并没有影响到这家旅行社骄人的业绩。仅仅依赖于网络营销，这家旅行社的营业额和知名度就雄踞全法国第二位，仅次于法国新边界旅行社。1998 年销售总额达到 4.6 亿法郎，比 1997 年增长 28%。员工也从 1991 年最初创建时的 4 人发展到 1998 年的 160 人。旅行社在线和电子商务在北欧的发展同样令人瞩目。

世界上的绝大多数旅行社是通过门市直接销售旅游和度假产品的，如今这一传统的销售方式仍被广大旅行者所接受并占据主导地位。法国新边界旅行社的门市部遍布法国全境，通过门市销售，其知名度和营业额一直名列各个旅行社之首。由此可见，门市销售仍然具有强大的生命力。

(7) 组织结构的调整。

组织结构决策形成了两个主要问题。第一个问题是"如何调整内部结构以开展旅游电子营销？"第二个问题是"如何改变与其他组织链接在一起的结构以使企业实现电子商务的目标？"决策思考应该权衡由于组织结构的变化调整带来的收益变化对企业经营造成的负面影响。一旦制定了结构调整的决策，企业就应该把注意力集中到变革的管理上来。不少旅游电子商务创业失败的案例，究其失败的原因并非它们的理念不行，问题出在理念的实施上。

(8) 渠道结构的调整。

旅游企业也应该开发利用市场结构变化的战略。可以通过市场的去中介化与再中介化整合建立这些选项。为了实现网络营销战略目标，B2B 组织必须计划与顾客系统和供应商系统进行整合。

8.4 旅游产品与服务网络营销组合

营销组合在广义上是指 4P：产品(Product)、价格(Price)、渠道(Place)和促销(Promotion)。在市场营销中，营销组合方法经常与以顾客导向 4C(顾客(Customer)、成本(Cost)、便利(Convenience)、沟通(Communication)) 整合使用。因为它为企业产品的各个构成要素提供了一个简单框架，可以影响目标市场对产品的需求。例如，如果目标是增加某种产品的销售额，那么可供选择的方案有降价、改变促销方式或是这些方案的组合。其二，由于广义营销组合起源于 20 世纪 60 年代，所以它倾向于把市场方案推给营销，而不是为了了解顾客的需求。结果，营销组合导致了产品导向而非顾客导向——场导向的核心概念(也是网络营销概念的核心)。旅游电子商务为旅游产品与服务营销人员多样化地运用营销组合提供了许多新的机遇。旅游电子商务组合的各要素在众多市场上有着深远的影响，不论旅游企业是否直接运营电子商务。

网络营销组合的选择是以对旅游产品与服务购买者行为的详细了解为基础的。进一步说，应该记住营销组合需要经常根据不同的目标市场或市场细分进行调整，以更好地适应游客群体的需求。

8.4.1 产品

旅游产品与服务营销组合中的产品要素指的是旅游产品与服务或品牌的特征。旅游产品与服务决策主要通过市场研究来制定。在市场研究中，要对游客的需求进行评估，通过信息反馈对已有旅游产品与服务进行调整或开发新的产品。当旅游企业开发了它的在线战略后，在网络环境中实行产品多样化会有许多选择。与互联网应用相关的产品决策可以分成影响核心产品的决策和影响延伸产品的决策。旅游核心产品是指游客购买以满足其需求的主要产品，而延伸产品或添加产品是指围绕产品核心建立起来的额外的产品和服务。

在旅游产品与服务营销组合中，互联网技术对于营销组合中产品方面的主要启示有以下五个方面。

1. 核心产品进行多样化的方案选择

对一些旅游企业来说，在新数字旅游产品与服务上有可供选择的方案，这些数字产品是典型的信息产品，可以通过网络发送。旅游企业在进行新产品开发或为游客添加数字价值时，应该考虑下列问题并且给出有效的解决方案。

(1) 企业能否向已有的游客提供额外的信息或交易服务？

(2) 企业能否通过重新包装当前的信息资产满足新游客细分的需求，或者使用互联网建立一个新的业务模型？

(3) 企业能否运用自己的能力吸引游客创造新的收入来源，如广告或补缺产品的销售？

(4) 企业当前的业务是否会因为其他公司提供了同样的价值而受到严重伤害？

2．延伸产品进行多样化的方案选择

当一位游客订购了一间酒店客房时，他购买的不仅是有形的一间酒店客房，还有酒店客房销售员提供的关于酒店的饮食信息、旅游目的地信息以及客户服务信息等，这些就是延伸产品的构成。旅游企业应该提供免费的数字价值以吸引浏览者，而这些浏览者可以被转化成潜在的顾客。

3．进行在线市场研究

互联网为旅游产品研究提供了许多方案。它是进行营销研究的一个相对廉价的方法，尤其是研究游客对产品和服务的感知。在线研究的方案包括以下几方面。

(1) 在线焦点小组。可以组织一个适当的焦点小组对游客的旅游产品体验进行比较。

(2) 在线问卷调查。这个方案主要看重的是浏览者的个人经历，也可以包括与旅游产品相关的问题。

(3) 顾客反馈或顾客支持论坛。网站的评论可以为未来旅游产品的革新提供信息。

(4) 网站日志。从网站自身也能够得到丰富的营销研究信息，因为用户每次点击链接都会被记录在日志文件中，它能够反映出旅游消费者对网站上的什么信息最有兴趣。旅游企业可以使用这类信息直接对消费者的产品偏好进行评估。

4．新产品开发的速度

应用互联网可以加快旅游新产品的开发。比如，互联网的网络效应可以使各家旅行社结成伙伴关系，这样能够更快地推出新旅游产品与服务。

5．新产品传播的速度

互联网和随之而来的全球化对旅游企业的影响是使其保持竞争力，因为旅游企业必须更快地向国际市场推出新的旅游产品与服务。

8.4.2 价格

营销组合的价格变量是指旅游企业组织的定价政策，旅游企业组织用它来定义为旅游产品和服务设定价格的定价模式。互联网对许多方面的定价都有明显的影响。互联网对营销组合价格方面的影响包括增加价格透明度、降低价格的压力、新的定价模式等。

(1) 增加价格透明度。增加价格透明度对差异化定价的影响加大。

(2) 降低价格的压力。价格透明度是产生降价压力的一个原因，应用互联网络经营也会降低价格，因为只在互联网上经营的销售商没有物理上的展示，不需要开设商店和建立分销网络，这意味着在线公司可以提供比线下竞争对手低的价格。竞争的两个方面会影响到企业的定价，一方面是市场的结构竞争者越多，价格越透明，那么这个市场越接近完全竞争市场；完全竞争市场就意味着组织缺少对价格的控制能力，必须响应竞争对手的价格战略；互联网是一种全球现象，它增加了价格透明度，它导致了全球市场在朝着完全竞争市场方向发展。另一方面是产品的认知价值，如果一个品牌具有某种方式的差异化，那么这个品牌就会面对较少的降价压力。随着价格越来越透明，互联网为描述产品的信息差异化或提供附加值服务创造了机会。

(3) 新的定价模式(包括动态定价和拍卖)。电子市场允许在不同的市场中采用新型的价格发现机制。例如，一些航空公司将起飞前尚未售出的座位卖给出价最高的竞标者。Priceline.com 等中介商允许买方指定想要买的产品特点和数量，然后向参与交易的卖方提出购买要求，这与零售市场的传统功能完全相同。

8.4.3　渠道

互联网对营销组合中的渠道有着巨大的影响，因为互联网能触及全球的每个角落。创新性的营销组合旅游产品零售商将为来自每一个渠道的游客提供所有渠道的营销优势。无论是在线还是离线购买旅游产品，游客将同时得到两种渠道的好处。例如，许多传统旅行社在将其网站转变成完全交易化的旅游电子商务网站时，实际上旅行社正在建立一条新的营销渠道。其中一些旅行社以前不仅经营实体旅行社，还开设了电话直销订票业务部。有的旅行社现在同时经营着三个或更多的独立营销渠道，在这样的情况下有可能发生渠道冲突。渠道冲突(Channel Conflict)是指销售渠道成员因为实际存在的或感觉到的回报、政策或支持上的差异而相互敌对。对此旅行社需要进行细致的管理。

8.4.4　促销

营销组合中的促销要素是指如何使用营销沟通，把旅游企业和它的产品通知给顾客和其他的经营伙伴，它主要关注把现有产品和服务与目标市场进行沟通。菲尔认为，促销或沟通组合的主要构成是广告、销售促进、个人销售、公共关系和直接营销。互联网提供了一个全新的营销沟通渠道，它把旅游产品的利益通知给旅游消费者并帮助他们做出购买决策。

8.5　旅游产品与服务网络营销沟通

8.5.1　网络营销沟通的定义与主要形式

网络营销沟通(Online Marketing Communications)是网上旅游企业用来与游客沟通并创建强大品牌期望的方法。网络营销沟通是一个旅游企业与其游客所进行的各种方式的接触与交流。营销沟通可以通过传统媒体来进行，比如电视广告、促销活动和上门推销等。随着互联网的介入，网络广告也成为进行营销沟通的重要手段。需要特别指出的是，在网络经济活动中，进行营销沟通一定是在线和离线的恰当融合。

旅游产品与服务营销沟通有双重目的，即创建品牌和销售。创建品牌的目的是通过让游客了解企业产品和服务的与众不同的特征，来树立和加强公司的品牌。销售的目的是通过鼓励游客购买产品(越快越好)，将营销沟通直接用于商品的促销。以创建品牌为目的的沟通与以销售为目的的沟通，两者间的差异虽然很小但很重要。促销沟通几乎总是建议游客"现在就买"，并且所提供的价格也是鼓励游客即刻购买；品牌沟通则很少鼓励游客立即购买，而是大力吹捧消费该产品或服务可以获得的与众不同的收益。

网络营销沟通有以下要求。

(1) 营销沟通的连贯性(Coherence)。不同的沟通是相互关联的。

(2) 营销沟通的一致性(Consistency)。各类旅游产品与服务信息互相支持、强化，而不互相矛盾。

(3) 营销沟通的连续性(Continuity)。各类沟通是相互关联并且时间上是连续的。

(4) 营销沟通的互补性(Complementary)。各类沟通相互促进，比如在线营销沟通与离线营销沟通互相促进、相互补充。

网络营销沟通策略可以归纳为以下四种：①普通在线沟通 (General Online Communications)；②个性化在线沟通 (Personalized Online Communications)；③传统大众营销沟通 (Traditional Mass Marketing)；④直接沟通 (Direct Communications)。旅游电子商务企业就是通过这四种营销沟通策略来吸引新客户的。

实施普通在线沟通策略常用方法有：网络广告 (Online Advertisements)、电子邮件、病毒式营销、客户信息、个性化网上交流、传统大众传播媒体、直接沟通等。实施个性化在线沟通策略常用方法有个性化的许可的电子邮件、个性化的建议、个性化的广告、个性化的网页、个性化的电子商店。传统大众营销沟通常用方法主要是传统的大众媒体(比如广播、报纸和电视等)。直接沟通策略常用方法包含销售代表、直销以及远程营销。下面进一步讨论主要的沟通形式。

1. 网络广告

网络广告(Online Advertising)是网站上的付费信息、在线服务或其他的互动媒体。广告是人们最熟悉的、也是最常用的营销沟通工具。与电视、广播、出版物(杂志和报纸)等传统媒体相比，网络广告既有优点也有缺点。网络广告的最大好处是能够针对更小的细分市场做广告，并且能够几乎实时地追踪广告效果。网络广告也提供了更多的进行互动的机会——广告主与潜在客户之间的双向沟通。对网络广告来说，主要的缺点是其成本收益问题，以及如何来准确衡量广告的效果。也正是因为这些缺点，所以网络广告在整个广告业中仍旧只占了很小部分。

目前，在网络广告客户中，占据百分比最大的是计算机硬件公司和媒体公司，紧随其后的是金融服务公司。Internet 能够传输大容量信息的能力使得网络广告在高价值的、信息密集型产品中的应用很广泛(也就是顾客在购买之前一般要查询信息的产品)。除非能够发布多媒体广告的宽带网和可供选择的广告平台能够普及，否则包装消费品(购买者一般根据商品的品牌来购买，而不去搜索大量的商品信息)的广告在整个网络广告中还是只占很小一部分。一些具有较大网上商务潜力的商品(如金融和旅游服务)或一些与 Internet 有着天然联系的商品(媒体)则在网络广告中占据了很大一部分份额。

网络广告的形式有：横幅广告和多媒体广告，付费的搜索引擎置入和排名，赞助，会员制关系。

1) 横幅广告和多媒体广告

横幅广告是最早出现在 Internet 上的广告。横幅广告是在屏幕的顶部或底部显示的长方形的促销信息框。它与传统出版物上的广告很相似，但又优于传统广告。如果点击横幅广告，它会把潜在客户直接链接到广告主的网站上。此外，网络广告的动态特性要远远强于印刷媒体广告，它能够显示多种图片信息或使广告的外观不断变化。

横幅广告一般是动态的 GIF 格式的图片，它可快速地、连续不断地显示不同的图片，创建动态效果。美国交互广告局是广告业的行业组织，负责发布横幅广告的行业标准。全横幅式广告是最常用的一种横幅广告，当分辨率为 72dpi(每英寸的点数)时，它的宽为 468 个像素，高为 60 个像素，文件最大为 13KB。

IAB 的最初标准规定了四种类型的横幅广告(全幅、半幅、直幅以及微型按钮)和三种类型的按钮广告(按钮广告本质上是一种永久的横幅广告)。2001 年 2 月，IAB 又增加了几种新的广告类型，包括规格不一的摩天大楼形(又高又窄的直幅式广告，其高度几乎是传统直幅广告高度的 3 倍)和正方形弹出式广告(打开一个正方形的窗口)，借助这些新的类型，广告商可以设计出更具交互性和创造性的广告。设计新类型广告(包括下面要讨论的多媒体广告)的目的，是要帮助广告主防止由于用户一天中所接触的横幅广告增多而造成的广告印象混乱问题。

2) 付费的搜索引擎置入和排名

搜索引擎网站是从所收录的大量网页资源中进行搜索的。最初，搜索引擎的搜索结果是比较公正的，搜索引擎网站的绝大多数收入来自广告费。但从 1998 年开始，搜索引擎网站渐渐地转变为数字黄页，企业需要支付一定的费用才能将自己的网页收录到搜索引擎中(以前是免费的，并且是建立在"客观"标准上的)——支付置入费，若要确保企业的链接一定出现在相关搜索结果的显著位置则还要支付排名费。例如，向 Lycos、AltaVista 及其他门户网站搜索结果的网站搜索引擎公司 Overture 对于在其搜索结果中包含的所有企业，都要收取一定的置入费和排名费。对于那些希望将自己企业网站的链接出现在搜索结果较靠前位置的厂商来说，自己愿意为每一次用户点击链接所支付的费用决定了企业的链接在搜索结果中的位置，所支付的费用越高，则排名越靠前。只要用户是通过链接来访问厂商的网站，Overture 就要收费。

3) 赞助

赞助式广告会尽力将广告主的公司名称与特定的信息、事件、场所联系起来以提升企业品牌的知名度，虽然企业要支付一定的费用，但它并不完全是商业行为。赞助的目的通常是建立品牌而不是促销。最常用的一种赞助是社论式广告(将网站的社论或内容与广告信息结合起来，增加广告信息的价值，使它更能引起受众的兴趣)，如 Crayola 就在一家以父母养育子女内容为核心的网站上为一个艺术和小制作栏目提供赞助。

4) 会员制关系

会员制关系允许一个企业把它的标识或横幅广告发布在另一个企业的网站上，该网站的用户可以通过广告来访问做广告的会员企业网站。这种关系通常被称为"租赁待遇"，因为它允许一个企业成为其他网站的免费租户。从本质上来说，会员制关系是一种战略伙伴关系，它增加了双方的利益又不存在直接的金钱交易。有些会员制关系是很常见的，如母公司和投资集团为了提高下属所有网站的经营业绩，就会在其子公司的网站上创建子公司之间的链接。还有，如果两个网站销售的是互补的产品，他们也会建立起会员制关系以方便顾客购买产品。

2. 直接电子邮件营销

将电子邮件营销信息直接发送给对其感兴趣的用户(直接电子邮件营销)，已被证明是最有效的营销沟通方式之一。电子邮件作为一种营销工具，由于它成本低、使用简单而备受电子商务企业青睐。用户对发送营销信息的邮件感兴趣是直接电子邮件营销产生效果的关键。直接电子邮件营销不等于垃圾邮件。垃圾邮件是指给大量对产品不感兴趣的 Internet 用户发送未经他们同意的电子邮件。与垃圾邮件不同，直接电子邮件营销信息只发给那些"选择加入"邮寄名单的网络用户，他们曾经对广告商所发送的信息感兴趣。通过给那些"选择加入"邮寄名单的用户发送电子邮件，广告商可以把目标锁定在那些对产品感兴趣的用户身上。电子邮件营销的回复率一般在 3%～10%，具体要取决于所针对的目标顾客的情况。因为具有相对较高的回复率且成本又较低，所以直接电子邮件营销是发展最快的一种网络营销方式。

3. 病毒式营销

病毒式营销(Viral Marketing)这一术语是在 1996 年被引入到商业词典中的。当时 Mountain Dew 公司开创了一种通过口口相传的直销模式，把一些廉价的传呼机送给年轻的客户，然后每周把一些销售信息发送给他们。正如它的名字一样，病毒式营销是通过人与人之间传达信息来进行销售的，所以有时也被称为口口相传的营销模式。一般说来，尝试了一种产品或服务的用户总会将其相关信息传给他人。Hotmail 网站的成长就是早期"病毒式营销"的一个成功的例子。这家以免费提供电子邮件服务起家的小企业开始时给用户邮件中发送广告信息，告诉人们如何申请并拥有 Hotmail 账户，就这样公司很快成为电子邮件服务的巨头。

美国的环球影城(Universal Studios)主题公园开创了一种新的病毒式营销模式，它设立了 3 个用户可以使用的网络摄像机，参观者可以从公园的各个最佳景点拍照，然后送给朋友。使用者一般会给亲朋好友送 4 张电子卡片，结果约有上百万的公园景点的图片发送给了潜在的游客。这种策略是一种不同寻常的病毒式营销模式，对公园、游客和他们的朋友都有帮助。参观者在享受环球影城的同时可以很轻易地把他们自己的照片发送出去，主题公园的形象也就附带着传递出去了。人们乐意收到朋友寄来的电子图片，公园里的各种景象就这样深深地印在了人们的心中。

4. 客户信息

面向旅游业的电子商务市场是一个竞争很激烈的市场(比如航空业、宾馆业等)。许多旅游网站都向其消费者提供即时信息，并把这种信息作为营销和产品特异性介绍的一种形式。这些旅游信息是分门别类的，有面向高端消费者的豪华饭店、宾馆的信息，也有面向追求经济实惠的休闲旅游者的分时段旅游信息(如一日特价游、当日特价航空票等)。用户会评价他们收到的信息的价值，并与能最大限度地满足他们需求的网站建立关系。

5. 个性化网上交流

利用面对个体游客进行的个性化营销，在线旅游企业有机会减少面向大众的营销成本，提高客户的反馈率。由于是在网上交易，所以在线旅游企业能够拥有很详细的客户信息，这些信息为在线旅游企业创造了一个与用户一对一营销的机会。另外，很多旅游企业利用网站与客户建立双向交流关系，这种交流可以提供更多的产品需求和产品渠道的信息。网上个性化的交流可分为个性化的许可的电子邮件、个性化的建议、个性化的广告、个性化的网页、个性化的电子商店五种主要形式。

(1) 个性化的许可的电子邮件。很多用户在向在线旅游企业注册电子邮件账号时，这些旅游企业都会要求他们提供详细的个人信息。这些信息可以指导旅游企业发送更多地为用户定制的电子邮件，目标锁定在旅游企业客户群中的某一个细分市场。一些客户喜欢这种有针对性的电子邮件。

(2) 个性化的建议。根据游客以前的购买信息、网页的浏览情况和对他们进行的调查信息，很多旅游电子商务网站会向游客提出个性化旅游产品与服务的购买建议。

(3) 不少旅游网站渐渐地开始利用个性化技术软件来决定让哪些网页广告呈现在哪些浏览者的眼前。这样的决策是实时的、动态的。

(4) 许多旅游门户网站和旅游电子商务网站允许用户建立自己的个性化网页，以鼓励用户经常回访，增加他们对网站的熟悉程度。这样，用户会在网站上逗留更多的时间，从而也增加了接触广告的机会。由于个性化网页的用户显示了很多个人信息，支撑个性化网页的网站就可以提供更多的目标客户给广告商。其结果是广告可以面向具体的客户群，网站也可以提高向广告商的收费。

(5) 网上旅游电子商务服务提供商经常利用互联网技术和消费者个人信息为客户量身订制产品和服务，即个性化的电子商店。

6. 传统大众传播媒体

在线和离线企业的广告费用主要花费在传统的大众媒体(比如广播、报纸和电视等)上。电视广告虽然成本高昂，但是它却可以迅速地将营销信息传播到广大的观众中。此外，在很多情况下，旅游企业需要利用离线媒体广告把新客户带到网上，或者让已有的网上用户了解自己的品牌。

7. 直接沟通

直接交流可以以很多种形式存在，可以利用传统的 B2B 销售代表、零售业务员、电话客户销售代表进行交流，也可以依靠直接营销和远程营销进行沟通。

8.5.2 网络营销沟通的成本和收益

目前网络营销沟通仍然只占世界上所有营销沟通的很少一部分。这是由几个方面的原因造成的，其中最主要的两个原因是：网络广告是否真正起作用？如何准确衡量网络广告的成本和收益？以下就这两个问题进行探讨。

1. 网络广告的作用

表 8-3 所示为不同类型的网络营销沟通工具的点击率。很多人指出，低点击率表明网络营销不起作用。但是，点击率仅仅是网络广告效果的一种衡量方法，单单只靠一个点击率也说明不了什么问题。事实上，甚至许多网站信息的发布者都已经不再向广告主公布点击率了，因为它是一个容易产生误导作用的统计数据，也说明不了网络广告对购买的真实影响。

表 8-3　网络营销沟通

网络营销沟通的方式	通常的点击率
横幅广告	0.5%～1%
插播式广告	2%
超级插播式广告	最高到 10%
付费的搜索引擎置入和排名	10%～30%
赞助	1.5%
会员制关系	不定
直接电子邮件营销	3%～10%
公共关系	不定

1996 年由 Millward Brown Interactive 公司代表 Hotwired 所进行的横幅广告影响研究，是最早的横幅广告影响力研究之一。该研究发现，甚至在用户不点击广告的情况下也发生了广告沟通。这项实验重复了多次，并应用到其他的网络营销沟通工具中，每次试验的结果均发现，不同形式的网络广告都能够提高品牌知名度和增加人们对品牌的印象，创建品牌的正面效应，刺激购买欲望。IAB/Minward Brown Interactive 的研究发现，点击广告的游客通常确信他们通过浏览广告能够满足即刻的需要，但是，没有点击广告并不一定说明它对游客没有影响。

如果横幅广告能够针对特定的场合(基于场合的营销)、特定的搜索关键字(后面将会介绍)或有明确资料的用户，并在合适的时间投放的话，那么其广告效果将会更好。要准确发布这种广告通常需要广告网公司提供服务，如 Double Click 或 24/7 Media 等。例如，IBM 公司已经成功地使用了高针对性、基于场合竞销的横幅广告。1999 年，当 IBM 在波士顿招聘入门级职位的求职者时，为了引起当地大学生的注意，它在自己的网站上插入了为上网学生所在的大学量身定做的横幅广告。例如，波士顿大学的学生将会看到这样的广告"波士顿大学的学生，请点击这里"。IBM 公司这一广告策略的效果很好，回复率达到 25%，远远高于大多数横幅广告通常不到 1%的回复率。

2. 网络广告的成本和收益

如果不分析广告的成本，我们将无法探讨广告的有效性问题。最初，绝大多数的网络广告是以商品交换的形式或者是以每千次印象成本(CPM)(M 在拉丁语中表示千)来计价的，即广告客户以每 1000 次印象为单位来购买广告。现在，还出现了一些按其他方式来定价的广告模式,包括每次点击成本(CPC)、每次行动成本(CPA)以及混合定价模式。每次点击成本是指广告客户根据事先商定好的每次广告被点击的费率来支付费用;每次行动成本是指只有当用户完成特定行动之后,如注册或购买之后,广告客户才付费。而混合定价模式,则是综合采用这些计价方式中的两种或多种,见表8-4。

表8-4 网络广告的不同定价模式

定价模式	描述
易货	以等价物交换广告位
每千次印象成本(CPM)	广告客户以每1000次印象为单位来购买广告
每次点击成本(CPC)	广告客户根据事先商定好的每次广告被点击的费率来支付费用
每次行动成本(CPA)	只有当用户完成特定行动之后,如注册或购买之后,广告客户才付费
混合定价	综合以上两种或两种以上的定价模式来定价
赞助	按项目收费,广告客户支付固定费用

电子商务网站为获得一个新客户而花费的营销和广告成本平均为250美元。网站所获得的新客户在网站的消费额是,第一季度每人平均24.5美元,此后该客户若仍旧留在网站上则每个季度为52.5美元。但不幸的是,在所有的网站访问者中,最终会转换为顾客的比率不超过5%。这些数字表明,所有网站的核心营销工作和业务挑战就是要想方法盈利。

不过,除了促进产品的销售外,企业还可以从网络营销中获得其他收益,如提高产品品牌知名度和企业的知名度。虽然增加品牌资产可能不会直接产生销售收入,但它最终会转化为销售收入和利润。

网络营销的一个优势是能够直接观察到它对网上销售的影响。企业能够准确地知道特定的横幅广告或向潜在顾客发送特定的电子邮件能产生多少收入。衡量网络营销绩效的一种方式是用增加的收入除以营销活动的成本(收入/成本),任何大于1的结果都表明该营销活动是值得的。

当网上和网下的销售收入都受到了网络营销的影响时,问题就比较复杂了。正如我们在前面所看到的,40%的网络用户使用Internet来"逛商店",但他们并不真正在网上购买商品,而是在传统商店购买。此外,在第二代电子商务时期,像Sears和Wal-Mart这类商家将采用电子邮件来通知他们的注册用户有关网上或网下传统商店的特价促销信息。但遗憾的是,传统商店的销售量很难与网上的电子邮件促销活动建立起准确的关系。在这种情况下,商家不得不采用不太精确的度量方式,如在传统商店里进行客户调查,以此来估计网上营销活动的有效性。

在任何时候,衡量网络营销沟通的有效性,以及准确划分营销沟通的目的(是建立品牌还是促进销售),对企业利润的分析都是至关重要的。要衡量营销的有效性,就需要了解通过不同媒体进行营销的成本,还要了解将网上潜在顾客转化为顾客的过程。

8.5.3 网络营销沟通与传统营销沟通的区别

1. 网络的应用,特别是互联网的应用——网络的本质在于沟通

互联网可以支持所有的营销职能,有助于降低成本和改善服务,并压缩物理时空,便于组织内部和组织间的沟通。它为促进公司与全球市场的沟通提供了可能,也为向国际市场销售产品提供了良机。

在过去,企业较少与游客对话。这除了是由于企业对加强供需双方间交流的观念淡漠外,高昂的对话成本是一大障碍。今天的网络营销沟通完全可使企业以低成本实现与游客及行业基础结构的沟通。此外,网络包含的信息丰富,可为游客教育提供快捷且便宜的信息支持,这也是传统营销沟通所无法比拟的。

2. 从推到拉

传统的沟通媒介都是推式媒介,如书刊、电视和广播等。公司通过它们将营销信息推送给顾客和利益相关者。在沟通过程中,尽管在某些情况下公司与顾客之间有互动,但他们之间的互动通常很有限。信息主要是单向流动:从企业到游客。在网络营销沟通中,通常是由顾客在网站上搜索信息发起联系,故网络是一种拉式媒介,与传统沟通相比,营销者没有那么多控制权。

3. 从独白到对话

网络营销沟通是廉价的双向沟通:营销者和游客可基于互联网交互。如果一个注册用户需要某一信息,或者需订购某一特定产品,供应商就有可能采用电子邮件这一方式与用户双向沟通,提供与用户兴趣相关的详细信息。网络交互增加了"心理时空",易于营销者同游客建立长期合作关系。

网络营销沟通使生产者和游客的关系发生变革。采用传统模式沟通时,企业在了解游客的需求及发现潜在游客方面通常有很大难度。网络营销沟通可使供需双方在互动沟通过程中,更趋向于信息对称,从而实现供方和需方一对一的深层次双向沟通。

4. 从一对多到一对某些和一对一

传统的推式沟通具有一对多的特点。从一个公司流出来的信息被传递给众多客户,该类信息于各客户而言缺乏针对性。网络营销沟通可以基于大宗定制,向各细分顾客群提供定制信息,甚至可以根据客户的偏好传送个性化的信息或服务。

5. 改变了传统营销沟通工具的本质

随着网络营销沟通的发展,来自传统营销沟通的信息已经变得不再像以前那样重要,客户通常能够从互联网上搜寻到满足需要的更为详细的信息。

8.5.4 网络营销沟通的应用

1. 整合网络营销沟通与传统营销沟通

现代营销沟通强调从产品的具体识别走向企业的整体识别，以品牌、形象、市场定位等构成全方位的差异识别，以解决游客面临的判断信息不足和信息干扰问题，实现与游客的有效沟通；强调以感情沟通引导商业沟通，要求在沟通的各个层面上展现企业"使顾客满意"的最高宗旨；从单一手段的信息传递走向混合式沟通，各种沟通手段有机结合，使目标顾客处于多元化的信息包围中，以强化沟通效果。

尽管互联网与传统媒介相比，有其独特的优点，但这并不意味着应把所有的沟通都集中于互联网上。应基于互联网与传统媒介各自的优点进行整合，优选出最佳的沟通组合，从而得到"整体营销效果大于各部分营销效果之和"的协同效果，以顺应现代营销沟通的发展潮流。互联网拓宽了营销沟通的整合范围。

通过在线技术和线下技术的组合使用给出一致的营销信息时，营销工作常常会更为有效。当今，大多数人在现实世界中度过的时间仍然比在虚拟世界中度过的时间要长，因此，线下推介企业网站仍然很重要。

以下是整合网络营销沟通与传统营销沟通的实例。

(1) 互联网作为顾客直接回应的工具。顾客以互联网为媒介，对企业在其他媒体上发布的促销信息做出回应。

(2) 顾客在企业网页中填入他们的姓名、电话号码和所希望的回话时间后，顾客服务代理人会按时通过电话与顾客联系。

(3) 互联网促成顾客的购买决策，虽然购买可能并没有在网上发生。例如，戴尔公司的网站上有一个显而易见的呼叫中心代理人的电话号码，戴尔公司鼓励顾客拨打这一电话进行有关咨询。这样做的好处是，戴尔公司不会失去对在线订购的安全性有顾虑的顾客，并可以根据这条电话线路的呼叫数量追踪来自网站的销售额。

(4) 整合互联网上传递过来的顾客信息、订购信息和来自其他渠道的顾客信息，对顾客进行360度的全方位观察。

(5) 搜索引擎注册和标题广告等在线推广技术通常被认为是提高网页的顾客访问量的有效方法，但网页的顾客访问量的提高工作常是从线下开始。可通过电视、广播和印刷品等传统媒介做宣传，以吸引潜在顾客，使其成为在线游客。

2. 网络营销沟通渠道的设计

在设计网络营销沟通渠道时，应重视以下几点。

(1) 从游客角度设计渠道。只有采用游客放心且容易接受的沟通方式，才能有效克服网上购物"虚"的感觉，吸引游客网上购物。

(2) 设计的网上订货系统应简单明了，不应要求游客填写太多信息，譬如，可采用"购物车"方式模拟超市。它能让游客一边看物品比较选择，一边选购。

(3) 设计网络营销结算系统时，应考虑到目前的实际状况，尽量提供更多的结算方式供游客选择；要考虑到网上结算的安全性问题，尽量将较不安全的直接结算方式转换成较安全的间接结算方式。

(4) 建立完善的网络营销配送系统。配送服务应快速，客户通常是在看到所购买的商品送达后，才感到踏实。

(5) 网站的设计及管理。为了使本企业的网站在茫茫的网站之海中脱颖而出，以留住漂泊而又缺少耐心的冲浪者，应重视以下三点：①抢占优良的网址并加强网址宣传。网址的名称应简单明了、方便记忆。②精心策划网站结构。网站结构应简单明了，并应建立便捷的路径索引以方便访问。③重视网站的维护。譬如，应及时更新产品目录和价格等信息。

(6) 产品策略。通过分析网上游客的总体特征，确定最适合在网上销售的产品；充分利用在网络上与顾客直接交流所得的信息，为顾客提供定制化产品服务，同时，企业应及时了解游客对产品的评价，以改进新产品的研究和加快新产品的开发。

(7) 价格策略。企业应对网上报价这一运作模式易受到同行业竞争的冲击予以重视。企业可以开发一个自动调价系统——可根据季节变动、市场供需情况、竞争产品价格变动、促销活动、最低盈利目标等因素，对价格进行调整。企业甚至可以开发出能与游客直接在网上协商议价的智慧型议价系统。由于网上价格公开化，游客很容易全面掌握同类产品的价格。企业可开诚布公地向游客介绍其价格制定程序，并可在网上比较本企业产品与其他同类产品的性能及价格，以引导游客购买本企业的产品。

3. 网络营销沟通在实践中的具体应用

(1) 提升网站的客户访问量。公司应确保其网站被尽可能靠前地排列在最流行的搜索引擎上；与其他相关网站链接——多个公司彼此推广网站的互惠链接是一种廉价的在线广告形式。此外，公司应确保网页内容丰富。

(2) 互联网可以作为收集市场信息的一个成本相对低的方法，特别是在收集顾客对产品或服务的感知信息这一方面。每当用户点击一个链接时，在交易日志文件中就有记录，点击流分析文件能分析游客的喜好，把游客列入各个细分，就能得到更为详尽的描述图形，可概括出哪些是顾客感兴趣的网站信息，使公司能对购买者行为做出快速回应。如果顾客对某种产品不回应，公司就应改变主页上提供的这一产品。

(3) 在企业网站上设立虚拟商铺，创建网上优良的购物环境：基于三维多媒体设计描述产品，店面布置个性化且随一定时期、季节、促销活动、游客类型变化而变化，并24小时为客户提供各种服务，以吸引更多的潜在客户。

(4) 网络营销与银行结算联网，开发网络结算系统。将网上销售的结算与银行转账系统联网，使游客能够轻松地在网上购物、网上结算。

(5) 企业可结合相关产业的公司，共同在网络上设点销售系列产品。采用这种方式可提升游客的上网意愿和消费动机，同时也为游客提供了较大便利，提高了网络营销沟通渠道的吸引力。例如，计算机生产商同软件商、网络服务商等可联合设计和开发网页以促销。

(6) 考察产品的特性。有些产品易于数字化，可以直接通过互联网传输，如软件、音像产品、文字产品等；有些产品则只能借助于传统的物流渠道传送。

8.6 旅游产品与服务网络关系营销

关系营销、直销和数据库营销三者整合,创造出一种强有力的新型营销工具,即客户关系管理(Customer Relationship Management,CRM)。其中一种相关的方式是建立在企业与个人的关系基础上的一对一营销。考虑到与个体游客建立关系的成本较高,很多旅游企业更愿意运用客户关系管理与某个特定的客户细分市场或客户群,而不是与个体游客建立联系,为他们提供量身定制的服务。这就需要公司与每一位个体游客建立一种长期关系,以便了解每个个体游客的个性化需求并为之提供个性化服务。企业运用 E-mail 等网络手段与游客互动交流,网络为旅游企业维持与个体游客的一对一关系创造了一个理想的环境,同时,游客数据库储存了大量的游客客户信息和交易信息,使公司为每一位游客提供优质的、个性化服务的能力大大加强。考虑到在目前条件下,一对一营销还只能作为愿景而不能马上实现,所以多数公司采用的一种较为有效的方式是,运用相似的手段与同一个客户细分市场建立关系,并发展适合该细分市场的客户关系维护技术,以有效地锁定每个细分市场。

基于互联网的客户关系管理与直销、关系营销、数据库营销以及一对一营销关系密切。直销提供了与个体游客交流信息和为游客提供产品的策略。关系营销理论为 CRM 提供了概念基础,因为它强调通过更有效的认知客户来改善客户服务,并将交易细分至个体游客水平。数据库营销则提供了技术支撑,使大量的客户相关数据储存成为可能,为企业实行战略战术营销创造机会。

8.6.1 关系营销

从 20 世纪末期以来,随着关系营销方式被日益重视,适合于整体市场的 4P 营销模型的局限性日益暴露出来。4P 营销模型强调的是以产品为中心而非以顾客为中心,它过分强调了广告和竞争,而忽视了企业与顾客的互动关系和合作。随着市场竞争的加剧,市场营销者越来越重视满足顾客的需求,最终目标是掌握每位顾客的细节,为每位顾客生产个性化的产品,提高客户的忠诚度。因此,关系营销方式就更加凸显出它的优点。

8.6.2 在线关系营销的优点

利用网络进行关系营销,需要通过网页整合客户数据库,以保证关系明确化和个性化。通过做到以下几点,市场营销会更加有效。

(1) 更有效地确定目标受众。传统的确定目标受众手段(比如直接邮递),并非所有接触到的顾客都是目标受众。但互联网有这样一个好处,接触到的顾客名单都是顾客自我登录的或者企业事先选择的,企业只需要联系那些访问过公司网页,表示对公司产品感兴趣并登录过自己的地址和姓名的顾客。单单访问网页和浏览就能显示这是一个目标顾客。

(2) 获取大量按单定制的市场和产品信息。按单定制被誉为未来的产品生产模式，技术进步使得我们可以向小规模的顾客群和细分市场发送个性化的电子邮件和提供个性化的网页。

(3) 与客户建立更深、更广和更多种类的联系。通过互联网能够为客户提供更多所需信息。举例来说，当游客或潜在游客访问旅游目的地管理组织的网页或旅游目的地营销组织给游客或潜在游客发送电子邮件时，目的地营销组织就可以与游客或潜在游客保持持续稳定的联系。

(4) 通过运用各种工具，企业与顾客可以建立一种学习型关系，这种关系能够贯穿整个顾客生命周期。举例来说，网络工具可以搜索出旅游目的地营销组织网上所有旅游产品与服务信息。旅行社还可以通过 E-mail 向游客或潜在游客对其提供的产品征求意见，在线调查问卷能够了解到游客对现存产品的兴趣或体验以及对竞争者的看法。

(5) 低成本。通过 E-mail 和网页与顾客保持联系的成本低于传统邮件，更重要的是，信息将只被投送给那些明确表达出信息接收意愿的顾客，这样就能降低误投率。只要顾客定制个性化信息，定位和沟通工作就会自动进行。

8.6.3 客户关系管理的作用及数据管理

1. 客户关系管理在市场营销中的作用

实施客户关系管理中技术的运用对于旅游电子商务来说是一项关键因素。一个客户关系管理系统在以下方面能够为市场营销提供支持。

(1) 销售人员自我控制。销售代表运用工具安排、记录客户拜访及进行财务管理。

(2) 客户服务管理。呼叫中心的营业代表可以通过网络连接到客户记录、产品资料和存放客户意见或疑问的数据库系统，迅速响应客户的信息需求。

(3) 管理销售进程。通过电子商务网页或者在线交易记录整个销售进程，以支持销售代表的销售活动。

(4) 活动管理。管理广告、直邮、E-mail 和其他活动。

(5) 分析。利用数据库技术和数据挖掘方式，可以对顾客特征、购买行为和活动进行分析，以优化营销组合。

2. 基于 Web 的客户关系管理技术和数据管理

数据库技术是客户关系管理的核心。公司可以分别为员工、客户和合作伙伴提供链接到整个客户关系管理系统的界面。电子邮件通常被用来管理客户关系管理系统需要的大量登入的、登出的和网间的交流，这通常被称为基于 Web 的客户关系管理。业务流程系统常常用来进行客户关系管理进程的自动化管理。客户关系管理客户数据库中通常存放以下三种主要的客户数据类型。

(1) 个人基本数据，其中包括交易细节、包含性别和年龄在内的客户概况、交易规模、在购买决策中产业部门和个人所做的角色等。

(2) 交易信息。每一笔交易的记录，包括产品类型、数量、种类、位置、日期和时间、渠道。

(3) 沟通信息。对于销售活动的目标受众及受众的反映，还有顾客提出的询问、销售代表的访问客户记录和报告单等。

从营销管理应用来看，客户关系管理搜集的数据类型包括：顾客基本信息、活动历史记录、购买模式(销售历史记录)、市场信息以及竞争对手信息。这些数据在市场营销活动中主要应用于市场定位、市场细分、保持有价值的顾客、趋势分析、提高顾客忠诚度、定制化服务以及提高顾客份额。举例来说，如果一家星级酒店的客户关系管理搜集、记录和整理了房客的基本信息、房客的消费习惯及消费行为，那么这家酒店就会将上述信息应用于保持有价值的房客、酒店客房趋势分析、提高顾客忠诚度、定制化服务以及提高顾客份额中。

8.6.4 许可营销

许可营销是支撑在线客户关系管理的重要概念。许可营销是指在与顾客建立关系并交换信息之前，首先要取得顾客的同意。举一个电子商务的实际例子，当顾客点击网页上的一个选项，表示自己愿意进一步接收公司的信息时，表明该顾客愿意建立联系，这种方式被称作"选择参与"。反之，如果一个顾客拒绝进一步接收信息，这种情况称为"选择退出"。

8.6.5 个性化与大规模定制

"个性化"可通过顾客在网页上定制信息的目录，通过嵌入的 E-mail 发放这些信息，并顺便提醒顾客关于某项产品的信息。个性化是指根据网页浏览者的要求为个人提供个性化的信息，而大规模定制则指为具有相同兴趣的个人和群体提供个性化的信息，可以利用信息技术非常经济地达到目的。

如果没有任何顾客信息，也没有任何网页可以结合，就不能进行顾客定制。若想进行大规模定制或个性化，组织必须拥有充足的顾客信息。对有限的顾客群定制，应该获得必要的基本信息，如年龄、性别、社会地位、对不同种类产品的兴趣；对 B2B 而言，在购买过程中的角色等。这些信息必须被包含在一个数据库系统中，这一系统直接连接到支持网页目录展示的系统。要把个性化做到一对一水平，就要获得更详尽的信息，如可以从购买历史记录中发现顾客特殊的兴趣等。

本章小结

旅游产品与服务网络营销战略应该遵循一个传统战略营销规划过程的简单模式，这个模式应该包括目标设立、形势分析、战略制定、资源分配与监视这样一个反复过程。网络营销战略目标的设立应包括设定互联网能够帮助旅游企业实现的业务目标、提升公司形象、降低成本、提高销售额及提升服务质量等。战略制定包括可选择战略的确定，对它们进行研究并选择其中最好的战略。为了能使这个战略充分发挥作用，战略制定必

第 8 章 基于社会化媒体与互联网的旅行产品与服务营销

须考虑以下几个关键决策要素。

关键决策要素 1：目标营销战略。

关键决策要素 2：产品差异化与市场定位。

关键决策要素 3：网络营销优先战略。

关键决策要素 4：聚焦客户关系管理战略。

关键决策要素 5：市场与产品开发战略。

关键决策要素 6：业务与营业收入模型，包括产品开发和定价战略。

关键决策要素 7：组织结构的调整。

关键决策要素 8：渠道结构的调整。

营销沟通包括鼓励立即购买的促销沟通和大力吹捧企业的产品或服务可以获得与众不同收益的建立品牌的沟通。营销沟通的四种类型分别是直接交流、个性化交流、传统大众营销沟通和普通在线交流。营销沟通的目的是在线旅游企业如何与目标客户交流。营销沟通有多种不同的形式：网络广告(Online Advertisements)、电子邮件、病毒式营销、客户信息、个性化网上交流、传统大众传播媒体、直接沟通等。实施个性化在线沟通策略的常用方法有个性化的许可的电子邮件，个性化的建议，个性化的广告，个性化的网页，个性化的电子商店。

传统的大众营销沟通的常用方法主要是传统的大众媒体(比如广播、报纸和电视等)。直接沟通策略常用方法包含销售代表、直销以及远程营销。

整合关系营销、直销和数据库营销可以创造出一种强有力的新型营销工具，即客户关系管理。基于互联网的客户关系管理与直销、关系营销、数据库营销以及一对一营销关系密切。直销提供了与个体游客交流信息和为游客提供产品的策略；关系营销理论为客户关系管理提供了概念基础，因为它强调通过更有效地认知客户来改善客户服务，并将交易细分至个体游客水平。数据库营销则提供了技术支撑，使大数量的客户相关数据储存成为可能，为企业实行营销战略战术创造机会。

思考与演练

一、思考题

1. 解释营销和营销沟通的区别。
2. 说明品牌沟通与销售(促销)沟通之间的不同。
3. 为什么网络广告在整个广告市场中只占不到 5%的比重？
4. 哪些产品最适合在网上做广告？
5. 直接电子邮件营销的优点是什么？

6. 为什么传统广告仍然很重要?
7. 网络营销战略的关键要素是什么?
8. 互联网对于营销渠道的影响是什么?
9. 总结互联网给企业带来的主要有形利益和无形利益。
10. 互联网提供了哪些市场和产品定位机遇?
11. 为什么互联网适用于关系营销?
12. 解释数据库营销、直销和关系营销三者之间的关系。

二、讨论题

1. 至少在网上冲浪 25 分钟。访问 e 龙与携程两个不同的旅游电子商务网站。列一张表,将你看到的网站所使用的营销沟通工具详细地描述出来。你认为哪一种营销沟通工具最有效?为什么?

2. 分别讨论酒店、旅行社、旅游目的地营销组织为了保持竞争力,其网络营销战略应该更新的频率?

3. 分别选择酒店、旅行社、旅游目的地营销组织,深入讨论互联网对于营销组合的影响。

三、演练题

通过微信公众号发布营销信息的步骤如下。

【第一步】通过浏览器打开微信公众平台登录页面,如图 8-12 所示。

图 8-12 微信公众号申请页面

【第二步】注册成功后,输入用户名和密码,单击"登录"按钮,如图 8-13 所示。
【第三步】设置公众号的基本信息,如图 8-14 所示。
【第四步】开通认证,如图 8-15 所示。

第 8 章　基于社会化媒体与互联网的旅行产品与服务营销

图 8-13　微信公众号登录界面

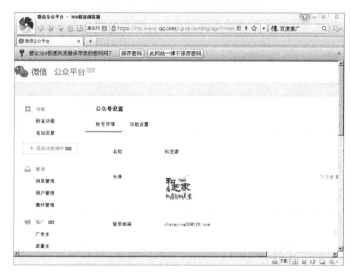

图 8-14　微信公众号基本信息设置页面

图 8-15　微信公众号认证申请页面

【第五步】按照网页引导，完成身份验证，如图8-16所示。

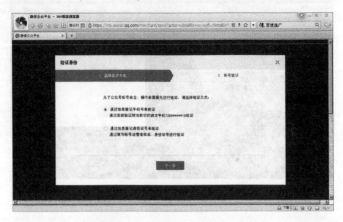

图8-16　认证开通流程页面

【第六步】回到主页面，发布"单图文消息"。图是编辑状态下的页面，如图8-17所示。

图8-17　微信公众号群发信息编辑页面

【第七步】通过"用户分析"可以看出信息被访问的情况，如图8-18所示。

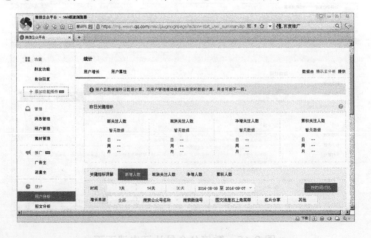

图8-18　微信公众号用户数据分析页面

第9章 旅行社电子商务应用

【学习目标】

通过本章的学习,了解旅行社业务流程分析;熟悉旅行社的供应链管理、旅行社的客户关系管理;熟悉并掌握旅行社业务流程再造概念、过程、方法、方案及效用。

【关键词】

旅行社客户关系管理(Customer Relationship Management for Travel Agency) 旅行社供应链管理(Supply Chain Management for Travel Agency) 旅行社业务流程重组(Business Process Reengineering in Travel Agency) 职能型组织结构(Function-Organization) 过程型组织结构(Process-Oriented Organization) 旅游电子票(E-Travel Ticket) 旅游批发商(Travel Wholesaler) 旅游零售商(Travel Retailer) 旅游资源采购(Travel Resource Purchasing) 清除(Elimination) 简化(Simplification) 整合(Integration) 自动化(Automation)

开篇案例：春秋国旅全新的旅游预订方式——旅游电子票

春秋国旅在国内是较早实现企业信息化的旅行社，早在20世纪90年代初就建立了当时在全国较有影响的计算机实时预订系统。由于这种计算机实时预订系统具有准确、迅速、方便、规范的优势，从而迅速扩展，形成了一个比较完善的代理商预订系统。在全球互联网热潮时期，春秋不失时机地推出了自己的春秋旅游网，不过当时只是具有简单的信息发布功能而已，不能算是开始发展旅游电子商务。直到2001年1月，春秋国旅将春秋旅游网从简单的信息发布改造成为能够进行旅游电子商务的网站，其首页如图9-1所示。在短短三个季度，使得春秋旅游网的营业收入和利润很快进入了良性循环的创收轨迹，2001年第一季度营业交易额达120万元，第二季度达400万元，第三季度将达到600万元，而且取得了很好的利润目标。

图9-1 春秋国旅在线预订网站主页

春秋旅游网推出了"旅游电子票"概念，为人们出行提供了一个省心、省时、方便快捷的新型旅游预订方式，也为旅行社的经营带来了全新的理念。

春秋国旅采用"旅游电子票"的全新运作模式，意欲凭借在全国31个分社和近2000个网络成员组成的接待网络，以及每月上千航次的包机线路，向游客提供不同旅游产品，努力探索为游客提供网上优质服务、降低旅游产品价格的新途径。

春秋旅游电子票有别于传统旅行社旅游预订和航空电子客票的形式，具体来说，这是一种新型的旅游预订方式，将现在传统模式中从下订单、到付款、再到签合同等过程全部都在网上"一站搞定"。省心、省时、方便快捷是它实实在在的服务承诺。打开春秋旅游网主页，游客可以进行线路查询和选择线路，当游客对其产品内容、价格等满意后，选择"网上预订"、进行网上支付后，获得其产品。

春秋旅游追随的理念是一样航线、一样时刻、网上支付、永远最低价。

基于互联网的电子商务技术和广阔的发展前景增强了旅行社企业的竞争力，使传统旅行社获得新生。基于互联网的电子商务技术是一股不可抗拒的力量，加速着旅行社经营方式和管理方式的革命，任何一个旅行社都无法避开这种变革。通过创建旅行社外部的信息网络和内部网，大大优化旅行社内部人与人、人与物、物与物之间的传统的沟通方式，大大改善旅行社之间、旅行社与顾客间的沟通方式，从而彻底改变旅行社的运营方式、管理方式和组织形式。

同时，基于互联网的电子商务技术也为旅行社开辟了更为广阔的市场空间。旅行社利用电子商务技术开展网络经营，深刻地影响着企业的营销方式，网上营销电子商务已经出现。网上营销成本低廉，信息交换迅速，对消费者而言也更方便。

电子商务时代，除了向春秋国旅采用"旅游电子票"的全新运作模式以外，电子商务在旅行社的基本业务过程中有许多应用。旅行社的基本业务过程就是分别将交通部门、饭店、餐馆、旅游景点、商店、文化娱乐等类型旅游企业提供的单项旅游产品统一采购进来，进行优化组合，形成具有吸引力、符合市场需求的旅游产品销售给旅游者，并组织旅游活动。在此过程中，信息技术在旅行社担负的特殊的信息整合职能、咨询服务职能和组织调度职能过程中起到至关重要的作用。同时，旅行社也受到了前所未有的挑战和压力。在新的环境下，旅行社应当就发展方向、应变对策做相应的战略调整。旅行社业务流程重组为旅行社的发展方向和对策提供理论基础。

9.1 旅行社业务流程分析

9.1.1 旅行社业务垂直分工体系

垂直分工体系，又称"批—零体系"，是市场发育后形成的一种自然分工体系。在这种分工体系中，旅行社通常分为旅游批发商和旅游零售商(零售旅行代理商)。旅行中介服务是构建旅游资源与旅游消费者的纽带。依照行业垂直分工体系，旅行社行业主要可细分为批发、代理和零售三层结构,.可以进一步分为旅游经营者、旅游批发商、旅游零售商。这种以专业化分工为特征的垂直分工体系，使得旅行社各司其职，有效地克服了因缺乏分工而导致的业务交叉覆盖、混乱竞争等弊端，使得整个旅行社行业的经营协调有序。旅行社业务的垂直分工如图9-2所示。

而在水平分工体系下，旅行社之间业务重叠，容易造成产品的模仿和雷同，旅行社的低水准重复建设有碍于产品创新，表现为"千军万马过独木桥"式的目标市场狭窄化、旅行产品单一化、旅行社竞争平面化的非理性状况，最终形成水平层面的供求不平衡。加剧了行业内的恶性竞争，难以形成规模经济，使整个行业处于低效益运行并引起一系列的非正常市场后果。在水平分工体系下，资产存量无法向大型旅行社转移，无法实现在全行业内进行资源的优化配置，很难形成既能实现规模经济，又能形成有效竞争的良性竞争态势。

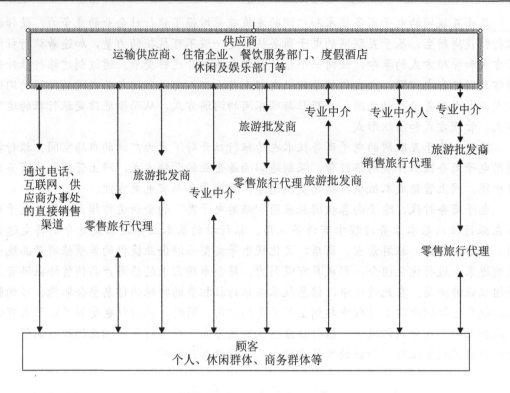

图 9-2　旅行社业垂直分工图

垂直分工体系有利于保障有序的市场竞争和规模经济的形成，是实现资源合理配置、实现规模经济的有效手段。旅行社行业的垂直分工体系一旦建立，不仅可有效避免因低水平竞争带来的资源及资金的浪费，减少旅行社间的不当竞争，而且有助于旅游行政管理部门抓大放小，提高管理效率。旅游的产业链很长，旅游业的发展涉及国民经济许多行业，在这么多行业中，旅行社行业在垂直分工体系下，各项资源不断集中，有助于简化交易环节，降低成本，通过追求规模效应提高旅行社行业的竞争能力和资源配置的有效性。

9.1.2　旅行社的供应链管理

旅游资源采购业务，是指旅行社通过与其他旅游企业及与旅游业相关的各个行业、部门洽谈合作内容与合作方式，签订经济合同或协议书，明确双方权利、义务及违约责任，从而保证旅行社所需旅游服务的供给。旅行社的供应链管理主要包括建立广泛的采购协作网络、正确处理保证供应和降低成本的关系、正确处理集中采购与分散采购的关系、正确处理预订和退订的关系、加强对采购合同的管理。具体供应链的管理涉及以下八个供应商资源。

1. 与交通部门的供应商管理

城市间交通服务和城市内旅游交通服务是旅游者在旅游活动过程中实现空间转移的必然媒介。迅速、舒适、方便的交通服务是旅行社产品不可或缺的组成部分，并对旅游日程的实施、旅行社信誉产生至关重要的影响。所以，旅行社必须与包括航空公司、铁路、水上客运公司和旅游汽车公司等在内的交通部门建立密切的合作关系，并争取与有关的交通部门建立代理关系，经营联网代售业务。而交通运输行业由于行业竞争激烈，也非常热衷于同旅行社进行业务合作，以寻求稳定的客源渠道。

2．与住宿部门的供应商管理

酒店是旅游业的三大支柱之一，酒店服务是旅行社产品的重要组成部分，并在一定程度上已经成为评价一个国家旅游业接待能力的重要标志。旅行社如果不能依照客人要求安排酒店，或者安排的酒店服务不符合客人要求，将直接影响接待工作的质量。因此旅行社必须与酒店业建立长久、稳定的合作关系，这是旅游服务采购工作的重要组成部分。

3．与餐饮部门的供应商管理

餐饮服务的是旅游供给必不可少的一部分，是旅游接待工作中极为敏感的一个因素。对现代旅游者来说，用餐既是需要又是旅游中的莫大享受。餐馆的环境、卫生，饭菜的色、香、味、形，服务人员的举止与装束，餐饮的品种以及符合客人口味的程度等，都会影响旅游者对旅行社产品的最终评价。旅行社必须与餐饮业建立合作关系，这是旅游采购中选择余地较大，而且又关系重大的一项工作。

4．与参观游览部门的供应商管理

旅游资源是旅游活动的客体，是一个国家或地区发展旅游业的物质基础。参观游览是旅游者旅游活动的最基本和最重要的内容。因此，旅行社与游览单位的合作关系也就显得特别重要。

5．与购物商店的供应商管理

旅游购物属于旅游者的非基本需求，但现代旅游过程中，没有购物的旅游是极少的。为使购物活动成为旅游活动中丰富多彩、不可缺少的一部分，为方便旅游(团)者，节省时间，免遭坑骗，旅行社须与有关商店建立相对稳定的合作关系。

6．与娱乐部门的供应商管理

娱乐也属于旅游者的非基本需求，然而，在现代旅游中增长知识、了解旅游目的地的文化艺术已成为旅游者日益普遍的需求。这就要求旅行社与娱乐行业建立必要的合作关系。

7．与保险公司的供应商管理

国家旅游局于 2001 年发布《旅行社投保旅行社责任保险规定》，规定要求"旅行社从事旅游业务经营活动，必须投保旅行社责任保险"。所谓旅行社责任保险，是指旅行社根据保险合同的约定，向保险公司支付保险费，保险公司对旅行社在从事旅游业务经营活动中，致使旅游者人身、财产遭受损害应由旅行社承担的责任，承担赔偿保险金责任的行为。旅行社责任险有利于保护旅游者和旅行社的权益，还有利于旅行社减少因灾害、事故造成的损失，它对旅行社的发展具有重要意义，由此为旅行社和保险公司提供了合作的前提和基础。

8. 与相关旅行社的供应商管理

组团旅行社为安排旅游团(者)在各地的行程，需要各地接团旅行社提供接待服务，而这对组团社来说，也属于旅游服务采购的范围。组团社应该根据旅游团(者)的特点，有针对性地选择接团社，发挥各个接团社的特长。接团社接待服务中自身不能供给的部分，则同样通过采购来解决。

总之，旅行社产品的特点决定了旅行社业务合作的广泛性，旅行社协作网络的质量，还将直接决定旅游服务采购的质量，并由此对旅行社的产品质量产生直接影响。

9.1.3 旅行社的客户关系管理

客户是旅行社最重要的资产和资源之一，维持好客户的忠诚度能够为旅行社提高竞争优势。而这就需要来源于不同的系统、部门乃至子公司的信息资源。将来自旅行社、产品、客户、市场各个部分，及时、精确的信息汇总。在此基础上，为整个组织提供决策分析支持。

客户关系管理的运用直接关系到一个旅行社的销售，它可以重新整合旅游企业的客户信息资源，使原本"各自为政"的销售人员、市场推广人员、电话服务人员、售后维护人员等开始真正地协调合作，成为围绕着"满足客户需求"这一中心要旨的强大团队。

客户关系管理是企业"以产品为中心模式"向"以客户为中心模式"转移的必然结果。其实现目标主要包括以下几方面。

(1) 通过提供更快捷、更周到的优质服务吸引和保持更多的客户。
(2) 通过对业务流程的全面管理降低企业的成本。
(3) 通过对每个客户的数据整合，提炼对客户的总的看法，发现市场机会。
(4) 通过向客户提供个性化的产品和服务，提高利润贡献度较高客户的忠诚度。
(5) 通过对客户、产品、职能部门等多角度的分析，为管理者提供决策依据。

客户关系管理通过客户信息统一处理分析，更好地掌握客户消费行为习惯，掌握市场趋势，并实现缩减销售周期和销售成本、增加收入、寻找扩展业务所需的新的市场和渠道以及提高客户的价值、满意度、营利性和忠实度的目标。

9.2 旅行社业务流程重组

9.2.1 业务流程重组的基本概念及必要性

从现代市场经济的角度看，企业的利润是由企业通过价值链创造出来的，而不是简单地从客户身上赚取的。为此，我们引入美国哈佛商学院教授迈克尔·波特(Michael E. Porter)在《竞争优势》中的"公司价值链"理论和美国麻省理工学院教授迈克·哈默

(M. Hammer)与詹姆斯·钱皮(J. Champy)提出的"业务流程重组"理论,结合中国旅行社行业实践,阐述"基于公司价值链的旅行社业务流程重组"整体框架。

哈佛商学院教授迈克尔·波特将企业的业务过程描绘成一个价值链(Value Chain),竞争不是发生在企业与企业之间,而是发生在企业各自的价值链之间。只有对价值链的各个环节(业务流程)实行有效管理的企业,才有可能真正获得市场上的竞争优势。一个旅行社的价值链包括其价值活动和利润值。价值活动是为用户创造价值的过程,在旅行社业务中包括采购旅游资源、产品策划和设计、游客营销、客户服务、质量监控、团队操控等过程。在这些过程中有效的驱动力来自企业各类资源的支持活动,如人力资源、资金资源、信息资源等。利润率是指总价值和进行价值活动的成本的比值。只有当价值链中各个环节"无摩擦"地产生作用,才能保证创造出足够价值。

按照业务流程重组理论,我们对旅行社的各项业务流程进行根本性地重新思考和彻底性地重新设计,重组新的业务流程,以求在速度、质量、成本、服务(TQCS)等各项经营指标上取得明显的改进,使得旅行社能最大限度地适应以"顾客(Customer)、竞争(Competition)、变化(Change)"为特征的现代企业经营环境。摈弃以职能为导向的传统思想,确立以"最大限度满足客户需求"为核心思想,创造为"客户省钱(Save Money)、省时间(Save Time)、增加附加值(Value Addition)"的流程。发现附加值流程,强化增值流程,改进非增值流程。压缩中间管理层级,缩短高层管理人员与一线业务人员和顾客的距离,让旅行社更贴近最终游客。采用先进的管理技术和信息技术,降低人为因素的影响,将以市场为导向的全面质量管理(TQC)固化在企业的运行中,建成"铁打的企业,流动的员工"的可持续发展机制。

1. 业务流程重组的基本概念

业务流程重组(Business Process Reengineering,BPR)是从根本上重新考虑并彻底重新设计业务流程,帮助企业在关键的业绩上,如成本、质量、服务和响应速度方面,取得突破性的进展。

业务流程重组的概念最早是由美国的 Michael Hammer 和 Jame Champy 提出的,在20世纪90年代达到全盛的一种管理思想。它强调以业务流程为改造对象和中心、以关心客户的需求和满意度为目标、对现有的业务流程进行根本的再思考和彻底的再设计,利用先进的制造技术、信息技术以及现代化的管理手段、最大限度地实现技术上的功能集成和管理上的职能集成,以打破传统的职能型组织结构(Function-Organization),建立全新的过程型组织结构(Process-Oriented Organization),从而实现企业经营在成本、质量、服务和速度等方面的巨大改善。它的重组模式是:以作业流程为中心、打破金字塔状的组织结构、使企业能适应信息社会的高效率和快节奏、适合企业员工参与企业管理、实现企业内部上下左右的有效沟通、具有较强的应变能力和较大的灵活性。

业务流程重组是对企业进行重新构造,而不是对企业进行改良、增强或调整。巨大改善意味着业务流程重组追求的不是一般意义上的业绩提升或略有改善、稍有好转等,进行重组就要使企业业绩有显著的增长、极大的飞跃。业绩的显著增长是业务流程重组的标志与特点。最后,业务流程重组关注的是企业的业务流程,"重组"工作全部是围绕业务流程展开的。"业务流程"是指一组共同为顾客创造价值而又相互关联的活动。

2. 业务流程重组的主要思想

业务流程重组的主要思想包括以下几方面。

(1) 从职能管理到面向业务流程管理的转变。
(2) 注重整体流程最优的系统思想。
(3) 组织为流程而定,而不是流程为组织而定。
(4) 充分发挥企业每个人在整体业务流程中的作用。
(5) 客户与供应商是企业整体流程的一部分。
(6) 信息技术的使用以及信息资源的一次性获取与共享。

3. 旅行社实施业务流程重组的必要性

中国的旅行社行业普遍存在体制老化、机制僵化、管理弱化、经营承包化、人员散化、业务流程不规范等不佳状况。对中国旅行社实施业务流程重组有着以下五个方面的必要性。

(1) 企业变革的需要：中国旅行社目前正处在一种变革时期。经营方式和业态、管理理念和手段以及外部竞争环境和内部人员结构都在发生着变化。新的业务流程要顺应这样的变革。

(2) 管理规范的需要：中国旅行社要走"低成本、可持续发展"的路径，就必须实现集约化的管理和规模化的经营。这些前提就是业务流程的规范和管理监控的有效。

(3) 电子商务平台的需要：中国旅行社应用高新技术创新，走跨越的发展之路，就要选择信息化平台。电子商务是一种先进的技术平台，能否取得预期效果关键在于创建新型的商业模式和合理科学的业务流程。

(4) 核心竞争力的需要：中国旅行社要成为国内一流、国际知名的旅行社企业，完全要依靠自身的核心竞争力，包括独特的客户资源、经营团队、商业模式、管理信息系统等要素。业务流程重组将是商业模式的体现和管理信息系统的基础。

(5) 资本市场的需要：策略投资者提供的资本力量，是基于对企业发展的信心、商业模式的增长性以及企业运行的稳定和规范。无论携程、易龙公司还是港中旅国际、锦江国际(上市公司)，在融资和上市过程的调查环节中，最注重的就是业务流程的有效、规范和可度量。

9.2.2 旅行社业务流程重组的步骤

业务流程重组就是重新设计和安排企业的整个生产、服务和经营过程，使之合理化。通过对组织原来生产经营过程的各个方面、每个环节进行全面的调查研究和细致分析，对其中不合理、不必要的环节进行彻底的变革。在具体实施过程中，可以按以下程序进行。

第一步，对原有流程进行全面的功能和效率分析，发现其存在的问题。根据企业现行的业务流程，绘制细致、明晰的业务流程图。

第二步，设计新的流程改进方案，并进行评估。在设计新的流程改进方案时，要对流程进行简化和优化,将现在的多项业务或工作进行重新组合。

第三步,制定与业务流程改进方案相配套的组织结构、人力资源配置和业务规范等方面的改进规划,形成系统的业务流程重组方案。企业业务流程的实施是以相应组织结构、人力资源配置方式、业务规范、沟通渠道甚至企业文化作为保证的,所以,只有以流程改进为核心形成系统的业务流程重组方案,才能达到预期的目的。

第四步,组织实施与持续改善,实施业务流程重组方案,必然会触及原有的利益格局。因此,必须精心组织,谨慎推进,要克服阻力,在组织内达成共识,才能保证业务流程重组的顺利进行。

业务流程重组实现的两个"利器"是信息技术和重组。业务流程重组之所以能达到巨大的提高在于充分发挥了信息技术的潜能,既利用信息技术改变业务的过程,简化业务过程。另一个手段就是变革组织结构,实现组织精简,效率提高。没有信息技术的深入应用,没有变革组织,严格来说不能算是实现了业务流程重组。

旅行社业务流程重组的实施结构可以被设想成多层次的立体形式,即整个业务流程重组实施体系由观念重组、流程重组和组织重组三个层次构成。其中,以流程重组为主导,而每个层次内部又有各自相应的步骤过程,各层次也交织着彼此作用的关联。图9-3为旅行社业务流程重组实施体系图。

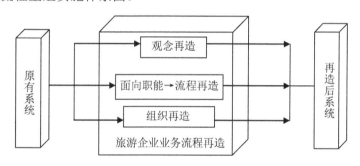

图9-3 旅行社业务流程重组实施体系图

9.2.3 旅行社的业务流程重组的框架

目前,游客资料和宾馆、机票、接待社情况及团队报价信息都在业务人员手中,经理们一无所知,但出现问题还要承担经济责任。信息流被切割得支离破碎。对这样的业务流程必须进行彻底的改革。新的业务流程重组应该以增加客户的价值为核心,消除非增值活动和调整核心增值活动。遵循清除(Elimination)、简化(Simplification)、整合(Integration)、自动化(Automation)规则。图9-4为旅行社业务流程重组的框架。

旅行社业务流程重组作为旅行社变革的创新思维之一,其核心在于改进后的流程提高了效率,消除了浪费,缩短了时间,提高了顾客满意度和公司竞争力,降低了整个流程成本。

(1) 在财务管理流程中:传统的财务人员主要精力忙于簿记、内部转账和对账;通过业务流程重组之后,财务人员的工作重点放在对组团社的客户催账、减少应收款;加强单团结算,用经济杠杆(用毛利率等指标)考核业务人员,增加销售收入。

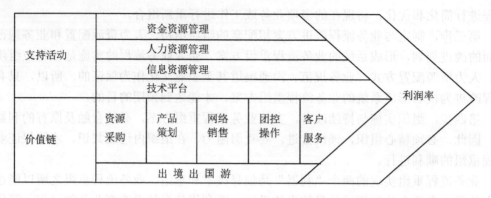

图 9-4　基于价值链的旅行社业务流程重组的框架

(2) 在旅游资源的采购流程中：传统的国内、入境、出境各部门有自己的流程，各自为政；通过业务流程重组之后，旅行社对宾馆、餐厅、景点和民航等旅游资源统一采购、集中支付、降低了采购成本，取得了市场竞争优势。

(3) 在线路销售流程中：由于水平分工，面对中国公民一些部门只销售国内旅游线路或旅游产品；通过业务流程重组之后，各营业部和零售店应用柜面销售系统和网络技术，通过网上销售，贴近最终客户，把握客户需求，使客户可以直接得到最丰富的旅游产品。

(4) 在收银流程中：过去各营业部和业务人员分散收银，会出现大量现金的问题；通过业务流程重组之后，独立的收银系统及时将资金信息汇总，并传递到总部，严格控制了现金流。同时，也使中国旅行社业务的"先收后付"现金模式创造了良好的经济效益。

(5) 在旅游产品的设计流程中：过去存在"产品同质化，价格市场化，成本社会化"特点；通过业务流程重组之后，可以及时把握游客的需求，为客户提供快捷的反应，设计差异性的和个性化的产品，提高客户满足度。

(6) 在入境游接待流程中：过去的接待流程为外国游客先到零售商报名出游，再由批发商组团交给中国的中央社，最终转到地方接待旅行社，其中的经营利润已被层层削减；通过业务流程重组之后，各家旅行社都有对外的互联网，以网上销售或多语种外联系统，直接面对客户，降低销售成本，提高接团效益等。

"基于价值链的业务流程重组"将在各环节增加价值，使原有的"作坊式"运作转变成流程化运作，将一个"裁缝群体"转变为现代制衣厂的生产线，业务流程重组的结构对比如图 9-5 所示。

通过业务流程重组和技术运行平台，旅游的业务流程进行了根本性的变化。总经理和业务人员更加贴近游客，提高游客的满意度，供应商和游客的资源都汇聚在公司的系统中和平台上，得到了充分利用和有效监控。有了业务流程重组和技术平台，中国旅行社行业的旅游业务才能实现批发、代理、零售三级架构的垂直分工，达到全行业的有序竞争和共同发展。

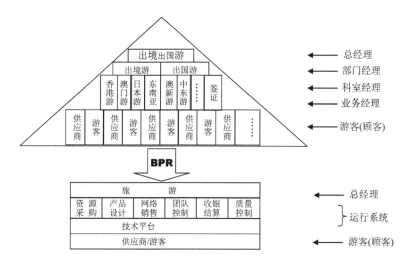

图 9-5 业务流程重组的结构对比

9.2.4 旅行社业务流程重组方案

旅行社的主要业务流程(组接团、旅游线路设计和包装、订房订票、派车派陪的后台保障、团队核算、财务结算、部门效益考核、应收应付往来、内部银行等)可以看作是信息处理流程；每项业务活动都有信息源、信息的处理加工和信息的储存、通过信息的标准化实现信息的共享，通过信息流来驱动人流、物流和资金流(见图9-6～图9-8)。

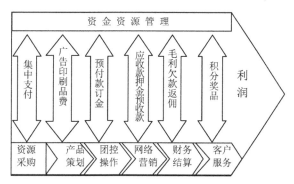

图 9-6 业务流程的价值链与资金资源的关系

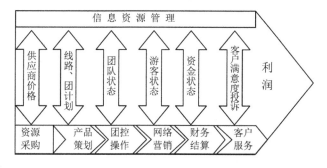

图 9-7 业务流程的价值链与信息资源的关系

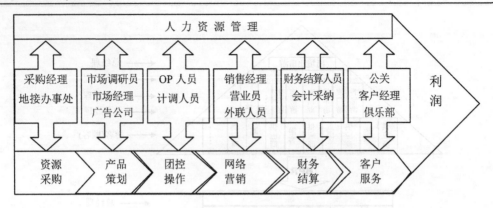

图 9-8　业务流程的价值链与人力资源的关系

面向市场运作，及时采集和更新外部信息(客源信息和旅游资源信息)，并将外部信息内部化；建立连锁门市网点和互联网上公司网站，为游客提供及时的全天候的服务。汇总团队需求，集中采购，降低组团成本。

内部信息流转保持一致性和共享性，以免出现重复输入和查询的差异，实现信息的有效流转；各业务流程之间有着良好的信息连接。例如，外联组团子系统将成团计划数据转到计划调度子系统，实现团队接待落实后再转到团队结算子系统，进行团队核算工作再连接到财务会计子系统，控制应收应付；又如，国内游子系统将旅游线路资料和计划传到网点桌面子系统销售，再到国内游后台计调子系统，落实团队后再转到团队结算子系统，进行团队核算，最后再接到财务会计子系统，控制应收应付。这样操作既保持了数据的一致性，又改善了业务流程，大大提高了工作效率。

业务处理作为内部信息附加值的加工，业务人员就是信息服务工作者。

内部信息资源用于业务流程开发，并应集中管理、分权限使用。

(1) 各类业务人员必须将所有的业务资料和信息输入信息系统，提交给公司，成为公司的重要财产，未经公司同意不得提供给第三方。员工离开公司时不得带走有关资料。真正做到"铁打的公司、流动的员工"。

(2) 第一把手原则。在旅行社的发展中，信息化已是别无选择的选择。但为什么过去的计算机化工程会失败？主要在于领导。领导形式上很重视，然而，他不是用户，就没有发言权。往往会造成"一流决策、二流规划、三流需求、四流开发和应用"。而过去只是商务电子化(Business Electronically)，将手工方式转换到计算机实现。在电子商务(e-Business)中，总经理是第一用户。

(3) 新员工的培训不仅依托经验的传授，更主要的是借助信息系统的规程训练。

9.2.5　旅行社业务流程重组后的效用

业务流程重组系统通过固化流程，让那些随着流程流动的知识固化在旅行社里，并且可以随着流程的不断执行和优化，形成旅行社自己的知识库，且这样的知识库越来越全面和深入，让旅行社向知识型和学习型旅行社转变。

可以预见，对于旅行社的意义不仅限于效率的提升，而是更有战略意义。

就旅行社而言，通过业务流程重组，可以实现七个方面的效用。

(1) 专业化分工：使员工能专业化运作相关业务，提高办公效率，同时又能将员工培养成为一流的专家型人才，从而实现大企业的人才高地战略。

(2) 规范化流程：旅行社行业人员流动性强，新进员工能够通过职业培训按照统一模式操作，从而保证业务质量。

(3) 规模化经营：借助信息平台，业务可以不受地域、员工人数、场地等条件的制约，快速扩张业务量，取得相应的利润。

(4) 集约化管理：在流通领域，营业收入来自市场的开拓，但利润来自成本控制和采购技术。通过集中采购和中央支付将能大幅度提高旅游业务的毛利率。

(5) 计算机化操作：以旅行社为代表的旅行代理业务在国外同行和国内大型旅行社中都是依托计算机平台处理相关业务，而且，世界电子商务协会的调研说明，旅游业是最适合电子商务的服务领域之一。计算机化操作能使信息快速和及时传递，并保持数据的一致性。

(6) 全局化控制：各层面的经理和业务人员都在信息平台上作业，就使得业务操作流程和相关知识及信息固化在旅行社的知识库中，董事会和总经理班子都能在平台上及时并准确地了解经营状况，达到控制旅行社资源(如客户资源、资金资源、知识资源等)目的。

(7) 一体化运作：整个旅行社的效率来自各部门的协同。全体员工将旅行社的所有业务都放入平台，就能大大减少内部沟通的成本，实现"无纸化"办公，降低费用。同时，也统一了各类统计报表，以便绩效考核。

9.3 旅行社电子商务应用举例

信息技术和基于互联网电子商务技术的发展完全改变了旅行社传统的手工作业方式。目前，广东中旅、港中旅国际、上海锦江国际、春秋国旅等一些国内知名的大型、现代化的旅行社都已全面实现了信息化管理，旅行社管理软件的操作已成为日常工作中的必需工具。

金棕榈《旅行社业务流程重组与电子商务系统》是应旅行社业务流程和电子商务实践的需求而产生的。来自复旦大学、上海师范大学、上海大学等院校的专家教授参与了研发设计工作。软件基于 Web 平台，融合了国内最新的软件开发技术。金棕榈《旅行社业务流程重组与电子商务系统》包括三大子系统及一个综合平台，如图 9-9 所示。他们分别为旅行社业务流程系统、旅行社网点分销系统和旅行社电子商务网站以及旅游业务流程重组与电子商务的信息技术平台。它们分别具有以下特点。

(1) 旅行社业务流程系统。本系统的功能包括"前台销售""计划调度""财务""总经理"等功能模块。该系统可承担从资源采购(包括线路、宾馆、车、船、门票等资源)开始，到制订团计划、前台收客，到收银开票、计划调度、团队报账、团队结算、各类报表打印输出等事务。

图9-9 金棕榈旅行社电子商务模拟实验室

(2) 旅行社网点分销系统。系统具有网点的即时通告、显示团队即时收客人数、网点并发收客控制、完善的订单管理模式,总部即时、快速对各个网点的各项数据指标进行统计和分析等功能。具体来说,具有团队管理、订单管理与收银管理功能。团队管理可以进行团队的模糊查询、团队具体行程、团队报名;还可以根据团队状态,通过字体、背景颜色区别各个团队。订单管理可根据登录用户的权限,显示相应的订单信息,有一个唯一的订单流水号,对订单进行模糊查询、修改删除、游客信息输入、应收款的添加查看。收银管理可对已添加的应收款,显示相关的信息。每个应收款都有一个唯一的流水号,对应收款进行模糊查询,可对每项或者多项未收的应收款进行收银,生成一个收款单据。

(3) 旅行社电子商务网站。本系统具有在线旅游产品服务的功能,例如,在线旅游信息查寻、在线旅游产品订购、在线支付等。该软件几乎涵盖了旅行社日常业务流程的方方面面,包括国内游后台线路管理、设计团计划、团计划安排、游客登记、计划落实、各类报表的生成打印,出境游后台系统维护、设计团计划、编制行程、游客资料登记、后台预留、预留游客登记、排团、各类报表统计、报表的生成和打印、结算、导游排陪、旅游资源管理,用户权限设置、前台网点收客、前台网点预留登记、前台开发票、打印发票、外宾散客登记、散客订房等功能模块。

(4) 旅游业务流程重组与电子商务的信息技术平台是一个以业务流程重组为核心、以先进的互联网(Internet)、内部网(Intranet)和外部网(Extranet)及数据库等信息技术为根本、以面向各层次业务管理人员为对象和以友好、便捷、有效的人机界面的应用系统,主要包括资源采购流程系统、合同管理流程系统、权限管理流程系统、线路设计流程系统、产品报价流程系统、同业批发和结算流程系统、网点零售和结算流程系统、网上预订流程系统、大客户管理流程系统、游客管理流程系统、团队计划流程系统、订房/订餐/订票流程系统、旅游节目安排流程系统、导游领队管理流程系统、收银和电子发票流程系统、单团结算流程系统、总经理监控系统、签证和出境卡办理流程系统等近二十个流程应用管理系统,如图9-10所示。

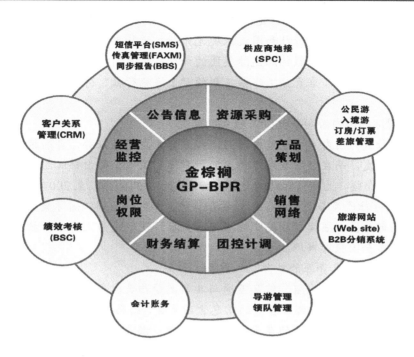

图 9-10　旅游业务流程重组与电子商务的信息技术平台

案例研究：上海旅行社电子商务应用

2004 年 3 月 11 日，就职于某公关公司的陈小姐来到位于外滩光明大厦锦江国际下属上海国旅营业部，预订了 3 月 29 日赴港澳的五日经济游。国旅营业部的前台销售人员打开计算机里的旅游信息管理系统中的"前台收客"模块，按照陈小姐提供的资料熟练地在计算机系统中输入了相关信息，这些数据实时传送回上海国旅位于北京西路国旅大厦的数据中心。与此同时，国旅财务部门在审核后汇给营业部出具电子发票，营业部随即可以将发票打印给顾客。

锦江国际信息中心主任刘晓伶告诉记者，上海国旅非常注重依托网络平台进行销售，目前每天通过网络平台的营收大约在 300 万元，高峰时期可达到 600 多万元。

1. 整合"国内游"

在上海旅游行业排名老大的上海国旅已于 2003 年 6 月划归锦江国际(集团)有限公司旗下，由此，中国规模最大的旅游企业集团宣告成立。锦江国际集团整合了上海中国国际旅行社股份有限公司、上海锦江旅游有限公司、上海华亭海外旅游公司、上海旅行社等上海最大、最知名的国际、国内旅行社，一举成为中国旅行社行业的龙头企业。

锦江国际目前的旅游产品涵盖了入境游、出境游和国内游，重组后当然需要进行资源整合。由于上海国旅和锦江国旅对于出入境游的操作流程各不相同，如何整合是一个相当复杂的过程，因而集团率先考虑的是从操作模式差异不大的"国内游"入手。

2004 年 2 月中旬，锦江国际旗下的上海旅行社通过整合"锦江假日"和"国之旅观光"两家旅行社的市场资源，成为上海第一家国内旅游批发商。其旅游产品已经进入锦江国际集团的 43 家旅游销售网点挂牌销售。

成立于1958年的上海旅行社是沪旅行社业的1号"老招牌"。新的锦江国际集团将上海旅行社、锦江假日旅行社和国之旅观光旅行社进行重组整合,并沿用了"上海旅行社"这块"老招牌"。按照锦江国际集团的计划,该集团将在下属的旅行社企业中尝试"批发商""零售商"垂直分工体系,新的"上海旅行社"得以成为一个专业的国内旅游批发商。

2. 锦江国际的国内游向垂直分工模式的转变

上海旅行社成为国内游专业批发商后,将致力于自驾车旅游、自助旅游、主题旅游等产品的设计开发,而在上海本地市场上的所有营销工作全部由锦江国际集团的旅游销售网点代理。据介绍,上海旅行社的全新身份引起了业内震动。至2004年6月止,全国29个省市的旅行社已经与之签订了"战略合作协议书"。而锦江国际集团的目标是,从长三角到中西部地区,陆续"收编"外省市旅行社,使之成为上海旅行社旅游产品的零售商,从而进军全国旅游市场。

3. 信息系统与信息资源的整合

伴随锦江国际的战略重组,信息互通与共享问题凸显出来。由于上海国旅、锦江国旅、上海旅行社等单位原先都有各自的信息管理系统,因而,信息系统也需要进行整合。信息系统与信息资源的整合目的在于为各级决策者提供准确、迅捷的市场数据;最大限度地实现旅游资源共享,提高服务质量;产生丰富、准确的统计数据,为领导决策提供有力的依据。

通过业务流程重组,锦江国际可以达到全局化控制、专业化分工、规范化流程、规模化经营、集约化管理、计算机化操作、一体化运作的经营效果,实现提高效益和效率,增强整体竞争力。

问题:
(1) 锦江国际业务流程重组的目的是什么?
(2) 锦江国际使用内联网的目的是什么?
(3) 锦江国际业务流程重组得到了哪些好处?

本章小结

在旅行社业务垂直分工体系中,旅行社通常分为旅游批发商和旅游零售商(零售旅行代理商)。依照行业垂直分工体系,旅行社行业主要可细分为批发、代理和零售三层结构。这种分工体系使得旅行社各司其职,有效地克服了因缺乏分工而导致的业务交叉覆盖、混乱竞争等弊端,使整个旅行社行业的经营协调有序。

在水平分工体系下,旅行社之间业务重叠,容易造成产品的模仿和雷同,旅行社的低水准重复建设有碍于产品创新。

旅行社的供应链管理主要包括建立广泛的采购协作网络、正确处理保证供应和降低成本的关系、正确处理集中采购与分散采购的关系、正确处理预订和退订的关系以及加强对采购合同的管理。供应链的管理涉及以下八个供应商资源:①与交通部门的供应商管理;②与住宿部门的供应商管理;③与餐饮部门的供应商管理;④与参观游览部门的

第9章 旅行社电子商务应用

供应商管理；⑤与购物商店的供应商管理；⑥与娱乐部门的供应商管理；⑦与保险公司的供应商管理；⑧与相关旅行社的供应商管理。

业务流程重组是从根本上的重新考虑并彻底重新设计业务流程，帮助企业在关键的业绩上，如成本、质量、服务和响应速度方面，取得突破性的进展。新的业务流程重组应该以增加客户的价值为核心，消除非增值活动和调整核心增值活动。遵循清除、简化、整合、自动化规则。其核心在于改进后的流程提高了效率，消除了浪费，缩短了时间，提高了顾客满意度和公司竞争力，降低了整个流程成本。

思考与演练

一、单项选择题

1. 旅行社的业务处理过程实质就是(　　)处理过程。
   A. 技术　　　B. 信息　　　C. 订票　　　D. 导游管理
2. 旅行社所经营的线路产品具有(　　)。
   A. "产品异质化、价格市场化、成本社会化"
   B. "产品同质化、价格不同化、成本社会化"
   C. "产品异质化、价格不同化、成本社会化"
   D. "产品同质化、价格市场化、成本社会化"
3. 在BPR中，以团队为本的是(　　)。
   A. 客户服务中心　　　　B. 产品设计中心
   C. 信息技术平台　　　　D. 团控操作中心

二、多项选择题

1. (　　)是实现旅游产品价值的有机组合。
   A. 旅游产品的时效性　　B. 与消费者的有效沟通
   C. 全面质量控制　　　　D. 旅游产品的多样性
2. 旅行社行业实现连锁经营是(　　)。
   A. 信息时代的必然要求　　B. 满足旅客需求的必然要求
   C. 竞争的必然要求　　　　D. 入世后的必然要求
   E. 时代发展的必然需求　　F. 企业垄断的必然需求
3. 在业务流程重组中，客户挖掘功能模块分为(　　)。
   A. 采购管理子系统　　　　B. 销售管理子系统
   C. 产品管理子系统　　　　D. 客户管理子系统

三、演练题

1. 进入锦江国旅(www.jjtravel.com)网站,将其服务与 e 龙网站(www.elong.com)的服务进行比较。两者有哪些主要区别?

2. 进入携程(www.Ctrip.com)网站,将其服务与 e 龙网站(www.elong.com)的服务进行比较。两者有哪些主要优势与劣势?

3. 考察不同的在线旅行社(如 Travelocity.com、priceline.com、expedia.com、reviewtravel.com 等),并比较它们对客户的经营战略,尤其要注意它们如何与传统的实体旅行社相抗衡。

第 10 章　酒店电子商务应用

【学习目标】

通过本章的学习，了解酒店业务流程分析方法及业务流程再造概念；熟悉酒店企业过程分析与旅游电子商务流程；熟悉酒店各环节旅游电子商务的功能需求；掌握酒店电子商务系统的构成及应用。

【关键词】

酒店计算机管理系统(Hotel Management Information System)　酒店业务流程重组(Business Process Reengineering for Hotel)　电子商务流程重组(Electronic Business Process Reengineering)　企业资源计划(Enterprise Resource Planning，ERP)　酒店企业过程分析(Business Process Analysis in Hotel)　预订中心(Central Reservation Office，CRO)　计算机化酒店资产管理系统(Computed Hotel Property Management System)　预订(Booking)　预订查询(Reservation Inquiry)　电子酒店(E-hotel)　预订业务记录(Reservation Transaction Record)　预计抵达名单(Expected Arrivals Lists)　预计离开名单(Expected Departures Lists)　代理佣金报告(Commission Agent Reports)　拒转报告(Turnaway Report)

开篇案例：希尔顿饭店集团面向公众的电子商务预订

国际希尔顿(Hilton International)与希尔顿饭店集团(Hilton Hotels Corporation)在1997年1月达成合作联盟，截至2000年，它们在世界上55个国家经营着超过2100家连锁饭店。

希尔顿集团积极开展电子商务，2000年，集团总收入28.3亿美元，净收入27 200万美元，电子商务收入占净收入的9%。在过去的几年间，利用互联网，希尔顿已成功地推进了客房预订业务，大幅削减成本。2000年它的所有网站客房预订收入超过3亿美元，是1999年的两倍。而后，希尔顿饭店集团又进行了它的第二次电子商务改革，利用电子商务增强营销能力、拓宽分销渠道、提高预订能力、购买能力和集团内部管理水平。希尔顿集团致力于B2C网络业务，对实施新的多品牌战略十分重要，分析家说："我们看到，希尔顿集团正努力通过一个综合频道推销其所有品牌。"

2001年6月，美国Internet Week网站公布了2000年度全美电子商务100强企业的评选结果，希尔顿饭店集团荣膺百强之首。此次评选意在表彰这些公司利用互联网达成商业成功的努力，评选的主要依据是各家公司所取得的切实的电子商务业绩，诸如增加客户、提高收益、降低成本等。相关的调查研究了这些公司如何利用互联网增进企业与消费者及供应商之间的联系，如何开拓电子市场，以及如何利用互联网推进企业基础建设等。

希尔顿的网上预订业务已经取得了成功。希尔顿集团网站的成功之处是有效地把网站访问者变成预订者。据统计，1999年10%的饭店集团网站访问者尝试了网上预订。

希尔顿集团网站之所以能有效地把网站访问者变成预订者，重要的原因是合理的网站设计。希尔顿集团的电子商务研究人员通过调研，认为网站不能有效吸引预订的原因在于：网站设计不好、导航困难、连接慢、缺乏有吸引力的优惠。同时他们了解到，只有16%的网站访问者会逐字逐句地阅读网页上的文字。

基于这些认识，希尔顿集团网站的设计突出了以下特点。
(1) 将饭店和度假胜地查询功能放在显著位置。
(2) 突出在线预订功能。
(3) 重点介绍特别服务和优惠价格。
(4) 重点促销周末和度假旅游、会议和团队旅游。
(5) 加亮关键字。
(6) 文字叙述简明，从结论开始。
(7) 不大量使用图片。

这些设计强化了网站的电子商务功能，推动了网站预订的增长。

同时，希尔顿饭店集团拥有电话预订中心。由于现在许多旅游者仍然习惯通过电话预订，电话预订中心与网络预订是互补的。而其共同之处在于，它们的后台支持是同一数据库和网络信息系统。

10.1 酒店业务流程及再造概述

10.1.1 酒店业务流程的发展

酒店是以接待型建筑设施为依托,为公众提供食宿及其他服务的商业性的服务企业。酒店无论大小,其主要功能可以分为大堂接待、客房、餐饮、公共活动和后勤服务管理五个主要部分。现代酒店功能丰富多样,流线错综复杂,每个部分的功能相互之间紧密而复杂的联系构成酒店整体。其业务流程主要是依据各主要功能部门按照业务分工不同而形成的一个既分工明确又紧密联系的统一整体。

业务流程(Business Process)是指为完成某一目标(或任务)而进行的一系列逻辑相关的活动的有序的集合。最初的酒店所有业务都是靠手工操作来完成的,后来发展到运用计算机管理系统。酒店计算机管理系统(Hotel Management Information System,HMIS)是酒店现代化管理的重要手段。HMIS 首先是一个以人为主体的人机综合控制系统,整个现代化酒店的管理还是依靠人,计算机仅是一个数据处理的工具。管理人员依据计算机数据处理的结果信息,迅速做出管理决策,以达到有效经营管理的目的。因此经过 HMIS 的快速数据处理,管理人员可以迅速得到管理所需的信息,通过 HMIS 的辅助管理,使酒店管理更加科学化,日常事务处理更加有序、更加规范、更加准确。由于我国计算机在酒店中的应用起步较晚,早期的管理信息系统一般都是建立在 DOS 操作平台的基础上,我们称之为 DOS 型软件,但随着计算机的发展,操作平台都由 DOS 型向 Windows 型平台转变,酒店应用软件也需跟着变化,基于 Windows 平台的酒店管理软件逐渐发展并流行起来,使酒店管理软件的操作界面更友好,使用更方便,功能更完善。由于 Windows 是多任务操作系统,因而酒店管理软件也可以多任务操作,克服了 DOS 平台只能单用户、单任务的不足。随着 Windows 操作系统逐步替代 DOS 操作系统,在酒店中的应用,基本上 Windows 型的软件将成为酒店中的主流软件。

现代酒店管理要求向"管理一体化"方向发展,从整个酒店的角度,充分发挥计算机在管理中的作用。让计算机在各个部门既有数据的管理,又有文本的管理,也有控制的作用,也就是说计算机在酒店中应用所需的各种单向软件都把它集成起来,成为一个计算机在酒店中综合应用的集成软件。通过该集成软件,达到计算机在酒店中应用综合效果的作用。这样计算机在酒店中的应用真正有了价值体现,为管理一体化提供了技术手段,达到信息合理使用的综合效果。集成化软件使酒店的计算机应用构成了一个信息网,酒店中所有的数据处理、文件管理、安全保卫管理、统一调度指挥都集中由计算机统一控制管理,这是今后现代酒店管理科学化的一个重要标志。

10.1.2 信息化管理带来的酒店业务流再造

业务流程重组(Business Process Reengineering)是指组织为满足顾客要求,充分利用信息技术、通信技术和制造技术,对组织内部及组织之间的物流、信息流、资金流进行重新设计和组织,并优化人力资源和设备资源的过程。酒店的信息化管理强调应用最佳行业业务规范进行酒店业务流程重组,将传统的组织结构向顾客导向的组织结构转变,酒店流程的重组不仅是为使用计算机系统而使用计算机系统,更重要的是在于相应地转变和理顺酒店的组织结构,使信息技术架构同酒店的新业务流程及组织的管理目标相互适应协调,形成酒店在信息时代的新竞争优势。例如,对酒店企业而言,网络订房就是信息技术带来的最简单不过的变革,但任何一个现代酒店企业都不得不适应这种变革,重组酒店业务流程。

经过业务流程重组的酒店信息化应用的典型情景是:针对酒店经营管理全过程中的各个环节,计算机管理系统都有相应的功能模块来方便、快捷和规范地运转。酒店在网上宣传酒店设施、服务项目、餐饮特色等卖点,客人在网上可选择预订酒店客房和服务项目,当顾客完成预订后,系统就生成了一项预订记录。当顾客到达酒店,系统开始自动提示预订项目并在顾客确认后执行。顾客只要经过简单的手续就可以领取电子卡入住客房和消费项目。在住店过程中,顾客可以凭电子卡在酒店的其他部门签单消费。各种消费项目将通过系统迅速、精确地汇总到客人账上。楼层服务员通过运用自动化智能技术,不用频频敲门,便可根据客房内安装的红外线安全消防监控系统,感应客人是否在房内。客房小酒吧的自动化管理,可实现自动记账和监控,提示服务员及时补充。当客人结账离店后,酒店管理者通过系统生成的报表汇总了解顾客的各种信息,包括顾客来源、消费项目、消费次数、需求偏好和客人特殊要求等。这些数据经过集成化处理后将为经营管理者制定决策提供准确且及时的信息,使酒店管理方法逐渐由经验管理转向科学管理。良好的酒店集成化应用可以保证酒店一体化地规范、精简和加速内部的业务流程,降低运作成本和提高效率,并通过实时的信息来支持精确管理运作和战略决策。相反,如果酒店的各个业务流程环节管理还孤立运作,企业内部连一个各部门相互联通的信息平台都没有,必然导致工作效率低下、人工成本上升、企业决策失误、市场反应速度缓慢等。世界著名酒店集团(如 Shangri-La、Marriott、Hilton、Wyndham、Radisson、Bass、Starwood、Forte、Mandarin Oriental 等)均为集成化信息应用的先锋。

进入互联网新经济时代,酒店业信息化有了新的追求境界,即电子商务流程重组(Electronic Business Process Reengineering),就是组织为满足顾客的要求和市场竞争的需要,充分利用 Internet/Intranet 技术,对组织内部以及组织之间的商务流程进行重新的设计和建立,以达到资源及时准确地共享的目的,从而降低成本,提高效率和质量。酒店的信息必须在集成化基础上进行协同化应用,酒店通过互联网搭建统一的信息应用平台,将客户、酒店、员工、供应商、合作伙伴等各方连为一个整体以实现纵览全局的跨行业、跨组织、跨地区,实时在线的、端对端数据无缝交换的业务协同运作,其重点在于各方连为一体直接面向顾客提供个性化服务。随着信息时代的到来,企业的竞争方式也发生了新的环境变化。企业的竞争市场环境有如商业生态系统,是由一群共同生存和发展的企业组成的,它们既相互竞争资源,又必须保持生态平衡。互相竞争的各个企业之间,出现了新型的共生竞争关系——竞合。竞合关系迫使酒店业内相关的企业都要重新审视自身在市场中的定位,调整竞争战略,以相互协同运作进而达到共赢。

国际上酒店业信息协同化应用主要糅合了企业资源管理计划(ERP)、客户关系管理(CRM)、供应链管理(SCM)和电子商务的观点。从企业资源管理计划角度,优化酒店价值链，对企业业务流程、组织结构重组，提升酒店管理水平；从供应链管理角度，实现社会资源配置最优化，控制采购成本，保障供应质量；从客户关系管理和电子商务的角度，把企业关注的焦点，逐渐转移到客户上来，帮助酒店最大限度地利用以客户为中心的资源，不断开发现有客户和潜在客户，通过改进客户价值、客户满意度以及客户的忠诚度，加强酒店竞争优势。典型的案例是 UTELL、STERLLNG、SUMMIT 三个国际著名订房中心合并，一举成为名为 SUMMIT 的全球最大的销售订房中心之一。加盟的酒店和企业接入 SUMMIT 网络进行协同化运作。SUMMIT 网络具有几大特点：①它的客人层次较高；②它的客源多，代理了全球所有主要航空公司、旅行社和跨国商务公司的预订系统；③它的网络分布广，拥有遍布世界的 92 家成员酒店、52 个订房中心；④加入网络的成员饭店层次较高；⑤订房渠道畅通，SUMMIT 可以通过 GDS(全球销售系统)、Internet 和 TRAVEL Web 网络订房；⑥它有较强的销售组织保证，SUMMIT 有分布全球的专职销售人员为成员推广。

10.1.3 饭店信息化管理对传统酒店管理模式的改进

1. 对数据流实施控制与动态分析

对数据流实施控制与分析可以使提高酒店利润、降低酒店成本成为可能。前台系统不仅包含预订、接待、客房、夜审等传统模块，而且还包含财务应收账系统及众多的附加模块和决策支持系统模块，提供酒店有效的控制收益的全过程。

2. 房类超预订管理

两个实时订房工具：未来房间可用性表(客房销售预测表)和未来房间占用性表，实现了酒店客房资源的最大利用(实现 100%出租率及进行超预订控制)。

3. 全面的合约管理

全面的合约管理既可保证销售人员管理自己的客户，同时也为酒店保留了客户信息资源，使制定的优惠政策得以延续。合约中客户享受的优惠和账户信用等内容可被所有的收银点和前台查询调用。客户在酒店中的消费被系统进行统计分析，并可制定消费排行榜，为酒店的促销政策提供依据，如市场分析、房类销售分析、动态房源分析、国籍消费分析等。

4. 餐饮客史档案的管理

通过客史档案模块的查询，可以快速获得诸如客人的历次消费、平均消费、总消费额、联系信息、历次消费菜肴明细表等数据资料，利于及时分析客源消费状况，确定营销目标市场。

5. 物流、餐饮成本控制

物流、餐饮成本控制包括对采购和价格的管理、收货发货、库存盘点、厨房菜肴、菜单工程，将成本控制与财务应付账的全过程统一管理，对从餐饮到一般物品以及工程备件的完整成本控制。工程管理系统则将用于支持饭店客房、餐饮运营的工程部的日常工作纳入网络系统之中,用户可以在不中断工作的前提下立即发出维修申请,使维护工作更及时,而且工程部的人、财、物均可达到定量管理的标准。工程备件的采购、库存与成本控制核算可以独立使用。

6. 酒店运营的实时动态信息

管理层和决策层随时可以在自己的客户端上获得目前酒店的经营状况、销售情况、市场的需求情况的数据,无须等候前一天的报表。在管理深层次上对数据流实施控制与动态分析,可以使提高酒店利润、降低酒店成本成为可能。

7. 操作历史记录管理

任何改动房态的操作都有详细的历史记录,如操作员、操作时间、原房改动房态等信息,使前台与房务之间关于房态的纠纷有据可查;任何 POS 消费点的转账操作都有详细的操作历史记录,如操作员、操作时账目详细信息等,使前台与餐饮部之间关于餐厅转账的纠纷有据可查,真正做到"有迹可查",增强了酒店的管理控制,也使得酒店的损失降至为零。站点的操作权限控制使酒店的职能部门只能使用已设置的软件模块,保证了酒店的机密不外传。

8. 全面的账务审核

财务部门可直接查询、跟踪、分析酒店的各项业务数据,对整个酒店的经营项目起到监督和控制作用。全面弥补了酒店业务中容易出现的漏洞,如对逃账的防范、结账时自动提醒加收半天房费及一天房费的确定、应收账款的跟踪管理、折扣管理、收支管理、完备的账单编辑、处理客人的特殊要求、多客人同时结账等都提供了直观、形象的量化分析和反馈信息。对已发生的账目只允许账目的更正,从而保证财务账目的完备和完整,系统提供全面的财务审核报告(结账报告、营业分析报告、收入分析报告)。

9. 基于账号宾客账务管理

基于账号进行统一的账务管理,包括散客、团队、签单权限非住店客、流动性的临时客、内部业务招待、俱乐部会员客、旅行代理的佣金账务等。完备的客账账户管理,每个账户在夜审是均要计算账户的结余。支持多种类型的转账(挂账、应收账、团队账、哑房账、非平离店账等),支持账目行结、分单结账、其他收银点转来的账目,查看原始的记账明细。

10. 会员积分管理

会员管理也为酒店在销售方面提供渠道,随着加入 WTO,销售的灵活性也将有新的突破,以往的单一销售已不能满足市场的需要,经营的多样化、销售的多元化已成为当前管理层所考虑的话题。会员业绩的总计分析:按房务、餐饮、娱乐等分析会员业绩,赠送积分促销,有利于酒店回笼资金。

10.1.4 推进酒店业务流程重组的途径

业务流程重组对企业的冲击是巨大的,现代企业职能部门的级别会大大压缩,企业的组织机构不再是"多级管理",而是呈现"扁平化"趋势,部门之间的"边界"大大淡化。部门经理权力有限,一般只是制定战略、培训及管理人员,员工的直接服务对象是顾客,而不是"上司"。一般只需作业层、管理层和决策层三个层次即可。

1. 作业层

作业层主要从事日常的客人住店情况、客人的资料、客房的状况以及酒店餐饮娱乐消费等费用的数据处理工作,包括数据的收集、统计、查询,产生各部门的业务报表,各种会计账簿的录入等基础工作。

2. 管理层

管理层对全酒店的销售、客人及客账信息、客房、电话、财务、库存、人事等方面进行管理和控制。管理层处理来自作业层的数据,并将产生的信息提供给决策层使用。

3. 决策层

决策层确定酒店发展的目标,制订实现目标的战略计划。其数据从两方面获得:一方面是酒店内部的作业层和管理层提供的信息;另一方面是酒店的外部环境提供的信息,如国内外的经济和政治形式、竞争对手的情况等。不但需要分析酒店当前的数据,也需与历史的数据进行比较。计算机可以提供辅助决策的依据,决策者可以配合自己的经验对问题做出处理。根据酒店业务的管理模式,酒店管理信息系统可分为前台和后台,前台是直接面向客人,进行业务处理;后台是进行系统管理和控制,为决策提供辅助。

10.2 酒店企业的过程分析与电子商务流程

10.2.1 酒店企业的过程及特点

酒店企业与其他企业相比,在业务过程上有自己独特的特点,一般企业的生产和销售过程在时间和空间上是分离的,这就需要有实物的配送;而酒店企业的许多产品的生产过程和销售过程乃至消费过程是同一过程,一般不存在大宗货物的配送问题,而是顾客亲自到酒店企业购买、消费的一种"人流"过程,而且,酒店产品中含有大量的面对面的富有人情味的服务成分。所有这些特点使得我们在分析酒店企业过程时不得不充分考虑其具体的业务流程。

1. 前厅业务

前厅业务主要是提供预订、接待、问询、收银、建立档案等,结合顾客流程划分为五个互相关联的工作部分，如图10-1所示。

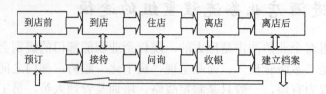

图 10-1　前厅业务流程

2. 客房和餐饮业务

客房和餐饮是酒店企业的主要职能部门，现代酒店业中这两大部门既有分工又有合作，共同承担着酒店企业的生产任务，根据其提供的产品和服务，结合顾客需求划分为以下流程，如图10-2和图10-3所示。

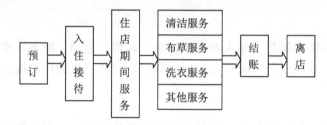

图 10-2　客房部业务流程

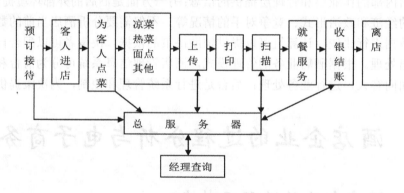

图 10-3　餐饮部业务流程

3. 其他业务

现代酒店企业越来越发展成为以住宿、餐饮接待为主体的综合性服务场所，比如提供各种娱乐项目、健身设施、会议、度假等功能也越来越突出，根据酒店企业提供的服务项目不同还开展各项综合性服务业务。

10.2.2　酒店企业的电子商务流程

流程(Process)一词在英国朗文出版公司出版的《朗文当代英语词典》中的解释为：①一系列相关的、有内在联系的活动或事件产生持续的、渐变的、人类难以控制的结果，如沉陷的森林经过长期的缓慢的化学变化而形成煤就是此类流程。②一系列相关的人类活动或操作，有意识地产生一种特定的结果。流程实质上就是工作的详细过程和工作的具体方法。电子商务流程(Electronic Business Process)是指通过计算机联网和通信技术进行的一系列有关商务活动的有序集合。电子商务的应用是信息流、资金流和物流的整合。其中，信息流最为重要，它对整个流程起着监控作用，而物流、资金流则是实现电子商务的保证，商流代表着货物所有权的转移，标志着交易的达成。表10-1说明三流的概念。

表10-1 三流的概念

信息流	信息的转移过程可以通过计算机和网络通信设备实现
资金流	资金的转移过程
物流	物质实体(商品或服务的流动过程)数字产品可以通过网络配送

酒店企业的电子商务流程是指消费者从其客户端上网寻找产品/服务信息到购买产品消费以及获得售后服务与支持的全过程，如图10-4所示。

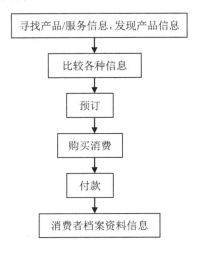

图10-4 电子商务的流程

10.3 酒店各环节电子商务的功能需求

10.3.1 酒店企业互联网电子商务的功能

1．B2C(酒店企业对顾客)网上商城

1) 网上销售功能模块

这一模块是电子商务的窗口，也是酒店企业整体形象宣传的窗口。它提供了Web发布、客户注册管理、产品资料库管理、订单管理、意见箱、问卷调查生成器、统计信息七个功能子模块。具体描述如下。

(1) Web/产品发布管理：包括通常的网页设计，即企业主页，一般性介绍，以 HTML 超文本链接为主的多种信息资料库，这些资料库也可以是 HTTP 服务支持的树型结构文档。用于产品和服务的介绍、技术支持、在线帮助、网上预订等。提供网上 360 度全景拖曳旋转展示，如客房布置及住店环境的展示，效果较好。

(2) 客户注册管理：提供用户网上注册认证管理，特别适用于拥有会员制性质的酒店企业。它们拥有相对固定的客户群及需要对客户实行积分制(可根据客户在该店的累积消费情况给予相应的优惠)等特点的销售业务。系统管理员可将注册的用户赋予信用级别认证，使不同的用户得到不同的访问权限，并可享受不同的优惠措施。

(3) 产品目录/资料库管理：创建产品资料库及产品目录，提供以在 Web 工作模式下进行增、删、改、移动目录数据库的功能。提供模糊查询、精确查询以及条件查询等多种查询手段。产品资料库包含产品编号、名称、各项特征描述、价格及价格的变动方式，也可描述最低的销售批量。价格的给出方式可根据顾客的具体要求另行制定。

(4) 订单生成管理：提供网上预订，可在提交确认前随意修改(增、删)要预订的内容。一旦提交，系统将自动生成标准格式的订单。提交的订单仅供具备权限的业务人员处理。订单可具有统计功能，帮助管理人员进行各种业务分析。

(5) 互动辅助功能：经认证登录网站的顾客可在意见箱留言，提出建议或批评，系统将自动把留言顾客的相关资料连同留言内容转发给该企业相关的人员。

(6) 问卷调查生成器：生成多种格式的 Web 问卷调查表，并可依照客户注册资料，广播发送一则 E-mail 消息，这一消息链接 Web 上的调查表，由顾客依表填写并提交。

(7) 统计信息：生成各种统计信息，包括注册顾客的总数，订单总数，按日/周/月累计的订单数，反馈的问卷调查表数等。统计信息可依据用户的具体要求定制。

2) 其他功能模块
(1) 库存管理系统(可与企业 MIS 接驳)。
(2) 财务管理(可与企业 MIS 接驳)。
(3) 统计分析功能模块(可与企业 MIS 接驳)。
(4) 系统管理功能模块。
(5) 网上支付模块：支持几乎目前所有银行的银联卡。

2. B2B(酒店企业对商家)网上交易平台

B2B 网上交易平台为企业提供了一个集中的信息交流的平台，帮助企业进行在线商贸撮合，主要由如下系统构成。
(1) 企业注册、管理、登录系统。
(2) 企业发布、供求信息发布系统。
(3) 信息认证系统。
(4) 企业查询、供求信息查询、产品查询系统。
(5) 推荐信息、信息订阅系统。
(6) 业务洽谈、在线订购系统。
(7) 在线拍卖系统、竞价购买系统。
(8) 企业黄页系统。

10.3.2 酒店局域网所需电子商务的功能

1. 预订及查询模块功能

(1) 预订单的建立,可以对当天、将来的客人进行预订,包括预订客人的基本资料、实时显示客人的预达情况。

(2) 预订对全店台位做到分楼层分区域管理,方便对不同楼层区域的操作及对比。

(3) 有多种不同条件的查询方式,如按电话、按姓名、查询已到、查询未到、查询未定等信息。

(4) 预订情况查询,可以查询历史预订、未来预订等信息,方便营业人员对客户进行管理,可以定期实行客户回访等的管理。

2. 餐饮管理模块功能

(1) 开房房态:显示可出租的包房或餐位状态。

(2) 开单结单:完成账单录入、账单结账、账单暂记、账单打印、退菜作业、包间计时等功能,多种方式结账。

(3) 菜谱定义:定义菜谱名称及编码,以便点菜时输入菜名和分类统计。

(4) 参数定义:设置POS机参数,设置桌位数、服务费率、折扣率等。

(5) 账单查询及修改:按多条件查询账单,对未结账单特别提示;可修改错账单。

(6) 账单统计和收入查询、交班审核及统计核对。

(7) 宾客明细:查询宾客的抵离日期、预付金额、消费金额、签单限额等。

(8) 会员记账:在饭店消费的持卡会员的消费纪录、结账功能。

3. 电话计费模块功能

(1) 自动计费:国际、国内长途电话全部自动计费,自动记入客人账单。

(2) 话价管理:设定国际、国内不同地区的电话价格,设定特殊时段的电话费折扣等。

(3) 分机管理:增设或取消电话分机,实现统一管理。

(4) 权限设置:设置宾客房长途电话直拨权限。

(5) 自动报警:对非正常话单(如无入住房出现话单)系统自动报警并打印明细。

4. 收银模块功能

(1) 菜品的增加:在收银台可以录入菜品,方便给客人加菜,其中包括牌外菜的录入。加菜可以多种方式录入,如编码、拼音、分组、分类等。

(2) 折扣操作:可以实现对全单菜品、单个菜品的折扣操作,并能对不同类别的菜品打折。可以按百分比打折,也可以直接录入要折扣的金额,方便操作,对折扣人员进行不同的权限划分,并使用计算机记录授权人,方便对一段时间的打折记录进行汇总。

(3) 套餐的建立:可以随时自定义套餐,方便宴会等大型活动。

(4) 服务费、税金操作:可以对不同客人的消费收取服务费及税金,同样可以实现全单、单个菜的百分比或金额的收取。

(5) 转单换台操作：可以方便地录入目的台号进行换台操作，可以对某几个菜转单，也可以对全单转单；可以在转单过程中对菜品进行复制，也可以将要转的单子转到一个新的台位。

(6) 退菜操作：可以多个菜一起退，也可以单个菜退，还可以对菜品做"送菜"处理。如果遇到有人投诉可以根据不同情况做不同的操作。

(7) 结算操作：可以对一个账单实现多种结算方式并存结算。

(8) 并单操作：可以对几个单子做并单处理，这样可以做到几桌客人一起结算。

(9) 临时账户：可以对固定客户实行签字签单处理，并能对一段时间的签单情况进行汇总。

5. 客史管理模块功能

(1) 客户管理：对客户基本信息进行管理，包含电话、地址、单位、职务、客户等级、公司性质、客户喜好、客户注明等信息。可以按不同的方式进行汇总查询，进行对比分析。

(2) 友情提示：可以提示今天是否有客人过生日。

(3) 客户明细查询：可以对某个客户任意一段时间内的消费情况进行统计，可以统计消费次数及累计金额，也可以查询任意一段时间内的菜品消费明细。

6. 维护模块功能

(1) 对菜品类别、部门管理。
(2) 对台位的管理。
(3) 对员工基本信息的管理，权限的管理。
(4) 对菜品的管理、附加条件的管理。
(5) 对结算方式、折扣的定义等。
(6) 对套餐的设定等。

7. 总经理查询功能

(1) 实时显示界面：为总经理提供一个动态的数据分析工具，不出办公室就可以了解前厅的就餐情况。

(2) 各营业点收款分类查询：可以将每天、每月、每年的不同结算方式进行汇总，轻松地了解酒店的经营情况。

(3) 营业点账单列表：可以时时查询每一个台位的消费情况。

(4) 招待单据查询：可以查询全天的招待情况。

(5) 营业点状况图示：将当餐的开餐情况以表格和图示的样式显示出来，方便营销人员进行分时段的促销活动。

(6) 当餐开餐情况统计：以直观的界面显示出台位的使用情况。

(7) 翻台率查询：可以时时了解每一个台位的翻台情况。

(8) 当餐台位销售额查询：总经理不出户就可以第一时间了解每个台位的就餐情况、

点菜情况，以及点菜员工等信息。

(9) 台位预订情况查询：可以了解将来的台位订餐情况。

(10) 销售排行榜：可以了解每天、每月、每年的菜品销售情况，并能对菜品进行滞销排行，方便厨师对菜品的更新。

(11) 销售对比分析：对每个菜品、每类菜品、每个部门的菜品进行日月年的比较分析。

(12) 营业收入报告：可以方便地对一段时间内的各项数据进行比较。

(13) 销售额分析、消费分析、资金分析：以图示的形式对数据进行对比。

(14) 历史账单查询：可以方便地查询出历史的某一天某个台位的消费情况，方便财务审核人员对账。

(15) 营业汇总表：方便财务人员对一个月的成本分析，可以实现分部门、分类别的统计。

(16) 项目销售报告：可以查询任何一类菜品的销售情况，并能实现对员工的业绩审核。

(17) 项目分布查询：可以方便地对某个菜在一段时间内的销售情况进行分析。

(18) 挂账单位统计：对临时账户进行分析，方便财务对临时账户的统一管理。

(19) 点菜员工业绩统计：可以对点菜员工进行考核，提高员工工作积极性。

(20) 员工业绩提成：可以统计一段时间内员工的提成情况。

(21) 消退菜统计：统计一段时间的消退菜情况，分析消退菜原因，达到控制成本的目的。

(22) 折扣查询：查询一段时间的折扣情况，方便对管理人员的管理。

(23) 当餐超时菜品查询：对超时的菜品进行汇总，提高上菜速度。

(24) 结算方式查询：可以了解一段时间的结账情况。

8. 库存管理功能模块

1) 系统初始设置

在正常使用软件之前，必须完成必要的基本设置，只有这样，软件才可以按照操作者的要求进行工作。通过系统初始模块，我们将完成最基本的初始工作，主要设置如下。

(1) 设置物资的类别、设定物资的存放位置、设定部门和物资的单位。

(2) 设定物资的编码。

(3) 设定物资的期初余额。

(4) 设定物资的供货单位。

(5) 库存管理的期末处理(月末和年末)。

2) 物资管理

仓库的主要管理活动通过该模块来实现，为此该模块设置了入库单、直拨单、出库单、退库单和退货单子模块。各子模块分别完成仓库管理中的入库、出库、直拨、退库和退货各项工作，操作者只需将每张单据的基本数据输入计算机中，以后所有的计算和报表将由计算机自动生成。主要功能如下。

(1) 物资的入库、出库管理。

(2) 物资的直拨管理。
(3) 物资的退库和退货管理。
(4) 各种单据的查询管理。
3) 部门管理

部门管理模块主要用于加强部门物资的管理，企业若无该方面的要求，可以不使用这一模块。若使用该模块，将首先进行部门物资的初始设置，主要功能如下。

(1) 部门物资的出库管理。
(2) 部门之间物资的调拨。
(3) 部门物资余额状况的查询。
4) 成本管理

成本管理模块是将公司开发的餐饮娱乐前台系统与库存系统相结合，实现成本核算的计算机化，减少企业在成本核算中投入的人力、物力，使成本管理一目了然，提高工作效率(该项功能对企业的成本管理要求比较高，否则不宜使用成本管理模块)。主要功能如下。

(1) 显示仓库各项物资当前的数量与金额。
(2) 查询历史日期的使用物资的成本状况。
(3) 查询一个菜品的成本结构。
5) 个人物资

个人物资模块是为加强企业员工保管的公司财产而设立，适用于员工保管的公司物资比较贵重、数量比较大、管理比较困难的情况。一般情况下，不用该模块。主要功能如下。

(1) 个人物资的单据管理。
(2) 个人管理物资的状况查询。
6) 库存盘点

库存盘点用于企业的月末和年末的库存物资的大盘点，并对物资的盘盈、盘亏做出处理。该模块结合了企业库存物资盘点的实际操作流程，尽可能减少了物资盘点的工作量。主要功能如下。

(1) 支持按物资的仓位盘点，按物资的类别盘点。
(2) 同时支持部门物资的盘点和某些特殊物资的倒挤盘点(如海鲜)。
7) 报表查询

报表查询自动生成企业库存管理中各种常用报表，主要如下。

(1) 查询库存物资明细表(相当于手工账的库存物资的账簿)。
(2) 查询库存物资某一月份或多月的期初、期末余额和入出库的数量、金额。
(3) 查询某一物资某时段入库、出库的详细情况或者汇总情况。
(4) 查询某一物资某时段直拨的详细情况或者汇总情况，还可以查询退库和退货的相应的情况。
(5) 查询部门物资的相关情况(如出库和调拨)。

10.4 酒店电子商务系统的构成

在传统实物市场进行商务活动是需要依赖于商务环境的(如：银行提供支付服务、媒体提供宣传服务等)，电子商务在电子虚拟市场进行商务活动同样离不开这些商务环境，并且提出了新的要求。电子商务系统就是指在电子虚拟市场进行商务活动的物质基础和商务环境的总称。最基本的电子商务交易系统包括企业的电子商务站点、电子支付系统、实物配送系统三部分，以实现交易中的信息流、货币流和物流的畅通。电子商务站点为顾客提供网上信息交换服务，电子支付系统实现网上交易的支付功能，而实物配送系统是在信息系统的支撑下为完成网上交易的关键环节，但对酒店企业的产品则无须进行实物配送，而依赖顾客身临其境进行现场消费。

以强大的技术支持力量实现电子商务的根本目标，优秀的电子商务系统能有效地节约人力成本、高效的管理资源、拓展性无限发挥，是准备从事或正在从事电子商务企业首要考虑的事情。

基于 Internet 模式和安全加密技术的酒店电子商务系统，提供 Internet 实时在线的电子交易平台服务，能更好地节约成本、提高效益。本系统由三部分组成：①电子商务网站；②酒店的计算机接口系统；③酒店的计算机管理系统。这三部分在 Internet 上实时连接。

10.4.1 电子商务网站

1. 酒店互联网站

酒店互联网站是指饭店在内部网(Intranet)上建设的具有营销功能的，能连接到 Internet 上的 WWW 站点。网络用户可以通过 Internet 这个信息平台进入该网站。互联网站点起着承上启下的作用，一方面它是酒店在互联网上的形象窗口，将酒店有关信息及时在网上公布，酒店的同业合作伙伴和旅游者可以直接通过网站了解酒店，并通过网站与酒店进行沟通、开展预订等业务；另一方面，它将旅游者注册信息及预订信息等传回酒店的内部信息系统。酒店建设的互联网站应具有预订功能，其工作方式是，客户经由 Internet 登录到酒店站点，查询相关信息，或注册个人信息，或进行预订，系统经过客户资料验证和安全验证后，经 Swich 将信息转到饭店内部网相应的部门网站，交由部门处理。整个系统的结构如图 10-5 所示。

2. 酒店外部网

为方便同业务合作伙伴进行信息资源共享，保证交易安全，在 Internet 上通过防火墙来控制不相关的人员或非法人员进入企业网络系统，只有那些经过授权的人员才可以进入网络，一般将这种网络称为外部网(Extranet)。酒店在组建电子商务系统时，应该考虑采用不同的策略通过网络与其商务对象进行联系。一般来说，酒店可将其网络用户分为三个层次并采取相应的对策。对于酒店内部工作人员或关系特别紧密的机构，可允许他们进入内部网系统直接访问有关信息；对于与饭店有较多业务联系的企业，酒店与他们共同建设外部网络，实现企业之间的信息共享；如果酒店的信息可以对外界进行公开，那么就可以直接放到互联网站上，实现信息资源最大限度的开放与共享。由于 Internet 技术的开放、自由的特性，在 Internet 上进行交易容易受到外来的攻击，因此酒店在建设电子商务系统时必须考虑到经营目标的需要，保障电子商务的安全。否则，就会影响企业电子商务系统的正常运转，甚至导致经营活动出现风险。

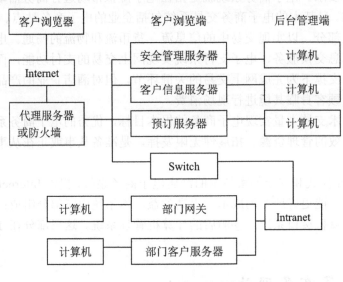

图 10-5　酒店网站系统结构

3. 酒店内部网

连通 Internet 的酒店企业内部网(Intranet)使用 Internet 技术来创建私有网络，以形成一个企业范围的信息系统。尽管企业内部网的内部用户可以离开系统进入整个 Internet 中，但企业外部的 Internet 用户可以被禁止访问企业内部网信息系统。可以用特定的硬件和软件在企业内部网的外围创建"防火墙"，来阻止外部用户(同样可以阻止内部用户)访问敏感的企业数据或各工作组共享的项目文件。一个企业的内部网可能连接了数个不同而且相互独立的局域网。

企业内部网目前和将来的发展，所面临的两个最大的挑战是无缝连接和安全性。企业内部网必须成功地将企业内部各种网络使用的不同网络操作系统集成在一起，这是个值得重视的挑战因素，特别是当老式的网络维护着企业内部的各种业务数据时。酒店需要为内部工作人员和住店客人提供接入 Internet 的服务，如邮件服务、WWW 网络浏览服务，在网站配置上还应增加路由器设备，通过电信专线介入 Internet。在酒店的客房数量较多或为客人开通的入网服务点较多时，作为网络线路中心的集成器将成为数据通信的瓶颈，有可能限制网络上的数据流量，这时可以用交换式集线器(交换机)代替。典型的企业内部网络拓扑结构如图 10-6 所示。

图 10-6 中工作站的计算机数量视酒店业务点数量而定。如果该网络仅仅服务于接待

客人的业务，其数量在一二十台即可满足要求。如果该网络除此而外，还具备酒店后台业务的管理，需要的数量就更大。图中服务器的数量取决于酒店的接待业务量、后台管理的需要和向客人提供的信息服务情况。如果酒店的规模较小、接待客人流量不大、后台管理工作不是很复杂，可以将图上的信息服务集中在一台服务器上，否则，则可能需要2～3台服务器，如果考虑数据后备的要求，服务器的数量还要增加。

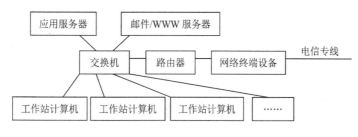

图10-6 企业内部网络图

10.4.2 酒店的计算机接口系统

1. 酒店计算机硬件系统

在现代化旅游酒店中，计算机系统是酒店管理系统和电子商务网站建设的基本条件。同时，计算机系统的配置情况也决定着电子商务系统的应用模式，甚至对酒店的管理模式也有一定影响。因此，根据酒店的条件和电子商务发展目标，配置符合实际应用要求的局域网计算机系统成为电子商务规划的重要内容。

酒店计算机系统的配置方式有以下三种。

1) 集中式系统

集中式系统是计算机系统发展初期的基本形式。信息处理集中在一台主机上，这台主机可以是大中型机，也可以是小型机，现在甚至可以是一台工作站。该主机的工作终端分布在各工作场所，所以信息处理和存储都在主机上进行。终端仅由屏幕、键盘及通信设备构成，本身没有处理能力。尽管有些终端有智能终端之称，但处理能力有限，无非是显示和输入管理等简单任务。

2) 分布式系统

分布式系统是利用通信网络，把分布在各地的计算机连在一起，将统一的数据库分布在系统各节点中管理，实现资源分散、并行工作、结构模块化、系统透明和高度的可用性。由于分布式系统的物理分布和应用场合的空间分布自然地组合，所以很容易被采纳为企业网络形式。在这种网络中，有分布在各处的工作站和集中管理数据、文件的服务器。各点的处理能力受工作站计算机能力限制，如果需要较高的处理能力，则需要提高每个工作站的能力。

3) 客户机/服务器系统

客户机/服务器网络是将一台强大的计算机(服务器，有时指文件服务器)和若干(从几台到几十台)相对功能较弱的计算机(客户机)连接起来。服务器控制在网络上的信息流动，它也可以用于建立起一个通向办公环境外的其他计算机网络的网关。客户机访问安装在服务器上的各种程序,并利用服务器的处理能力执行任务,这比在单机状态下运行要快,也更有效率。客户机/服务器系统兼有集中式系统的优越数据处理性能和分布式的低成本、易使用两方面优点,因此是一种极有前途的形式。

2. 酒店通信网络系统及设备

通信线路与网络设备是组建企业网络的基础设施。线路与网络设备的选用,不但影响着数据的传输速度,对计算机网络的整体性能,甚至对酒店管理系统整体功能的发挥都起着至关重要的作用。

1) 通信线路

通信线路提供了网络中最基层的传输介质,一般有双绞线、同轴电缆、光纤、微波几种形式。双绞线有五类,最简单的是普通电话用的双绞线,可以调制成模拟信号的方式传递数据。距离可以很长,但速率低,多用于家庭、远程办公室的网络连接。而第三类和第五类无屏蔽双绞线可用于 100Mbps 的数据传输。双绞线价格低、布线灵活方便,连接容易,已得到广泛应用。同轴电缆可用于传输数字与模拟信号,数据传输速率可达 50Mbps,模拟信号可达 400MHz。同轴电缆价格适中,但布线不如双绞线灵活,应用数量逐渐减少。光纤的特点是容量大、通信距离长、可靠性高、抗干扰能力强,传递速率可超过数百 Mbps。但工程技术要求好,接口设备价格昂贵,一般作为国家级通信干线使用。但随着技术的进步和经济的发展,光纤及接口的价格大大下降,已经达到企业可以接受的程度。一些新建饭店和高星级酒店已经考虑和部分实施了饭店楼宇内部的结构化布线,即新建或重新调整楼宇内部的各种信息线路。在结构化布线过程中,楼宇内部的通信干线一般都选用光纤,并在部分主要楼层或全部楼层设有光纤接口设备和网络线路管理系统,可以按照实际需要方便地调整线路的分配,提高系统数据线路的利用效率和运行效果。微波用于无线网络通信设备,常用的频率是 900MHz 和 2.4GHz,传递速率一般是 2Mbps,最高可达 9.8Mbps,最长距离约 30 公里。优点是不用线路;缺点是有干扰,工程价格较高。目前,采用微波通信的无线局域网技术已在一些高星级酒店首先得到运用。

这几种通信介质各有其使用范围:一般双绞线和同轴电缆多用于局域网,光纤多用于干线网,微波多用于有微波设备的场合。普通电话线由于范围广,是一种方便有效的介质。

2) 网络设备

网络设备决定着网络间的互联方式,主要有中继、网桥、路由和交换这几种。对于小型酒店的网络来说,一般要用到中继和交换设备。中继仅仅是简单地解决网络信号的放大问题,对网络的性能没有什么影响;交换设备是从提高网络通信的性能角度出发的,它可以通过对数据信号的转发,提高网络的传输速度。

当网络环境比较复杂,同一个网络中运行两种以上不同的网络协议时,可以使用网桥解决不同协议网络段之间的数据通信问题。有时为了提高网络的抗干扰能力,将同一协议的网络分成两段安排,其间用网桥连接,在一段网络发生故障时,另一段网络仍可正常工作。

如果酒店属于其成员分布在不同地区或不同城市的大型旅游企业集团，并且集团内部有广域网的话，可通过路由器将酒店的局域网与集团的广域网连接。不同技术档次的路由器可以提供从两个到几十个使用不同通信协议的端口。

10.4.3 酒店的计算机管理系统

1. 数据库及管理系统

数据库(Database)是综合的计算机数据集合。将酒店的各种信息数据化，通过饭店内部网，将各种流程产生的信息纳入统一的数据库中，数据库的信息可按各种方式调用或进行统计分析。

2. 酒店计算机管理软件

数据库的建立将酒店相关的信息转换成了数字形式，大大方便了信息的存储和查询，但酒店内部的信息流是一个复杂的收集、加工、传送的过程，只是建立数据库及数据库管理系统是远远不够的，酒店还需要建立酒店信息管理系统，需要管理软件的支持。基于计算机管理的酒店信息系统是由一系列程序(或模块)组成，承担前台管理(包括预订、客房管理、客账管理等)和后台管理(财务管理、库存管理和酒店内部管理等)功能。同时，多种独立的应用系统也可以与酒店管理系统连接在一起，常用的接口包括计算机、销售终端系统(POS)、电话计费系统、电子门锁系统、能源管理系统、辅助客户服务和顾客自助服务系统等。通过这些连接和应用软件的支持，可以实现酒店经营管理流程自动化。例如，传统方式下酒店前台员工必须以手工方式将餐厅费用转账到顾客账户中，而建立了 POS/PMS 接口后餐厅账单以电子方式从 POS 端传到 PMS 的顾客账务模块，酒店的工作效率得到了提高。

10.5 酒店电子商务系统的应用案例

从目前电子商务平台在我国酒店业中的应用来看，IT 技术主要集中在网上预订服务与酒店情况介绍等方面，而这些仅仅只实现了 B2C(商家对顾客)模式的初级形态。此外，电子商务平台还有 B2B(商家对商家)模式、商家内部的管理运营模式等，在每一种模式下，都有十分广泛的应用领域和前景。

10.5.1 酒店互联网站的应用

网站是酒店面对全世界的窗口，客人可以通过这里了解酒店，酒店同样可以通过这里实现和客人的互动，实现网上销售、顾客关系管理、会员管理、市场调研、公关信息发布、酒店 CI 形象展示、网上采购、网络学习和培训等。因此，许多酒店正通过各种方式推出自己的站点，包括优化搜索引擎、提高关键词查询的速度、在线广告(标签和按钮)、建立会员社区等。

电子商务平台，帮助酒店管理者们实现真正意义上的酒店客房预订，并可与宾馆酒店内部酒店管理系统进行对接，实现由管理中心确认后直接在网上向客房部和其他相关部门下订单。预订系统实行管理端和客户端独立管理，系统安全性能高、保密性好、信息分类清晰、操作简便、预订信息实时性强。管理员通过管理入口可及时准确地获取预订信息并以第一时间进行确认，并独立管理各个后台数据信息；而客户可方便地通过宾馆酒店的 Internet 门户网的用户入口进行客房信息的查询和客房的预订，也可进行预订接机或接火车及接待车辆的类型预订，并可将客户的商务用户信息及接待单位发给酒店预订中心，通过酒店帮助客户进行统筹安排。当客户通过酒店的网址登录到酒店的门户网站时，可以通过"我的预订"到自己的预订平台进行相关服务内容的预订。系统可提供一个酒店所有服务的预订，如客房预订、会务预订、餐饮预订、用车预订、健身服务预订、公共社区预订、休闲服务预订、超市购物、公寓、租赁票务服务、旅游服务预订等。图 10-7 所示为饭店预订网页。

图 10-7　酒店预订网页

进入某酒店的主页后能否得到服务就取决于该酒店网页提供的信息量。首先设计酒店互联网页，积极利用互联网这个新兴媒介进行宣传，并能实现诸如网上预订等某些业务，同时可通过论坛等形式实现企业间的交流与相互促进，也可收集各种意见或建议等有利信息，使企业及时改进，更好地发展各项业务。其次是及时更新有关信息，使网络媒介提供的信息具有时效性。格林豪泰酒店网站是这样设计的：首页上有在线预订、酒店一览、VIP 区和链接与特许等。通过企业发布的有关介绍信息可以很好地宣传企业，预订模块可实现网上预订。具体功能和页面设计如图 10-8 所示。

第 10 章 酒店电子商务应用

图 10-8 酒店企业网站首页

10.5.2 酒店内部网的功能与操作

进入酒店的内部网后,通过启用各功能模块的应用程序即可进行各部门的基本业务操作,如前厅客房、餐饮等。需要各部门必须配备相应的硬件设施。下面以辰森世纪计算机系统有限公司开发的酒店管理软件为例,介绍酒店局域网的应用。

1. 餐饮业务预订模块

餐饮业务预订模块包括建立新预订单、取消预订单、修改预订单、预订单换台、一位客人多台位预订单的建立、增加客人预订菜品。

2. 点菜上传模块

(1) 手持机部分,包括查看卡信息、点菜、查看已点菜品、清空点菜卡、修改菜品数量、删除一道菜品、增加附加内容、删除附加内容、增加公用附加项。

(2) 上传机部分,包括上传菜品、用上传机把菜品传到厨房和收银、上传机加菜并上传、上传机催菜、上传机退菜。

3. 餐饮收银模块

餐饮收银模块包括开新账单、账单折扣、菜品折扣、增加服务或税金、退菜操作、免除菜品相应金额、选择所需要的结账方式(如现金、会员卡、临时挂账等),进行相应结账操作、重新激活客人账单。

本章小结

本章以酒店企业应用电子手段开展业务为主线,首先写了电子商务带给酒店企业在开展业务方面引起的工作流程的重组,以及信息化给酒店带来的一系列变革;接着分析了酒店企业的过程及其特点,根据其具体业务的特点,指出了酒店企业的电子商务流程;然后从酒店企业互联网和酒店企业局域网两个方面分别阐述了其电子商务的功能,互联网电子商务功能包括企业对顾客和企业对企业两个部分的功能,局域网的功能包括酒店内部客房部、餐饮部两大功能部门,总经理查询、系统维护等内部管理功能的实现。

要实现酒店企业的这些电子商务功能,必须明确酒店电子商务系统的构成,从硬件和软件以及二者的衔接技术问题等方面进行了阐述。硬件即计算机接口系统,有计算机硬件系统和通信网络设备等,软件及酒店企业的数据库资料的建设和计算机管理软件的开发,然后建立电子商务网站,通过内部网、外部网和互联网全面实现酒店企业的电子商务。最后一部分从酒店企业对互联网及内部网的电子商务应用两个方面列举实例,进一步说明酒店企业利用电子商务的实战应用。

思考与演练

一、思考题

1. 分析电子商务给酒店企业带来的机遇与挑战。
2. 酒店企业各环节业务有哪些电子商务功能需求?
3. 酒店电子商务系统是如何构成的?
4. 登录一个酒店企业网站了解酒店互联网的电子商务功能。
5. 参观酒店运营状况,体会酒店管理软件给酒店业务开展带来的便利。

二、演练题

1. 演练内容

辰森酒店客房管理模块。

2. 演练步骤及系统设定

【第一步】系统数据设定。

可以对酒店的名称、地址、电话、营业日期和各类房租等进行设定和修改。

【第二步】操作员设定。

可输入员工的编号和姓名,在权限说明中可指定该员工所拥有的权限。要修改员工的权限,可选择操作员名称,在右面的权限说明中可以设定某一项权限的有无;也可进行删除员工的操作。

【第三步】客房资料设定。

楼号设定是针对一个酒店有多个楼的情况。房间类型设定是说明某一类型的房间的数量,可以在这里添加、删除房间的类型。房号设定中的客房资料卡是说明一个房间基本信息的。要增加新的房间,单击【新房号】,输入新增房的房号,行和列是指定该房间的位置、类型和人数并说明该房间的基本信息。确认后,增加新的房间完成。要删除(修改)一个房间的信息,单击客房资料列表,选择要删除(修改)的房间号,在单击客房资料卡,单击【删除(修改)】即可。

【第四步】费用码设定。

此处主要设定客人的记账费用代码。利润中心是大类,费用编码是小类,对系统的报表的正确有很大的影响。要增加一个费用码(如被罩污染),先确定此类费用码属于哪一大类,被罩污染属于物品损坏赔偿这一大类,在利润中心设定中先要添加或找到这一大类,再在费用编码中单击【增加】,输入编码名称,并选择【利润中心】→【确定】,就增加了一个新的编码。单击【删除】,可删除一个编码。

【第五步】结算方式设定。

结算方式设定主要是设定客人结账的方式,可以增加、修改和删除。

【第六步】房价计划设定。

房价计划设定主要是设定任一类型房在不同的入住方式下的价钱。例如,可设散客优惠价下的双标是438元,公司协议价下的双标是300元。房价计划列表下是不同的入住方式,单击【散客优惠价】,在右边显示这一入住方式下各类型房的价钱,单击【公司协议价】,在右边显示这一入住方式下各类型房的价钱,在右下单击【修改】,可修改房价。入住方式也可以进行修改、增加、删除等操作。

【第七步】房态自动调整,账务自动调整,操作日志,整理数据,数据清空。

房态自动调整是系统用来调整房态的,账务自动调整是系统调整账务的,整理数据是系统对数据进行整理的。这三项权限可以给前台人员,便于及时解决问题。操作日志是记录前台人员对客人入住、记账、账务调整、收银、离店等做的一个详细的记录,很重要。数据清空是系统操作员才有的权限。

3. 协议账户管理

【第一步】建立协议账户。

详细输入协议账户的名称、地址、性质、有效期、市场员(既销售部员工)、联系人、备注等数据,有利于销售部员工的业绩考核后。确认后,建立协议账户完成。

【第二步】协议账户查询修改。

输入想查询的协议账户名称或性质,或者直接单击【开始查询】。在这里单击【编辑】可以修改已建立的协议账户,单击【删除】可以删除协议账户,但是必须拥有这种权限。

单击房价设置,可以对不同类型的房间设置不同的协议价,便于接待人员的使用。

【第三步】协议账户消费查询。

协议账户消费查询是用来查看某一协议账户每月、每年消费额，每月、每年消费次数、历史消费、正在消费的情况，以便于及时地了解协议账户的情况，对协议账户进行排名，调整对其的策略。

4. 散客的预订、入住、记账、离店操作

【第一步】散客的预订和入住。

在【前台预定】中选择【散客预定】，在这一主单上显示的是房间的信息、价钱、到店时间、住店天数等一些基本信息。单击【房间类型】，选择客人要住的房间类型，然后再分配房间，单击 ■ 按钮，系统会自动地把属于客人要住的房间类型的房间调出，选择要订的房间，确认(如果要预订未清扫房间，在 □包括未清扫房间 上打 ✓ ，排列的房间就包括了未清扫的房间，其余类似)。到店日期可以选择，房价类别选定了，价钱就定了，允许进行修改，房价锁定记录在操作日志里，便于出错后找到责任人。住店天数可改。在基本资料这一栏里，如果客人是协议账户，那一定要选择【协议账户】，才能对协议账户的消费额进行排序。选择协议账户时支持模糊查询。旅行社和公司也是需要选择的，单击【旅行社(公司)】，会出现另一界面，如果是新旅行社(公司)，那就要添加，输入团队的名称，保存、添加完成。如果是已有的，直接选择就可。结算方式可选择。成人数是定义房间入住的人数，其他的可实际填写。

单击 基本资料 其它资料 转帐设定 中的【其他资料】，会出现空白的界面，可以写上一些信息。

单击【转账设定】，把客人要求转账的项目拖到右边，会弹出另一界面，选择【住客账户】，或【团队账户】，或【协议账户】，或【输入姓名】，或【团队名称】，系统会自动调出相关的信息，选择【查询明细】，在其中找到要挂的账户信息，确认一下，该笔账务客人消费的话就会挂到此账户上。单击【新住客】，切换到另一界面，在此输入客人的信息，单击 ✓ 提交，客人的预订完成。右面的 1修改资料 按钮是修改客人资料的，如果客人要换房，可以在主单里选择新的房间，单击 ✓ 提交即可。 2同住处理 按钮是两个人住一间房， 3删除 按钮是删除客人资料， 4转入团队 按钮是散客转入团队。当预订的客人到达后，单击【前台预订】→【散客预订查询】，可以选择条件进行查询。单击【查询】，找到该客人，单击【编辑】，进入客人预订界面，单击 5入住登记 按钮客人就入住了。客人没来，单击【前台预订】→【散客预订查询】，单击查询，找到该客人单击【编辑】，进入客人预订界面，单击 6取消预定 按钮，取消房间预订。 7恢复入住 按钮是客人上午离店，但下午又回来了，单击【前台接待】→【在店客人查询修改】，选择该客人进行编辑，分配房间，单击【恢复入住】，该客人将恢复入住。 8.开关长途 按钮是和电话计费联在一起的，可以开关长途。 历史 按钮是客人的历史资料。 操作日志 按钮是接待员对客人的操作信息。 留言 按钮是有人来访时客人不在，可以给该客人留言。有的按钮在一定的时候是不能用的。

散客预订，入住完成后，在【客房管理】→【实时房态显示】中会看到所选的房间上变成入住房 。如果客人是直接到店，没有预订，可在【前台接待】→【散客直接登记】中操作，也可在【客房管理】→【实时房态显示】中单击右键，进行预订、登记操作，或在【实时房态显示】中进行操作。选中某一入住房间，可以进行客人信息查询，修改等操作。

【第二步】散客的记账和离店。

客人的账务操作是系统的核心，所有操作都记录在操作日志里。

在【客房管理】→【实时房态显示】中选中要记账的客人，单击 按钮，会进入如图 10-9 所示界面。

图 10-9 客账账单页

单击 按钮，输入客人交押金的数额。单击 按钮，选择费用码，会进入如图 10-10 所示界面。

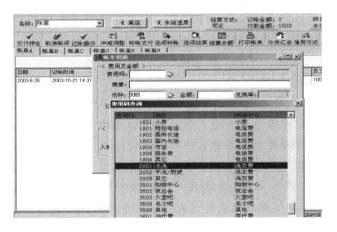

图 10-10 费用码查询

客人哪一项需要记账，选中哪一项，单击【确定】按钮，输入金额。单击【确定】按钮，记账操作完成。如果这笔账务记多了，可单击 按钮，进入如图 10-11 所示界面。

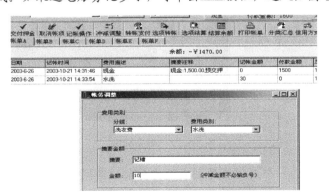

图 10-11 客账账单及账务调整

输入要冲减的费用类别、摘要、金额，确定后会冲减掉记错的钱。如果给客人记账记错了，可以选中记错的那一项，单击 取消账项 按钮进入相关界面，输入删除说明，则该账务完全取消。

如果客人的一项或多项账务需要转到另外住店的客人账户，单击 选项转帐 按钮，在需要转的账目上单击，或全选，单击【确认转账】，在弹出的界面上选择要转到的账户，确认后，完成转账。

转账支付又叫余额转账，是两个客人的账务往来。客人甲在店消费的钱全部转到客人乙的账单上。不能单项转账。

选项结算是为方便客人将某几项账单单独结算而做的。结算余额是客人要取走剩余的押金。打印账单是客人离店时的账单。

客人要离店，在账务检查无误后，单击【离店】，如果已经过了中午 12 点，系统会提醒加收半日房租。结算方式默认为现金。如果客人要挂账，选择结算方式中的挂账，系统会让操作员选择所挂的账户，选好后【确认】，这个客人的账就会挂到该账户上。

未结退房 按钮是针对和酒店很熟的客户，带的钱不够，可经经理同意后，先不结账，下一次再来结账。结账完成后就可打印账单，客人有要求不打印的项目，可单击选择项目，单击 开始打印 按钮，系统开始打印账单。

5. 团队的预订、入住、记账、离店操作

【第一步】团队的预订和入住。

单击 前台预定(Z) 按钮和 团队预定(V) 按钮，在主界面上输入团队的名称、到店日期、住店天数。在团队资料这一栏中必须输入成人数，如果该团队是协议账户或旅行社，还要选择属于哪一个协议账户或旅行社。其余的视酒店规定输入。填写完成后，单击右上角的 ✓ 按钮，提交。在其他资料中可输入一些客人信息。在订房这一栏里选择房间类型、到店日期、天数、订房数、房租计划。如要定不同的房间类型，按一下+号，✓ 按钮是提交，完成后，单击 创建成员 按钮可以在成员列表这一栏中弹出预订的房间数。

单击 手动排房 按钮，出现的房间列表如图 10-12 所示：蓝色的房间代表有客人入住，黄色的房间代表脏房，绿色的房间代表可售房，浅棕色的房间代表封闭房或自用房，深棕色的房间代表预订房，红色的房间代表维修房。

图 10-12 房间列表

用鼠标拖动左边的一个房间类型到右边要分配的房间上，该房间的颜色会变成深棕色。预订几间，就要拖动几次，并且要正确匹配房间的类型。

单击 按钮，打开如图 10-13 所示的【快速分房】对话框。

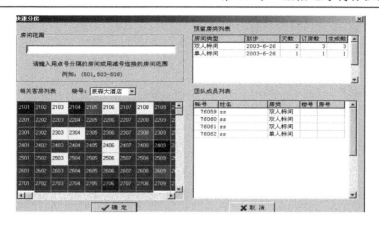

图 10-13 【快速分房】对话框

在【房间范围】文本框中输入分配的房间号,单击【确定】按钮,分配房间完成。团队的预订工作完成。

当团队到达后,单击【前台预定】→【团队预定查询/修改】按钮,找到该团队,单击【编辑】,可以对团队的实际人数、房间数等做出修改,如要增加房间可在订房中选择【增加】,如果要删除某一预订房间,可以选中要取消的房间,单击 修改查看 按钮,进入客人预订界面,单击【取消预订】,即可取消。无误后,单击 入住登记 按钮,就会给客人分配房间。选中团队某一入住客人,单击 转为散客 按钮,该成员就会转为散客。 交付定金 按钮是用来交押金的,所交的押金会记录在团队的主账上, 取消预定 按钮是取消整个团队的预订, 删除 按钮是把团队的资料完全删除。

在【团队支付】这一栏里,把团队要集体支付的项目拖到右面,表示这一项目的消费额由团队支付,单独客人在消费某一不属于团队支付的账务时,会记在该客人的账单上,消费某一属于团队支付的账务时,会自动转到团队账务上。

【第二步】团队的记账和离店。

团队的记账和散客的基本上一样。

第11章 旅游目的地的电子商务

【学习目标】

通过本章的学习,熟悉旅游目的地、目的地管理组织和目的地营销组织的概念,旅游目的地营销系统的定义、目标、功能;掌握旅游目的地营销系统应用成功的经验。

【关键词】

旅游目的地(Tourist Destination) 目的地管理组织(Destination Management Organizations,DMOs) 目的地营销组织(Destination Marketing Organizations, DMOs) 外部旅游目的地营销(External Destination Marketing,EDM) 内部旅游目的地管理开发(Internal Destination Development, IDD) 游客信息系统(Visitor Information Systems) 电子旅游的目地(E-Destination) 电子旅游目的地营销(E-Destination Marketing)

开篇案例：欧洲增长最快的城市旅游目的地：柏林

柏林是欧洲最受欢迎的三大城市旅游目的地之一，每年有 9000 万人次来此旅游，逗留时间超过了 1.3 亿天。

无论在德国国内还是国外，没有其他任何一座城市像柏林这样丰富多彩，没有一座城市像柏林这样发展得如此迅速。仅仅在去年，柏林就有多处新增精彩景点对游人开放：新饭店包括皇家 SAS 饭店，其特色是世界上独一无二的水族屋顶(前厅里有一个 25 米高的圆柱形水族馆)，新博物馆包括柏林画廊和赫尔穆特·纽顿博物馆摄影基金会，甚至还有全新的城区，如波茨坦广场旁的拜斯海姆中心区。

目前，柏林不仅是欧洲增长最快的城市旅游目的地，而且还是德国扩张最快的航空运输枢纽。2004 年，柏林三个机场的总客运量达到了 1490 万人次，是柏林机场历史上最成功的一年。在柏林机场的飞行计划中，仅去年就增加了 32 个新的欧洲目的地。2005 年，曾预计乘客的数量将再增加 14%左右。目前柏林正在争取直飞亚洲的重要城市。

耗巨资重新修复的柏林奥林匹克体育馆去年重新开放，这座被作为文物而受到保护的建筑将成为 2006 年国际足联德国世界杯 TM6 场比赛的赛场，其中包括决赛。目前柏林还在紧锣密鼓地实施另一个大型项目：在城市的心脏地带，柏林火车总站正在被扩建成欧洲大陆上最大的换乘车站。

在其他重要领域里，柏林这座大都会同样也在重新塑造着自己。目前，城市的轮廓越来越鲜明。到 2006 年，耗资 15 亿欧元的德国最大的文化投资项目——博物馆岛重新规划工程将实现重要的阶段性目标。博物馆岛于 1999 年被联合国教科文组织列为世界遗产。对它进行重新规划的下一个重大步骤将于 2006 年完成。届时，收藏雕塑作品的博德博物馆和拜占庭艺术博物馆将重新开放。

柏林是欧洲时尚和购物的大都会。这座生机勃勃的城市拥有 7 所培养创新后备人才的时装学校，已经成为时装设计师和潮流领导者的灵感的源泉。大约有 18 000 家商店、精品店和设计师专营店里的服饰在争奇斗艳，一比高下。此外，柏林还有 30 多处跳蚤市场和旧货市场以及大约 135 处每周举行一次的集市。在那里，人们可以买到各种各样的商品和新鲜的当地特产。

传统的购物场所包括魅力无穷的选帝侯大街和西方百货公司。选帝侯大街上有数不清的时装商店和国际时装设计师专卖店；西方百货公司是欧洲大陆最大的百货大楼。购物场所还包括拥有众多豪华购物店堂的腓特烈大街以及波茨坦广场附近的新市中心。所有著名的时装设计师都在施普雷河畔开设了一家或多家分店：从夏奈尔到 Cerruti1881 和 Escada，直到 Kenzo、Prada 和伊芙·圣洛朗。

柏林是一座名副其实的文化大都市：由 3 座歌剧院、8 个专业交响乐团、170 多座博物馆、150 多个戏院和舞台以及 300 多处画廊支撑的演出计划、展览和文艺活动奠定了柏林独特的高档次文化活动的基础，要在每天 1500 多项活动盛事中进行选择是件不容易的事情。

近十年来，目的地管理组织所面临的市场环境发生了激烈的变化，目的地管理组织面临着许多新的机遇和挑战。尤其是互联网技术的普及以及旅游产品在网上促销、网上销售导致了目的地管理组织新的活动类型和支持技术的出现。目的地管理组织的功能以及支撑这些功能实现的手段发生了革命性的变化。例如，实时 Web 订房服务、E-mail 营销以及客户关系管理(CRM)有效地引进了旅游目的地管理组织。

最大的变化也许是目的地管理组织运营环境的改变。目的地管理组织将 Internet 技术作为最佳的向旅客提供信息的媒体或在线购买旅游产品与服务的平台。目的地管理组织将信息技术作为目的地旅游组织或企业获得核心竞争优势的支柱。

随着旅游业逐渐地向全球化渐进，旅游目的地的竞争压力将会强烈地增加。如果使旅游目的地旅游持续健康地发展和拥有国际竞争力，那么，目的地管理组织必须能够驾驭互联网潜在的营销能力。

11.1　旅游目的地、目的地管理组织和目的地营销组织的概念

11.1.1　旅游目的地

许多旅游研究者试图阐明旅游目的地(Tourist Destination)的性质。Hu 和 Titchie(1993)将旅游目的地概念化为旅游资源和旅游服务的一揽子组合体。旅游服务包括任何一件供游客消费的产品，而旅游目的地具有多维特性。Buhalis(2000)则认为，旅游目的地是向游客提供综合体验的旅游产品的结合体。旅游目的地是人们选择逗留一段时间以体验某些特色或特征(某种感知吸引力)。因此，一种较为切合实际的定义是将旅游目的地理解为一个特定的旅游区域可利用的旅游产品和服务综合体。

然而，从需求观点出发，其他学者将旅游目的地定义为能够吸引游客到某一个特定的地区进行旅游的一组旅游产品、服务和人造吸引物。从地域空间视角出发，英国学者霍洛韦(1977)定义旅游目的地为，一个具体的风景胜地，或者是一个城镇，一个国家内的某个地区，整个国家，甚至是地球上一片更大的地方。世界旅游环境研究中心从管理框架视角，定义旅游目的地为"乡村、度假中心、海滨或山岳休假地、小镇、城市或乡村公园；人们在其特定的区域内实施特别的管理政策和运作规则，以影响游客的活动及对环境造成的冲击"。英国学者 D.布哈利斯对于旅游目的地的定义指出，"旅游目的地是一个特定的旅游区域，被旅游者公认为是一个完整的个体，有统一的旅游业管理和规范的政策司法框架，由统一的目的地管理机构进行管理的区域。"此定义强调了旅游目的地的行政组织和管理框架，并将其视为可被独立管理的地理区域，有独立开展营销活动的地域及政策基础。

因此，旅游目的地不仅是一个特定的旅游区域可利用的旅游产品和服务综合体，而且也是由统一的目的地管理机构进行旅游业管理和营销的区域，包括城市/城镇、地区、省/自治州、国家等。

11.1.2 旅游目的地管理组织与营销组织

1. 旅游目的地管理组织

旅游目的地管理组织(Destination Management Organizations)是负有管理旅游目的地或者负有营销旅游目的地责任的组织。根据 WTO 的定义,通常旅游目的地管理组织可分为以下三种类别。

(1) 国家级旅游组织(National Tourism Authorities,NTAs)或(National Tourism Organizations,NTOs),其职责是在国家层面上行使对国家的旅游管理和促销。在我国 NTA 与 NTO 并未分设,都是指国家旅游局。

(2) 区域性、省级或者州级旅游目的地管理组织,其职责是负责其管辖的地区、省或州的旅游管理和促销。

(3) 地方级旅游目的地管理组织,其职责是负责较小地理区域,或城市及城镇的旅游管理和促销。

因此,可以简单地认为旅游目的地管理组织是管理旅游目的地组织、实施旅游目的地管理活动的主体。

旅游目的地管理组织的主要活动包括促销、营销、信息收集活动、预订服务、与旅游产品相关活动(旅游线路开发与运营、旅游企业分类/经营许可认证、游客中心实体资源开发、人力资源开发与职业培训、旅游行业规范与管理等)以及电子商务战略培育与实施。换句话说,旅游目的地管理组织具有两种功能:对外功能是旅游目的地促销、营销,对内功能是旅游目的地开发。

2. 旅游目的地营销组织

旅游目的地营销组织(Destination Marketing Organizations)是旅游目的地营销活动的组织、管理和实施主体。旅游目的地营销组织的功能是实现向旅游客源市场宣传、推广、营销整个目的地。

3. 旅游目的地管理组织与旅游目的地营销组织的关系

从严格意义上讲,旅游目的地管理组织与旅游目的地营销组织是不同的。从功能划分上来看,旅游目的地管理组织功能对外是旅游目的地促销、营销,对内是旅游目的地开发;而旅游目的地营销组织的功能是实现向旅游客源市场宣传、推广、营销整个目的地。旅游目的地管理组织对于推广旅游目的地、创建旅游目的地品牌、组织适应数字经济的、坚实的旅游目的地营销系统基础设施、整合旅游广告与 B2B/B2C 分销渠道、支持旅游目的地为中小型旅游企业搭建旅游目的地营销系统平台、在线信息服务与销售基础设施负有义务和责任。因此,旅游目的地管理组织对外功能就是旅游目的地营销组织的功能,也就是说,旅游目的地管理组织功能包括了旅游目的地营销组织的功能。

在国内的教科书及部分文献中将旅游目的地管理组织与旅游目的地营销组织作为可互换的同义词使用。WTO 将旅游目的地管理组织定义为"负责旅游目的地管理或者负责旅游目的地营销的组织"。在使用中,将旅游目的地管理组织活动分为外部旅游目的地营销(External Destination Marketing，EDM)和内部旅游目的地管理开发(Internal Destination Development，IDD)。

11.2 旅游目的地营销系统

11.2.1 旅游目的地营销系统定义

什么是旅游目的地营销系统(Destination Marketing System，DMS)？目前，学术界还不存在被广泛接受的定义。不同的国家对目的地营销系统具有不同的解释。Vlitos-Rowe提出建立旅游目的地营销系统的初衷是向旅游者提供某一特定地区最完整、最现时的旅游目的地的信息。Frew and O'Connor 称旅游目的地营销系统为游客信息系统(Visitor Information Systems)，他认为目的地营销系统的基本主题和占主导地位的功能是发布某一特定旅游地区所有旅游活动相关的组织和吸引物的信息和处理预订业务。用于旅游信息管理、公众信息服务、行业交流和旅游网络营销等领域的若干基于核心数据库的应用系统。旅游目的地组织的信息技术基础设施用来收集、整理、贮存和发布信息，用来处理预订业务和执行其他的商业活动。作为旅游目的地或区域上的营销系统，它必须整合与协调所有旅游服务的提供商，它也必须是多方位整合，使用所有可利用的信息技术，协调地方中、小型旅游企业，与地方区域经济整合。旅游目的地企业整体的信息化、网络化水平对于建立旅游目的地营销系统在线网络和旅游目的地营销系统功能的增强也是至关重要的。为了成功地开展旅游目的地营销系统，需要旅游行业的亲密合作伙伴关系。世界旅游组织，认为目的地营销系统与传统营销模式相比具有很好的发展潜力：以相对较低的价格向世界各地的大量顾客介绍信息和产品，让旅游者能够了解旅游目的地，并能吸引旅游者前来旅游，其中最为关键的是如何营销旅游目的地；提供比通过传统印刷媒体更有深度、质量更高的信息；让顾客预订起来更快、更容易；省去制作和发行印刷品的大量费用；可针对客源地运用电子邮件做推广等。因此，对于旅游目的地而言，旅游目的地营销系统被认为是至关重要的。它利用信息技术和互联网技术，通过增加目的地的可见性、降低成本、加强当地合作，以提高目的地整体的竞争力。

值得指出的是，我国金旅工程将旅游目的地营销系统定义为："目的地城市旅游信息化建设完整解决方案，它通过一系列的信息技术产品和相应的支持服务来实现城市旅游信息化"，并在此基础上利用金旅雅途全国性的跨媒体营销资源为目的地城市旅游提供高效的宣传和推广。金旅工程是游目的地营销系统的一种类型，它仅仅是城市旅游目的地的营销系统。

11.2.2 旅游目的地营销系统的目标

旅游目的地营销系统作为电子旅游目的地营销技术(E-Destination Marketing)，其总体目标是利用电子商务以实现、保持与改善旅游业在数字经济中的竞争力的地位。具体来说，电子旅游目的地营销技术的目标如下所述。

(1) 改进营销沟通以实现更好、更有效地促销旅游目的地。
(2) 利用知识管理工具改善、促进旅游目的地旅游企业之间的通信、合作与交流。
(3) 将旅游目的地的市场促销扩展到全国乃至全球范围内。
(4) 增强、改进旅游目的地品牌塑造,提高旅游目的地旅游业的战略优势。
(5) 增加旅游目的地旅游企业的利润。
(6) 支持中小型旅游企业的流程重组。

11.2.3 旅游目的地营销系统的功能

早在 1998 年,Kristansen 在他的硕士论文中最早提出电子旅游目的地(Electronic Destination,e-Destination)的概念以及电子旅游目的地的功能。随后,维也纳大学 Werthner 教授与芒斯特大学 Klein 教授在合著的《信息技术与旅游:挑战性的关系》一书中采用了他的电子旅游目的地及功能的论述。他们的贡献在于从 Internet 的功能及内部网的功能方面分别划分了电子旅游目的地的功能。然而,旅游目的地营销系统的功能必须从该系统能够提供满足旅游目的地组织、旅游目的地旅游产品/服务供应商、旅游运行商、消费者(游客/旅游产品/服务消费企业)等各方的需求的作用来划分。

1. 对旅游目的地与消费者而言

对旅游目的地与消费者(B2C)而言,旅游目的地营销系统可以提供以下功能。

1) 旅游目的地的行业门户网站

门户网站(Portal)在一个网站上向用户提供强大的 Web 搜索工具以及集成为一体的内容和服务。TIScover.com、www.finland-tourism.com 以及国内的金旅工程等门户网站都在一个旅游目的地营销系统网站上向用户提供强大的网络搜索工具以及集成为一体的内容和服务,展示目的地的全部旅游产品/服务的信息,各种旅游目的地信息。例如,目的地的视频剪辑、照片和广告文字等信息及其他(如电子地图)。由于电子地图可以无限缩放,其信息容量也就更大,重要旅游景区、旅游企业、公园和文化场所、精品旅游线路、公交线路等都可标注在电子地图上。它还能提供方便、实用的基于地图的旅游信息查询和分析服务。

2) 网络广告商

通过使用旅游目的地营销系统,旅游目的地的行业可以针对具有特定兴趣的群体甚至个人做目的地的全部旅游产品/服务广告,这对使用旅游目的地营销系统直接推广、推销是非常有用的。旅游目的地营销系统使得旅游目的地管理组织、旅游目的地的行业能了解游客或潜在游客的消费需求和期望,并与他们直接双向交流。在这种交互式营销中,游客或潜在游客可以用鼠标点击旅游目的地广告以获得更多旅游目的地信息,或者通过电子邮件来提问。旅游目的地营销系统提供了双向交流和使用电子邮件的能力,还允许它们针对特定的人群做广告。旅游目的地营销系统使得真正的一对一广告成为可能。除此之外,旅游目的地的组织也可能使用电视、报纸或其他资源作为广告渠道。

3) 电子零售商

旅游目的地营销系统的最主要功能之一是起到在线零售店的作用。旅游目的地营销系统提供在线预订各种业务,包括机票、火车票、酒店等。

4) 旅游目的地的内容提供商

虽然旅游目的地营销系统有各种不同的应用方式,但提供旅游目的地的信息内容是旅游目的地营销系统最大的功能之一。旅游目的地营销系统通过其自身网络发布信息内容,如数字化的旅游目的地新闻、景点、景区照片、影片以及旅游目的地艺术品等。旅游目的地营销系统采用文字、图片、Flash 动画、音频、视频和三维全景环视等多种表现手段,向游客展示一个非常鲜明、生动和富有文化内涵的旅游目的地整体形象。

5) 交易经纪人

交易经纪人泛指通过电话或邮件为消费者处理个人交易的网站。旅游目的地营销系统越来越多地起到旅游代理商的作用。旅游目的地营销系统已成为消费者用来查找旅游去处、查找最合适的价格、预订机票、预约租车、预订旅馆、预订游程和预订观光行程时最常用的一种工具。旅游目的地营销系统向消费者提供了一站式的、方便的休闲旅游和商务旅行感受。旅游目的地营销系统网站上提供了旅游内容介绍(关于度假情况和设施情况的介绍)、旅游社区(包括聊天室和 BBS)、商务服务(提供所有差旅相关服务)和消费者服务(通常是通过呼叫中心)。对于旅游目的地旅游的提供商(旅馆、汽车出租公司、航空公司)来说,目的地营销系统网站将大量的消费者集中到一个单一的"消费者池"中,通过目的地营销系统网站上推出的广告和促销活动,可以有效地影响这些消费者。

6) 目的地市场创建者

市场创建者建立了一个数字化的目的地营销平台与环境,使得买卖双方能够在此"会面"、展示旅游产品、检索旅游产品,并为旅游产品定价。一个最基本的例子就是 Priceline.com,消费者可以在这一市场空间为自己愿意支付的各种旅游膳宿和其他产品定价。

7) 服务提供商

服务提供商是指提供在线服务商家。服务提供商与电子零售商不同,电子零售商是在网上销售产品。目的地营销系统在线服务基本上是不收费的。有些目的地营销系统在线服务除提供机票和旅馆的预订交易服务外,还提供度假计划服务。目的地营销系统服务提供商的基本价值体现在他们向消费者提供了比传统服务更有价值、更便利、更省时、成本更低的服务。为了做到让游客或潜在游客满意,目的地营销系统服务提供商面临的第一个挑战是要让游客或潜在游客熟悉自己目的地的品牌;第二个挑战则是要促使消费者去尝试自己所提供的服务。

8) 社区服务商

社区服务商是那些创建数字化在线环境的网站,志趣相投的人可以在这里进行交易(买卖商品)、交流,了解与自己的兴趣相关的信息目的地营销系统网站可以让志趣相投的人们,如游客或潜在游客、目的地管理开发者、各种代理商、批发商、零售商、其他中介组织成员通过旅游论坛、聊天室、留言板更容易地在线"会面"和交流,就旅游服务和旅游感受发表自己的观点,也能引入一些新的消费观点,这就有可能将游客的消费需求引入区域旅游产业的创新活动,而不受地域的限制。有着相同兴趣爱好的人可以在目的地营销系统网站进行交流,了解与自己兴趣相关的信息。在此意义上,目的地营销系统网站的基本价值体现在建立一个快速、方便、一站式目的地网站,使用户可以在这里关注他们对目的地最感兴趣、最关心的事情。对于目的地营销系统网站来说，最重要的目的地品质就是对特定旅游目的地知识的广度和深度的掌握与了解。因为目的地营销系统网络社区的目的就是要把兴趣和个人背景相似的消费者联系在一起，所以是否拥有具备相关经验的管理人员是至关重要的。

2. 对旅游目的地与旅游企业而言

对旅游目的地与旅游企业(B2B)而言，旅游目的地营销系统可以提供以下功能。

1) 市场/交易所(B2B 中心)

旅游目的地营销系统起到一个集市或一个交易所的作用，在这个数字化的电子市场中，目的地旅游服务供应商和旅游业运营商可以在此进行交易。旅游目的地营销系统可以看作是垂直市场，在这里，向一小部分旅游企业提供与它们的行业有关的旅游目的地的产品和服务。

2) 应用服务提供商

旅游目的地营销系统可以向其他中小型旅游企业，如中小型酒店，销售基于 Internet 的酒店应用接入服务。

3) 旅游目的地营销电子信息库

旅游目的地旅游服务供应商和旅游业运营商可收集、分析、处理游客消费行为和消费欲望信息，提供有针对性的数据分析报表，辅助成员公司对市场进行宣传推广活动。例如，目的地旅游经营商能够协调整个目的地旅游服务的运作链，能够对收集来自每个客户反馈(抱怨、投诉或意见)做出快速反应。旅游目的地营销信息库有助于改善服务质量或条件，维持旅游服务供给链的其他成员了解特定的客户真实的需要。再如，目的地的旅游企业通过查阅旅游观光历史记录可以进一步了解客户的偏爱和需要。一旦公司知道客户是谁，当他需要服务时，公司就能够为他提供个性化的服务。

3. 对旅游目的地组织而言

对旅游目的地组织而言，旅游目的地营销系统可以起到旅游电子政务的作用，可以提供以下功能。

1) 信息发布平台

该功能类似于一份报纸、一本杂志、一本书或一个收音机/电视广播，向公众或组织发布目的地与旅游相关的政务信息及公告。

2) 信息管理、共享与信息交换平台与通信工具

它通过旅游目的地营销系统向旅游目的地管理组织提供了旅游目的地信息管理、共享与信息交换的方式，实现旅游管理部门、旅游企业之间的信息无缝流通、实现统一网络平台的信息共享。旅游目的地营销系统将有助于打破各级政府和部门对信息的垄断和封闭，能够有效整合商务信息资源，有助于各部门、各行业之间的信息更新、传递。信息管理包括旅游目的地新闻发布与管理、旅游目的地产品/服务信息发布与管理、旅游目的地节庆信息发布与管理等，以及旅游电子杂志订阅发行与管理系统、旅游电子示意图应用系统、广告管理系统、E-mail 营销系统、信息检索系统、目的地内容管理系统、友情链接管理系统以及预订中心管理系统、网上支付系统等。它可以帮助旅游目的地营销

第 11 章 旅游目的地的电子商务

组织整合社会资源，建立目的地营销资源数据库，更全面、更准确、更高效、更多元化、低成本、无国界、更人性化地进行目的地形象宣传，同时为广大的目的地旅游企业搭建了共同营销旅游目的地的信息化平台，真正形成了政府做形象宣传、企业做产品促销，共同营销旅游目的地的良好机制。目的地旅游的企业能与它的合伙人或与有相互关系的供应链的成员分享信息，因此，使得向整个服务链提供无缝的个性化的服务流成为可能。一方面，服务供应链上成员间信息共享过程使企业更加容易获取更新和更可靠的信息，避免由于缺乏信息或信息误导导致决策失误一类问题；另一方面，获取的信息可用作市场分析，预测未来的市场需求。这些预测有益于制订销售预测和改进市场运作计划。

3) 内部管理平台与工具

帮助旅游局领导及时、方便地查询、了解各类信息(管理信息、营销信息和效果等)，满足机关日常的信息流转自动化需求，即时搜集旅游者的反馈信息(投诉、电话、电子邮件等)。它将信息技术在政府机构的应用从简单的取代手工劳动提高到工作方式优化的新层次。

4) 专业培训平台

旅游机构可以通过旅游目的地营销系统网络向旅游目的地管理组织内的各旅游企业及员工提供在线专家咨询、在线教育培训、在线法律法规和行业规范学习等，以提高从业人员的素质。各企业内的职员、不同企业的职员还可以在聊天室、网上讨论以及在线同业交流模块中相互交流经验、相互学习，并可进行有组织的讨论学习，以提高自己的产品与服务质量，激发创新思维。

5) 营销信息库

旅游虚拟可收集、分析、处理游客消费行为和消费欲望信息，提供有针对性的数据分析报表，辅助成员公司对市场进行宣传推广活动。例如，旅游经营商能够协调实施服务的运作链和对收集来自每个客户反馈(抱怨、投诉或意见)做出反应。这有助于改善服务质量或条件，维持旅游服务供给链的其他成员了解特定的客户真实的需要，吸引客户。再如，旅游企业通过查阅旅游观光历史记录可以进一步了解客户，更多地知道客户的偏爱和需要。一旦企业知道客户是谁，当他需要服务时，企业就能够为他提供个性化的服务。

11.3 旅游目的地营销系统应用范例

在世界范围内，旅游目的地营销系统已得到有效应用。在奥地利、芬兰、新加坡、西班牙、澳大利亚等发达国家和地区，目的地营销学通过和传统营销业务相结合，广泛地支持了当地的旅游企业，明显地提高了旅游营销效益。在我国，金旅雅途旅游城市(目的地)营销系统为城市旅游目的地提供了旅游宣传营销的一套完整解决方案，它利用现代信息技术(互联网)，架构目的地信息系统，并以网站为主要门户和表现形式，配合相应的支持性服务体系(跨媒体渠道及宣传)，集旅游信息服务、互联网电子商务、旅游行业管理于一体。下面通过两个成功范例解释旅游目的地营销系统在旅游目的地的典型应用。

11.3.1　目的地营销系统在国际上的应用

奥地利 TIScove.at 是世界上最著名、最先进的、以旅游目的地为导向的目的地网络门户网站和旅游业网络平台，如图 11-1 所示。TIScover.at 是世界上顶级旅游网站之一，它是一个基于 Web 的系统，具备全面的功能，包括信息管理、发布、预订和电子商务功能。TIScover.at 除了支持奥地利官方语言(德语)外，它还支持英文。

1991 年，TIS 开始正式在奥地利 Tirol Werbung 旅游目的地运行。1994 年 TIS 以及 TIS@Web 利用 Internet 扩展到奥地利全国。1997 年 TIScover 扩展到德国并且开始 C2C、B2C 电子商务活动。2000 年 TIScover00 新一代 TIScover 开始投入运营，实现 C2C 和 B2C 电子商务服务。到 2002 年 TIScover 启用新的接口、增加实现 B2B 和 P2P 的电子商务活动涉及欧洲更多的国家。

2003 年 TIScover.at 的年浏览页面(网页浏览次数)高达 256 000 000 面。TIScover.at 具有 16 000 多个客户。目前，该系统内所列的住宿设施总数已大大超过 15 000 个，其中大部分可以提供详细信息并可进行在线预订，对 TIScover 系统的使用不断增长。

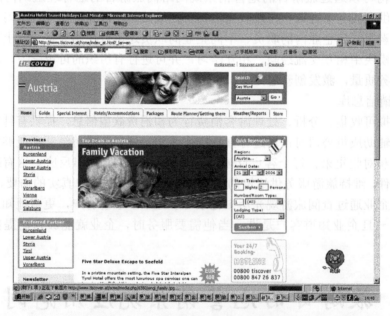

图 11-1　奥地利的 TIScove 的首页

11.3.2　金旅雅途与旅游目的地营销系统

"金旅工程"是"中国旅游业信息化系统工程"的别称，是我国旅游业参与国际市场竞争的重要手段，是国家信息化工作在旅游部门的具体体现，是国家信息网络系统的一个组成部分。

金旅工程于 2001 年 1 月 11 日召开的全国旅游工作会议上正式启动建设，目标为建立覆盖全国旅游部门的国家－省－市－企业四级计算机网络系统。达到提高管理水平、提高管理效率、改进业务流程、重组行业资源的目的；同时，建立一个目的地营销系统(DMS)，为世界各地企业从事旅游电子商务提供服务。金旅工程的规划期限为5年，目前全国已有大连、三亚、珠海、桂林、苏州、厦门等10余个城市和广东省按照金旅工程的统一规划和标准建立自己的目的地营销系统，这些已经建成的系统在宣传促销和内部管理等方面发挥了重要作用。

金旅工程可概括为"三网一库"，即内部办公网、管理业务网、公共商务网和公共数据库。

(1) 内部办公网。将国家旅游局与国务院办公网相连，为国家旅游局提供一个与国务院办公网和各部门进行安全保密的内部文件交换网络。

(2) 管理业务网。基于互联网的各级旅游部门间的内部信息交换网络，以建立一个旅游系统内部信息上传下达的渠道和功能完善的业务管理平台，实现各项业务处理的自动化，提高工作效率，使旅游业的行业管理上一个新台阶。

(3) 公共商务网。建立一个可供各旅游企业进行供求信息交换、电子商务运作的旅游电子商厦，旅游企业在内可从事网上同业交易，为全球互联网用户提供旅游产品在线订购等电子商务活动，如图11-2所示。

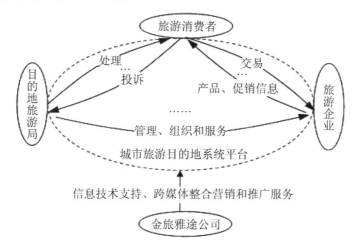

图11-2　公共商业网运营模式

公共商务网由北京金旅雅途信息科技有限公司承建和运营，公共商务网被命名为"金旅雅途网"。图11-3为金旅雅途网首页。

(4) 公共数据库——三网共同引用的国家级数据库。数据库系统作为系统平台的一个重要组成部分，是上层应用系统的基础，也是业务处理系统的核心，基本上所有的业务数据的加工最后都依赖数据库系统支持。

目的地营销系统是旅游目的地通过互联网进行网络营销的完整解决方案，对应金旅工程"三网一库"中的公众信息网和信息库部分。其建设者和管理者定位于各省市旅游局和大型景区，服务对象是旅游消费者、旅游企业等。旅游目的地营销的目标是增加目的地知名度，带动旅游者访问；增加游客在目的地的旅游消费，增加旅游收入；企业宣传和目的地宣传相结合。作为一种综合性的解决方案，目的地营销系统还包括针对旅游局、企业的各种服务，如信息技术培训、系统运行规范、运营维护、网络营销导入和网络营销执行等。目前已经在使用的目的地营销子系统包括活力广东旅游网(www.visitgd.com)、浪漫之都中国大连旅游网(www.visitdl.com)、三亚旅游网(www.visitsanya.com)、珠海旅游网(www.visitzhuhai.com)、中国南海旅游网(www.visitnanhai.com)、中国惠州旅游网(www.visithuizhou.com)、温馨厦门旅游网(www.visitxiamen.com)、天堂苏州旅游网(www.visitsz.com)、中国广州旅游网(www.visitguangzhou.com)、桂林旅游网(www.visitguilin.com)、精彩深圳旅游网(www.visitshenzhen.com)等。

图 11-3　金旅雅途网首页

案例研究：旅游目的地管理组织涉及的活动

世界旅游组织下属机构——旅游企业与管理组织于 2004 年在全球范围内开展了大规模的旅游目的地管理组织的调查。他们向 550 个旅游目的地管理组织发放了调查表，44%的旅游目的地管理组织回答了调查表。调查的部分(主要)结果简介如下。

1) 促销、营销活动

世界旅游组织 2004 年对 195 个 DMO 在 2002—2004 年三年期间促销、营销活动的调查结果见表 11-1，它表明：90%以上的 DMO 承担了四种核心促销、营销活动，包括宣传品制作及分发、网站运营、出席旅游会展与旅游商品交易和组织节事旅游。绝大多数 DMO 也承担了直邮活动和旅游商品交易营销活动。

国家级 DMO 对市场研究、国际旅游市场规划、国际旅游广告、组织节事旅游以及旅游会展与旅游商品交易负有更多的责任，而地区级和城市 DMO 则主要涉及国内市场推销与营销活动。

表 11-1 表明所有 DMO 都承担了电子邮件营销、客户关系管理(CRM)和常规管理事务。

表 11-1 促销、营销活动

内　容	国家级 DMO(%)	地区级 DMO(%)	城市级 DMO(%)	总和 DMO(%)
宣传品制作及分发	100	96	100	97
国际旅游市场规划	96	69	63	71
国内旅游市场规划	65	83	82	82
国际旅游广告	91	60	61	64
国内旅游广告	61	88	84	83
网站运营业务	96	94	98	95
直邮	70	64	55	63
电子邮件营销	70	47	39	48
客户关系管理(CRM)	43	43	33	42
组织旅游会展与旅游商品交易	83	69	59	66
组织旅游节事	91	76	57	72
出席旅游会展与旅游商品交易	96	95	96	95
旅游商品交易营销	87	79	76	78
常规管理事务	39	40	67	49
市场研究	96	67	65	70

2) 信息收集活动

世界旅游组织 2004 年对 190 个 DMO 在 2002—2004 年三年期间信息收集活动的调查结果见表 11-2，它表明：几乎所有 DMO 在某种程度上都涉及信息收集活动。58%的 DOM 都装有管理信息系统/内容管理系统。66%的 DOM 都建立了旅客信息中心。

表 11-2 信息收集

内　容	国家级 DMO(%)	地区级 DMO(%)	城市级 DMO(%)	总和 DMO(%)
收集包括膳宿在内的广泛的旅游信息	91	90	91	90
管理信息系统/内容管理系统	65	62	47	58
旅客信息中心业务	83	59	79	66
收集包括膳宿在内的广泛的旅游信息	91	90	91	90

3) 预订服务业务

世界旅游组织 2004 年对 180 个 DMO 在 2002—2004 年三年期间预订服务活动的调查结果见表 11-3，它表明：被调查的 180 个 DMO 的 37%没有提供预订服务业务，52%的国家级 DMO 未提供预订服务。近 60%的地区级 DMO 通过信息中心或通过呼叫中心或通过在线(实时)提供预订服务，近 70%的城市 DMO 通过信息中心或通过呼叫中心或通过在线(实时)提供预订服务。

表 11-3　预订服务业务

内容	国家级 DMO(%)	地区级 DMO(%)	城市级 DMO(%)	总和 DMO(%)
通过信息中心提供预订服务业务	19	34	47	38
通过呼叫中心提供预订服务业务	29	32	39	33
提供在线(实时)预订服务业务	24	15	31	20
未提供预订服务	52	41	29	37

4) 与旅游产品相关活动

世界旅游组织 2004 年对 185 个 DMO 在 2002—2004 年三年期间与旅游产品相关活动的调查结果见表 11-4，它表明：被调查的 185 个 DMO 的大多数都参与了旅游产品开发活动。被调查 DMO 的一半以上提供了游客中心实体资源开发、人力资源开发与职业培训、提供建议或提供资金资助旅游企业。国家级 DMO 更加趋向涉及旅游企业分类/经营许可认证与旅游行业规范与管理；而城市级 DMO 则较少涉及旅游企业分类/经营许可认证与旅游行业规范与管理。

表 11-4　与旅游产品相关活动

内容	国家级 DMO(%)	地区级 DMO(%)	城市级 DMO(%)	总和 DMO(%)
旅游线路开发与运营	41	44	52	44
旅游企业分类/经营许可认证	64	31	17	28
实体资源开发，如游客中心	50	56	50	50
旅游行业规范与管理	45	21	10	21
人力资源开发与职业培训	59	55	35	50
提供建议或提供资金资助旅游企业	64	71	33	57

5) 电子商务战略与实施

世界旅游组织 2004 年对 180 个 DMO 在 2002—2004 年三年期间电子商务战略与实施活动的调查结果见表 11-5，它表明：被调查的 180 个 DMO 中 54% 的 DMO 实施了电子商务战略。66% 的实施电子商务战略的 DMO 导致了企业经营基本变化。从电子商务战略与实施的程度上看，国家级 DMO 高于地区级 DMO，地区级 DMO 又高于城市级 DMO。

表 11-5　电子商务战略与实施

内容	国家级 DMO(%)	地区级 DMO(%)	城市级 DMO(%)	总和 DMO(%)
电子商务战略与实施	86	53	43	54
非实施电子商务战略	14	47	57	46
电子商务战略导致了企业经营基本变化	75	63	63	66
电子商务战略未导致企业经营基本变化	15	22	21	21

本章小结

近十年来,目的地管理组织所面临的市场环境发生了激烈的变化,目的地管理组织面临着许多新的机遇和挑战,尤其是互联网技术的普及以及旅游产品在网上促销、网上销售导致了目的地管理组织新的活动类型和支持技术的出现。目的地管理组织的功能以及支撑这些功能实现的手段发生了革命性的变化。Internet 技术成为目的地管理组织向旅客提供信息的媒体或在线购买旅游产品与服务的平台、成为目的地旅游组织或企业获得核心竞争优势的支柱。

旅游目的地营销系统是目的地的信息技术基础设施,旅游目的地推销及营销平台、目的地信息发布、产品/服务的展示、交易场所。同时它也是目的地管理组织内部现代化办公的工具。

思考与演练

一、思考题

1. 什么是旅游目的地?
2. 什么是目的地管理组织?
3. 什么是目的地营销组织?
4. 浅析旅游目的地、目的地管理组织、目的地营销组织之间的联系与区别。
5. 浅析金旅工程的作用。

二、演练题

1. 演练内容

通过 DMS 的子系统"浪漫大连旅游网"预订旅游线路。

2. 演练步骤

【第一步】客户登录中国金旅工程 DMS 总平台(金旅雅图网站)首页。在地图上单击旅游目的地,本例选择大连,如图 11-4 所示。

【第二步】由 DMS 总平台转到大连旅游信息网站。在此处用户可以通过页面的【电子地图】栏目了解景点、酒店等地理位置,可以预订酒店、旅行社线路、查询航班信息和天气预报等内容。本例预订旅行社线路,如图 11-5 所示。

图 11-4 金旅雅图网站首页

图 11-5 预订旅行社线路

【第三步】找到适合的旅行线路,顾客满意后即可单击【预订】按钮,如图 11-6 所示。

【第四步】填写订单信息(如出行时间、人数和特殊要求等信息)后单击【提交】按钮,如图 11-7 所示。

【第五步】单击【确认】按钮后将订单信息提交给旅行社,如图 11-8 所示。

第 11 章 旅游目的地的电子商务

图 11-6 适合游客的旅行线路的确定

图 11-7 添加相关信息

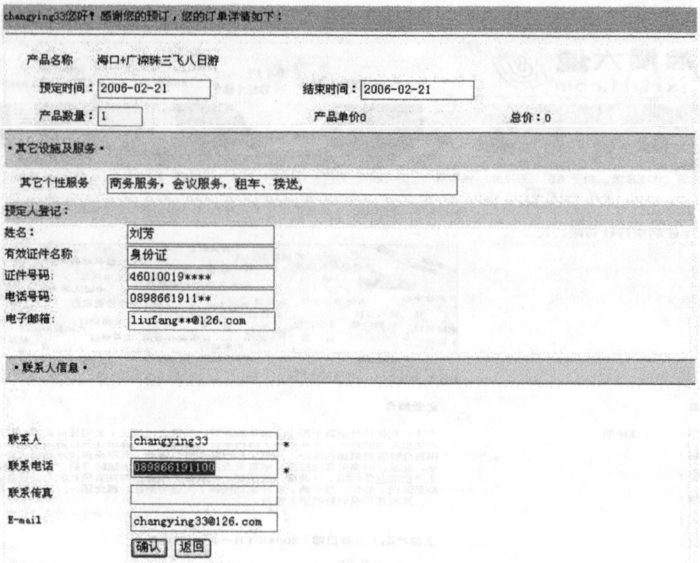

图 11-8　订单信息提交

【第六步】得到以下提示信息，预订旅游线路的操作结束，如图 11-9 所示。

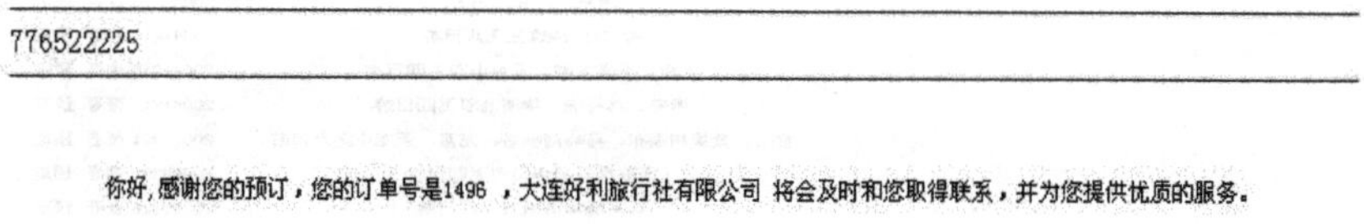

776522225

你好,感谢您的预订,您的订单号是1498 ,大连好利旅行社有限公司 将会及时和您取得联系,并为您提供优质的服务。

图 11-9　确认旅游线路预订

第12章 智慧旅游技术与应用

【学习目标】

通过本章的学习,了解智慧旅游的理念与内涵;了解智慧旅游概念的由来;了解智慧旅游的支撑技术;熟悉智慧旅行社的应用;熟悉智慧景区的应用。

【关键词】

智慧地球(Smart Planet) 智慧城市(Smart City) 智慧旅游(Smart Tourism) 智慧景区(Smart Famous Scenic Sites) 产业结构(Industrial Structure) 云计算(Cloud Computing) 云存储(Cloud Storage) 大数据(Big Data) 数据挖掘(Data Mining) 智能分析(Intelligent Analytics) 泛在网路(Ubiquitous Network) 智能终端(Smart Device) 基础构架即服务(Infrastructure as a Service,IaaS) 平台即服务(Platform as a Service,PaaS) 软件即服务(Software as a Service,SaaS)

开篇案例：南京智慧旅游——游客助手

"游客助手"是南京市旅游局推出的将"旅游综合资讯"和"手机终端"合二为一的信息化产品。它是通过智能手机客户端，集吃、住、行、游、购、娱等旅游信息功能于一体的手机旅游通，为旅游信息化提供了全新的技术支撑。旅游者在自助游中，可以通过依靠手机的便捷性和网络覆盖面，随时随地查询包括景点、住宿、交通等实用信息，实现查询和预订一体化，如图12-1所示。

2012年12月南京智慧旅游二期建设成果新闻发布会在南京召开。南京旅游"游客助手"手机客户端2.0版同时上线，因此游客可在南京获得更多贴身服务和优惠。

相对于2011年上线的南京智慧旅游一期项目，二期项目在诸多方面进行了创新。更新后的"智慧旅游"平台系统不仅能将"吃、住、行、游、购、娱"相关信息集中在一起，还能帮助游客谋划最合理的行程，为使用者提供更多优惠。智慧旅游可以联合旅游企业，通过一个统一的平台，使游客享受一定的折扣。此外，很多其他的促销活动都可以再开发、再策划。南京智慧旅游二期项目，同时在淘宝天猫商城开设了官方旅游商城，为游客和市民提供相关信息查询和在线交易。在淘宝上开旗舰店，从运营上说，也节省了很多费用，借助淘宝天猫商城的大流量，实现双赢。

此外，"智慧景区"建设项目中，南京玄武湖公园和红山森林动物园作为试点景区，游客只要来到这些景区便可以通过手机、景区触摸屏等体验终端实现导览、查询服务。

图12-1 南京旅游"游客助手"截屏

(资料来源：江苏新闻广播，发布时间：2012年12月15日10时23分)

12.1 智慧旅游概述

12.1.1 智慧旅游发展的背景

智慧旅游是在新信息技术发展的基础上，以游客互动体验为中心，通过信息技术和旅游服务、旅游管理、旅游营销的融合，使旅游资源和旅游信息得到系统化整合和深度开发应用，并服务于公众、企业和政府等的旅游发展形态。智慧旅游以旅游信息化为基础，通过智能化的技术手段，实现旅游服务和管理的差异化。

随着旅游业和信息技术的发展，旅游管理部门、旅游企业、旅游者对于信息化依赖程度越来越高，很多游客会依靠个人计算机、手机终端等设备来及时地获取包括景点概况、新闻、风情、旅游路线、特色活动、风景名胜、酒店住宿、旅行社、导游、美食、购物等旅游资讯。提供"无处不在"的旅游资讯成为旅游业发展必备的条件。

现代信息技术的发展和广泛运用能够满足旅游业在监管、实时化资讯、精细化统计、消费透明化等各方面的要求。以互联网、云计算、物联网、无线技术、多媒体技术为代表的新信息技术，为目的地营销、旅游文化传播、旅游资源保护、旅游综合服务的发展创新提供了支撑和动力。新信息技术与功能系统的运行和实施将会引起人们旅游出行方式的变化，并将带来旅游业的重大变革，从而推动旅游业由传统服务业向现代服务业转型、由单一产业向多元产业转型、由被动服务管理向主动服务管理转型。

自2008年IBM提出"智慧地球"概念并得到世界各国的普遍认可以来，各地"智慧城市"的战略蓬勃兴起。从技术发展的视角看，智慧城市建设要求通过以移动技术为代表的物联网、云计算等新一代信息技术应用实现全面感知、泛在互联、普适计算与融合应用。从社会发展的视角看，智慧城市还要求通过维基、社交网络、综合集成法等工具和方法的应用，实现以用户创新、开放创新、大众创新、协同创新为特征的知识社会环境下的可持续创新，强调通过价值创造，以人为本实现经济、社会、环境的全面可持续发展。

由此可知，"智慧旅游"是"智慧城市"建设的重要组成部分。一般而言，"智慧旅游"是指利用云计算、物联网、高性能信息处理、智能数据挖掘等新技术，通过互联网/移动互联网，借助便携的终端上网设备，主动感知旅游资源、旅游经济、旅游活动、旅游者等方面的信息，使人们能够及时了解这些信息，及时安排和调整工作与旅游计划，从而达到在旅游体验、产业发展、行政管理等方面的智能感知、方便利用的效果，使旅游物理资源和信息资源得到高度系统化整合和深度开发激活，并服务于公众、企业、政府等的面向未来的全新的旅游形态。"智慧旅游"是一个全新的命题，它以游客互动体验为中心，以一体化的行业信息管理为保障，以激励产业创新、促进产业结构升级。

有关"智慧旅游"的建设和使用，以南京市智慧旅游建设为例，2011年南京"智慧旅游"建设开始启动，为了做强旅游产业，使旅游产业快速健康发展，南京市依靠现代科技的力量，采用一种低成本、高效率的联合服务模式，用网络把涉及旅游的各个要素联系起来，从而为游客提供智慧化的旅游服务；为管理部门提供智能化的管理手段；为旅游企业提供更高效的营销平台和广阔的客源市场。南京市自启动"智慧旅游"建设以来，为来到南京市的游客提供更便捷、智能化的旅游体验，为政府管理提供更高效、智能化的信息平台，促进旅游资源活化为旅游产品、放大资源效益。采用"政府主导、多方参与、市场化运作"的运作模式，联合社会各方优势资源共同推进"智慧旅游"建设，这为我国各地"智慧旅游"的建设提供了借鉴。

1．智慧旅游是我国旅游信息化发展的目标

旅游信息化发展历程总体上经过了三个发展阶段。

1) 旅游信息化起步阶段——内部信息管理和简单发布

20 世纪 80 年代初是我国旅游信息化发展的起步阶段。随着国外旅游企业开始进军国内市场，计算机技术在一些外资和合资旅游企业中率先得到应用。1981 年，中国国际旅行社引进美国 PRIME550 型超级小型计算机系统，用于旅游团数据处理、财务管理和数据统计。1984 年上海锦江饭店引入美国 Conic 公司的计算机管理系统用于饭店的预订、排房、查询和结算。在此之后，航空公司的计算机订票网络系统、旅游企业办公自动化系统等适用于旅游企业的计算机系统开始得到逐步推广。

酒店业在这一阶段的信息化发展过程比较有代表性。为了提高服务效率、避免人工失误、加强运营管理，酒店开始引入酒店管理系统(PMS)和构建运营局域网等前台系统。主要表现在酒店前台运营系统(前台登记与客房预定系统、餐饮消费和挂账系统、前台收银和结账系统等)的有效整合，此间的酒店计算机房也被形象地称为"电子数据处理部"(EDP)。但由于技术发展的不成熟，此时计算机页面是用 DOS 版本的命令语言来操作的。酒店的工作人员需要背熟大量的计算机命令后方能熟练操作酒店的局域网系统。尽管如此，酒店信息局域网络的构建还是将工作人员从房态统计、财务报表、收银结算、预订客房、登记住房、消费记录等冗繁的事务性工作和枯燥的手工劳动中解脱出来。截止到 20 世纪 80 年代末，全国共有 30 多家涉外饭店安装了此类酒店管理系统。

信息化起步阶段的主要特点是：互联网应用尚未普及，旅行社、酒店等对外接触较早的单位开始建设信息化站点，主要进行内部信息化管理。只有少数提供单向的信息发布服务，如滚动屏的航班信息公示等。

2) 旅游信息化网络逐步覆盖阶段——单一事件的在线办理及电子商务

20 世纪 90 年代，随着互联网的发展，旅游信息化进入了局部覆盖阶段。国内旅游网站全面兴起，不少旅游企业开始注重对信息化技术的应用。越来越多地使用多媒体技术进行产品和服务的宣传推广，并通过自身站点加入 Internet 来实现更为广泛的领域信息获取和发布产品和服务信息。这一阶段呈现出以下特征。

(1) 在国内旅游业务网络化建设方面，旅游行业有较大的发展。以国际旅行社、中国青年旅行社为代表的众多知名旅行社在这一期间形成了多地站点的联网和信息互通。酒店、民航等旅游服务单位的信息网络覆盖区域也不断扩大，逐步形成了覆盖全国的数据管理和信息发布网络。

(2) 在旅游信息咨询和电子商务方面，从最早 ChinaNet 下出现的个别旅游信息服务网开始，逐步发展到多个省市都形成了自己的旅游信息服务热线和网站，如"上海热线""旅游天地"等。同时行业性旅游服务网站也发展起来，如一些景区、旅游产品厂商、特色餐厅等都开始建设自己的旅游服务网站。这些站点作为旅游服务供应商，为社会公众提供问题咨询、信息查询、产品发布、在线预订、意见反馈等服务，起到了良好的示范作用。

(3) 在政府管理方面，中央和各地政府在如何开展旅游信息化管理上也开始进行探索。各级旅游管理部门开始着手网络管理系统和目的地营销系统的规划与建设。国家旅游局从1990年起开始抓旅游信息化管理并筹建信息中心。1994年信息中心独立出来专门为国家旅游局和旅游行业的信息化管理提供服务和管理技术。中国科学院地理研究所旅游规划研究中心也尝试结合旅游资源普查工作建立旅游目的地精品旅游资源信息库。1997年中国旅游网开通,为政务公开、对外宣传、信息发布提供了重要平台,也为旅游企业、社会公众获取全文旅游政务信息和旅游服务提供了重要渠道。

这一阶段的主要特点是:基于互联网的应用服务开始普及,能够为游客提供一些基本的单一事件的在线服务,如订房、订票等服务,并提供了电子支付手段。但是系统建设和使用规模较小,功能单一,系统之间不存在信息交互与关联,缺乏互动性。随着信息化进程的不断深入,对多系统联动、信息互动的需求不断增加,要求能够提供接入方式更为多样、表现形式更为丰富的旅游信息化服务。

3) 旅游信息化集成阶段——移动终端接入、较为丰富的事件服务

进入21世纪,旅游信息化发展到了信息化集成阶段。这一阶段,由于3G网络的稳步建设、智能终端持有量的持续增长、3S空间信息技术的推广应用,使得旅游信息化的表现形式较为广泛,能够应用到旅游业的各个环节。旅游电子商务快速发展,逐渐替代了传统旅游企业的部分功能,正在成为旅游行业的主力军。同时随着技术的日趋成熟,虚拟旅游、基于位置的服务等服务应用更加广泛。许多机构抓住Web 2.0时代的机遇,深入系统功能集成领域,探索如何通过旅游信息"生成、组织、交换和呈现"领域的创新,产生新的旅游服务形式。总体上,这一阶段的旅游信息化发展具有以下特点。

(1) 智能终端成为主流。作为旅游电子商务的新兴媒介,智能终端(智能手机、平板电脑、笔记本电脑、互动电视、多媒体触摸屏等)的出现,使得旅游网络营销的方式与手段变得更加多元化,享受在线服务变得更为便捷。例如,在3G时代,智能手机能够结合高速的移动接入和互联网服务,使得用户以更高的速度传输语音、数据甚至视频。方便灵活的触摸屏设计,帮助用户解决了输入法操作麻烦复杂的难题。用户可以通过移动终端来获得旅游信息、下载旅游电子指南和地图、购买旅游产品和服务、登录旅游虚拟社区等,用户可以享受到丰富、多样化的服务。同时,随着3G网络的普及、移动终端性能的不断增强、3S空间信息技术的发展,目前已能够为用户提供基于位置定位的丰富多样的事件服务,如行程规划、导游、导览等。

(2) 旅游在线服务、网络营销、网络预订和网上支付繁荣发展。国务院《关于加快发展旅游业的意见》提出:"以信息化为主要途径,提供旅游服务效率。积极开展旅游在线服务、网络营销、网络预订和网上支付,充分利用社会资源构建数据中心、呼叫中心,全面提升旅游企业、景区和重点旅游城市的旅游信息化服务水平",强调要"建设健全旅游信息服务平台,促进旅游信息资源共享。广播、电视、报刊、网站等公共媒体要积极开设旅游栏目,加大旅游公益宣传力度"。"十一五"期间,全国已有25个省区市建立了旅游信息中心,建立健全了信息化领导机构和办事机构,使信息化工作有了组织保障和持续的资金投入,具备了可持续发展的能力。12301工程的推行,完成全国31个省区市的安装调试工作,大部分省份已开通,基础性建设工作已基本完成,将逐步转入完善和运营阶段。

除了官方建设的旅游信息网站外,商业性旅游服务网站也已度过最初的蒙昧期,进入高度发展期。携程、途牛、e龙、去哪儿等电子商务旅游网站都已拥有人数众多、对

象稳定的客户群体，从酒店、机票预订到景区门票预订，再到一站式旅游信息服务，知名电子商务旅游网站通过不断开拓服务领域，提供了丰富的事件服务。

总体上看，旅游信息化第三个阶段的特点是：在线服务市场快速崛起，从原来的单一功能服务逐步向多功能集成服务转变。新的接入媒体的出现极大地改善了人们访问旅游信息化服务的渠道和手段，而政府和旅游行业在旅游电子商务业务的稳步开展，也为使用者提供了大量更符合需要的交互式服务，使游客获取信息的广度和自由度得到了一定的提升。

2. 当前旅游信息化所面临的问题

旅游信息化在发展的过程中，面临的问题主要表现在以下两个方面。

1) 旅游信息不对称阻碍旅游角色间良性互动

在信息化时代，旅游产业各个环节都会产生海量的信息，正是这些信息在产业链条之间的交换和流通，串接起了旅游产业的运转。如果在链条中存在信息不对称，则会造成产业链条运作效率低下，甚至因为不透明而产生"脱节"的现象。主要表现在以下三个方面。

(1) 在游客和旅游经营者之间，旅游经营者对游客的需求认知有限。游客已经能够从互联网、移动互联网、电视、报纸等多种媒介获取旅游经营者提供的较为全面的旅游目的地市场信息；反过来，经营者对游客的认知却存在很大的局限性。由于对游客的真实消费需求和消费感知知之甚少，导致其无法制定精准的市场营销策略、合理地配置资源并有效地生产出贴合市场需求的旅游产品。

(2) 在游客和旅游管理者之间，管理者对游客的需求一知半解。旅游管理者对游客的旅游需求、消费感知和旅游评价所获无几，因此在规划旅游目的地发展方向、拟定旅游市场开发战略、组织实施宣传促销活动、指导旅游产品开发建设等方面无法发挥最大效能。游客不能取得对旅游经营者的诚信程度、服务质量的客观评价。

(3) 在旅游管理者和旅游经营者之间，管理者对旅游经营数据掌握不准确。如何及时、准确地采集到旅游经营数据一直是旅游管理中的薄弱环节。例如，管理者缺乏行之有效的数据采集手段对客流量、客源归属地、企业的经营收入等指标进行科学的统计和必要的监督。

旅游信息化发展中的问题可以归结为旅游信息采集存在缺失、信息在各类主体间缺乏共享机制和信息资源交流不畅。如何充分利用先进的现代信息与通信技术，采集、整合各类旅游信息资源，并打破信息孤岛，克服旅游信息不对称，实现信息的有效交流和共享，真正做到"信息共享不脱节、信息公开无遗漏、信息透明无隐藏"是当前旅游信息化发展中的问题，这也正是"智慧旅游"要解决的问题。

2) 旅游信息化缺乏整合协同，不利于旅游管理服务水平提升

目前国内许多景区、企业都已建立自己的管理系统。这些系统涉及多个方面，范围涵盖视频监控、道路卡口管理、游客行为管理、环境监控、资产设备管理、特色服务管理等多个方面，对于提高管理效率起到了一定作用。然而，一方面由于国家在旅游信息化发展上尚未形成统一的行业标准，且不同地区、不同旅游单位的基础条件存在差异化，致使旅游信息化发展水平参差不齐，系统样式规格品种繁多，短期内难以进行系统间的

有效整合;另一方面旅游单位的数据来源,往往归属不同,导致信息分割管理在不同地方,整合起来存在困难。以上两种因素使得各旅游行业获取的信息总量虽然庞大,但是却仅在局部发挥作用,难以从整体上为旅游服务水平的提升做出更大的贡献。

同时,信息缺乏整合也会影响旅游服务工作的开展。目前游客使用各种旅游信息化服务的基本意见可归纳为两点:一是功能偏于单一、服务流于表面形式,难以深化,往往只能提供一些基础性的电子商务服务,各项应用没有形成协调联动。例如,对游客而言,通过导览终端仅能使用预先设置好的语音讲解、文字和图片介绍功能,尚不能享受行程规划、基于位置服务等功能。二是实时性欠佳,获取的多为静态信息,如当前正在举办的活动介绍、活动优惠则获取较少。这两方面的问题都是由于相关数据分散管理、没有有效地进行整合造成的。当使用的信息需要从多处甚至多种不同方式调取时,调取的难度自然增加,出现即使有数据,也难以有效提供给用户的问题。

再者,由于旅游信息缺乏整合,行业运营管理和应用无法实现,因而不能实现对旅游资源的聚合管理和有效配置,从而使旅游市场缺乏整体管理和规划,处于各自为政的无序状态,也使服务功能有限、难以满足广大用户的现实需要。

3. 智慧旅游可望解决的问题

1) 管理效率和管理水平得到提升

管理内容上涉及旅游领域的各个方面,如游客情况、旅游资产情况等。管理对象上不仅仅管理简单的静态数据,还要将动态数据和实时数据也纳入管理中。例如景区季度、月度游客变化统计情况,举办重大节庆活动和赛事活动期间的实时游客分布情况等,使得掌握的信息更具有实效性,做出的管理行为也更加贴近现实需要。管理方式上改变传统的数据收集、参看报表的方式,更多引入辅助决策和联动响应机制,形成信息全方位采集、数据统一汇总、智能辅助分析决策和多联动系统处理的一个闭环的旅游信息化管理决策流程。

2) 游客能够享受更好的服务

(1) 获取服务手段的多样化。当游客想了解某个景区的时候,可以登录景区门户,也可以通过旅游热线,或景区提供的智能导游导览终端设备,自己使用的智能手机,个人计算机终端等,无论何时何地都能随时获得旅游服务。

(2) 获取服务的方式更加自由,如语音识别、二维码识别、手机认证、指纹认证等多种方式可供选择。

(3) 获取的内容更加丰富。想了解景区情况,可以获得语音、图片、视频等多种介绍方式。居于位置的服务系统可以帮用户查找附近的酒店、餐馆、商户、公厕等详细位置信息、服务信息、预约服务等。新的旅游服务不但可以满足游客的多种需求,而且具有良好的互动性,可保证游客获得不一样的旅游体验。

3) 旅游行业发展获得更多机会

企业在线营销平台可以帮助旅游企业通过更为广泛的渠道销售、推广旅游产品;行业信息中心可为企业宣传自我、相互交流、寻找合作共赢的机会提供更多便利的平台;游客意见反馈服务可帮助企业及时掌握游客需求,发现自身产品和服务的不足;产品溯源、远程预订等信息化服务的开展可帮助企业向游客提供更好的服务。伴随着旅游信息化技术的发展、新的商业模式不断出现，旅游行业发展将获得更多机会。

12.1.2 智慧旅游的理念、内涵及特征

1. 智慧旅游概念的由来

智慧旅游的概念来源于智慧地球和智慧城市。2008年国际商用机器公司IBM首先推出了"智慧地球"的商业计划，将"数字地球"的概念具体化和商业化。其核心就是以一种更智慧的方法通过利用新一代信息技术来改变政府、公司和人们相互交互的方式，以便提高交互的明确性、效率、灵活性和响应速度。

智慧城市是智慧地球在城市建设和管理中的具体实践。IBM认为21世纪的智慧城市能够充分运用信息和通信技术手段感测、分析、整合城市运行核心系统的各项关键信息，从而对包括民生、环保、公共安全、城市服务、工商业活动在内的各种需求做出智能的响应，为人类创造更美好的城市生活。智慧城市的实质是通过应用先进的信息技术，实现城市智慧式管理和运行，进而为城市中的人创造更美好的生活，促进城市的和谐、可持续成长。IBM的"智慧城市"理念把城市本身看成一个生态系统，城市中的市民、交通、能源、商业、通信、水资源构成了子系统。这些子系统形成一个普遍联系、相互促进、彼此影响的整体。

"智慧城市"这一理念与思路已被人们所接受，并且在世界上的一些城市已有所体现。究其原因在于信息技术的快速发展，人们有可能通过感知化、物联化、互联化的方式把城市的这些物理基础设施、信息基础设施、社会基础设施和商业基础设施等连接起来，成为新一代的智慧化的基础设施，使城市各个系统成为一个有机整体，像给城市装上了具有智能的神经网络系统，便于实时反映、运营管理及决策指挥等。

智慧旅游是智慧城市建设的重要组成部分，因为城市与旅游是一个不可分割的整体，几乎所有的城市都具备旅游的功能。智慧旅游是智慧城市的重要组成部分，不考虑智慧旅游的智慧城市是不完整的。智慧城市的建设为智慧旅游奠定了坚实的物质基础。

智慧旅游是一个集成各种信息通信技术的服务平台，利用智慧城市技术来从事的旅游活动。智慧旅游所依托的信息通信技术基础设施，投资巨大，并需要协调各方面关系，仅仅依靠旅游行政管理部门和旅游业界很难完成，而智慧城市的建设一般是由地方政府推动，并在基础设施建设上有完善的解决方案和对应的资金预算。智慧旅游可以充分利用智慧城市的建设成果。可见智慧旅游的概念是从智慧城市的概念中引申出来的，是智慧城市在旅游城市和城市旅游两大领域的推广性应用，是将服务对象由城市居民向外来旅游者的内涵式延伸，也是旅游信息化发展的高级阶段。

从技术角度而言，智慧旅游是指利用云计算、物联网、高性能信息处理、智能数据挖掘等新技术，通过互联网/移动互联网，借助便携的终端上网设备，主动感知旅游资源、旅游经济、旅游活动、旅游者等方面的信息，使人们能够及时了解这些信息，及时安排和调整工作与旅游计划，从而达到在旅游体验、产业发展、行政管理等方面的智能感知、方便利用的效果，使旅游物理资源和信息资源得到高度系统化整合和深度开发激活，并服务于公众、企业、政府等的面向未来的全新的旅游形态。

智慧旅游的"智慧"体现在"旅游服务的智慧""旅游管理的智慧"和"旅游营销

的智慧"这三大方面。

1) 旅游服务的智慧

智慧旅游从游客出发,通过信息技术提升旅游体验和旅游品质。游客在旅游信息获取、旅游计划决策、旅游产品预订支付、享受旅游和回顾评价旅游的整个过程中都能感受到智慧旅游带来的全新服务体验。

智慧旅游通过科学的信息组织和呈现形式让游客方便、快捷地获取旅游信息,帮助游客更好地安排旅游计划并形成旅游决策。

智慧旅游通过基于物联网、无线技术、定位和监控技术,实现信息的传递和实时交换,让游客的旅游过程更顺畅,提升旅游的舒适度和满意度,为游客带来更好的旅游安全保障和旅游品质保障。

智慧旅游还将推动传统的旅游消费方式向现代的旅游消费方式转变,并引导游客产生新的旅游习惯,创造新的旅游文化。

2) 旅游管理的智慧

智慧旅游实现传统旅游管理方式向现代管理方式转变。通过信息技术,可以及时准确地掌握游客的旅游活动信息和旅游企业的经营信息,实现旅游行业监管从传统的被动处理、事后管理向过程管理和实时管理转变。

智慧旅游通过与公安、交通、工商、卫生、质检等部门形成信息共享和协作联动,结合旅游信息数据形成旅游预测预警机制,提高应急管理能力,保障旅游安全。实现对旅游投诉以及旅游质量问题的有效处理,维护旅游市场秩序。

智慧旅游依托信息技术,主动获取游客信息,形成游客数据积累和分析体系,全面了解游客的需求变化、意见、建议以及旅游企业的相关信息,实现科学决策和科学管理。

智慧旅游还鼓励和支持旅游企业广泛运用信息技术,改善经营流程,提高管理水平,提升产品和服务竞争力,增强游客、旅游资源、旅游企业和旅游主管部门之间的互动,高效整合旅游资源,推动旅游产业整体发展。

3) 旅游营销的智慧

智慧旅游通过旅游舆情监控和数据分析,挖掘旅游热点和游客兴趣点,引导旅游企业策划对应的旅游产品,制定对应的营销主题,从而推动旅游行业的产品创新和营销创新。

智慧旅游通过量化分析和判断营销渠道,筛选效果明显,可以长期合作的营销渠道。

智慧旅游还充分利用新媒体传播特性,吸引游客主动参与旅游的传播和营销,并通过积累游客数据和旅游产品消费数据,逐步形成新媒体营销平台。

2. 智慧旅游的理念

在社会的智慧化进程中,智慧旅游是不可或缺的一个环节。将智慧旅游作为有机组成部分纳入社会智慧化建设的完整体系(如图 12-2 所示),体现出以下理念。

(1) 纵向能贯穿。充分挖掘旅游信息资源,全面覆盖游客、旅游经营者和旅游管理者三类主体的需要,为其提供完整无缺失的旅游应用服务。

(2) 横向能融合:对三类主体提供的服务,功能上相互配合和补充,数据层面最大限度共享,执行上协同联动。

(3) 外围能扩展：扩展和融合来自相关行业(如交通、商贸、卫生等)的信息，并与其他智慧系统进行数据交换和共享。

(4) 整体可对接：智慧旅游能够无缝对接到层次更高的智慧化体系，如智慧城市。

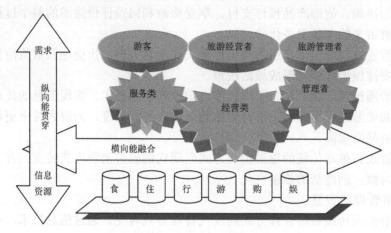

图 12-2　智慧旅游建设理念

3. 智慧旅游的内涵

从智慧旅游的理念可以看出，智慧旅游实质上是通过将先进的信息化技术手段与现有旅游资源进行有机结合，在游客服务、政府管理和行业发展方面发挥良性促进作用，从而极大地提升旅游产业的管理和服务水平。

(1) 智慧旅游是关注"旅游体验"。智慧旅游注重旅游服务的泛在化、绿色化，重点关心游客的旅游体验。游客在旅行中可以通过多种接入方式，全程无差别地享受信息化服务。无论游客是在景区、商业街、酒店还是机场，也无论是采用智能手机、导览终端、平板电脑、触摸屏，都可以自由地接入旅游服务网络，享受信息查询、票务预订、行程导览、问题投诉等各种服务。在设计服务内容时更多考虑游客的感受和需要，服务真正做到想游客所想，追求贴心、实用。同时，获取服务的方式也更加多样化，不再仅仅是简单地主动查询，更可以通过自动触发、定期提醒、实时发布等多种方式，增加服务的互动性和实时性。

(2) 智慧旅游通过开拓创新促进行业发展。智慧旅游要求旅游行业不断地进行开拓创新，促进整个旅游行业的健康、快速发展。通过精准营销、投诉快速反馈机制、服务满意度网络评价等方式保证旅游服务水平；通过差异化竞争，关注用户体验，发掘自身特长，不断开展产品和服务模式创新，提升对游客的吸引力。在不断满足游客需求的同时，实现旅游行业的收益最大化。

(3) 智慧旅游贯彻"科学管理、精细管理"。智慧旅游要求管理者注重"科学管理、精细管理"，改变过去简单粗放的旅游管理方式；要求建立科学、客观的旅游规划建设体系，完善旅游基础设施建设，为旅游管理提供良好的基础。建立各级旅游政务管理平台，实现旅游信息的高度汇总整合、问题的智能分析辅助决策，开放更多旅游管理展示和评价窗口给公众，让游客充分了解到当前的运行状态和管理效果，提出自己的意见和建议，增强旅游管理的透明度，以优秀的管理为广大游客营造友好的旅游环境。

4. 智慧旅游的特征

智慧旅游其本身体现了现代人类社会的实时化、人性化、低碳化、多元化、时尚化、生活化、互动化及国际化的发展趋势。归纳起来智慧旅游具有如下四个特征。

(1) 以融合的信息技术与通信技术为基础。整合互联网、移动互联网、物联网等网络资源以及热线、网站等信息服务资源,进行技术深度应用挖掘。以高效、低碳的模式,实现物力资源与虚拟信息的全面互联互通,提供无处不在、触手可及的基础服务。

(2) 以游客互动体验为中心。构建智慧的旅游环境,通过智能化方式感知游客的状态并进行深入分析,想游客所想、供游客所需,打造集需求采集、服务交互、效果反馈于一体的游客互动新模式,实现全程化、多元化、个性化、智能化的旅游服务,为游客带来全新的旅游体验。

(3) 以一体化的行业信息管理为保障。扫清信息孤岛,实现行业与管理信息大贯通,提供政府统一高效的管理平台,形成"敏捷感知、准确判断、精确执行"的智慧化信息系统,对旅游活动进行监测、分析和控制,达成旅游运行管理的最佳状态。

(4) 以激励产业创新、促进产业结构升级为特色。鼓励个人、企业和政府在智慧旅游的基础设施之上进行科技、业务和管理的创新应用,为智慧旅游这一全新的形态源源不断地注入活力。通过整合与创新,提升旅游服务附加值,延伸旅游产业链条,显著提升旅游经济、旅游文化等各方面的竞争力。

12.1.3 智慧旅游的总体架构

智慧旅游的总体架构主要分前端的应用体系和后端的支撑体系两大层次。如图 12-3 所示,虚线上方为前端应用体系,下方为后端支撑体系。

前端应用体系中,"游客"与"政府"位于体系的两端,着重体现了智慧旅游中对于旅游体验和政府管理的智能服务,是智慧旅游的两条主线。景区、旅行社、酒店以及旅游在线服务商等其他业者共同组成智慧旅游的服务业者,他们是游客体验与政府管理的实际载体。服务业者内部之间,游客、服务业者、政府之间融会贯通,共同构成无缝的智慧旅游主体。保障体系包含环境、公共安全、交通、医疗护理、灾害防控五个方面,保障体系不完全直接隶属于智慧旅游主体,但对智慧旅游主体的正常、有序运作起着非常重要的作用。后端支撑体系主要由旅游信息资源数据库和基础服务系统两部分组成,统一为前端应用体系提供全面、强大的支持服务。

智慧旅游架构中,数据中心、服务端和使用端是三个关键部分。它们通过互联网/物联网相互联结。服务端是直接或间接为旅游者提供服务的企事业单位或个人,如政府管理部门、相关部门、咨询机构、旅游企业等;使用端为广大的旅游者,拥有能够上网的终端设备,尤其是超便携上网终端(如平板电脑和智能手机)。

通过使用端软件平台,智慧旅游中的旅游信息以主动弹出的方式出现,配以网络地图,能够让旅游者知道这些旅游服务在什么地方可以得到,距离自己多远,可以知道某个酒店还有多少房间,某个景点需要排队多长时间。在多点触控的超便携终端(如苹果的 Ipad, Iphone)上,轻点手指即可展开详细信息的获取,还可向游客主动推送旅游信息。

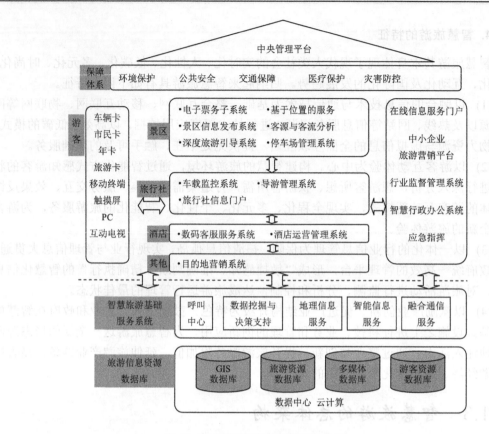

图 12-3 智慧旅游总体规划架构图

1. 智慧旅游系统架构

智慧旅游系统建设可分五个层面，如图 12-4 所示。

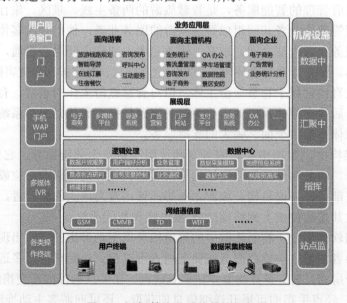

图 12-4 智慧旅游系统整体框架图

(1) 数据采集层,主要由用户操作终端、物联网设备及旅游信息输入设备组成,为综合系统提供数据来源。

(2) 网络通信层,负责前端设备与系统服务端的传输与通信。

(3) 数据分析处理层,作为综合数据库存储信息数据,同时对各类综合数据进行分析处理,形成有价值的参考信息。

(4) 信息展现层,作为信息数据的表现形式和管理形式,为用户提供使用平台。

(5) 业务应用层,为不同使用对象提供业务功能。

2. 智慧旅游总体功能架构

智慧旅游综合系统通过政务内网、政务外网、管理业务网、交互/展示平台、综合资源数据库以及配套的支撑设施,为游客、旅游企业、投资者、主管单位提供配套的业务支撑,促进城市旅游经济的发展,如图 12-5 所示。

图 12-5　智慧旅游建设总体功能架构图

3. 智慧旅游系统的技术架构

整体系统分为:基础设施层(系统所需的基础设备、系统、中间件等)、资源层(实现具体功能的各种数据与信息库)、应用支撑层(对所有应用系统提供各种数据访问功能的中心服务系统)、应用系统层(实现具体功能的各种应用系统)及应用层,如图 12-6 所示。

其中,资源层提供集中的数据访问,包括数据连接池控制、数据库安全控制和数据库系统。集中的数据访问能够在大量用户同时并发访问时共享有关链接等信息,从而提高效率。集中的数据库安全控制,使任何来自互联网的数据库访问都必须经过强制的安全管理,不允许直接访问数据库的行为,杜绝安全隐患。

应用层通过提供统一的数据服务接口,为各个应用系统提供服务。应用系统的表现可以是网站、客户端系统、Web 服务以及其他应用,并通过目录与负载均衡服务提供统一的负载均衡服务。任何一个应用服务器都可以同时启动多个服务,通过目录与负载均衡服务来进行负载均衡,可为大量用户并发访问时提供高性能服务。

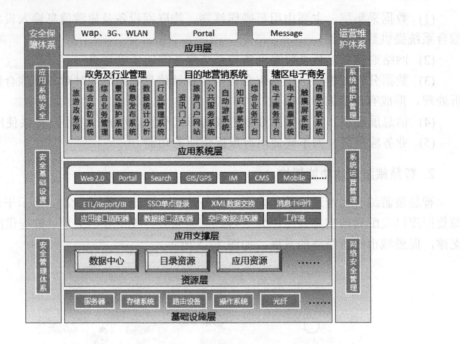

图 12-6　智慧旅游整体技术架构图

4. 智慧旅游系统网络拓扑架构

智慧旅游综合系统网络设计采用应用数据、内部服务与外部服务分离的原则，系统的网站服务器、商务系统 WWW 服务器部署在防火墙的 DMZ 停火区，数据库服务器、政务网应用服务器、内部办公服务器等部署在防火墙的非军事区，严格设计访问规则，并配备入侵检测系统，以确保系统的安全，如图 12-7 所示。

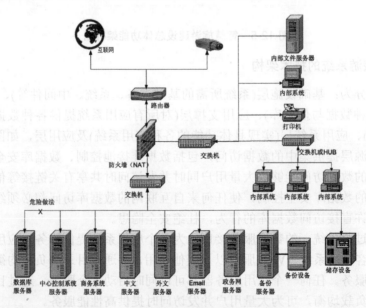

图 12-7　智慧旅游系统网络拓扑架构图

智慧旅游综合系统是集有关旅游信息的收集、加工、发布、交流和实现旅游的网上交易、拍卖和服务全程网络化为一体的综合性、多功能网络系统。参与各方包括：政府主管部门、旅游企业(宾馆、酒店、旅行社、餐馆酒楼、娱乐场所、景点公司、票务公司、租车公司等)、游客(网站会员、访客、旅游客户)、银行、其他机构和个人。整个系统以数据中心为信息交换平台，以 Internet 为数据传输通道，政府各有关部门、旅游企业、游客、银行通过专线或拨号上网与系统中心互联，实现网上数据查询、预订、购物、交易、结算、消费等活动。

网络中心配备若干台高性能服务器，实行应用和数据分离的原则。服务器上运行电子商务套件以支持电子交易，安装 Web 服务软件，向用户提供信息浏览、查询等服务。

5. 智慧旅游系统架构的后端支撑体系与技术

后端支持体系主要由旅游信息资源数据库和基础服务系统两部分组成，统一为前端应用体系提供全面、强大的支持服务。

1) 旅游信息资源数据库

智慧旅游设计的总体思路在于建设基础性和公益性的旅游信息资源基础数据库，并整合和改造现有的各种旅游信息资源，清理、确认和制定数据库标准与规范，为有效地开发利用旅游信息资源打好基础。典型的旅游信息资源数据库包括 GIS 地理信息数据库、旅游资源数据库、多媒体数据库、游客资源数据库等。

2) 智慧旅游基础服务系统

智慧旅游基础服务系统是一个信息接口平台，与上层各种旅游应用子系统交互的接口集合。该系统的使用者包括游客、旅游行政管理部门、景区、旅游服务业者以及配套保障部门等。智慧旅游基础服务系统提供资源发布接口，能够统一管理和智能调度各种旅游资源，并提供旅游资源调控、运行态势监督、资源使用统计、旅游情况预测等功能。

3) 采用数据总线与服务总线技术

在总体架构内部，各个层次之间需要"纵向"交互，同一个层次的各个单元之间也需要"横向"交互，交互的内容包括各种数据与服务等。后端支持体系扮演着数据总线与服务总线的角色，对各种资源进行统一调度与协调，确保资源内部高效、有序地运作。在公用资源需要同时被多个应用系统访问时，管理平台则开启队列服务，让各个系统排队有序进入；在某一条数据链路不通时，则启用备用数据链路，保证流程继续进行；在某项资源负载过重时，进行负载均衡；在出现风险前自动备份各项资源，确保智慧旅游系统的健全性等。

4) 融入云计算、物联网、移动通信、人工智能等技术

(1) 云计算(Cloud Computing)是一种计算模式和一种对于 IT 资源的应用模式，是对共享的可配置的计算资源(如网络、服务器、存储、应用和服务)提供无所不在的、方便的、随需的网络访问。终端使用者不需了解云计算的技术细节或相关专业知识，只需关注自己需要什么样的资源以及如何通过网络来得到相应服务，其目的是解决互联网发展所带来的海量数据存储与处理问题。"云计算"的核心思想是计算、信息等资源的有效分配。云计算包含两个方面的含义：一方面指用来构造应用程序的系统平台，其地位相当于个人计算机上的操作系统，称为云计算平台(简称云平台)；另一方面描述了建立在

这种平台之上的云计算应用(简称云应用)。云计算平台可按需动态部署、配置、重新配置以及取消部署服务器，这些服务器可以是物理的或者虚拟的。云计算应用指一种可以扩展至通过互联网访问的应用程序，其使用大规模的数据中心以及功能强劲的服务器来运行网络应用程序与网络服务，使得任何用户通过适当的互联网接入设备与标准的浏览器就能够访问云计算应用。云计算的服务可以分为三个层面：基础构架即服务(IaaS)、平台即服务(PaaS)和软件即服务(SaaS)。

智慧旅游应用云计算的计算能力，将海量的旅游信息进行整合并存放于数据中心，构建可供旅游者、旅游组织(企业、公共管理与服务等)获取、存储、处理、交换、查询、分析、利用的各种旅游应用(信息查询、网上预订、支付等)。

(2) 物联网(Internet of Things，IoT)是指依托射频识别(RFID)等信息传感技术与设备，将任何物品按照约定协议与网络进行连接和通信，从而构成"物物相连的网络"，实现物品信息的职能识别和管理，实现人与物、物与物的信息交互和无缝链接，从而达到对物理世界的实时控制、精确管理和科学决策。

物联网的体系构架由感知层(传感设备、识别技术)、传输层(无线通信技术、广域网技术、网关技术)和应用层(云计算、海量数据存储、数据挖掘与分析、人工智能)组成。

智慧旅游中的物联网可以理解为互联网旅游应用的扩展以及泛在网的旅游应用形式。利用现有的和新的网络技术，实现人与人、人与物、物与物之间无所不在的按需进行的信息获取、传递、存储、认知、决策及使用等的综合服务网络体系。

(3) 移动通信是指移动设备之间以及移动设备与固定设备之间的无线通信，以实现设备的实时数据在系统之间、远程设备之间的无线连接。随着移动终端设备和技术(如智能手机和掌上电脑(PDA))的发展与普及，移动通信技术为旅游者提供了丰富的高质量服务，如全程(游前、在途、游后)信息服务、无所不在(任何时刻、任何地点)的移动接入服务、多样化的用户终端(个性化以及语音、触觉、视觉等多方式人机交互)以及智能服务和智能移动代理(Intelligent Agent)等。智慧旅游的移动通信技术应用将极大改善旅游者的旅游体验与游憩质量，提升旅游目的地管理水平与服务质量，使旅游管理与服务向着更加精细以及高质量的方向推进。移动通信技术在智慧旅游中体现的是满足游客个性化需求，提供高品质、高满意度服务。

(4) 人工智能(Artificial Intelligence，AI)是研究如何应用计算机的软硬件来模拟人类某些智能行为的基本理论、方法和技术，涉及知识表示、自动推理和搜索方法、机器学习和知识获取、知识处理系统、自然语言理解、计算机视觉、智能机器人、自动程序设计等方面的研究内容。目前已经被广泛应用于机器人、决策系统、控制系统以及仿真系统中。智慧旅游领域中，人工智能用来有效处理与使用数据、信息与知识，是利用计算机推理技术进行决策支持并解决问题的关键技术。比如，人工智能更多地被用于旅游需求预测、游憩质量评价、旅游服务质量评价、旅游突发事件预警、旅游影响感知研究等诸多领域。

6. 智慧旅游架构中的中央管理平台

智慧旅游中央管理平台在整个智慧旅游体系架构中起到匹配、整合、协调、联动各个前端应用系统和管理系统的作用。智慧旅游中央管理平台在实现智慧旅游各子系统相关高层业务数据统一抽取、融合共享的基础上,与多种配套保障体系相互配合,对景区、酒店、旅行社等旅游应用系统进行统一协同管理,实现多系统间的信息共享、协同联动,并为旅游行政管理单位人员提供统一的入口,以进行旅游行业监控与管理。其结构如图 12-8 所示。

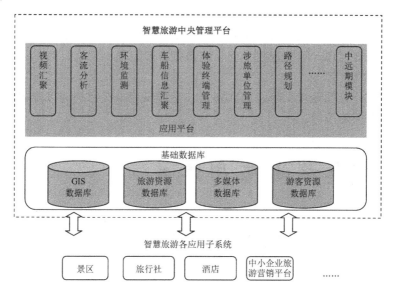

图 12-8 智慧旅游中央管理平台拓扑图

7. 智慧旅游系统架构的前端应用体系

在智慧旅游系统总体架构中,前端应用体系包含游客、景区、旅行社、酒店、其他服务者以及旅游行政管理组织六个实体以及一套保障体系。它们是智慧旅游的实际组成部分,各自扮演着不同的角色。其中"游客"与"旅游行政管理组织"位于体系的两端,着重体现了智慧旅游中的旅游体验和旅游行政管理组织管理的智能服务,是智慧旅游的两条主线。景区、旅行社、酒店以及旅游在线服务商等其他业者共同组成智慧旅游的服务业者,它们是游客体验与政府管理的实际载体。旅游业各个实体之间融会贯通,共同构成无缝的智慧旅游主体。保障体系则包含环境、公共安全、交通、医疗护理、灾害防护五个方面,保障体系虽不完全直接隶属于智慧旅游主体,但对智慧旅游主体的正常、有序运作起着非常重要的作用。

1) 游客

游客指使用智慧旅游平台的旅行者,游客可通过车辆卡、市民卡、年卡、旅游卡、手机移动终端、笔记本电脑及触摸屏等多种方式接入并访问智慧旅游系统,通过本系统获取旅游资讯信息,享受旅游信息化服务。

2) 景区

景区的系统主要包括电子票务子系统、旅游资源子系统、客流趋势与预警子系统、基于位置与身份识别旅游服务和深度旅游引导等。

3) 酒店

酒店信息系统提供酒店信息查询服务、住房饮食预订服务等基本服务和评论打分、服务投诉、服务对比等扩展服务。系统通过对酒店的信息化管理来强化基本信息管理和诚信管理,消除虚假信息,并防止部分恶劣酒店利用系统损害旅游者权益的情况发生。

4) 旅游行政管理组织

旅游行政管理组织主要是指旅游行业管理部门。旅游行业管理部门通过智慧旅游系统获取精确的旅游资源信息,提高旅游行业管理水平,宣传当地旅游品牌,带动当地旅游经济。旅游行政管理组织的智慧旅游子系统主要应用于:在线信息服务、中小企业旅游营销、行业监督管理、智慧行政办公、应急指挥等方面。

5) 配套保障

配套保障部分包括环境保障、公共安全、交通保障、医疗护理以及灾害防控等旅游涉及的各种配套保障应用。

12.2 智慧旅游应用体系

智慧旅游的核心是为游客提供以互动体验为中心的信息服务,因此资源统筹、信息贯通、应用丰富的智慧旅游应用服务体系构成了实现这个核心目标的基础。智慧旅游应用体系直接面向游客、政府管理部门、景区、旅行社、酒店、其他旅游服务者和配套保障部门七类业务群体。通过物联网、云计算等新兴信息通信技术,实现跨系统、跨行业、跨部门、跨企业的全程化服务和一体化管理。其应用关系如图12-9所示。应用体系将游客需求、旅游企业产品、旅游产业链上下游资源、政府资源进行有机整合和提升,实现游客、政府管理部门、旅游服务业者之间信息无缝链接与共享的"智慧"平台。

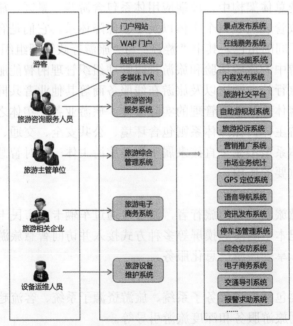

图 12-9 智慧旅游综合系统常见应用关系图

12.2.1 政府部门

基于政府部门的旅游应用体系是智慧旅游应用体系的一个重要组成部分。该体系一般由政府部门参与和主导建立，是提升游客对旅游目的地旅游环境的整体印象和展现旅游目的地旅游发展水平的关键因素。常见的应用形式如下所述。

1. 在线信息服务门户

在线信息门户主要为游客提供政府层面的旅游资讯信息和旅游特色服务。门户以统一的旅游信息数据库为基础，以通信网络为支撑，通过终端接口开放、智能化管理的多样化旅游服务网络，实现向处于不同网络、使用不同终端的用户提供语音、数据、视频等旅游服务的目标。信息服务由日常服务子系统、旅游行程规划子系统和旅途娱乐导航子系统三个子系统提供，如图12-10所示。

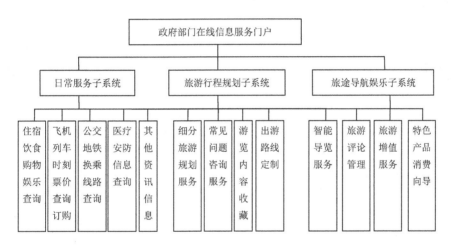

图12-10 政府部门旅游在线信息门户总体结构

1) 旅游日常服务子系统

旅游日常服务子系统为游客有针对性地提供"搜、行、住、游、食、购、娱"等官方的全方位的信息查询与在线订购服务，为游客出行之前的准备提供充分的资讯参考，帮助游客解决旅途中住宿难、吃饭难、出行难等诸多问题。具体服务包括：城市住宿、餐饮、购物行业和娱乐场所的资讯信息查询与订购；列车时刻表及车票查询订购；航班时刻表及实时票价查询订购；市区公交、地铁换乘，车站、驾车路线信息服务；医疗安防等配套保障信息服务；其他日常旅游信息服务等。

2) 旅游行程规划子系统

旅游行程规划子系统是在出行前帮助游客具体制订旅游行程计划的子系统。旅游行程规划子系统包含的服务主要有以下几种。

(1) 细分旅游规划服务。根据跟团、自助、自由行、自驾游、背包客、商务游等多种旅游形式和游客的不同需求，有针对性地提供行程规划服务。对有意向跟团的游客用户，提供各个旅行社的旅游项目、价格信息，对各个旅行社进行路线价格、服务质量、用户评价方面的比较，并根据服务质量、路线价格等评分标准向用户推荐旅行社，帮助用户进行选择；对自助游的用户，提供旅游目的地各个方面的详细信息，包括交通、住宿、饮食、购物等信息查询，以方便用户提前掌握旅游目的地的资讯；对自由行、自驾游、背包客用户，推荐旅游目的地最合适的旅游景点，从时间、价格等方面综合考虑推荐旅游路线。

一方面，在旅游行程规划子系统里，游客可以根据不同的个人要素，以及对旅游的个性化需求制定多样化的旅游行程。行程规划参考旅行的时间、随行人员、预算、旅游者的行业、兴趣爱好、希望浏览的景区等要素。同时综合了天气、路线上的施工信息、交通高峰等客观因素的数据，为游客制订最可行的行程计划。

另一方面，除了游客的个性化行程外，旅游行程规划子系统也预先存储了一部分经典旅游线路和旅游套餐。这种推介方式一方面方便了游客制定行程，在旅程上可以享受到更加周到完备的服务；另一方面通过这种既定的旅游套餐，可以使旅游管理部门对订购客人数有所了解，便于及时调整策略，对有人气的旅行线路增加投入，对订购比较少的路线及时寻找原因、制定对策。

(2) 常见问题咨询服务。游客在规定旅游行程时难免会遇到一些疑难和困惑，比如某些景区的游玩先后次序对游玩效果的影响、当地餐饮习惯的特点、外地游客需要了解的旅游注意事项之类。通过常见问题咨询功能的设置，游客可以找到许多常见的解答。对于一些特殊性的问题，也可以通过在线咨询系统规划专家得到解决。

(3) 浏览内容收藏。游客可以选择其他人公布的较为符合自己需要的游客线路计划，加以修改成为自己的旅游计划，也可以公开自己的旅游计划供他人参考。

3) 旅途导航娱乐子系统

旅途导航娱乐子系统为用户提供旅游目的地和景区信息、特色产品信息、他人发布的旅游攻略等丰富内容，有利于游客在旅途中进一步了解，并充分享受旅游目的地为游客提供的各种旅游娱乐服务。提供的服务有以下几种。

(1) 智能导航服务。提供旅途中旅游目的地、景区信息查询、景点导览，并结合游客喜好，有针对性地提供丰富的城市游览信息，引导游客开展系列游览，如红色游、历史文化游、乡村游等。

(2) 旅游评论管理。对游客发布的景点评论、游记攻略等信息进行整理。游客可以将自己的旅游感受及时更新在旅途导航娱乐子系统的网页上，使更多人看到并作为参考，以形成一个游客互动的空间，共同搭建最新、最真实的旅游信息共享的平台，该服务可以与诚信监控子系统的用户评价管理模块进行对接，共同发挥作用。

(3) 游客增值服务。游客可以在旅途中及时获得政府和旅游企业提供的旅游优惠券和纪念品领取券等增值服务。这些服务游客可以通过自己的智能手机、便携电脑或设置于景区、酒店的固定终端，方便及时地进行获取。

(4) 特色产品消费向导。提供特色产品查询、推荐、订购到站等服务，向游客推广富有特色的商品。根据游客的个人喜好，引导游客寻找和发现自己喜爱的旅游商品、食品或娱乐活动，从而获得不一样的旅游体验。

2. 中小企业旅游营销平台

为了进一步挖掘和整合旅游目的地的中小企业旅游资源，政府构建中小企业旅游营销平台，提供统一的对外宣传接口。平台与在线信息交互门户和行业监督管理系统间建立接口，实现信息互通，有利于推动中小企业旅游资源整合，促进中小企业的旅游产品更新与升级，提升中小企业旅游营销能力。

3. 行业监督管理系统

行业监督管理系统主要包括诚信监控子系统、规范发布子系统和资源整合与管理子系统。系统的建立，将有助于实现旅游政策法规发布、旅游趋势分析、企业诚信监控等功能。行业监督管理系统是政府主管部门对旅游行业进行有效监管，保证旅游行业正常、有序、健康发展的一个具体实现。行业监督管理系统为旅游目的地旅游主管部门及其下属旅游管理机构提供行业信息采集、监管和发布的功能。

1) 诚信监控子系统

诚信监控子系统主要对游客的投诉记录和企业的问题记录数据进行采集，从数据中分析出投诉的数量、特点、来源、变化趋势和受理情况，从而监督旅游企业或单位更好地执行旅游政策法律，改进服务质量。同时也有助于及时发现政策执行中出现的问题，推动政策规范的有效落实和不断完善。

诚信监控子系统主要有两个功能，即企业诚信管理和用户评价管理。主要内容包括旅游企业的基本信息、人员情况、企业类型、证照情况等。经工商行政部门注册的所有旅馆，包括星级饭店、社会旅馆、家庭旅馆，以及从事旅游业务的所有旅行社，包括入境社、出境社、分社和营业网点等，都必须在网上进行登记备案。

(1) 企业诚信管理功能记录目标企业的诚信情况，并根据企业的被投诉情况、问题或事故发生情况及时调整，帮助政府部门及时了解旅游企业的情况，并为用户选择旅游企业提供比较权威的参考。同时诚信档案也有助于企业了解自身存在的问题，促进旅游企业不断进行自我完善。

(2) 用户评价管理功能则向广大游客提供一个公开、方便的接口，接受用户对旅游企业、旅游景点和城市进行评价、评分、投诉和建议，也可通过该功能向广大游客征集对一些旅游政策或计划的意见，为政府、企业和用户之间良性沟通提供一个有效的平台。

2) 规范发布子系统

规范发布子系统主要实现对旅游行业相关规范的管理与发布工作。系统根据规范的种类、应用对象对旅游行业的相关规范进行分类存储管理，建立目标索引，行程完善的旅游规范数据库，以便管理者快速、清楚地掌握旅游行业已经发布使用的法律规范信息。系统对各级管理单位发布的信息进行统一管理，保证发布的数据的一致性和完整性。同时系统与在线信息服务门户对接，及时地将最新的信息发布到服务门户上，供旅游行政管理部门、旅游企业和游客查询。

4. 智慧行政办公系统

智慧行政办公系统是政务管理、数据流转审批和权限分配的重要办公平台，它主要包括统一身份验证中心、工作流程管理、公文管理、档案管理、个人事务管理、内部通信、信息发布等内容。

(1) 统一身份验证中心：系统采用单击登录设计，方便用户只需一套用户密码便可以实现多个系统间的漫游。

(2) 工作流程管理：流程管理提供绑定数据模型和工作流功能，并可依据实际工作情况对流程属性进行细化设置。同时，为管理员用户提供可视化工作流设计器，方便管理员对工作流程进行设计和修改。

(3) 公文管理：主要包括收文管理、发文管理、督办管理、信访管理等功能。实现对收发文件处理的电子化，提高公文处理的效率。

(4) 档案管理：实现档案、重要文件和记录管理的自动化，包括文件来源、档案维护、档案借阅等，方便对档案文件的查询和追溯。

(5) 个人事务管理：电子邮件、日程管理、备忘录、个人工作记录等。

(6) 内部通信：实现全部门按组织结构的通信录管理，方便查询。

(7) 信息发布：提供政府部门内部的信息发布功能，并为在线信息服务门户提供接口，方便公共信息的对外发布。

通过智慧行政办公系统的建设，能够实现政府机构的电子化办公、简化办公流程，提高行政效率，为政府部门对旅游行业的智慧化管理提供支持。

5. 应急指挥系统

为了使政府部门能够在应对旅游突发事件中充分发挥其全局指导与协调作用而设置应急指挥系统，与景区公共安全体系和灾害防控体系相对接。景区公共安全体系和灾害防控体系负责向应急指挥系统提供做出指挥决策所需要的数据支持，应急指挥系统根据获得的数据进行分析决策，协调指挥公安、医疗、消防等多个灾控部门进行应急救援。

12.2.2 智慧景区

智慧景区是智慧旅游建设的重要组成部分。智慧景区能够通过智能网络对景区地理事物、自然资源、旅游者行为、景区工作人员行迹、景区基础设施和服务设施进行全面、透彻、及时的感知；对游客、景区工作人员实现可视化管理；优化再造景区业务流程和智能化运营管理；同旅游产业上下游企业形成战略联盟，实现有效保护遗产资源的真实性和完整性，提高对旅游者的服务质量；实现景区环境、社会和经济的全面协调可持续发展。

智慧景区信息系统主要包括电子票务子系统、景区信息发布子系统、客流趋势与预警子系统；景区服务系统包括基于位置与身份识别的服务子系统、深度旅游引导子系统、停车场管理子系统等。

1. 电子票务子系统

智慧景区的电子票务预订销售系统，能通过电话、互联网、移动互联网等方式实现景区门票的预订或预售，并逐步改变和取代当下旅游景区门票销售占绝对比重的现售现付形式。游客在方便自如地选择购买门票方式的同时，可以及时获得景区包括预订游览数量等信息并合理安排旅游行程。通过电子门票的使用，将实现出票、验票、计票等票务流程的全程电子化；还可以通过电子门票与用户身份的绑定结合景区重要节点设置电子门票识别设备，来感知门票即游客所处位置区域，为游客提供个性化的景区服务，同时辅助管理单位进行客流引导与管理。

1) 射频识别电子门票验票系统

使用射频识别(Radio Frequency Identification，RFID)电子门票，游客在通过验票口时，读卡器可以自动感应到电子门票并可对游客信息进行实时统计。在客流量大时，将缩短游客检票时间，实现快速通关。通过把游客信息(如手机号码)与射频识别电子门票进行绑定的方式，可以为游客提供更加多样化、个性化的服务，例如为游客发送景点介绍、景区地图、娱乐购物促销等方面的信息。

2) 二维码门票验票系统

使用二维码门票，游客可以预先通过在线预订的方式，通过手机或其他移动终端获得门票的二维码，实现异地取票、实时取票。发票部门可以通过电信运营商的服务，解决售票网点的不足，并实现无纸化出票，实现低碳票务。发送二维码形式的优惠券到游客的移动终端，使游客能够更早预订到优惠券，也可以使商家更早地获得市场信息。既不会错失商机，又避免过度囤积所造成的浪费，实现对商业活动的精细管理。

3) 条形码门票验票系统

使用条形码门票，可以利用邮政系统的明信片进行发放。借助遍布全球的邮政网络，既可以方便快捷地异地取票，与明信片的结合也可以达到为景区做宣传的目的，使门票兼具收藏价值。与邮政局的明信片结合还可以加强门票的防伪功能。

2．景区信息发布子系统

景区信息发布子系统的主要功能是在一个统一的、多种手段接入的综合平台上获取景区的全部相关信息。景区信息发布子系统可以发布景区动态、景区公告、行业信息、政策法规等多种分类信息，可自定义分类或无限级别设置，支持文本、图片、动画、视频等多种表现形式。当景区以全景式动画的表现手法，直观而生动地向游客演示整个景区的地理位置、景点分布及简短文字介绍时，能够让游客对整个景区的景点形成全面的了解。图 12-11、图 12-12 所示为中央电视塔景区的全景展示图。

景区信息发布子系统按照景区的划分或推荐的旅游线路详细展示了景区内各景点的风景特色、历史渊源以及文学典故等，支持文本、图片、动画、视频等多种表现形式，不拘一格。景区信息发布子系统还可以与景区公告、相关游记、风景图片、经典视频甚至门票预订、特产购买实现同步互动，为游客提供最便捷的浏览操作和最具体的景点印象。

3．客流趋势与预警子系统

客流趋势与预警子系统依据历史游客数据，根据景区接待量、游客流量走势、天气预报、国家法定节假日、民俗节日、宗教节日、景区节日等诸多因素，并参考门票、酒店、餐饮、导游、停车位的预订量，通过一定的计算公式预测出未来某月、某周、某日的游客高峰流量及低谷流量。当景区人数接近或超过景区可容纳人数的警戒线时，系统将依据情况启动相应的应急预案，及时对游客进行疏导，保证景区游客处于安全范围内。

图12-11 中央电视台信息发布系统的全景展示

图12-12 中央电视台信息发布系统不同角度下的全景展示

4．基于位置与身份识别的服务子系统

基于位置与身份识别的服务子系统通过对位置与身份的识别，在保留了可以对全部旅游信息访问的基础上，突出了终端设备所在地的本地区终端服务项目，方便游客了解此时此地可以获得的旅游服务的项目和内容，满足游客的随机性旅游需求。常见的服务包括基于位置的服务和基于身份识别的服务。

1) 基于位置的服务

基于位置的服务以 GIS 数据库以及其他旅游信息数据库为基础，向游客推送游客所在位置周边的旅游资源信息。这种集中推送由旅游信息平台发送，既避免了游客由于对景区不了解而造成遗漏，又避免了由于信息量过大，造成游客的困扰。基于位置的服务主要使用固定终端和移动终端两种设备。

2) 基于身份识别的服务

基于身份识别的服务通过对游客的旅游信息进行储存和整理，归纳出旅游者的喜好和特点，从而为游客提供更加合乎需求的、更加便捷的服务。而对于商家来说，基于游客身份识别的服务可以使旅游产品的推送更加有针对性，避免由于盲目进行广告宣传而投入大量的资金，是商家在获得同等宣传效果的情况下，降低广告宣传费用，或在同等宣传费用投入的情况下获得更大的宣传效果。对于使用具备身份识别服务的游客，还可以提供诸如绿色快速通道等各种 VIP 服务。

5. 深度旅游引导子系统

深度旅游引导是景区服务的另外一个重要组成部分。深度旅游引导服务通过旅游信息数据库的支撑，获取推送旅游套餐，深挖景区的旅游资源，达到大幅度提高旅游经济效益、提升旅游服务品质的目标。

12.2.3 智慧酒店

伴随信息科技日新月异，宾客对酒店体验的智能化要求越来越高。酒店设备如果不能与时俱进，宾客满意度必将下降。未来几年酒店业的竞争将主要围绕智能化展开。

智慧酒店是运用物联网、云计算、移动互联网、信息智能终端等新一代信息技术，通过酒店内各类信息的自动感知、及时传送和数据挖掘分析，实现酒店"食、住、行、游、购、娱"六大要素的电子化、信息化和智能化，最终为宾客提供舒适、便捷、智慧的体验和服务。

智慧酒店通过智能整合"智慧客房"系统、IPTV 电视前端系统、酒店移动办公系统、智能客控系统、酒店/客房 Wi-Fi 覆盖、信息发布系统及数字客房系统管理中心，为酒店提供品牌展示、人机交互、运营管理及大数据支撑平台，并向商旅人群提供全新的电视及移动网络应用、丰富的旅游资讯、精彩的娱乐内容，让商旅人群在繁忙的工作及旅途过程中充分享受现代科技带来的美好体验。

建设智慧酒店的目的就是为宾客提供智能化入住体验和舒适便捷服务，提高酒店业的整体服务水平。

12.3 智慧旅游应用案例：智慧酒店

酒店利用先进、可靠、适用的信息技术和创新的管理理念，在酒店的销售、日常的安全管理、设施设备维护、客户关系管理与服务等方面，通过数据整合加强酒店的管理和联动，提高酒店运行管理与服务的标准化、规范化、精细化、智能化水平，提高酒店业的整体服务效率和水平。

常见的智慧酒店设施和实现技术如下。

1. 基于数字交互多媒体技术的智慧客房(智慧 e 房)

基于数字交互多媒体技术的智慧客房通过为酒店提供全方位的酒店展示平台、在线购物中心、客房服务平台、娱乐影音平台、商务休闲平台、旅游资讯平台等功能(如图 12-13 所示)，改善和增强酒店服务特色、提升服务水平和提高品牌美誉度。

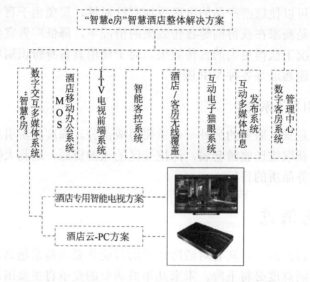

图 12-13 基于数字交互多媒体技术的智慧客房构成

2. IPTV 电视前端系统

智能 IPTV 电视前端系统电视产品，除了具备传统的电视播放功能外，还将计算机应用、影视点播、信息查询、互动服务、智能客控、Wi-Fi 覆盖等功能整合至酒店客房电视屏幕，并且融入开机、智能感知等高端技术，轻松实现酒店品牌展示，打造全新智慧客房入住体验，实现酒店的全方位智能化升级，如图 12-14 所示。

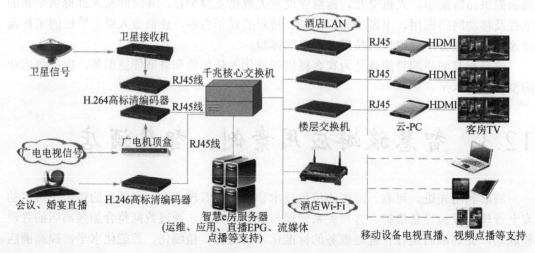

图 12-14 智能 IPTV 电视前端系统拓扑图

整个系统由接入层、网络承载层、媒体层、控制层和业务层构成。接入层的设备，主要包括"智慧客房"终端认证智能电视机、个人计算机、手机、Pad 终端等，可满足游客多种终端形式的接入需求。网络承载层，主要包括酒店内部 IP 网络、闭路电视网等，它是承载 IPTV 业务的物理介质。媒体层主要是对节目源进行内容编码、内容加密、内容存储、媒体分发和媒体播放等，包括节目源解码(如广电数字电视接收机、卫星电视接收机、会议摄像机等)、TS over IP 编码处理(各类 H.264 高标清编码器等)、网关、交换机等网络设备。控制层包括业务控制、用户管理、媒体管理、认证计费、播放控制、呼叫处理和网络管理等功能。业务层主要为用户提供各种服务，可支持直播、点播、时移、回看、互动等功能。从客人进入客房的一刻起，酒店专用智能电视便为酒店与客人、客人与客人之间搭建了一个互动平台，不论是娱乐休闲还是衣食住行，都能够在电视上进行互动和交流。酒店专用智能电视将酒店的营销资源整合至电视屏幕，集酒店信息发布、购物平台、促销活动、电视游戏、会员管理、移动营销等于一体。

3. 酒店移动办公系统

酒店移动办公系统实现了与宾客在移动终端上的信息传递与服务互动。能够实现多部门、多点高效协同作业，促进管理人员与员工之间、员工与员工之间、部门与部门之间的充分沟通和交流，实现酒店服务流程的再造，提升管理精细度和精准度。

4. 智能客控系统

智能客控系统，通过 TCP/IP 通信方式，让酒店客人通过遥控电视控制客房内灯光、空调、窗帘等物联网设备，同时还可帮助酒店实现客房空调远程监控、服务功能网络提示及报警、客房用电量统计及分析、灯具远程故障自诊断、主要系统远程故障自诊断、客房灯光场景远程设置、酒店公关区域的中央空调远程控制等功能，如图 12-15 所示。

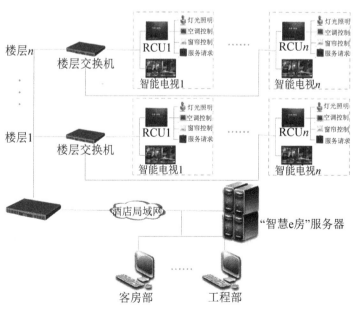

图 12-15　酒店客房智能控制系统拓扑图

5. 酒店/客房 Wi-Fi 覆盖

智慧客房 Wi-Fi 网络平台，为酒店提供稳定可靠的无线网络无缝覆盖服务。平台采用 AP 方式(AC+放装 AP+入墙 AP/吸顶 AP)组网，如图 12-16 所示，能方便和灵活地调整与扩充。AC 集中控管，负责无线网络的接入控制、转发和统计；AP 采用 POE 供电，接受 AC 的管理，负责无线报文的加解密、PHY 功能、RF 空口的统计等简单功能。

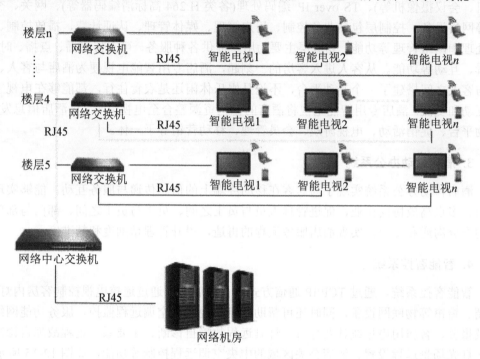

图 12-16　酒店无线覆盖拓扑图

酒店 Wi-Fi 网络平台借助酒店安装的智能电视组网，电视机以有线方式接入酒店 LAN，使内嵌的 Wi-Fi 模块工作在 AP 模式(见图 12-17)，产生无线网络供客人联网，即由电视机负责有线到无线的转换。客人自带移动终端无线连接 AP，支持一般的 WEP 或 WPA 安全认证，也可以选择 Web Portal/Web 认证的方式，客人终端以独占式接入酒店网络，保证自己的无线带宽。

6. 信息发布系统

互动多媒体信息发布系统是一套软硬件结合的系统，如图 12-18 所示，它将汇聚在中心服务器端的各式各样的信息通过网络(可以是局域网、广域网)按需求迅速、准确地推向分布在各处的媒体发布终端，各终端根据设定的显示风格将各类信息美观地呈现在显示终端上。可在大堂、电梯间、会议室门口、商务中心、游泳池、健身房、公共盥洗室等公共区域配备互动多媒体信息发布系统，发布各类信息和酒店宣传广告，并能与酒店客人进行互动。

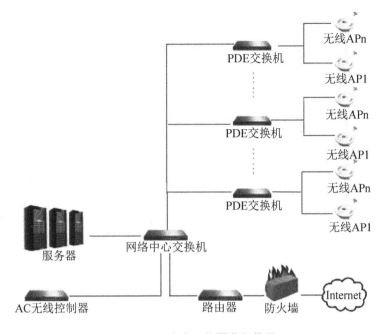

图 12-17　客房无线覆盖拓扑图

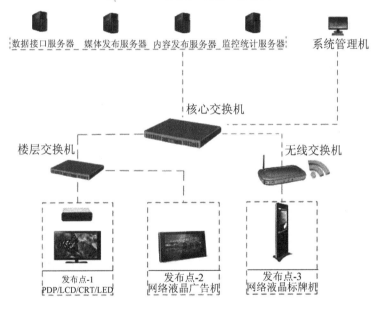

图 12-18　互动多媒体信息发布系统拓扑图

7. 数字客房系统管理中心

数字客房系统管理中心包含入住管理、信息统计、服务管理、系统维护、系统帮助五大模块。通过数据整合可加强酒店与客人之间的互动以及促进酒店管理和联动，帮助酒店提高运行管理与服务的标准化、规范化、精细化、智能化水平。

案例研究：

2014年春节黄金周是海南旅游旺季，在天涯海角景区，售票窗口排起长龙。但来自北京的游客张旭和家人没有买票，仅仅是将手机上的二维码在散客通道一扫就进入了景区。"在网上预订门票非常方便，还能享受返现、打折等票价优惠，比在景区现场购票便宜多了。"张旭说出自己的"秘密"。

在网络预订大行其道的今天，海南省各大旅游景区也开始纷纷出招应对市场变化。作为海南旅游信息综合管理系统的子系统，"景区联网电子通道集成应用与示范"利用高科技产品——二代身份证、导游指纹及二维码等唯一标识作为通行电子验票的比对要素，结合电子技术等诸多高科技技术，实现导游签到、售票数据接入、验票、通行、查询、汇总、统计、报表等电子通道控制管理功能，并且通过高科技红外热像扫描技术，对人流量进行精确计量，实现景区人流量预警，提高旅游接待能力与质量。

据了解，该项目主要包含中心控制系统，包括景区企业数据管理、旅行社预订管理、散客预订管理、导游签到管理，与旅游委电子行程管理系统接口；票务数据接入，即本景区售票数据接口；验证系统，包括导游身份证验证、导游指纹验证、电子行程单二维码验证、本景区票据二维码验证；通道控制系统，包括通过控制、计数控制、紧急通过控制；查询汇总统计系统，包括景区实时人流查询、景区人流统计、预订财务查询、预订财务统计、与旅行社对账明细。

"通过旅游信息公共管理与服务体系建设，实现旅游信息数字化、旅游行业标准化、旅游管理电子化、旅游服务智能化。"作为项目实施单位，海南威斯达电子科技有限公司总经理牟进军说。目前在海南主要景区试点的景区联网电子通道系统，能够快速解决景区在黄金周期间大量的团队进入园区缓慢的问题。

据测算，系统一分钟内可以处理一百多人快速进入园区，除了进园的统计功能，该系统针对老年人入园，用二代身份证刷卡就可以直接分辨半票或是全票，真正体现景区智能化。牟进军介绍，未来该项目建设将遵循政府搭台、企业投资、协会推进、市场化运作、统一电子合同监管、统一电子行程单、统一综合保险、统一企业内部电子结算、统一规划、分步实施的原则组织实施，形成行业更加有序、更加规范、更加安全、更加方便的信息化管理与服务。

(资料来源：海南日报 http://www.898.travel/2014/0226/140867.html)

本章小结

智慧旅游是在智慧地球、智慧城市下衍生的概念，它是我国旅游信息化发展的更高阶段。智慧旅游的核心是为游客提供以互动体验为中心的信息服务，因此建立资源统筹、信息贯通、应用丰富的智慧旅游应用服务体系是实现这个核心目标的基础。智慧旅游应用体系直接面向游客、政府管理部门、景区、旅行社、酒店、其他旅游服务业者和配套保障部门七类业务群体。通过物联网、云计算等新兴信息通信技术，创新旅游业现有的服务模式和管理模式,实现跨系统、跨行业、跨部门、跨企业的全程化服务和一体化管理。应用体系将游客需求、旅游企业产品、旅游产业链上下游资源、政府资源进行有机串联、整合和提升,是实现游客、政府管理部门、旅游服务业者之间信息贯通与对接的"智慧"平台。

思考与演练

一、思考题

1. 智慧旅游涉及哪些方面?
2. 智慧旅游的智慧体系是怎样的?
3. 智慧旅游的支撑技术是什么?

二、演练题

1. 二维码电子门票系统的业务流程

二维码电子门票,就是在互联网上结合手机彩信实现手机二维码电子门票。二维码电子门票在验票时,只需在验票机感应区一扫就可以验证通过,无须人工检票,其业务流程图如图 12-19 所示。

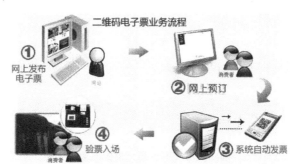

图 12-19 二维码电子门票系统的业务流程

1) 演练内容

二维码电子门票网站后台管理过程。

2) 演练步骤

【第一步】登录网站后台二维码电子门票模块,创建二维码电子门票,如图 12-20 所示。

【第二步】网站测试后生成二维码和彩信,如图 12-21 所示。

【第三步】创建景区其他二维码电子门票，可以针对每种门票和类型进行创建，如图 12-22 所示。

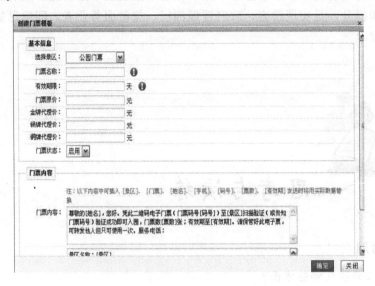

图 12-20　二维码电子门票创建页面

图 12-21　生成的二维码和彩信

创建门票模板　　门票搜索：　搜索

选择	门票名称	景区	已使用	未使用	已退票	状态	操作
□	水上乐园	长风公园门票				启用	编辑
□	长风公园成人票	长风公园门票	1	1		启用	编辑
□	长风公园成人票	海南天涯海角景区		2		启用	编辑
□	摩锐水世界	三亚大东海	1	2		启用	编辑
□	三亚划船票	三亚大东海				启用	编辑
□	冼夫人雕像公园	海南天涯海角景区		1		启用	编辑
□	天涯海角游艇	海南天涯海角景区		2		启用	编辑
□	宁海森林温泉门票	海南天涯海角景区	3	1	1	启用	编辑

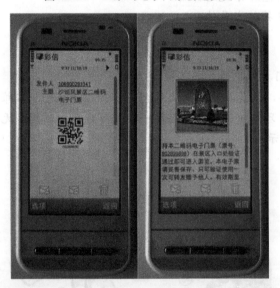

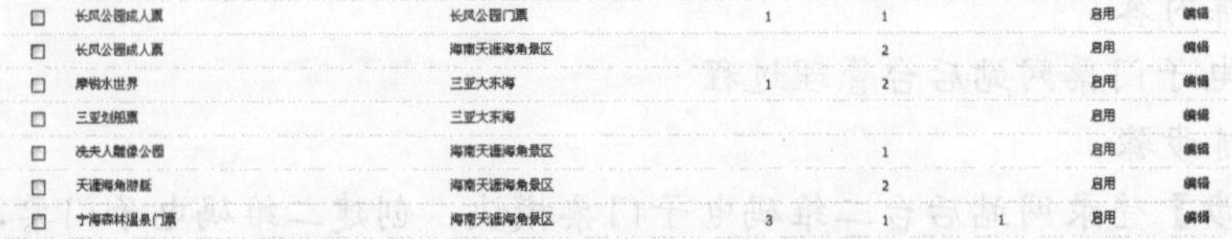

图 12-22　创建景区其他二维码电子门票

【第四步】发送二维码门票，如图 12-23 所示。

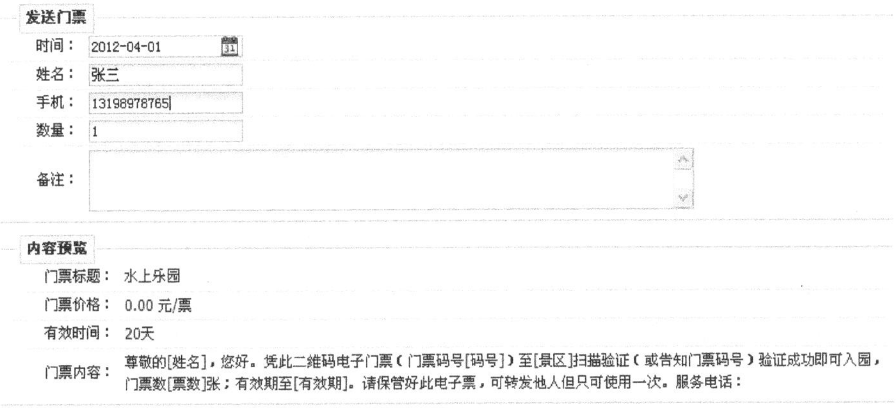

图 12-23　发送二维码门票信息的编辑界面

【第五步】验证门票，如图 12-24 所示。游客至景区检票口，验证门票成功后可进入游览。

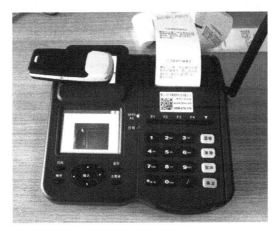

图 12-24　二维码验票

【第六步】门票数据统计，如图 12-25 和图 12-26 所示。

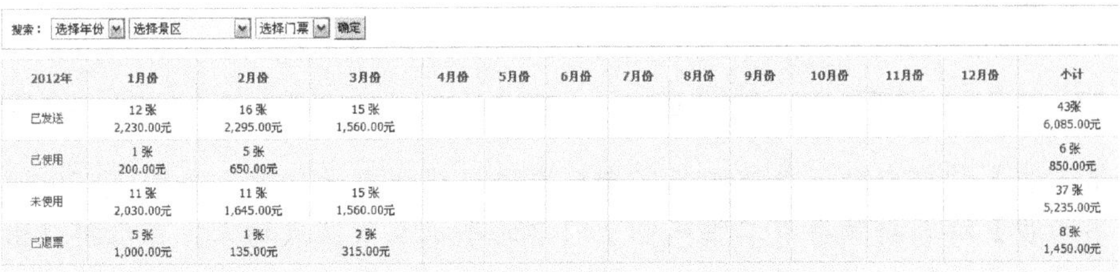

搜索： 选择年份　选择景区　选择门票　确定

2012年	1月份	2月份	3月份	4月份	5月份	6月份	7月份	8月份	9月份	10月份	11月份	12月份	小计
已发送	12 张 2,230.00元	16 张 2,295.00元	15 张 1,560.00元										43张 6,085.00元
已使用	1 张 200.00元	5 张 650.00元											6 张 850.00元
未使用	11 张 2,030.00元	11 张 1,645.00元	15 张 1,560.00元										37 张 5,235.00元
已退票	5 张 1,000.00元	1 张 135.00元	2 张 315.00元										8 张 1,450.00元

图 12-25　按月份统计门票数据的系统界面

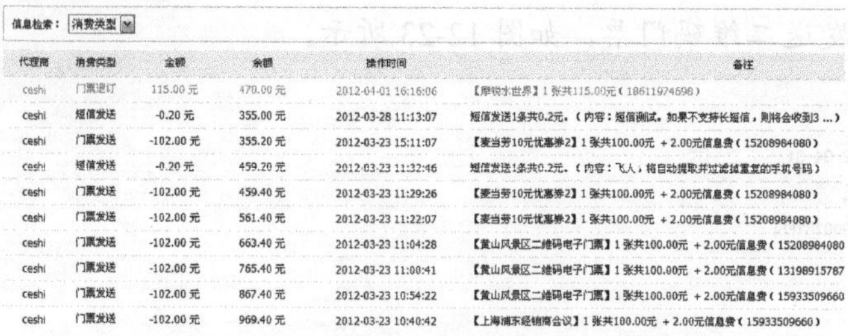

信息检索：消费类型

代理商	消费类型	金额	余额	操作时间	备注
ceshi	门票退订	115.00 元	470.00 元	2012-04-01 16:16:06	【摩锐水世界】1 张共115.00元（18611974698）
ceshi	短信发送	-0.20 元	355.00 元	2012-03-28 11:13:07	短信发送1条共0.2元。（内容：短信测试。如果不支持长短信，则将会收到3 ...）
ceshi	门票发送	-102.00 元	355.20 元	2012-03-23 15:11:07	【麦当劳10元优惠券2】1 张共100.00元 ＋2.00元信息费（15208984080）
ceshi	短信发送	-0.20 元	459.20 元	2012-03-23 11:32:46	短信发送1条共0.2元。（内容：飞人，将自动提取并过滤掉重复的手机号码）
ceshi	门票发送	-102.00 元	459.40 元	2012-03-23 11:29:26	【麦当劳10元优惠券2】1 张共100.00元 ＋2.00元信息费（15208984080）
ceshi	门票发送	-102.00 元	561.40 元	2012-03-23 11:22:07	【麦当劳10元优惠券2】1 张共100.00元 ＋2.00元信息费（15208984080）
ceshi	门票发送	-102.00 元	663.40 元	2012-03-23 11:04:28	【黄山风景区二维码电子门票】1 张共100.00元 ＋2.00元信息费（15208984080
ceshi	门票发送	-102.00 元	765.40 元	2012-03-23 11:00:41	【黄山风景区二维码电子门票】1 张共100.00元 ＋2.00元信息费（13198915787
ceshi	门票发送	-102.00 元	867.40 元	2012-03-23 10:54:22	【黄山风景区二维码电子门票】1 张共100.00元 ＋2.00元信息费（15933509660
ceshi	门票发送	-102.00 元	969.40 元	2012-03-23 10:40:42	【上海浦东经销商会议】1 张共100.00元 ＋2.00元信息费（15933509660）

图 12-26　其他方式的数据统计系统界面

2. 游客二维码电子门票预订过程

景区管理员通过网站系统发布电子门票信息后，游客在网上查看并预订电子票，然后系统自动发送二维码电子票到游客的手机里，游客持电子门票到景区等旅游场所处验证完成消费。

1)　演练内容

二维码电子门票预订过程。

2)　演练步骤

【第一步】消费者登录网站了解、挑选相关旅游产品，如图 12-27 所示。

【第二步】消费者输入预订的相关信息和姓名及手机号，如图 12-28 所示。

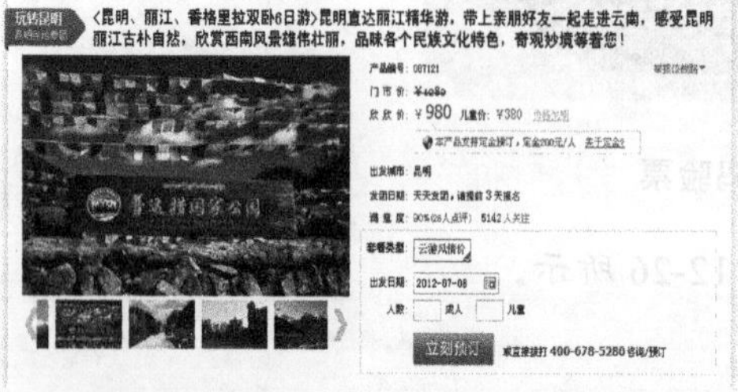

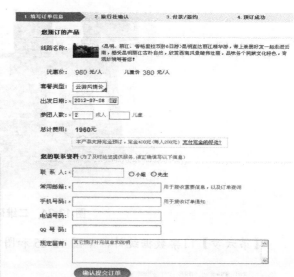

图 12-27　游客通过网页预订门票的界面

图 12-28　游客填写电子门票相关信息的界面

【第三步】预订成功，系统向指定手机发送二维码电子门票，如图 12-29 所示。

【第四步】游客携带存有二维码电子门票的手机至景区或场馆，在检票口出示二维码彩信电子门票，验证成功后便可进入景区或场馆，如图 12-30 所示。

图 12-29　游客收到二维码电子门票

图 12-30　游客持电子门票进入景区

3. 旅游诚信监控系统的管理过程

企业向政府管理部门申报的旅游企业信息工作流程如图 12-31 所示。旅游企业首先到指定 IP 地址的网页上注册企业信息，政府部门审核通过后，给旅游企业分配账户后企业才能登录系统。

图 12-31　向政府管理部门申报旅游企业信息的工作流程

在申报过程中，业务流程图如图 12-32 所示。

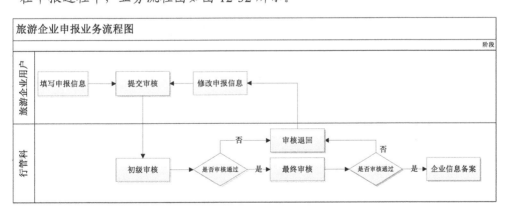

图 12-32　旅游企业申报业务流程

1) 演练内容

旅游企业诚信信息填表过程。

2) 演练步骤

【第一步】旅游企业信息填报。进入"企业填报"模块，根据各表单页面提示填写企业相关信息，当完整填写并保存所有表单后，界面会自动出现"提交审核"按钮，如

图12-33所示。

图12-33　旅游企业诚信监控信息操作界面

【第二步】旅游企业填写基本信息，如图12-34所示。

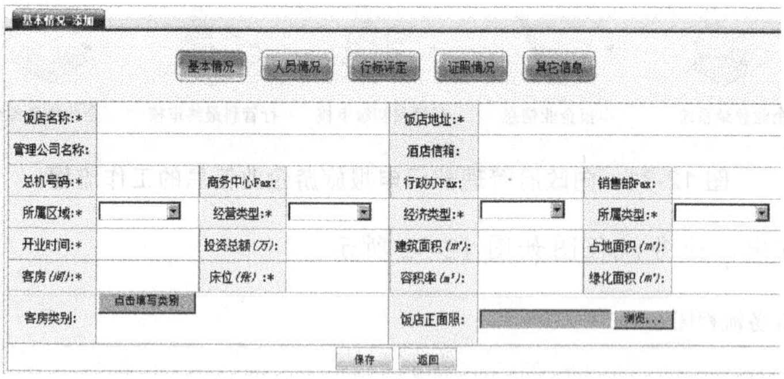

图12-34　旅游企业填写基本情况操作界面

【第三步】旅游企业填写人员情况，如图12-35所示。

图12-35　旅游企业填写人员情况操作界面

【第四步】旅游企业填写行标评定，如图12-36所示。

【第五步】旅游企业上传企业证照信息，如图12-37所示。旅游企业根据自身特征，按照规定在此系统中分别上传"工商营业执照""消防许可证""特行许可证""卫生许可证""税务登记证""旅行社许可证"等证照的图片即可。

图12-36　旅游企业填写行标评定操作界面

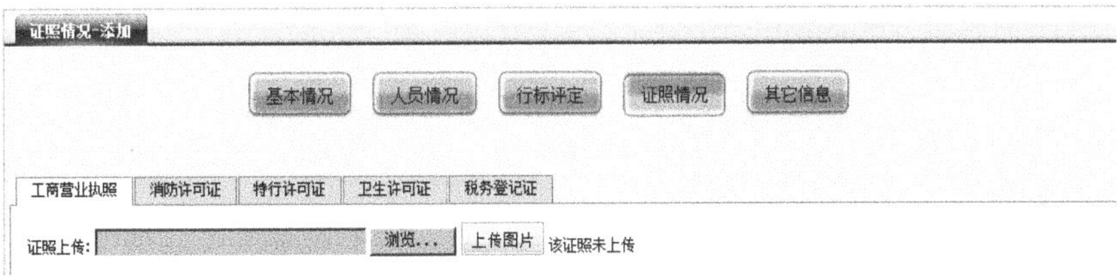

图12-37　旅游企业上传相关证照的操作界面

【第六步】旅游企业其他信息填写界面，如图12-38所示。

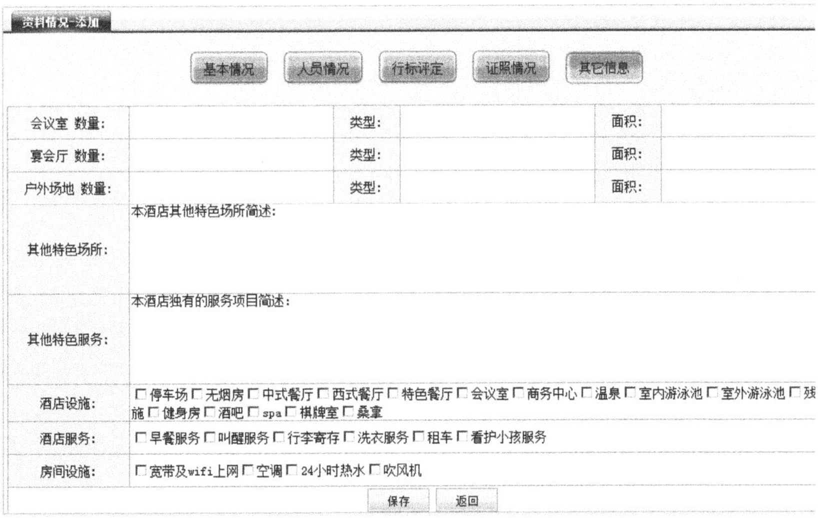

图12-38　旅游企业填写其他信息的操作界面

【第七步】旅游企业信息填写完成后，提交信息给政府部门的诚信监控信息系统，即提交审核，如图12-39所示。

图 12-39　旅游企业提交审核信息操作界面

参考文献

[1] 巫宁, 杨路明. 旅游电子商务[M]. 北京：旅游教育出版社, 2004.

[2] 冯文辉. 电子商务案例分析[M]. 重庆：重庆大学出版社, 2002.

[3] 杨春宇, 李小龙, 方曦来. 发展中的旅游业电子商务[J]. 云南师范大学学报, 2002, 22(5)：71-74.

[4] 白翠玲, 路紫, 董至良. 旅游电子商务的发展态势、问题及策[J]. 河北师范大学学报, 2003, 27(1): 99-102.

[5] 中国互联网络信息中心. 中国互联网发展状况统计报告, 2012-8.

[6] UNCTDA(联合国贸易和发展会议) 2005 年信息经济报告, 2005.

[7] Timmers, Paul. Business models for electronic markets vol. 8, N0.2, 1998.

[8] Potter, Michael E. Strategy and the Internet. Harvard Business Review, March 2001.

[9] Potter and V.E.Millar. How information gives you competitive advantage, Harvard Business Review, July-August 1985.

[10] Jupiter Media Metrix, Online growth of online-only strategy, July 12, 2000.

11] Jupiter Media Metrix, Online growth of online-only strategy, July 12, 2003.

[12] Rayport, Jeffrey and Jaworski, Bernard, e-Commerce, McGraw-Hill Companies, Inc. 2001.

[13] Turban, Efraim et a1 Electronic Commerce A managerial perspective 2nd Edition Pearson Education, 2002.

[14] Choi S.Y. et a1. The Economics of Electronic Commerce. Indianapolis. Macmillan Technical Pub., 1997.

[15] Laudon, K. and Traver, C.G. E-commerce：Business, technology, society. Pearson Education. 2003

[16] 杜文才, 韩勇. SVG 技术规范及无线网络应用[C]. 第六届全国计算机应用联合学术会议论文集, 2002.

[17] 杜文才等. 基于因特网 GIS、可扩展、可协同工作的旅游信息系统. 世界科学研究与发展, 2002,5：44-48.

[18] Gary P. Schneider. Electronic Commerce, 4th Edition, Thomson Learning, 2003.

[19] Kenneth C. Laudon and Carol G. Traver, E-commerce：Business, Technology & Society, Pearson Education, 2003.

[20] 张润彤. 电子商务概论[M]. 北京：电子工业出版社, 2003.

[21] 陈景艳, 苟娟琼. 电子商务技术基础[M]. 北京：电子工业出版社, 2003.

[22] 胡玫艳等. 电子商务教程[M]. 广州：华南理工大学出版社, 2003.

[23] Gary P. Schneider, Electronic Commerce, United States, Thomson Course Technology, a division of Thomson Learning, 2003.

[24] 瞿裕忠. 电子商务应用开发技术[M]. 北京：高等教育出版社, 2000.

[25] 方美琪. 电子商务概论[M]. 2 版. 北京：清华大学出版社, 2002.

[26] [美]Ravi kalaKota, Andrew B.Whinston. 电子商务管理、技术、应用[M]. 北京：清华大学出版社，2000.

[27] 蒋绍忠等. 电子商务系统分析设计与实现[M]. 大连：东北财经大学出版社，2001.

[28] Craig Utley. Web 应用开发指南[M]. 宫丽杰译. 北京：清华大学出版社，2001.

[29] Dan D.Gtiermz. Web 数据库开发技术与实例详解[M]. 侯国峰等译. 北京：电子工业出版社，2000.

[30] Applehans. 知识管理网络应用实作指南[M]. 北京：清华大学出版社，2000.

[31] Michael Stonebraker 等. 对象—关系数据库管理系统[M]. 北京：北京大学出版社，1997.

[32] 杜文才. 搭建海南"一站式"电子旅游平台创建旅游强省[J]. 海南大学学报，2002，20(4)：86-93.

[33] 季文雅. 旅游企业虚拟学习型组织运作模式及其特点分析. http://www.shangjie.com/0503/sbkj3.htm.

[34] 杜文才等. 国际互联网技术与旅游业企业过程重组[J]. 云南师范大学学报，2003，23(1)：57-64.

[35] 王欣. 中国旅游电子商务现状与路向[J]. 社会科学家. 2004.

[36] 姜天强. 企业电子商务系统建设步骤. http://www.bizing.cn/news/2004/5-12/101911.html.

[37] 钟芳. 虚拟企业的协调管理. http://www.duozhao.com/lunwen/c97/lunwen_77141_2.html.

[38] 赵乃真. 电子商务网结建设实例[M]. 北京：清华大学出版社，2003.

[39] 埃弗雷姆，特伯恩等. 电子商务管理新视角[M]. 王理平等译. 北京：电子工业出版社，2003.

[40] 刘兰娟. 电子商务网站开发[M]. 上海：上海财经大学出版社，2003.

[41] 刘军. 电子商务系统的规划与设计[M]. 北京：人民邮电出版社，2001.

[42] 邓仲华. 电子商务系统分析与设计[M]. 武汉：武汉大学出版社，2003.

[43] 杜文才等. 电子商务技术与应用[M]. 北京：劳动保障出版社，2006.

[44] Timmers, Paul. Business models for electronic markets vol. 8, No.2, 1998.

[45] Rayport, Jeffrey and Jaworski, Bernard, e-Commerce, McGraw-Hill Companies, Inc. 2001.

[46] Turban, Efraim et al. Electronic Commerce A managerial perspective 2nd Edition Pearson Education, 2002.

[47] Choi S.Y. et al. The Economics of Electronic Commerce. Indianapolis. Macmillan Technical Pub., 1997.

[48] Laudon, K. and Traver, C.G. E-commerce：Business, technology, society. Pearson Education. 2003.

[49] 杜文才. 电子物流技术[M]. 北京：劳动保障出版社，2006.

[50] CERT Coordination Center. CERT/CC Statistics 1998-2001. http：Cert.org/stats/cert_stats.html.

[51] Geralds, J., Hackers Cost Firms billions of Dollars, http：vernet.com/news/ (Nov.2000).

[52] Pfleger, C., Security in Computing, 2nd ed. Prentice Hall, Upper Saddle River, NJ, 1997.

[53] Ford, W., Computer Communications Security：principles, standard protocols, and Technology, Prentice Hall, Upper Saddle River, NJ. 1994.

[54] Garfinkel S., Pafford, G., Web Security, Privacy, and Commerce, 2nd, O'Reilly & Association, Inc 2002.

[55] Ford, W., and Baum, M., Secure Electronic Commerce：Building the Infrastructure for Digital Signatures and Encryptions, 2nd Prentice Hall 2001.

[56] Schneier, S., Applied Cryptography, 2nd ed. Wiley, New York, 1995.

[57] USDC(U.S Department of Commerce), Data Encryption Standard, Federal Information Processing Standards Publication FIPS PUB 46, 1997.

[58] ANSI(American National Standards Institute) ANSI X3.92： American National Standard, Data Encryption Algorithm, 1981.

[59] Whitfield Diffie & Martin Hellman, "New Directions in Cryptography", IEEE Transactions on Information Theory IT-22, no.6(1976)： 644-54.

[60] R.A. Rivest，A. Shamir& L. Adleman. "A Method for Obtaining Digital Signatures and Public-Key Cryptosystems." Communications of the ACM21, no.2 (Feb.,1978)： 120-126.

[61] Dierks, D and D.Allen,1999. The TLS Protocol Version 1.0, RFC 2246.

[62] Rayport,Jeffrey and Jaworski, Bernard, e-Commerce, McGraw-Hill Companies, Inc. 2001.

[63] Turban, Efraim et al Electronic Commerce A managerial perspective 2nd Edition Pearson Education, 2002.

[64] Laudon, K. and Traver,C.G. E-commerce： Business, technology, society. Pearson Education. 2003

[65] Doherty, N.F.,Eills-Chadwick, N. F.,and Hart, C.A. Cyber retailing in the UK： the potential of the Internet as retail channel, International Journal of Retail and Distribution Management, 1999,27(1),22-36.

[66] Chaffey,C.,Mayer,R.,Johnson,K.,and Eills-Chadwick,F,Internet Marketing：Strategy, implementation and practice,2nd Edition, Pearson Education Limited, 2003.

[67] Hagel,J. and Armstrog, A.G., Net Gain—expanding markets through virtual communities, Harvard Business School press, Boston.1997.

[68] Marcussen,C. Trends in European Internet Distribution of Travel and Tourism Services, http：crt.dk Jupiter Media Metrix.

[69] 杜文才等．国际互联网技术与旅游业企业过程重组[J]．云南师范大学学报，2003,23(1)：57-64.

[70] Efraim Turban, et al. Electronic Commerce 2006：A Managerial Perspective. Prentice Hall.

[71] Smith, P.R. and Chaffey. E-marketing Excellent：at the heart of Business. Butterworth Heinemann, Oxford, 2001

[72] Chaffey, David, Mayer, Richard, et al, Internet Marketing：Strategy, Implement and Practice, Pearson Education Limited,2003. Oxford.

[73] Dibb, S., Simkin, S., Pride, W. and Ferrel, O. Marketing：Concepts and Strategy, 4th European edn. Houghton, Mifflin, New York. 2001.

[74] Efraim Turban, Electronic Commerce：A managerial Perspective, 3rd,Pearson Education, 2006,New York.

[75] Jupiter Media Metrix, Understanding Customers Loyalty： Technologies to Identify Truly High-Value Customers, July 29, 2001

[76] Saunders, C., Industry players seek to distance themselves from click-throughs. Internet News-advertising Report July 9, 2001

[77] Miles, S., People Like Us. Wall Street Journal, April 23, 2001

[78] Briggs, R., How Internet Advertising Works. ESOMAR, "Net Effects" Conference, London, Feb.22, 1999

[79] Mowrey, M., thank You, Please Come Again, Industry Atandard. March 20, 2000

[80] FillC., Marketing Communications-Contexts, Contents and Strategies,3rd edn,. Financial Times/Pretice Hall, Harlow, 2000.

[81] Briggs R. and N. Hollis. Advertising on the Web: Is there Response Before Click Through? J. of Advertising Research, 1997.

[82] Godin, S., Permission Marketing. Simon and Schuster, New York. 1999.

[83] Payport, J., Jaworski B., Introduction to E-Commerce, 2e, Marketspace,2004.

[84] AP 传媒 http: //www.a3p4.com.

[85] 查尔斯·R. 戈尔德耐, J. R. 布伦特·里奇, 罗伯特·W. 麦金托什. 旅游业教程: 旅游业原理、方法和实践[M]. 8 版. 大连: 大连理工大学出版社, 2003.

[86] 国家旅游局人事劳动教育司. 旅行社经营管理[M]. 2 版. 北京: 旅游教育出版社, 1999.

[87] 谌浩, 吕志明. 现代经纪学[M]. 长沙: 湖南大学出版社, 2004.

[88] 屈云波, 牛海鹏. 特许经营[M]. 北京: 企业管理出版社, 1996.

[89] 中国旅游协会. 中国旅行社焦点课题研讨文集. 北京: 2004.

[90] 潘皓波. 现代旅行社的业务流程重组[J]. 北京: 旅行社之友, 2005.

[91] 董观志, 白晓亮. 旅游管理原理与方法[M]. 北京: 中国旅游出版社, 2005.

[92] 鲁晓莹, 傅德彬. MIS 解决方案[M]. 北京: 国防工业出版社, 2005.

[93] Michael E. Porte. Competitive Advantage Creating and Sustaining Superior Performance. Free Press, June New York.,1998

[94] Michael Hammer. The Reengineering Revolution, Harper Business, 1995, New York.

[95] J. Champy. Reengineering Work: Don't Automate, But Obliterate. Harvard Business Review Article, 1990.

[96] 杨欣. 现代饭店管理学[M]. 北京: 中国铁道出版社, 2004.

[97] http://www.caneb.com/Manage/business/200409/Manage_20040929150908.shtml

[98] http://www.scala.com.cn/downloads/solutions/trend.doc

[99] http://www.sinosunway.com/ec/sys.asp

[100] http://info.ceo.hc360.com/2005/04/20072811128.shtml

[101] http://news.chinabyte.com/83/50583.shtml

[102] 辰森世纪计算机系统有限公司酒店管理系统.

[103] World Tourism Organization, Survey of Destination Management Organization Report, 2004, pp.4.

[104] Du Wencai. Internet Promotion & Marketing Destinations in Islands in Global Tourism, 2004, Proceedings of the 8th ITOP Forum 2004, Hainan, China, pp.100-108.

[105] Hu, Y and Titchie, J.R.B. Measuring destination attractiveness: A contextual approaches. J. of Travel Research, 1993, 32(3): 25-34.

[106] 霍洛韦. 论旅游业[M]. 北京: 中国大百科全书出版社, 1997.

[107] D. 布哈利斯. 目的地开发的市场问题[J]. 旅游学刊, 2004(4): 69~73.

[108] 巫宁, 杨路明. 旅游电子商务理论与实务[M]. 北京: 中国旅游出版社, 2003.

[109] Buhalis, D. Marketing the competitive destination of future [J]. Tourism Management, 2000: 21(1): 97-116.

[110] Leiper, N. Tourism Management, Melbourne: RMIT, 1995.

[111] Buhalis, D. (2003). eTourism. Information Technology for Strategic Tourism Management. Pearson Education: 280-309

[112] Buhalis, D. & Spada, A. (2000). Destination management systems: criteria for success: an exploratory research. Information Technology & Tourism, vol. 3 (1): 41-58.

[113] Chen, H-M. & Sheldon, P. (1997). Destination information systems: Design issues and directions. Journal of Management Information Systems, 14(2): 151-176.

[114] Collins, C. & Buhalis, D. (2003). Destination Management Systems Utilisation in England. Information and Communication Technologies in Tourism 2003. Frew, A.J., Hitz, M. and O'Connor, P. (eds.), Springer, New York: 202-211.

[115] Frew, A.J. & O'Connor, P. (1999). Destination Marketing System Strategies: Refining and extending an assessment framework. Information and communication technologies in tourism, Proceedings of the 6th Enter international conference, Innsbruck, Austria. Buhalis, Tjoa and Jafari (eds.), Springer Wien, N.Y.: 398-407.

[116] Frew, A. & O'Connor, P (1998). A Comparative Examination of the Implementation of Destination Marketing System Strategies: Scotland and Ireland; Information Communication Technologies in Tourism, Springer Computer Science, Tjoa, A.M. and Jafari, J (eds.): 258-267.

[117] 陈刚，童隆俊等. 智慧旅游. 南京：南京师范大学出版社[J]，2012

[118] 付业勤，郑向敏. 我国智慧旅游的发展现状及对策研究[J]. 开发研究. 2014. 4

[119] 杨德政. 打造智慧景区，构建"以人为本"管理体系[N]. 中国旅游报，2012.

[120] 百度数字博物馆，http://baike.baidu.com/museum/index.html

[121] 秦洪花，李汉清. "智慧城市"的国内外发展现状[J]. 信息化建设，2011.